KB263034

朝鮮人物號譜

李憲求 編

韓國學資料院

朝鮮人物號譜 上

號	氏諱	本貫	派系及歷職並其行績
匪懈堂安平大君	李瑢	全州	字清之世宗第三子筆法爲東方第一題崇禮門亦以詩名世祖賜死公嘗赴燕有一閣老開八幅書屛所書者靑山也又茅屋也竹林鳥鵲也柴門晚景犬吠歸人也公以醉筆點墨數處閣老大驚乃書一句曰萬疊靑山遠三間白屋貧竹林烏鵲晚一犬吠歸人果盡寫諸景而皆入于鋏匣中閣老知其絕唱喜其筆法以爲奇寶云○諡章昭
明誠堂廣平大君	李璵	同	字煥之世宗第五子頗解文章善彎弓擊毬音律數學亦極其妙二十天○諡懿章出后撫安大君芳蕃
明新堂永順君	李溥	同	字浚之明誠堂璵之子擢登俊試魁重試討平李施愛冊敵愾翊戴功風采疑重夙有雅望謹愼深密○成宗朝出納庶政監修六典○早夭○諡恭昭
風月亭月山大君	李婷	同	字子美世宗第一子錄佐理功能文章我朝宗英多能詩而以公爲首○築室於麻浦扁以風月詩酒湖山自娛以終諡文孝
默齋朱溪君	李源深	同	字伯淵杆城君緯之子孝寧大君補之曾孫寒暄堂門人深於性理之學以文學著名爲宗英之首知姑夫任士洪之奸上疏力言燕山時被禍中宗朝靜菴陳請賜旌閭
雪窓秀泉副正	李貞恩	同	字正中益寧移之子太宗之孫與朱溪同時爲德先內後外爲詩先格後辞爲學先理後文雅素如儒士喜彈琴孫成川善琴端川善笛子曰元翼
西湖茂豊副正	李摠	全州	字百源牛山正踵之子太宗之曾孫戊午與父及五子同日被禍○能文善詩解音律長在漁艇見俗士至棹而避之其兄文淵弟而直而悅公擇公幹皆云可人也
磨齋嵩善副正	李漾		字宗之世祖之孫天姿粹美潛心正學爲靜菴畏友又能傾家周急以金大成之子爲婿己卯謫蔚山十五年從遊者衆六藝之學無不通解璣衡之制傳于世○德源君曙之子
耻齋終南副守	李昌壽		安陵守淑禮之子定宗之玄孫寒暄堂門人靜菴聞公之卒流涕曰自終南死後不聞過失靜菴集中有奉和耻齋詩有遺稿不傳而詩入箕雅詩曰睡起窓扉手自推樹頭明月

尙徘徊秋天漸曙林鴉散臥見南山入戶來

灘隱石陽正　李霆　全州
字仲燮益州令椂之子世宗曾孫善畫竹且能詩多從一時名碩遊○贈君

駱坡鶴林守　李慶胤
字季吉淸城君傑之子成宗之玄孫善畫山水弟竹林英胤亦善畫翎毛三子陽井縉雲浦緯國虛舟澄俱善畫

梅窓錦山君　李誠胤
字景實靑原君正侃之子駱坡慶胤之再從壬辰扈駕泣諫埋安廟社以是得全光海時與同志宗英數十人上疏討爾瞻罪龜川君爲疏頭而文與筆出公手安置南海以死詩文淸絶筆法亦妙射藝絶人與柳希奮連姻而謚殺石洲之後絶不相見○謚忠貞

滄洲蓬萊君　李烱胤
字汝承龜川君忠肅公睟之子中宗玄孫子壆號南谷

月窓仁興君　李瑛
宜祖別子有月窓野話傳于世謚忠肅

杞泉義昌君　李珖
字莊仲月窓瑛之兄○善書有名○謚敬憲

葵窓海原君　李健
字子强仁城珙之子月窓瑛從子孝行篤至善詩善書與詩人稱三絶仁城君禍在謫中聞南漢圍急有詩曰有夢赴丹溪無謀觧白登

觀瀾朗善君　李俁
月窓瑛之子以善書名又習講學○謚孝烈

最樂堂朗原君　李偘
字和叔觀瀾俁之弟西華李行遠之婿纂進璿源譜略○莊陵復位之前上魯山大君之號

鷺洲全坪君　李漷
觀瀾俁之子生父最樂堂偘己巳廢妃時上疏極諫到政院不得徹而直聲動一時有文集玄孫書九

號·君號	姓名	本貫	事蹟
松溪麟坪太君	李濬	全州	字用涵仁祖第三子東岩吳端之婿有文集
四兩亭富林君	李湜		桂陽君璔之子世宗孫有文集
醉琴軒永豐君	李瑔		世宗別子朴忠正公彭年之婿也世以醉琴爲朴公之號傳者誤云耳○世祖朝被禍○謚貞烈
二樂亭義安大君	李和		太祖異母弟也入我朝錄開國功一等封義安伯謚襄昭官至領議政
孝寧大君	李補		太宗第二子聰慧好讀書年未三十學問德性已成又善射而孝篤視藥上嘉之世宗生有聖德公知其天意所歸托疾讓位壽九十一謚靖孝
讓寧大君	李禔		太宗第一男初封世子天資倜儻自少能文章見世宗有聖德遂猖狂自恣被放于廣州自是晦跡放曠世稱泰伯至德壽七十餘封君
錦城大君	李瑜		世宗六男德器淸曜雅量高致無一點之塵以丁丑謀復不成就縊而命絕肅宗戊午雪伸復官賜謚貞愍
和義君	李瓔		世宗別子幼有異質勇略絕人善屬文以忠孝爲大節乙亥賓廳啓瓔與瑜會射請竄于外竄山海世祖即位成三問等之死安置于錦山卒于謫英宗甲寅賜謚忠景錄後孫
漢南君	李玹		字群玉世宗別子母惠嬪楊氏以乳養端宗使居內保護乙亥遜位楊氏竄淸風而死玹亦竄錦山而卒英宗朝謚貞悼
臨瀛大君	李璆		世宗第四男世祖丙子錄佐翼功一等謚忠昭官至右相義徵訓將
龜城君	李浚		字濬之臨瀛大君璆之子以武略進李施愛反爲總制使平之錄功一等官至領相以權孟禧與崔世豪言浚有持器安置于寧海申叔舟等啓請速斷賜死籍其家後伸謚忠武
居平君	李復		鎭南君終生之子以武進誅南怡康純等官至右議政

完川君	李純信	全州、	字立夫讓寧大君之後武科官至訓鍊大將錄宣武功完川君壬辰功績與李忠武公舜臣比肩贈左贊成諡武毅
德泉君	李厚生		積德長川府院君李從茂婿公行高淸儉性厚至善後孫景奭領相○定宗四子
密城君	李琛		佐翼勳判尹閔承虎婿諡章孝後孫敬輿領相○世宗第七子
敬寧君	李裶		叅議金灌婿諡齊簡後孫晬光判書○太宗第五子
峒隱	李義健		字宜仲郡守漢之子明新堂溥玄孫中司馬以隱逸薦官止正郎親沒後不復仕隱於永平少任俠後乃刮磨豪習力學自修視聲利如糠粃高節罕比享廣州永平院
八溪	李郁		懸監仁健之子峒隱義健從子官止郡守
透齋	李厚源		字士深八溪郁之子沙溪門人仁祖朝登科官至靖社功臣右議政完南府院君諡忠貞○器量大鑑識明與尤春雨先生共贊復雪之計尤菴擬尹鑴進善公曰君嘗斥以異端而欲使東宮學異端乎吾老矣君不免毒手矣後果驗又斥尹宣擧江都事曰過有不可改之過云
芝湖	李選		字擇之透齋厚源子無谷尹絳芝所黃一皓之婿尤菴門人顯宗朝登科歷翰林三司吏郎官至吏叅後贈吏判諡正齋天性峭直屢忤上旨嘗無故被謫未幾有廢妃之事聰明絕人一閱史庫所藏輒皆記有故多識隱諱之事
聽溪堂	李遇輝		字君晦掌令廻之子芝湖選之從侄尤菴門人官止庶尹
鹿川	李濡		字子雨郡守重輝之子聽溪堂遇輝從子肅宗朝登科歷翰林三司吏郎官至領議政諡惠定配享景宗廟庭○築北漢山城即公之事業也

星谷 李濟 全州 字景引郡守永輝之子鹿川濡從弟肅宗朝登科官吏叅有文集○辛壬屢登四大臣啓爲小論

正菴 李濟益 字仲謙郡守泓之子鹿川濡從侄農岩門人生壯歷官諮議縣監進善○有學行文集及管山問答行于世

頤齋 李義肅 縣監黃中之子正菴顯益之孫官止縣監有文集

楡陰 李顯佑 牧使洙之子聽溪遇輝從孫○居永同以孝悌之行有名鄉里屢登不得一命而終父洙當己巳廢妃時爲蔭官自闕中脫朝衣而出野史書云李洙挂冠不仕

荷堂 李存中 字命以郡守顯崇之子鹿川濡孫進壯英廟朝登科歷三司提學官至叅判入文衡圈首上命削之嘗劾金取魯兄弟以此忤上意官不得顯而清德文名爲世所推

艮庭 李惟弘 字大中司評廷弼之子明新堂溥五世孫文科官止副提學光海時被竄而卒○醉竹姜克之外孫

菊隱 李遇春 字汝仁縣監浩之子峒隱義健再從兄與牛栗交遊薦登仕不就

花岩處士 李俶 字善初菊隱遇春之子光海政亂隱堤川白雲山下有行誼薦拜

喚醒 李俔 字馨甫郡守慶春之子花岩俶從兄弟宣廟朝登科歷翰林三司官止承旨

鷺渚 李陽元 字伯春黎原副令鶴汀之子定宗五世孫履素齋門人明宗朝登科歷南床翰林舍人選湖堂典文官至領相漢山府院君謚文憲○壬辰有勳勞風聞主上渡遼痛恨不食八日嘔血而卒公不偏於黑白之論上作鵷鷺歌命公和進

月潭 李薀馨 字彥直鷺渚陽元之后中司馬有文識有文集而未刊

体素齋	李春英	全州	字實之義寧監胤祖之子鷺渚陽元三從弟白休菴外孫牛溪門人宣祖朝登科歷翰林官止校理早卒爲詩平舖富贍酷好長文優於詩一時操觚者無不退舍
藏六堂	李時楳		字子和体素齋春英之子仁祖朝登科歷翰林三司吏郎舍人官止禮叅
南谷	李時楷		字子範藏六堂時楳之弟仁祖朝登科歷翰林官止吏叅
雨念	李鳳煥		字聖章体素齋春英之后官止知縣以文章名有遺稿誤死於崔翼男之獄
柳谷	李憲國		字欽哉壽昌副守枰之子定宗五世孫明宗朝登科冊平難扈聖功官至左議政完城府院君七十八卒肯治山海分黨之罪
懶眞	李好信		字士立教官天擧之子定宗七世孫文科歷翰林官止副提學
蘭谷	李廷龍		字實瑞恥齋昌壽之后孝根於天七歲失恃八歲聞犢鳴作詩曰白犢何事鳴知是戀母聲母子不相見雖獸亦人情
懶眞子	李準		字平卿佐郎惟貞之子定宗七世孫宣祖朝登科冊平難功官止吏判全城君壽八十
石門	李景稷		字尙古同知惟侃之子定宗七世孫宣祖朝登科歷南床翰林官止戶判謚孝敏以孝旌閭○沙溪門人昏朝立異
白軒	李景奭		字尙輔石門景稷之弟沙湖柳橋之婿仁祖朝登科歷翰林三司吏郎典文官至領議政賜几杖謚文忠○以文章名以孝旌閭稱一時賢相但丁丑作三田碑過於褒揚燕超詩所謂文章有是非者此也
農叟	李聞政		字子修監察九成之子

號	姓名	本貫	事蹟
北谷	李眞儒	全州	字士珍都正晩成之子生父叅判大成西谷正英之孫肅宗朝登科歷翰林吏郞副提學官至吏判卽一鏡疏下六賊之一誅
退雲	李眞望		字久叔正郞羽成之子白軒景奭之曾孫肅宗朝登科放榜前兵郞歷副提學典文官止禮判
冠陽	李匡德		字聖賴退雲眞望之子歸樂亭趙景命之婿景宗朝登科歷翰林三司官止典文判書有文名
圓嶠	李匡師		字道甫吏判眞儉之子此谷眞儒從子以連坐謫島中以設筆法爲一時大家詩文篆書俱有名
驪叟	李忠元		字圓甫永善監簡之子定宗五世孫錄扈聖功官止兼工判完陽院君
西岩	李震白		字震卿定宗八世孫蔭仕知縣陞同知居海美以詞翰名
西谷	李正英		字子修石門景奭之子仁祖朝登科歷翰林三司吏郞舍人官止二相諡孝簡入耆社善書
同異	李惕然		字省吾定宗後仁祖朝登科歷翰林官止承旨以孝贈叅判德泉君厚生六世孫縣監球之子
沙村	李軸		字子任極浦守希男之子太宗五世孫宣祖朝登科以安岳守告汝立逆獄錄平難功官至兼刑判完山府院君諡莊靖
東津	李輅		字弘載縣監元友之子太宗七世孫文科翰林官至判書
傍隨窩	李岱		字叔固司諫性恒之子東津輅之從曾孫尤菴門人進士官經歷己巳後不仕
拙菴	李直彦		字君美初名時彦護軍泂之子太宗六世孫宣祖朝登科歷三司官至二相諡貞簡錄淸白○上疏陳絕倭之論廢母時不叅庭請丁卯和議上疏言非孝友出天忠君憂國之心

老而不渝最惡關節一號秋江秋泉

松郊	李棨	全州 字文伯奉事愼誠之子太宗八世孫光海朝登科歷吏郞舍人副學官至吏叅諡忠貞○沙溪門人立異於追崇之議時鼎席缺廟堂請陞亞卿以擬卜相公首擬刑判徐景佑爲副望蒙點因未入相蓋以公立朝侃侃忤上旨故也仲孫止谷泰壽
自默堂	李益壽	字久而牧使元龜之子松郊棨之曾孫肅宗朝登科歷三司官止吏判○以剛直名大嬪之母乘八人轎入闕公以大諫碎之
龜村	李淏	字子淵吏佐廷賓之子姙臣樑之孫太宗八世孫宣祖朝登科官止戶判按八路爲戶判前後十五年獨稱貞鹽鐵一號北溪
七澤	李冲	字巨容龜村淏之弟宣祖朝登科官止二相癸亥追削
蘆齋	李萬選	字擇仲若之子龜村淏之仲孫肅宗朝登科官止戶判
履素齋	李仲彪	字風后太宗之后柳西崖門人以遺逸薦授六品不赴仁宗廟賓天率門徒哭闕外卽歸于鄕往往有藹世絕人之事倡學徒多聳動振作之効文章亦奇偉己卯乙巳之後勸誨後進公爲倡○高安正精之子孝寧大君之玄孫也
損菴	李拭	字淸之太宗之後明宗朝登科官止吏叅○府使承常之子孝寧大君之五世孫也
松坡	李重繼	字述夫司齋景霖之子太宗七世孫文科官止持平贈禮判論爾瞻謫卒初以大北立異於廢母
退憂堂	慄景慄	字叔瞻縣監孝彥之子松坡重繼從叔耻齋洪仁祐之婿宣祖朝登科官止執義子竹峰湛文科判決事孫雙溪晋哲官都事

鳴皐 李烓 全州 字熙遠文科晋英之子退憂堂景悚之曾孫聽蟬李志定之婿光海朝登科官止司諫以文章名嘗欲害淸陰以宣川府使持國陰事潛通彼國欲脅其勢以害士流伏誅後伸○竹峰淇孫

菊齋 李希儉 字景質河東令袷之子太宗五世孫明宗朝登科官至兵判○有淸儉之操有文集出后神堂監禎一號東皐

荷潭 李希得 字德夫菊齋之弟宣祖朝登科官至吏叅升知事入耆社

東村 李厚根 字仲晦亭光之子荷潭希得之孫以蔭入仕以治行高第升通政未冠尙氣節入鑿鑿曲能詩書善歌好飮酒時稱駱東三玉也

芝峰 李晬光 字潤卿菊齋希儉之子宣祖朝登科歷翰林吏郎副學官止吏判入耆社文衡諡文簡○雅操出塵歷變不仕昏朝斂蹤不出文章該博琉球使者見公作無不稱歎文集及類說行于世亭順天芝峰祠

汾沙 李聖求 字子異芝峰晬光之子光海朝登科歷翰林三司官至領相諡肅貞○反正役與弟東州頗爲西論李烓詩所謂宛馬西來月窟空者此也廢母時守正不撓而丁丑主和議至斥淸陰以爲妖物

東州 李敏求 字子時汾沙聖求之弟長淵尹暉之婿進壯光海朝登科選湖堂歷三司官入主文圈官止吏叅以江都誤事坐廢以文名

退村 李堂揆 字基仲汾沙之子顯宗朝登科歷吏郎副學官止吏叅○有文集

混泉 李同揆 退村堂揆之弟以遺逸官止叅議後不仕

遊齋	李玄錫	全州	字夏瑞退村堂揆之子肅宗朝登科歷翰林官叅替論文肅有文集霞谷權愈之妹婿○輯明史綱目
拙齋	李玄紀		字元方混泉同揆之子生壯肅宗朝登科歷南床選湖堂官止大司成○有文集己巳叅凶疏甲戌竄
林川	李玄祚		字季商佐郎碩揆之子混泉同揆之從子文科官止監司○仁顯王后出宮時哭拜路左
温齋	李啓胄		正言漢宗之子拙齋玄紀之孫
蘭皐	李祥郁		字德彬司果洪之子太宗六世孫宣祖朝登科歷翰林副學官止知敦入社者
梧里	李元翼		字公勵咸川君億載之子雪窓貞恩之曾孫宣祖朝登科歷三司壬辰爲西伯功勞甚多錄扈聖功官至領議政完平府院君諡文忠賜几杖配亨仁祖廟庭光海廢母殺永昌上疏極諫竄洪州改玉後首彼召還都民見公至始有奠安之意身係國家安危淸白忠直之節爲一世元老凡六爲相壽八十八
天默堂	李尙馨		字德先昱之子太宗八世孫沙溪門人仁祖朝登科官止司諫丁丑退居湖南不仕○精易學高雅操一號丰峯喚醒
守默齋	李頤根		字可久天默堂曾孫寒水齋門人御史薦以恬雅入經筵官有學行一號華菴星田
洛濱	李忠綽		字君貞唐恩副正徽之子世宗五世孫明宗朝登科官止大司成以孝行淸簡稱且有能詩之名己卯名賢長城守儼之從子
雪窓	李晩榮		字春光判官堅鋕之于拙菴忠綽孫仁祖朝大科歷三司官止叅判○一號雪海○父忠綽洛濱之一號拙菴也
翠竹	李應著		字君瑞監司廷臣之子世宗七世孫仁祖朝登科歷三司官止吏叅有直節以人筆名子義徵文科判書曾孫綺佐逆誅

號	姓名	本貫	事蹟
平涼居士	李愼徵	全州	字應三號隱石陽正霆之孫五歲逃壬辰之亂賊卒將加刃於父與祖公攢手哀哭賊奇而釋之昏朝廢擧以平涼自號
林隱	李敏坤		世宗之后英朝登科官止輔德朴黎湖之門人有文章甲子以持平上封事極言蕩平之事斥趙顯命之罪又疏論趙榮國謫金城道中遇火而卒以孝贈都承旨○軒紀之子永膺大君琰八世謚也
老樵	李淞		字茂伯一字孤靑林隱敏坤之子學于黎湖少有文明而淡於官利中司馬後隨父謫行自見金江慘變之後自廢隱於西山窮居讀書充食既至文章益高望之如氷淸玉潔除洗馬叅奉不就
坡谷	李誠中		字公著錦川副正瑊之子世宗五世孫宣祖朝登科選湖堂歷副學官至戶判○東西分黨之時公以東人中士流稱之能詩
丹厓	李敬中		字公直坡谷誠中之弟宣祖朝登科歷南床官至應敎知汝立凶陰言其不可用反被排擯而卒後贈吏叅
杏村	李幼淳		丹厓之子官止都事
艮翁	李獻慶		字會仁叅判齊華之子坡谷誠中六世孫英宗朝登科官判尹
齊巖	李漢慶		艮翁獻慶之弟出后齊茂文科正言有文名
東皐	李綏祿		字綏之僉知克綱之子世宗六世孫宣祖朝登科歷三司吏郞官止牧使通政○昏朝佯狂好酒以自晦嘗赴人宴醉而帽歌韓纘男曰公之帽危矣公曰君之頭危矣滿座失色其氣槩如此

白江	李敬輿	全州	字直夫東皐綏祿之子晴峯尹承勳之婿光海朝登科歷翰林吏郎舍人選湖堂入主文圈官至領議政諡文貞○仁祖擇儲時守經又爲全恩姜氏之說南竄北謫孝廟初召還
西河	李敏叙		字彝仲白江敬輿之子出后武都正厚與灘翁元斗杓之婿孝宗朝登科歷翰林三司主文官止吏判卜相諡文簡享鳳岩洞
竹西	李敏廸		字惠仲白江次子出后生員正興芝所黃一皓之婿孝宗朝登科壯元歷吏郎官止吏叅○有文學立朝多啓沃之功明卞論
屛山	李觀命		字子賓西河敏叙之子杜谷張善徵之婿○肅宗朝登科官至右相諡文貞○壬寅以緣坐爲奴甲辰放還
寒圃齋	李健命		字仲剛屛山觀命之弟醉仙金萬鈞之婿肅宗朝登科歷舍人官止左相諡忠愍○辛壬四大臣之一以建儲奏請使竣事而還群凶大嫉之獨被慘刑興陽謫所多有異蹟光州泉洞宇三父子並享
蒲菴	李師命		字伯吉竹西敏廸之子肅宗朝大小魁科四場歷翰林庚申錄保社勳官止兵判完寧府院君己巳坐蜚語被慘禍
疎齋	李頤命		字養叔蒲菴師命之弟出后翰林敏采久堂朴長遠之外孫西浦金萬重之婿肅宗朝登科重試歷翰林舍人官止左相諡忠文辛壬四大臣之一以獨對事及建儲決策群凶尤欲害之初竄南海竟賜死有文集
凝齋	李喜之		字士復蒲菴師命之子辛壬五人之一初竄長興杖死後贈執義○詩調言論清絶有續于世
一菴	李器之		字士安疎齋頤命之子進壯辛壬六人之一初竄南原杖死後贈指平○有才名詩集行
鷺浦	李徽之		字美卿屛山之子英宗朝登科歷三司主文官至右議政

雪川	李鳳祥 全州	字儀韶一菴之子竹醉金濟謙之婿以遺逸官至持平贈諡文敬
淩壺	李麟祥	字元靈白江玄孫官止縣監好奇古能詩尤長於篆且善書人稱三絶一時名勝皆交遊
南岡	李邦彥	字美伯司諫世奭之子白江族曾孫肅宗朝登科歷說書官止司諫
三復齋	李東彥	字國美牧使世茂之子南崗之再從肅宗祖登科官止執義性剛直多狷嫉流竄而卒金三淵作挽詞曰寬鏡自是醒狂者石介元非詐死人
天遊齋	李彥經	字士常佐郞廷麟之子世宗十世孫肅宗朝登科官止大司諫懷尼之爭右祖尼事
家洲	李尙質	字子文縣監璸之子成宗六世孫守夢鄭曄之婿仁祖朝大科選湖堂官止吏郞爭追崇被竄及放還追卒時年三十九
道村	李藼	字樂甫家洲尙質之子樂靜趙錫胤之婿顯宗朝登科歷翰林三司官至僉知
鶴山	李肇	字子始進士漢翼子道村之孫文科歷翰林選湖堂官至吏判辛壬緩治檢獄乙巳被竄
敬齋	李繹	執義惟達之子與道村爲四從兄弟官齋郞不就
陽井	李潚	駱坡鶴林正慶胤之子善書
雲浦	李緯國	字台彥陽井之弟出后順義君景溫官止牧使丁丑斥和
盧舟	李澄	陽井潚之弟官主簿善書

玉山	李　晳	全州	字白而坡與君應順之子與陽井濊爲三從兄弟仁祖朝登科歷三司官知敎入耆社謚莊靖
鎭安大君	李芳雨		太祖第一男威化島回軍之役公與定宗及李和尙等自王禑所奔于軍前太祖廢禑立恭陽奉使如明及還見太祖有撥亂之志退居海州以終追封鎭安大君上曰鎭安吾家之伯夷叔齊也命立至淸祠海州首陽山有夷齊祠子福根以定社功臣封奉寧府院君謚安簡
忠烈公	李　廓		字汝量太宗王子敬寧君裶之六世孫其父裕仁明宗朝文科爲咸鏡監司壬辰被害贈禮判公爲人身長八尺聲如巨鍾武力絶人忠義大節朝家所重武擧甲科官止都元帥及統制使謚忠烈
忠穆公	李尙馥		字季芳定宗子茂林君善生之七世孫肅宗壬戌武科官至于三道統制使被睦虎龍之所誣七十三歲被栲死獄贈謚戶判貞簡一云忠穆
松坡	李生寅		昌原正世義之子成宗五世孫進壯有文名昏朝叅凶疏
醉睡軒	李齊衡		字元玉松坡生寅之子仁祖朝登科官止執義選淸白
雙壺堂	李端錫		字有初醉睡軒齊衡之子文科官至叅判亦以淸白稱從子義淵壬寅以儒生抗疏杖死贈吏判謚忠愍
陽村	李聖碩		字仲時縣監昌之子出后都事晨成宗六世孫滓溟尹順之婿師事尤菴甲寅禍作與同門三章訴寃及先生荐嶺南棄科業歸楊州綠楊村淸修篤行四十而卒
南谷	李　皇		字子仲滄洲蓬萊君之子仁祖朝登科歷翰林官止司諫
守默齋	李　墊		字進吾蓬山君烱信子滄溟從子顯宗朝登科歷吏郎舍人官至吏判丁卯挺身入對請收納良佐罪又以主試用情故仍以成科獄

號	姓名	本貫	內容
直齋	李箕洪	全州	子汝九初名箕疇塾之子守默齋塾之從子以遺逸歷諮議書筵官止執義〇初從耻菴李之濂學後事尤菴天麥和粹器度剛方春秋之義邪正之卞一遵尤門大旨直字之號卽先生單傳之訣也己巳率同門卞師誣寃極邊配報恩山仰祠
景默齋	李者聖		字國弼直齋箕洪之子寒水門人〇幼而至孝有氷魚之異又上疏卞師雖見搪而士論韙之官止縣監
市隱	李箕翊		知敦寧鑿之子南谷室之從子頤齋崔來吉之外孫肅宗朝登科官止工判入耆社諡良靖
梨川	李弘冑		字伯胤郡守克仁之子定宗六世孫宣祖朝登科官止領相諡忠貞〇性寬弘平居少言笑好儉約丁丑主和議以善書名
後溪	李忠養		字孝叔澼之子太宗九世孫宣祖朝登科官止叅議
滄海	李士浩		字養流宣祖朝進壯登科癸丑獄栲掠而死
南浦	李大純		字一之仁祖朝登科官止庶尹以鄭遵婿冒罰入場削板
鋤隱	李德英		字季馨四兩亭富林君湜之後肅宗朝登科官止大司諫叅判久居臺閣有直聲出右〇都正夢錫之子湜之八世孫也
白雲	李命殷		字敬叔司諫德孟之子愼眞再從孫肅宗朝登科官止掌令以善書名己未論啓尤菴
瓶窩	李衡祥		字仲玉進士柱廈之子太宗十一世孫歸來亭師聖從曾孫肅宗朝登科官止府尹與於戊申凶謀所著家禮弟晩晦衡徵也
養靜堂	李卿雲		字君瑞孝寧大君五世孫宣祖朝登科歷兩司官止正憲〇僉知克成之子錦湖林亨秀之外孫曾孫桂隱萬望

麓坡	李黤	全州	字國馨牛溪門人進士蔭官通政
保晩堂	李埥		字士厚遵道之子定宗六世孫宣祖朝登科官止持平
梅軒	李垶		字華封非璿派居靈光仁祖朝登科官止持平
松岩	李載亨		字嘉會居鏡城學術高明薦拜持平不就金農岩爲評事時往學焉嘗與李光佐善規模嚴正義理明白爲此關儒宗謚章簡
藥坡	李希齡		字壽而英宗朝登科第一特命置下第賞賜送之有藥坡漫錄數十冊
懶翁	李楨		字公幹善畵著名
樗村	李廷夔		字季和林原君杓之子宣祖朝五世孫官止副率佐郎不仕○能文章豪放詩酒亦一時豪士也有文集
海岳	李明煥		益寧君梯之子最樂堂朗原君偘之曾孫英宗朝登科官止校理○有詩集
薑山	李書九		字洛瑞正言遠之子鷺洲坌坪君瀣之玄孫正宗朝登科歷三司官至右議政有文集才局卓越
玉峯	李媛		宗室之女雲江趙瑗之妾能詩有文集行于世過魯陵詩曰五日長干三日越哀歌唱斷魯陵雲妾身亦是王孫女此地鵑聲不忍聞莊陵誌載之如江極鷗夢濶天空鴈愁長者可謂絕唱也
黃岡	李文挺		字之子與璿派異麗朝功臣官政堂文學抗疏請斥佛復學校之政三年之制

寒齋	李穆	全州	字仲雍司果潤孫之子黃岡文挺六世孫佔佴齋門人成宗朝大科官止評事贈吏判諡貞簡配公州忠賢祠○在泮宮成宗有疾祈禱諸生杖其巫逐之大妃大怒諸生皆亡匿公獨納其名上嘉之上疏請誅尹弼商戊午果爲其誣被禍甲子禍及泉壤
漁叟	李世璋		字道成寒齋穆之子中宗朝登科歷翰林舍人官止監司錄淸白及卒明廟賻賜之
月潭	李久源		字汝遠府使鏗之子漁叟世璋之孫仁祖朝登科官至判敦寧入耆社壽九十七
栢村	李久澄		字澄源承旨銕之子漁叟世璋之孫文科歷翰林官至知中樞入耆社壽八十四著家禮疏儀東國編類
東菴	李瑱	慶州	字溫古慶州人門下評理翮之子高麗忠烈朝登科官止檢校政承臨海君諡文定○謝事居閑詩酌自誤爲人寬洪有博學能詩之名在廟堂別無建白子益齋齊賢也
怡菴	李琯		東菴瑱之弟進壯登科官止上洛君
益齋	李齊賢		字仲思李瑱子彝齋白頤正門人官至門下侍中鷄林府院君諡文忠配享恭愍王廟○十五登科奉使西蜀封金海君文章德望名冠一世泰山北斗自少嶷然已有作者氣久從忠宣與中朝士講磨所造益深恭愍入元裁斷國事進賢黜奸人賴以安平辛旽必欲中傷而以老成不能加害天姿厚重輔以學問發於論議措諸事業煒然可觀人無貴賤曰益齋而不名東方之留名中國者孤雲後一人也李牧隱集中詳載公績
雲窩	李達尊		字天覺益齋齊之子忠肅朝十八登科二十八入元卒官止寶文提學
菊堂	李蒨		字君實大提學世褆之子東菴瑱從子忠烈朝登科官止門下評理諡文孝

霽亭	李達衷	慶州	初名達中菊堂蒨之子忠肅朝登科官止祭酒直學○有文集詩文爲益齋所歎賞有鑑識知我太祖必貴託以子孫謚文靖
醉醒軒	李謙		承旨文換之子雲窩達尊五世孫進士享咸昌陶溪祠
訥軒	李思鈞		字重卿判官楨之子醉醒軒謙之從侄燕山朝登科重試歷三司官至二相己卯禍後召拜副提學極言黨非被斥
四美亭	李龜		字子長縣令公殊之子雲窩達尊六世孫忠正公朴彭年外孫成宗朝登科歷三司官至判決事
再思堂	李黿		字浪翁四美亭弟佔畢齋門人成宗朝登科選湖堂官止佐郎戊午史禍杖流甲子栲死中宗朝時特贈都承旨○公風采卓然文章峻潔不讀非聖之書英傑不羈爲佔畢門之高弟南秋江以爲可托六尺之孤也
茅山	李鼇		再思堂黿之弟生員叅賢良薦薦曰才行兼備踐履篤實己卯禍作還鄉不仕人立祠江上
藏六堂	李鼈		子浪仙再思堂黿之弟登上舍戊午禍後不赴擧卜居平山放浪而卒以詩名於世詩入國朝詩刪
野隱	李永佑		字佑之四美亭龜之子被賢良薦目曰用心不苟立志耿介配享茅山書院卽羅州桑江祠祠也
五楓亭	李有慶		字孝叔茅山鼇之曾孫孝行出天有感虎蛇化夷虜之事再除王子師傅不就配享桑江
楓溪	李淨		處士鯤之子登進士享淸州壽樂洞卽四美亭龜之從子也
剡溪	李潛		楓溪淨之弟登進士享淸州壽樂祠院

西溪	李得胤	慶州	字克欽剡溪潛之子從徐孤靑金沙溪遊官止通政郡守○有理學背斥仁弘配淸州華巷書院又有鄕祠
瀼西	李光胤		字克休西溪得胤之弟文判歷三司官止正
遯軒	李弘有		西溪得胤之子文學到底
逋世翁	李弘業		字時立再思堂之曾孫宣祖朝登科歷持平貶鏡城判官壬辰偕王子被拘於日持日和書赴行流吉州妻亦殉節
活溪	李大皀		字景引生員悰胤之子再思堂曾孫官拜佐郎不就○從丁晚軒熖遊爲人和粹樂易操履充養自得之放爲多尤精於易
梧村	李大建		字汝立憬胤之子再思堂曾孫登太學館進士才學兼備人稱當世顔子將有大用之器局而二十五夭有二子時發時得○公平生踏實履眞嘗有詩曰氷下蒼波淺深行人莫不戰兢臨若敎平地皆如是步步無詩放爾心見其詩可見其行
碧梧	李時發		字養久梧村大建之子晚退軒申應槃之婿宣祖朝登科歷翰林官止判書謚忠翼○昏朝不叅庭請禍將不測適有西鄙之警起公爲五道替畫仁甲子适變爲体察使律已淸愼命令明斷而耳聽目視左酬右應剖决如流天將歎賞告于王曰願王大用嘗受學於族祖西溪
春田	李慶徽		字君美碧梧時發之子仁祖朝登科歷翰林官止吏曹判書○謚翼憲
華谷	李慶億		字錫爾春田慶徽之弟仁祖朝科登歷舍人副提學官至左議政
生谷	李寅煥		字文伯春田履徽之子出后伯父正郎慶衍顯宗朝登科歷翰林三司吏郎官止吏叅

梅山	李寅爀	慶州	字仲章生谷寅煥之弟黎川洪重晋之婿官止正
樊圃	李寅炳		字文叔華谷慶億之子肅宗朝登科歷三司官止監司認齋閔著重之婿
晦窩	李寅燁		字李章樊圃之弟肅宗朝登科歷翰林副提學典文判六曹官至判義禁
澹軒	李夏坤		字載大晦窩寅燁之子一峯趙顯期之外孫玉吾齋宋相琦之婿進壯官止副率
南麓	李錫杓		字元運澹軒子英宗朝進壯歷吏郎官止副提學
豐川	李時得		梧村大建之子碧梧時發之弟天姿雄偉身長超人武略出凡自上特除武擧官豐川都護府使性豪俊不樂仕好山水定基業爲務卜建鎭川草坪基業後不復出仕後以山水之趣權居淸州而人稱其里曰高士之隱稱號曰豐川號則盖因職啣云
醉隱	李寅馨		豐川時得之孫碧梧時發之從孫才德純全姿質渾浩居家有度以孝友著贈叅判
睡軒	李寅賓		豐川時得之孫碧梧時發之從孫志操高潔以淸名直道著行顯宗朝登太學成均進士性剛直方嚴透經學明禮學世稱精金美玉
陶谷	李養源		字浩然錫祚之子春田玄孫以遺逸官至掌令
悟齋	李宕		字放翁菊堂稙之八世孫官止僉正
四留齋	李廷馣		字仲薰梧齋宕之子明宗朝登科歷翰林三司官至判中樞月川君錄宣武功謚忠穆壬辰守延安城克捷聽明絕人有忠孝大節享于延安顯忠祠

默菴	李慶相	慶州	字汝弼知退堂之孫仁祖朝登科官止文學
知退堂	李廷馨		字德薰四留齋廷馣之弟菊堂尹鉉之婿宣祖朝登科歷三司官止吏叅以奉朝請恬退養閑著東閣雜記亭春山文岩院
石泉	李廷馦		字士薰知退堂之弟宣祖朝登科官止監司
雪汀	李忔		字尙中僉知天一之子菊堂蓨之十世孫宣祖朝登科歷翰林選湖堂官止同知以進賢使水路朝登天卒于玉河舘贈議政○諡文忠一云忠章後孫安分堂至行卓學志寓山水爲文儒中第一以隱薦
叅判	李商翼		字可成雪汀子孝宗朝登科官至庶尹贈吏曹叅判師事尤春兩宋先生禀性俊偉言論正直文學節義一時所崇事載尊周錄
養眞堂	李祉慶		字慶餘叅奉䆠子菊堂十三世孫尤菴門人孝宗祖朝時人好學篤行儕流倚仰養高林泉不樂仕
安分堂	李必慶		字汝善奉事子雪汀曾孫顯宗時人性喜怡靜不求名利鑽仰經傳若將終身自辛壬士禍以後益無世念卜居淸州之白雲山中與尹屛溪鳳九宋雲谷康錫爲道義交累徵不就嘗有詩曰茅齋新築小溪邊對月山窓坐嗒然萬事渾忘猶習靜一生隨分且安眠手中有易知天命身外無塵脫世緣七耋光陰能幾日願將粥飯送餘年宋性潭煥箕撰墓表
雲溪	李鍰		字君元雪汀六世孫英宗朝時人孝友敦睦人所崇仰固窮恤貧鄕里多賴愛書如金篤學實行
隱菴	李守一		叅奉鸞之子菊堂蓨之七世孫武科官至兼刑判鷄林府院君錄振武功諡忠武子浣武科見下

號	姓名	本貫	事蹟
貞憲公	李　浣	慶州	隱菴守一之子仁朝甲子武科歷判尹李适之亂外偵賊勢內贊武器能却淸將有功入爲兵曹判書訓鍊大將後入相丙申徐忭上變誣告浣與麟平大君謀反上曰浣之賣宅移居已知其心凶言豈能動余哉浣與宋時烈受孝宗密諭外托君臣之義內結骨肉之恩及卒謚貞憲
艮翁	李　瀷		字汝涵判官惟一之子隱菴守一之從子光海朝登科歷翰林府院君官止掌令○以直言謫耽羅反正初召還而卒贈典翰
富春	李　炳		艮翁之孫進士己巳疏爭兩賢黜享謫端川
三畏	李　梃		富春之弟美村尹宣擧門人官止叅奉
三湖	李重協		字惟知富春炳之子靜窩洪禹寧之婿肅宗朝登科歷三司官止吏叅辛丑劾奏者潛入之事竄南海世稱三諫臣
聞松齋	李大邦		縣令鯽之子菊堂禥之七世孫成聽松門人官止叅奉尊慕聽松之風故以爲號
日峰	李　曙		字子陽閒齋子有文學至行
草廬	李惟泰		字泰之月峰曙之金沙溪門人薦遺逸官止吏叅○有學行愼齋嘗曰英甫多客氣泰之尤甚始與尤菴同門甚善同爲春秋之義亦同禮論乙卯竄寧邊不能無出禍之心且爲子弟輩所誤自卞得放爲士林所疵云錦山有書院與尹美村並享
柳谷	李惟澤		草廬惟泰之兄兄弟五人俱入愼獨齋門下官至縣監○年七十遭母喪暑月不脫衰絰哀毀踰禮竟至滅性事聞旋閭
遯谷	李惟益		柳谷惟澤之弟有學行

東嘉	李惟謙	慶州	字退之遯谷惟益之弟官止縣監孝友淸卓有至行
省吾臺	李介立		字大中竣之子霽亭達衷之八世孫擧遺逸官止縣監○與張旅軒同被薦壬辰爲義兵將享榮川義山院
白沙	李恒福		字子常判書夢亮子菊堂蒨八世孫宣祖朝登科歷南床吏郎選湖堂主文錄平難扈聖功官至領議政鰲城府院君諡文忠壬辰從龍灣多贊畫爲中興元功光海廢母時獻議辭甚嚴正謫北靑卒風采凝然器宇軒豁端委廊廟則九鼎大呂被衿宴坐則邱壑雲水性樂易好滑稽中實剛嚴故臨大事辨大節所著有文集晚翠堂權慄婿享北靑老德院
養窩	李世龜		字壽翁牧使時顯之子白沙之曾孫久堂朴長遠之婿官止逸掌令享公州惠學字
雲谷	李光佐		字尙輔養窩之子肅宗朝登科歷舍人官至領相以孝旌其閭
龜川	李世弼		字君輔吏叅時術之子養窩世龜之再從兄弟朴玄石門人官止逸吏叅諡文敬南溪門下以學識稱甲寅疏救尤菴遂被竄
鵝谷	李台佐		字國彥龜川世弼之子肅宗朝登科歷翰林三司判六曹官至左相入耆社諡忠定辛巳獄伸救遠竄又右祖尼尹事
烏川	李宗誠		字子固鵝谷台佐子肅宗朝登科歷南床官至領相初諡孝剛正宗改以文忠有宰相才而爲其黨論甚峻
天休堂	李夢奎		字昌瑞受學于朴訥齋登上庠在泮中爲士類所重知世道之不可爲歸保寧優遊山海之間及仁宗賓天仰天椎胷一痛數日作詩以傷之天姿夷曠風神高爽思齋曰當世學者中天分之高氣宇之宏非人所及栗谷撰墓文享保寧院
魯齋	李希參		字景魯天休堂夢奎之子受學於聽松從栗谷遊天性恭儉德行超俗明宣之間大有重望除官不就作喚仙亭而自娛

野翁	李英甲	慶州	字善鳴超之子雲窩遠眘之十世孫顯宗朝登科官止都事享咸昌祠
西海	李通		字公達成宗朝登科歷大提學官止永嘉君縣監守仁子菊堂從玄孫
後浦	李挺元		字仲仁忠良之子文科科官止吏議昏朝凶黨癸亥削
石灘	李存吾		字順卿司宰丞吉祥之子恭愍朝科官止正言○力學慷慨有忠節面折辛旽旽惶懼下床恭愍亦曰予畏李存吾之目也貶長沙監務後乃退居公州之石灘發憤而卒三十一歲也十餘歲賦江漲曰大野皆爲沒高山獨不降詩出於性信矣享公州院本朝爲鷄林君
慵齋	李宗準		字仲鈞正言時敏之子成宗朝登科歷三司選湖堂官止舍人戊午甲子以佔畢門徒被禍能文章善書畵享安東院
訥齋	李弘準		慵齋之弟大司憲淸白吏○繩直之孫
判決事	李忠伋		字仲思世榮之孫武擧官止主簿及東門將壬辰勞績甚多義勇絶倫贈判決事旌其閭子淑及澤皆勇健武略
東岩叟	李阡	全義	字樹德全義人保勝郎將順之子官至門下侍中平章事麗史曰將軍李阡將舟師南下敗蒙兵於温水縣云卽高宗時事也
蒙菴	李混		字太初東岩叟阡之子自全義移籍禮安官至僉議政丞謚文莊忠宣朝藝文大詞伯有宰相才
芸齋	李彥冲		字立之蒖之子蒙菴之從子官止政堂文學謚文義
墨岩	李繼孟		字希醇顯之子芸齋彥冲六世孫成宗朝登科歷三司提學官止贊成謚文平甲子以佔畢門徒杖流反正宥還性放達不拘小節己卯士流以爲短及禍作不以前事介意而每

爲仲救之論忤哀貞意沈滯西樞而卒

全義

孤潭	李純仁	字伯生縣令泓之子墨岩繼孟三從孫宣祖朝科歷翰林吏即直學官止都承旨有文名初附西人後入東人
藥峰	李鐸	字善鳴郡守昌亨之子芸齋彥沖八世孫中宗朝登科歷翰林官止領議政謚貞肅初黜尹元衡不附李樑時稱名流
藥圃	李海壽	字大中藥峰之子中宗朝登科歷翰林三舍選湖堂官止副學天姿剛正學止端正持論和平謙畀自牧相門之相人皆期之而立朝四十年官不過三品人皆惜之文章亦高栗谷最與友善西人中最有時望
杜谷	李勸	字彥誠藥圃之子中司馬官止僉正光海之政乱屛居鄕里飲酒醉娛詩賦以樂風流弘長嘗與耆老十二人作蓮池耆英會
笠岩	李省身	字景仁杜谷勸之子仁祖朝科歷翰林官止禮議
雙溪	李梓	字濟伯笠岩省身之子仁祖朝登科歷翰林三司官止執義○嘗救市南議論之非罪
學圃	李杭	字濟仲雙溪之弟仁祖朝科與其兄同拜翰林官止執義
四隱堂	李檡	字厦卿裕身之子藥圃海壽之曾孫尤菴門人官洗分陞僉知己未因宋尙敏事杖竄三水有文集
思謙堂	李承老	正郎效忠之子芸齋彥仲九世孫文科選湖堂官止修撰
晩菴	李尙眞	字天得糸奉榮老之子思謙堂承老之玄孫振衣閱汝任外孫仁祖朝科歷翰林官止右議政謚忠貞廢妃時極諫竄北青

無何翁	李元孫	字子長監役侃之子芸齋彥冲之八世孫中宗朝科歷翰林三司官止叅議
石灘	李愼義	字景則無何翁之子閔杏村門人官止逸戶叅贈吏判諡文貞昏朝廢母獻議守正竄會寧反正召還享花岩院
北村	李善復	字約吉府使慶千之子芸齋之十一世孫宣祖朝科翰林南床官止兵叅
安分堂	李公亮	進士貞胤之子芸齋八世孫官止叅奉有學行卓識
新菴	李俊民	字季修安分堂公亮之子曺南溟之甥仍學焉明宗朝科重試歷翰林三司官止叅贊諡孝翼自許甚高不拘小節
壽菴	李枝茂	字茂伯兵使直鄉之子新菴俊民之曾孫仁祖朝科官止承旨
東隱	李雲根	字德培石灘玄孫大科官司藝有淸介之操無何翁玄孫
丹邱閑民	李崇慶	字君先能詩善草隷中進士而有遺世之意棄擧業卜居林泉以自娛朴思菴勸仕不進朴公歎賞克菴之孫
克菴	李昌臣	字國耳直長亮之子東岩叟阡之八世孫成宗朝科歷翰林官止吏叅戊午禍被謫丁卯被盧爾孫之告而冤死子顒大科
淸江	李濟臣	字夢應兵使文誠之子也東岩叟之十世孫趙龍門門人明宗朝科歷翰林官止北兵使又遊南冥門風姿俊偉氣像磊落嘗戒子弟曰人有富貴利達之心不如不學視財物如糞土於家行孝過禮無不及以直道坐廢沒於西塞謫中
負暄	李者俊	字季元淸江子文科正學早卒

龍溪	李壽俊	全義	字台徵負暄耆俊之弟宣祖朝科官止通政牧使○以冬至副使赴京還到鳳山卒夙儀德望克肖淸江以孝旌閭
耻齋	李耉俊		龍溪壽俊之弟出后丹邱崇慶官止都事
潛窩	李命俊		字昌期龍溪壽俊之弟牛溪門人宣祖朝科歷翰林官止叅判錄淸白○以直名仁祖朝與趙龍洲入侍直斥上過上遊辭以答則必再三更提上服過然後乃退光海時謫嶺兩聞白沙諫廢母得罪上疏言不可罪
石洪	李重基		字子威負暄子官止縣令
箕谷	李行建		字士以石江子仁祖朝科官止同知
西峰	李行遠		字士致箕谷行健之弟光海朝科歷翰林三司官止右相謚孝貞赴燕到義州而卒淸白世其家力排追崇之非禮
止菴	李行進		字士謙寺正厚基之子西華行遠從弟仁祖朝登科重試歷三司官止吏叅
敬菴	李行泰		德基之子耻齋之孫朴玄石門人官止洗馬
夢灘	李萬雄		字心甫箕谷行健之子孝宗朝科歷三司官止監司○嘗論尹善道淫悖與靜菴靑溪文谷交遊而文章行誼相伯仲嘗夢遊一勝境後得淸江遺址乃夢中景也仍以夢灘爲號
西堂	李德壽		叅判徵明之子夢灘之孫文科歷三司主文官止吏曹判書
古東	李翊會		同敦寧樂培之子出后吏議得培夢灘玄孫文科歷三司

樂天堂	李慶禩	全義	字君膺縣令佶之子東岩叟阡九世孫宣祖朝科官止掌令昏朝戊申黜癸亥叙歸老十六年耕稼自適有園池之勝
竹瘦	李萬封		字天授叅奉四亮之子樂天堂曾孫天徵居士李必行之外孫顯宗朝科官止通政府使
悔軒	李庭綽		字敬裕竹瘦子肅宗朝科官止叅判有文名
醉松	李義師		進士崇漸之子悔軒從孫有詩名
陶濱	李尙挺		字秀夫光海朝科以通政升官止正
照海亭	李杜		知耻之子芸齋六世孫成宗朝科歷翰林官止吏郞
木山	李基敬		字伯心叅奉翊烈子陶菴門人文科監司有經學思謙七世孫
雪壑	李大期		字任仲黃江李希顔之外孫就學於崔守愚出入南冥門壬辰亂招集義兵與郭忘憂諸公相爲聲援所著有白谻誌雪壑謏聞錄
府使	李廷鸞		思謙堂子宣祖朝文科官止府尹節義忠勇有名當時壬辰亂糾聚義兵赴于國難
樗軒	李石亨	延安	字伯玉延安人護軍懷林之子世宗朝科三塲俱魁重試選湖堂歷修文提學錄佐理功臣官至領中樞延城府院君八道都体察使謚文康與六臣同稱聞六臣死作詩曰虞時二女竹秦日大夫松縱有榮枯異寧爲冷熱容或以是讒之上不問著有衍義輯二十一卷
櫟軒	李敬長		字欽仲掌令渾之子樗軒石亨孫生進文科官止僉知

靜軒 李㙉 延安
字士高大護軍壽長之子櫟軒敬長從子靜菴門人中宗朝登科歷翰林南床官止承旨乙巳貶卒

默齋 李貴
字玉汝延華之子靜軒孫宣祖朝錄靖社元勳官止贊成延平府院君謚忠定配享仁祖廟庭出入栗牛之門屢卞師誣贊追崇

釣岩 李時白
字敦詩默齋貴之子蔭仕錄靖社功官止領相延陽府院君選清白謚忠翼李白沙門人

西峰 李時昉
字季明釣岩時白之弟錄靖社功官止戶判延城君謚忠靖

竹窓 李時稷
字聖愈察訪賓之子默齋貴從侄沙溪門人文科掌令贈吏判謚忠穆旋閭丁丑與野隱宋時榮同殉節江都亨江華及懷德祠

虛舟 李天基
字載元都司沙溪門人時程之子靜軒玄孫仁祖朝科歷翰林三司官止監司

誠齋 李世基
字三初虛舟弟官止縣監

月沙 李廷龜
字聖徵縣令啓之子靜軒之從侄宣祖朝科歷翰林三司判六曹曲文官止左相謚文忠文章冠于當時戊戌奏文名聞天下華人歎賞回天朝之聽者實此文之功也○命不祧○嘗因天災上萬言封事請祀五賢文廟請建東南學以待遊學之士光海追尊生母公堅持不變請剔牛溪誣而復官贈謚修魯山墓立祠宇

白洲 李明漢
字天章月沙廷龜之子鳳洲朴東亮之婿光海朝科選湖堂副學官止吏判二師謚文靖○文章英發東州李敏求評公詩曰如銀橋昇月蓋其天得爲多風骨豪邁氣度坦易

玄洲 李昭漢
字道章白洲之弟少陵李尚毅之婿光海朝科歷翰林南床官至叅判四十八而夭○文章與其兄齊名斥和議

靑湖 李一相
字咸卿白洲之子汾沙李聖求之婿十七登科仁祖朝歷南床翰林三代典文衡官止禮判謚文肅文華夙就有天才

氷軒	李嘉相	延安	字會卿青湖一相之弟仁祖朝科未及放榜丁丙子之亂入江都誤聞大夫人被禍遂刎死以孝旌閭贈修撰
琴谷	李萬相		字相如氷軒嘉相之弟聰明絶人爲進壯而白洲降置第二時論惜之早夭竹南吳竣之婿
靜觀齋	李端相		字幼能琴谷之弟仁祖朝科歷翰林選湖堂官止副提學贈謚文貞存心正學養德山林文章氣節名一世與尤菴友善有文集公之詩如暗燈孤坐佛殘月獨歸僧可謂絶唱而非達語也
東里	李殷相		字長卿玄洲之子孝宗朝科歷三司官止判書提學謚文良文章斂活
東郭	李弘相		字濟卿東里之弟月塘姜碩甚之婿孝宗朝科官止副正有文行
東苞	李有相		字世卿東郭弟顯宗朝科歷吏郎舍人應敎升通政而卒詩文尊衍俱有可尙衿韻清瀅立朝有忠義之節
梅磵	李翊相		字弼卿東苞有相之弟顯宗朝科歷翰林舍人官止吏判謚文僖風流文雅世其家業當官以風節自持少與尹鑴善後惡其心術而絶之以此爲其所中幾被大禍
鳴岩	李海朝		字子東青湖子肅宗朝科歷吏朗三司官止監司氣岸俠爽詩亦不墜家聲
白雲軒	李重朝		青湖之子出后氷軒官止郡守
蓮菴	李鳳朝		琴谷之子官止郡守
芝村	李喜朝		字同甫靜觀齋之子尤菴門人以遺逸官止叅判祭酒贈謚文簡學術純篤尤門高弟多所問答

三秀軒	李賀朝	延安	字樂甫芝村之弟十九司馬官止縣監有曰清操玉潔意政春和於此可知其人也詩才清敏文亦典雅早夭
松蘖堂	李正臣		字邦彥蓮菴子肅宗朝科歷三司官止畿伯
三洲	李鼎輔		字士秀英宗朝科歷翰林典文官止吏判掌試頗秉公道○青湖曾孫
晋菴	李天輔		字宜叔舟臣之子白雲居士重朝之孫英宗朝科歷南床官至領相謚文簡善詩文踈雅坦率晩而登科一蹴爲相
遯菴	李直輔		字公杼道臣之子鳴岩海朝孫以遺逸官止吏判二相謚文敬
東溪	李英輔		字夢汝華臣之子東郭弘相曾孫寒竹堂申鋋之外孫官止縣令文章與晋菴齊名而或以爲勝
大觀	李文輔		字尙絅東溪之弟出后湯臣早卒有詩名入嘉陵十二灘詩曰缺月空山宿寒溪老樹聽不久而歿
壽齋	李崑秀		右相性源之子松蘖堂曾孫正宗朝科待官侍敎有文集有文才早卒齋號卽正廟之所命也
大隱	李鳳秀		字子康文景公始源之子三秀軒玄孫生員拜洗馬又拜判官樂正皆不就
盆峰	李澍		字彥霖郡守慶崇之子宣祖朝科翰林官止正言論効栗谷補外而死
海皐	李光庭		字德輝盆峰之子寒泉許潛之婿宣祖朝科官止兼吏判延原府院君錄淸白
華陰	李昌庭		字仲蕃海皐之弟光海朝科歷三司官止北伯○才局拔萃手段亦大以分戶叅徃湖南載送百解米於桐溪謫所又下嶺南送百解米於荷潭謫所其兄責其太濫公曰輝遠扶

植萬古綱常子仲也他日爲大司馬坦當國事之人也豈可使死荒島其尙節及知人如此也

延安

月灘	李袪
霞石	李裯
稼隱	李褥
花谷	李袗
晚晤	李襘
隱峯	李鳳徵
雲岡	李麟徵
佳湖	李夏徵
芹谷	李觀徵
博泉	李沃
東崖	李浹

字子章海皐之子春湖柳永慶之婿光海朝科官止箕伯謚忠定以善書名

字子周月灘之弟仁祖朝科歷三司吏郞官止獻納

字子瞻華陰之子官王子師傅文學名世

字子會稼隱褥之弟仁祖朝科歷三司官止大司諫監司

字子方花谷之弟仁祖朝官止府尹

字鳴瑞持平梡之子稼隱之從子肅宗朝科歷舍人吏郞副提學大司憲官止吏判辛巳獄遠竄李樑之外孫

隱峰文弟肅宗朝科官止叅判

晚晤子文科官止府尹

字國賓稼隱之子孝宗朝科歷三司官止吏判許卜致仕入耆社謚貞僖已巳凶疏爲疏色

字文若芹谷之子顯宗朝科歷吏郞舍人官止吏判有文名又善草隸書初頗向慕尤菴來謁於華陽山中有二度極其尊尙晚乃叛去論啓與柳命賢分清濁之論屢被罪謫

字悅卿博泉之弟生壯官止侍直

活窩	李 渫	延安	佳湖于司馬官止僉知
素齋	李萬秀		博泉子進士有文集
息山	李萬敷		素齋弟官止別提有文集
恩菴	李萬維		字持國息山弟文科官止修撰
永膺	李至男		字瑞禮掌令彥忱之子與海阜爲四從兄弟李履素齋之門人宣祖朝以學行薦拜叅奉又出入河西之門不喜交遊不喜著書一切名利不移其心通經學母病祈以身代母愈而公卒以孝旌其閭嘗對策極言議臣之非以此不第云學者以地名稱曰永膺父亦乙巳名賢也以孝旌閭
蓮峰	李基卨		字公造永膺之子宣祖朝擧孝廉光海朝爲知縣錄清白反正後首拜掌令擢爲承旨不就兄基稷亦以孝聞不勝喪而卒
晚沙	李惇叙		蓮峯之子江都殉節贈判書諡孝敏兄惇五官止倉守亦江都節死贈判書諡忠顯並旌閭世稱八旌閭孝家
樊圃	李惇臨		晚沙弟龍洲趙絅之婿文科正言
玄巖	李后潛		晚沙子官止別坐
晚安堂	李后定		樊圃之子文科官止叅議己巳廢妃上疏極諫被竄以忠旌閭錄清白龍洲趙絅之外孫亭咸平祠
夢菴	李淑瑊		字次公判官未丁之子端宗朝科歷南床副提學官止吏叅

靑蓮	李後白	延安	字季眞國衡之子夢菴淑瑊之曾孫明宗朝科選湖堂官止吏判諡文靖策光國功臣延陵府院君清德文章爲世所宗直宣廟時相位缺或問可相者栗谷以公與黃岡對或曰此兩人可卜相手栗谷曰有時望者例不得爲相姜士尙無相望可合此任後果然享康津院
靜溪	李壽仁		字幼安泰吉之子靑蓮之孫仁祖朝科歷舍人官止典翰
松汀	李克仁		字子安復吉之子靜溪從弟仁祖朝科官止持平
守拙齋	李友閔		字孝叔縣監國柱之子夢菴從曾孫明宗朝科歷翰林官止禮叅
五峰	李好閔		字孝彥守拙齋友閔之弟進壯宣祖朝科歷南床翰林藝應選湖堂主文錄扈聖功官至領敦寧延陵府院君諡文僖受學於柳眉岩姿稟俊逸風神精明有學行文章壬辰代作罪己傳旨辭旨懇到足比於陸宣公奉天詔討詩亦多著一世傳誦者晚年不免才盡之譏入耆社壽八十二
梅軒	李景崔		守拙齋子官止縣監
玄磯	李景嚴		字子陵五峯子光海朝官止判尹入耆社
晩沙	李景義		字子方府使尙閔子五峯從子光海朝魁科選湖堂官止吏叅有文名○文集行于世
花泉	李山賚		五峯之從孫蔭仕郡守正郎景賢之子晩沙之從子
板橋	李弘老		字裕南郡守侃之子宣祖朝科官止叅判壬辰西幸上問牛溪家指近岸村家以此陷害牛溪昏朝戊申被害癸亥伸

號	名	本貫	事蹟
聽溪	李麟瑞	延安	監役岩之子官止縣監樗軒玄孫有至行
五沙	李鼎運		正祖朝大科官止刑曹判書文章節義卓行優學名冠一世○五峯后
鶴麓	李益運		正祖朝科官止吏曹判書才學德望行高識卓幼有至性八歲時英廟召見愛之賜橘二個命呼韵成詩公卽詠曰橘自江南至秋色滿宮香聖人親手錫歸獻我爺孃五沙之弟
葛坡	李進		字退之以洪之子也文科官至校理本出庶人以善科文顯
畏叟	李拭		字敬叔齊憲之子肅宗朝以學行被薦五典郡邑官止翊衛○天性至孝自幼志學所著有文集問思錄受學于丁愚潭
月淵	李道南		畏拭之子官止監役與兄道翼俱被薦
和村	李述原		字善叔府使重吉孫英祖戊申公爲居昌座首希亮凶檄逑至縣監申正模推爲工曹翌日爲敵被縛罵不絕口眼鼻俱落而死事聞上歎曰述原能行顏杲卿事贈執義
春塘	李揚	德水	佐郎仁範之子入本朝官止參議
蓮軒	李宜茂		字馨之都事抽之子也春塘揚之曾孫淸香堂尹淮之外孫仁齋成熺之婿成宗朝科官止司諫能文章戊午史禍被謫
敬齋	李芑		字文仲蓮軒宜茂子燕山朝科官領相而追奪亦能文章理學乙巳殘害士流屢起大獄錄僞勳爲奸凶之首
容齋	李荇		字擇之敬齋芑之弟十八登燕山朝科官至左相謚文定○冲菴之上復妃疏與議敀手立異仍與士流相爭引進金安老反爲所噬被謫而卒能詩文詩爲國朝大家與朴挹翠爲善甲子坐其竄又善南袞其死也爲祭文極其贊揚時議少之

山北	李 薇		字子佩容齋弟中宗朝科歷三司官止禮判亦乙巳奸黨云
客浦散人	李元禎	德水	容齋子官叅奉識高行潔朴挹翠婚
松潭	李元祿		字廷瑞元禎之弟中宗朝科官止承旨○乙巳屢諫其叔芑伸救退溪芑嫉之以爲讒逆刑極邊安置後放
雨溪山人	李 洸		客浦元禎子進壯已上七字誤削字士武元祥子松潭從子宣祖朝科歷翰林壬辰以完伯覲王敗績竄爲名流所載不顯
東岳	李安訥		字子敏漁叟之子出后縣監汝爲敬齋芑之曾孫宣祖朝大科歷提學官禮判謚文惠選淸白○性至孝七十行追稅之制不勝喪而卒以孝旋閭每遇國喪素食三年文章浩博以大家稱之焉
酒峰	李安仁		字士長容齋之曾孫隱居不仕以詩酒自娛
澤堂	李 植		字汝固察訪安性之子雨溪之從孫光海朝科官止吏判謚文靖○文章爲大家與谿溪並稱未嘗爲黨論不汲汲於進就嘗作澤風堂蓋取大過之義也因以爲號
臼谷	李冕夏		字伯固澤堂之子進壯仁祖朝科歷翰林官止修撰有文名行至孝遭父喪哀毁滅性
睡村	李 畬		字子三紳夏之子畏齋從子顯宗朝科歷南床官止領議政謚文敬文章贍敏卞懷尼是非有功
漁叟	李 洞		客浦子進壯
牧谷	李箕鎭		字君範府使蕃之子睡村從子肅宗朝科歷翰林提學官至吏判謚文憲本以縣監畬之子出后其伯父睡村

坮山 李枰 德水
眉江景魯從子出后東岳仁祖朝科歷三司官止大司諫○詩有家法嘗劾尹善道驕蹇李劘悖行禮論之禍進說卞破

醉村 李彙
字老泉判尹光夏子臺山孫晩沙沈之源外孫肅宗朝科官止左議政謚忠憲

炭翁 李周鎭
醉村子閔丹岩婿文科歷翰林官止判書

西岡 李賢錫
佐郎晙之子雨溪玄孫官止奉事已後不仕

松石 李景顔
字汝愚郡守通之子春塘七世孫柳愚伏外孫宣祖朝科官止正言有名文

社谷 李景容
字汝復松石弟光海朝科官止監司

眉江 李景曾
字汝省社谷弟反正之初大科官止吏判許卜○學於柳石洲昏朝辭世歸鄉及立朝首薦兩宋於南臺因李炷言被拘於城數月虜欲以五千金爲注公却之曰此路一開國何以支終不屈

北溪 李穆
字仲深松石子出后宗建官止佐郎登文科龍榜亦有詩名

玄圃 李稽
字亥山眉江子顯宗朝科歷翰林官止大司諫

栗谷 李珥
字叔獻監察元秀之子母郎師任堂申氏己卯人松亭命和女春塘揚之六世孫與松石眉江爲三從叔侄明宗朝登科歷吏郎直學官止左賛成贈領議政謚文成從祀文廟○天姿英明清通和樂少時感佛家說入山一年旋悟其非從事斯學學其休用於衷諸說集群賢而大成實東方千載之眞儒經濟之大才也釋褐登朝明良相遇嘗上萬言疏分

黨之初以調劑爲己任爲小人所擠難進易退夙志未就而卒時年四十九

玉山	李瑀	德水	字季獻栗谷弟孤山黃耆老之婿官止僉正能詩善書
忠武公	李舜臣		字汝諧文靖公邊之五世孫宣祖朝丙子武科爲造山萬戶屯田于鹿屯島請添兵兵使李鎰不許及其秋熟日軍果大至公挺身拒戰擊破柳成龍知其賢薦朝爲全羅水軍節度使是時朝野晏然而公獨深憂日修備禦創作龜船上覆以板釘以錐刀使敵不登藏兵其底八面放銃燒破敵船以得全勝又其後破日兵于放闌島勇與智爲天下名將有經天緯地補天浴日之功陳璘以爲上疏矣公之劍銘詩曰誓海魚龍動盟山草木知明將劉綎與公約夾擊日兵於露梁自夜至朝數十合連勝而忽飛丸中公而殞贈左議政賜宣武功封德豐府院君謚忠武
栗谷	李堯臣		字汝欽忠武公舜臣之兄領中樞大提學受業於退溪門
默軒	李芬		字馨甫義臣之子忠武公從子寒岡門人光海朝科官兵正以文行名所著有家禮問解
忠愍公	李鳳祥		字儀叔忠武公舜臣之五世孫長身美鬚聲音洪暢肅宗祖壬申武科英宗朝升統制使常以忠武公遺訓自成以用則死於國不用則耕於野十一字自勵官歷漢城左尹刑曹叅判鍊訓大將金一鏡時多著節義忠勇事聞贈左賛成謚忠愍旌其閭
四吾堂	李馨秀		字董卿屢擧不中丙子之亂丐乞其庶弟自下城後不入城闉以淸陰有大節數往訪造其就朝以爲有大節不復往見焉
松溪	李希哲		官止知縣謀復莊陵而死之

號	姓名	本貫	事蹟
稼亭	李 穀	韓山	字仲產韓山人監務自成之子○高麗忠肅朝入元登第卽授國史檢閱官至賛成事諡文孝能文章有學識有文集
牧隱	李 穡		字穎叔稼亭之子十四登成均試十韵科忠肅時入元登第科爲翰林知制誥官至門下侍中本朝封韓山伯諡文靖○與圃隱跡異心同勝國後放于韓山後又被召暴卒于驪寺文章爲東方第一胡不歸詞曰胡不歸胡不歸無不足兮奚所疑靑山隱隱兮水鏡淨我膝所屈惟釣磯院亭多處
三堂	李種德		牧隱之子前朝進士官止知密直事孝行出天牧隱嘉甚
麟齋	李種學		字文仲三堂種德弟十六登科官止密直進善提學○與乃心王室壬申爲牧臣所陷杖流長沙至居昌茂村驛賜死年三十二文章夙就以名取禍臨終戒其子弟勿學有文集
望越菴	李 蓄		字潤甫麟齋之孫以蔭官至觀察使端宗末年退居高陽不復仕就二十餘年自號望越又號拜鵑所居有池名曰隱池有山名曰蕨山
漢齋	李孟昀		三堂子十五登麗朝科入本朝官止賛成大提學諡文憲學問純粹筆法高明
存養齋	李季甸		字屛南良敬公稱善之子三堂從子世宗朝科錄靖難巧官止領中樞韓山府院君諡文烈與其侄白玉相及可知其人
蘇隱	李 封		字藩仲孝養之子世祖朝科放榜前直拜直學官刑判諡憲平
白玉	李 塏		字淸肅正郞季疇之子存養齋從子世宗朝科歷南宋選湖堂官止直學端廟六臣之一贈諡忠簡○在六臣中以淸穎超拔稱臨死有詩云有禹鼎重時生亦大鴻毛輕處死猶榮明發不寐出門去顯陵松栢夢中靑
蘇溪	李 坡		字平仲蘇隱子十八文科選湖堂官止賛成諡明憲亦能文章甲子以爲二六奸臣被極刑

陰崖	李耘	韓山	字次野大司諫禮堅之子麟齋[illegible]孫燕山朝登科選湖堂官止叅贊謚文懿以光國巧追錄不祧○己卯被囚蒙放退居陰城後移忠州與李灘叟相從優遊而卒嘗與南袞同赴京袞病至誠救之袞深德之以是免其禍十四作萬言疏欲上之其父戒止之懶齋蔡壽之婿也一號夢菴或溪翁而名亦曰耔云
松崖	李畬		字青獲仁老子麟齋五世孫慕齋門人中宗朝科官止文學有學行光明易理常兼仁宗東宮僚屬
蒼石	李顯英		字重鄉郡守文季子三堂八世孫宣祖朝科歷副提學官止吏判謚忠貞與淸陰被拘瀋陽歸而卒
浩菴	李基祚		字子善蒼谷子申晩退軒婿光海朝科官止禮判許卜謚忠簡
睡隱	李弘祚		字汝廣察訪文英之子蒼谷從侄官止別提昏朝廢擧退居安丙子倡義玄孫大山小山見下
春坡	李星齡		字文翁浩菴基祚子中司馬官至庶尹著日月錄
貞惠公	李奎齡		字文瑞牧使徵祚之子文科官止刑曹判書已已罷官居鄉聞有中宮遜位之擧慨然歎曰天下豈有半日庭請乎忠貞貫日謚貞惠
永翁	李德演		字潤伯別提渙之子麟齋八世孫監司彥浩之曾孫蔭仕官止資憲贈封韓興君
竹泉	李德泂		字遠伯二水翁之弟漁城申湜之婿宣祖朝科歷翰林官至贊成謚忠肅○典重德望仁朝反正之夜以承旨在政院召之不拜問其事由乃拜嘗與天坡花浦水路朝天有朝天日記壽人十二
湖隱	李性源		字復初二水翁子司馬文科官止持平

晩醒	李壽慶	韓山	字子仁修撰行源之子竹泉之孫顯宗朝科官止執義升通政嘗攻尤菴庚申竄死後伸寃兄萬慶號思谷官至文學
默窩	李涵		字敬仲敎官齋沆之子湖隱性源孫以學行薦官至直提
怡愉堂	李德洙		字師魯濤之子出后縣監浚麟齋八世孫竹崖崔任說之外孫風玉軒趙守倫之婿金沙溪門人仁祖朝科官止吏議○以承旨覆逆追崇之非仁厚溫謙望之知其爲有德君子而臨事確然不撓嘗預知死期聞者異之又能知人識尤菴於童丱以侄妻之享淸州菊溪院
三竹	李弘淵		字靜伯怡愉堂之子仁祖朝科科官止叅贊入耆社壽八十○出入中外俱有聲績端方整飭不以榮辱動其中
訥齋	李泰淵		字靜叔都事德泗之子怡愉堂德洙之從子仁祖朝科歷翰林官止平監事親孝至所在有治績有八處穹碑尤菴之妻弟也
沙川	李先稷		字退夫厚淵之子三竹及訥齋之從侄以學行篤拜叅奉不就始事尤菴終事寒水姿性粹和撰行篤正
希菴	李光稷		字子輝三竹之子顯宗朝科歷翰林官至持平少有文才纔踰三十而天人皆惜之
聾溪	李秀彦		字美叔監司東稷之子怡愉堂之從曾孫尤菴門人顯宗朝科歷翰林三司吏郎官止禮判論正簡○己巳竄理山甲戌以後退伏田野有孝悌之行淸直之節自弱冠已負公輔之望卞羅良佐誣疏以收尹拯背師之罪在謫嘗兼二十四院長與怡愉堂並享菊溪院
淡圃	李碩載		字叔果大司憲奎采子出后奎瑞爲聾溪曾孫文科歷三司官止叅判
疷菴	李審度		字景禹智載之子出后淡圃碩載純祖朝文科官至大司諫○以承旨不書洪世周職帖又因大諫辭職疏論時僻是非之說竟被禍卒哲宗戊午復官伸雪

南江	李 稔	韓山	萬戶耦之子出后都事耨陰匡從子八歲父有疾夙夜侍藥三十年無怠色居喪廬墓朝夕上塚風雨不廢以孝旌其門
松坡	李海昌		字季夏僉正仁後子南江曾孫李松郊婿仁祖朝科官止應敎
梅鶴堂	李晩益		字勉甫松坡子有文學
陶谷	李必重		字鼎叔梅鶴堂子肅宗祖朝科官止承旨說書
省菴	李之蕃		縣令稱之子存養齋玄孫中司馬官止正○品性沈靜事親至孝學問精進天經地緯無不通曉仁宗祖以遺逸薦注意白衣相會資大未果公之弟土亭學於公故公之沒爲心制三年
土亭	李之菡		字馨仁省菴之弟花潭門人以薦官止知縣贈吏判諡文康○孝友出天氣度異凡於名利聲色泊如也行多詭異而頗有學力故不入於異端少從花潭學易深知栗谷栗谷亦甚敬重以卓行薦拜六品終牙山郡衙世云公誤食蜈蚣汁而卒未知註傳云耳以公之明透理學豈至誤卒於此邪
松窩	李 壂		字可依之蘭子省菴從子明宗朝科歷翰林副學官止吏判選淸白入耆社壽八十二有松窩雜記
北厓	李 增		字可謙菽子松窩之從弟明宗朝科册平難功官止吏判鵝川君諡懿簡
晩沙	李慶溷		字養源北厓子宣祖朝科昏朝爲判尹癸亥陞資官止叅判
伴琴	李慶流		字長源晩沙弟宣祖朝科官止正郞壬辰以邊璣從事殉于尙州

歸川	李廷夔	韓山	字一卿牧使穡之子伴琴之孫金水北光炫之婿仁祖朝科官止吏叅嘗救市南又言鶴洲之寃爲人所誣絕意名利
樊溪	李穡		字士彥晩沙之子金竹所婿文科官止正
雲谷	李澤		字光仲郡守廷龍之子歸川從子肅宗朝科官止吏叅
韓州	李濼		雲谷之弟文科官止監司
三山	李山重		字汝立沆之子歸川孫徐晩靜婿肅宗朝科歷翰林副提學官止判敦寧爲壯獻世子入學有淸介文雅
三山	李台重		字子三叅奉秉哲之子秉常從侄世稱大小三山文科官止戶判
潔齋	李德重		秉謙子雲谷孫文科歷翰林官止監司吏議副提學
丹陵	李胤永		府使箕重子三山從子有文學
鵝溪	李山海		字汝受省菴之子明宗朝科選湖堂歷三司冊光國功官至領議政鵝城府院君○自五歲以神童名能文章善書壬辰見忤於秉權竄平海宣廟祖有筵敎曰予非李山海爲懷愍徽欽久矣入耆社○女婿李春洲尙弘李漢陰德馨
石樓	李慶全		字仲集鵝溪李山海之子南岡金瞻之婿進壯宣祖朝科選湖堂官止叅賛文章贈敏醴郁名於一世識鑑出人與其父爲大北之論改玉後請於遲川延平以冊封奏請使航海朝天竣事而回

酒峰 李厚 韓山 字子厚石樓慶全之子十九中宣祖朝科選湖堂官止吏郎三十八夭文章能繼其世昏朝以後不出

後谷 李久 字庭堅酒峯之弟十八大科官止檢閱二十一而夭三代四湖堂而兄弟同被選亦有文才五歲有詠 浙詩

果菴 李袤 字延之後谷之弟仁祖朝科官止禮判○聰穎敏活爲文章刊落塵腐性本悟雅宕情泊淡甲寅後與其子共攻尤菴

雪樓 李寅賓 字殷卿果菴之子肅宗朝科官止僉知五六歲已能詩文名藉甚亦有孝行

蘇湖 李東根 字震伯雪樓子出爲酒峯孫肅宗朝科官止司諫

蘇軒 李孝根 字百源蘇湖弟肅宗朝科官止正言資質謹嚴文辭敏穎

竹林處士 李山光 省菴子官止知縣不就文章夙成志操介潔見時事乖謬隱居紫金洞屢除不就壬辰以扈從錄勳

鳴谷 李山甫 字仲擧生員之子省菴土亭之從子也登文科歷翰林冊扈聖功官止吏判韓興府院君諡忠簡○公以山海之從弟與之携貳爲西人中士流多遺愛重峯薦于宣廟曰李某殿下之寃恂也亨保寧院土亭許以可托六尺金字顯毁栗谷於上前公盛稱栗谷行義之高

伴琴 李慶偉 字德餘鳴谷子文科官止正言司馬宣朝科光海初坐直言左遷

知足堂 李畯發 伴琴子進士昏朝隱而不仕

樹菴 李涷 商雨子知足堂孫官止都正

槎川	李秉淵	韓山	字一源樹菴子蔭叅判從三淵遊工於詩詩凡萬餘首
順菴	李秉成		字子平槎川弟官止郡守亦能詩
厓軒	李禎翊		字鵬擧必大子土亭五世孫肅宗朝科官止承旨辛壬爲逆鏡所誣被謫甲辰放還
幽靜窩	李禎德		字會章必頎子厓軒從弟肅宗朝科官止正言
稼隱亭	李漸		字仲新厓軒從子拜寢郎轉部官時李森爲京兆尹不仕而歸
醉菴	李洽		字和甫韓陽興畯子存養齋七世孫宣祖朝科官止掌令
寄菴	李弘廸		字遠伯稷之子醉菴再從曾孫顯宗朝科歷翰林官止叅判
壺仙	李槁		字大有郡守廷赫之子己卯士流清之玄孫存養齋七世孫梧里外孫孤石睦長欽之婿仁祖朝科官止著作
灘隱	李廷年		字子翼壺仙子孝宗朝科歷三司吏郎官止叅判出后叔父積閔老峰妹婿
雲岩	李興渟		字油然克誠子牧隱十一世孫仁祖朝科官止司諫丁丑斥和不仕入皇朝
西歸	李起渟		字沛然雲岩弟仁祖朝科歷翰林官止献納亦丙子後不仕
大山	李象靖		泰和子睡隱五世孫文科官止叅議

號	姓名	本貫	事蹟
小山	李光靖	韓山	大山之弟官止敎官
師心	李挺豪		字英彥牧隱六世孫從學朴守菴昏朝避世不出反正後以學召進士官止知縣丙丁後不仕存養齋玄孫
竹林	李宗獬		司僕正績之子太師吉卷之後官至引儀
靜存齋	李湛	龍仁	字仲久竹林之子西峰柳耦之門人中宗朝科歷南床翰林官止叅判○又師慶敬齋世仁及退溪相爲徃復學問之外醫藥書畵天地計數無不致意常曰大丈夫於世何物非分內事乎嘗劾李芑鄭順朋丁未杖竄丁卯叙
隴西	李永成		字遠期翰林弘幹之子也與靜存齋湛同七世祖中宗朝科歷南床官止正言子德敏號松坡
雙谷	李士慶		字善餘正郎藎忠孫竹林之從曾孫宣祖朝科官止大司諫
白痴	李後天		字悠也雙谷士慶子光海朝科官止叅議◯廢母時善爲退避不叅論議大忤奸黨改玉後又爲世官不得顯
雪坡	李後山		字子高白痴之弟遁谷金壽賢婿仁祖朝科官止叅判以從二品破例入耆社
竹牖	李舜岳		雪坡子美村尹宣擧門人中司馬薦仕至僉知正子吏叅世最從子應敎世德皆主少論世最乙巳竄世德丁酉竄
啞隱	李挺岳		字秀而白痴子出后叔父後淵中生員官止牧使
大司憲	李喬岳		字伯瞻肅宗乙酉文科大司憲肅宗卞傳禪之敎公登對面爭聲撼一堂回天之力爲多懷尼之事上章痛卞被竄東萊英宗乙巳召還

北溪 李世白 龍仁
字仲庚啞隱子肅宗朝科歷三司官止右議政謚忠正

陶谷 李宜顯
字擠哉北溪世白之子肅宗朝科歷翰林副學官止領相謚文簡爲眞宗入學博士性疎雅文章贍富一時碑誌多出公手辛壬以李師容竄雲山乙巳放還多有功於國家斯文

文岩 李宜哲
佐郎世雲之子雙谷士慶之玄孫與陶谷爲三從兄弟陶菴門人英宗朝科官止叅判有學問著朱書劄疑

顧岩 李世愿
字恭甫雲坡從孫十七而夭有詩集

釣翁 李亨成
字景休官止知縣與松江牛溪思菴相善松江被竄公獨訊遺不絶隴西之弟也

虎岩 李弘望
陽智之子宣祖朝科官止承旨

瓢窩 李震隱
字正叔宜茂之子虎岩曾孫肅宗朝科歷三司官止同知升資憲能文章與姜白閣親友善而文勝於白閣云

楓厓 李應天
字敏吾進士官止僉知以文詞孝行被薦淸吏伯持之六世孫

騎牛子 李行 驪州
字道周驪州人牧使天伯之子文科大提學○能文章子巡精於易學麗亡遯跡太祖首訪不屈謚文節

樗老 李友直
字仲益仕郎士彦之子睡隱士弼之從子明宗朝科官止禮判錄淸白入耆社壽八十八

春湖 李尙弘
字而重僉正友仁子鵝溪李山海婿宣祖朝科官止校理

少陵 李尙毅
字而遠春湖之弟松巒尹晛之婿生壯宣祖朝科官止賛成許卜兒時甚輕率常佩鈴以自警晩年反以寬緩見譏

湖山釣隱	李尙信	驪州	字而立少陵弟宣祖朝科官止禮叅有孝行
沙浦	李志賤		字彈琴春湖之子光海朝科官止右尹○自少放逸言行異於人故以此被謫一日往素䏔妓家妓不獨有一琴作一絕題壁曰碧窓殘月曉因留曲淸輕蘭已覺秋斜抱玉琴彈不得至今離恨在心頭贈老巫詩曰越羅衫袂動春風嫋嫋纖腰一鞠輕
斗峰	李志完		字養吾少陵子宣祖朝科歷翰林舍人官止叅賛謚貞簡○昏朝與柳活溪發首七臣之啓
東溟	李志宏		字守吾斗峰志完弟正以泮任削仁弘於儒籍
聽蟬	李志定		字靜吾東溟弟光海朝科官止通政牧使善草隸
滄洲	李志裕		淸隱尙信之子官止縣令
太湖	李元鎭		字鼎卿斗峰之子雪簑南以恭之婿仁祖朝科官止監司
梅山	李夏鎭		字夏卿持平志安子斗峰之從子雪坡李後山婿顯宗朝科官止吏叅善書名于世
默拙齋	李華鎭		字子西別提志一之子少陵從孫顯宗朝科官止承旨己巳廢發文谷尤菴按律之論
星湖	李瀷		梅山子官止監役多經濟之策又作東國樂府
西山	李潛		星湖之弟己巳後廢擧自謂淸流丙戌稱以保護東宮投疏曰殿下之前後左右無不向及於東宮云以此杖死孫森煥

玉洞	李溆 驪州	西山弟善書有名
白峰	李沅	字太初縣監邦鎭之子滄洲孫顯宗朝科官止大司憲
白鵝堂	李淸	翼鎭子東溟孫有文學
惠寰齋	李用休	西山從子有文名子家煥文科判書能文章以邪學敗
省齋	李震休	字伯起縣監泳之子聽蟬志定之曾孫文科官止叅判鄭益菴萬和之外孫子重煥號淸潭文科佐郎
白雲	李奎報	字春卿初名氏高麗高宗時文科平章事謚文順○性豁達不營貲産文章汪洋與陳澕齊名而但諂事奸凶崔瑀爲時所鄙
晦齋	李彦迪	字復古生員蕃之子中宗朝科歷舍人吏郎直學官止贊成謚文元配享明宗廟庭從祀文廟○天姿近道顯悟出人用力於格致之學多所著述成就後進乙巳叅僞勳丁未竄江界而卒乙巳不能力爭以此栗谷疑其出處弟彦适亦芥視功名孝篤
潛溪	李全仁	字子敬晦齋子官止禮賓正有學行著晦齋言行錄
無忝堂	李宜潤	郡守應仁子父以彦适之子出后晦齋寒岡門人
四友堂	李東亨	字泰卿進士烜之子尤菴門人官止庶尹○戊午上疏獨卞師誣竄慶源己巳以新寧倅削仕玄圃德言孫宋安素堂之婿也
月淵	李迨	中宗朝科官止司藝師弼之子騎中子五世孫也

今是堂 李光軫 字汝任月淵從子明宗朝科官止承旨進士遠之子與光輪爲三從兄弟

菊窓 李燦 潤慶之子立岩柳仲郢之外孫官止正郞

廣州

遁村 李集 字浩然廣州人生員唐之子文科官止判典校寺事○有學問右節父唐忤辛旽門客禍將不測窮負而逃旽被誅還居驪州

楓崖 李仁孫 字[illegible]胤吏議淸白吏之直子遁村孫太宗朝科官止議政諡忠僖身五子皆登文科致大官世稱五君

牛峰 李克培 字謙甫楓崖子世宗朝科冊佐翼功官至領議政廣陵府院君諡翼平

灘叟 李延慶 字長吉都事守元之子楓崖之玄孫中宗朝科官止校理○燕山時以緣坐被竄反正後館薦孝友鄕擧有遺已卯禍作南袞欲盡罪黨人公亦入錄中上以筆抹公名曰予知其爲人勿罪可也放歸忠州與陰厓棹舟相訪乙巳復科不就其學晩俗累卓然自立於頹波之中爲己卯完人東皐兄弟皆師事之享忠州八峯院

崇德齋 李潤慶 字重吉修撰守貞之子灘叟從弟進壯中宗朝科歷翰林南床官止兵判諡正獻○有文武才忠義正直勝於弟東皐公之子中悅與李煇松私語乙巳事恐禍及欲變告而公曰死雖可惜豈可賣友求生東皐則曰何可以朋友自致死地乎中悅告之免死以此人知弟劣於兄

東皐 李浚慶 字元吉崇德齋之弟盧白堂金揚震婿中宗朝科歷南床都元帥官止領相賜几杖錄淸白諡忠正配享宣祖廟庭○己卯後嘗與具壽明共陳黨人無罪以此坐廢後叙乙巳論議與圭菴不合亦以方伯在外故免於禍及爲首相華使入境而明廟昇遐內外洶々公奉政可謂國朝名相性簡元不喜不附已者故爲士流携異白休菴欲攻西人一隊休菴悟而止臨沒上疏言朋黨者漸以啓人主之意栗谷以是斥之經筵日記書卒以目之以醜正之人享淸安龜岩院

松岩	李遠慶	廣州	進士德符之子己卯名人遁村之六世孫有篤行儉
果齋	李中悅		字習之崇德齋子中宗朝科歷翰林官止吏郎乙巳坐私語士禍事爲李元强所陷流甲子丁未賜死年僅三十
晦晩	李必榮		字而實正士修之子崇德齋曾孫宣祖朝科官止叅贊漢南君一號晩晦
天徽居士	李必行		字而遠晩晦之弟仁祖朝科官止應敎○端秀有操事親至孝丁丑後謝而不仕臨沒囑其子曰署我柩必以崇禎前相禮之職居家有度以讀書種藥爲業
守菴	李必進		別堤士星子灘叟曾孫許醒所外孫有詩名
黔洲	李態徵		字輩輔掌令必茂子守菴從侄肅宗朝科官止弼善有文名
麻菴	李休徵		字善瑞艮窩必成之子果齋曾孫孝宗朝科官止獻納
大明居士	李保晩		字景難典籍夢徵子晩晦之孫尹孤山婿丙子後屢擧以琴酒自娛與許滄海友善人稱雙節有九孔琴
東匡	李著晩		字應天持平厚徵子天徽居士孫肅宗朝科歷北伯官止叅判
農隱	李宜晩		子善應東匡弟肅宗朝科官止判尹壽八十七謚貞簡有淸白之名
怡軒	李頤說		字正叟農隱之弟肅宗朝科官止承旨
貞拙齋	李夏源		字元禮東匡子肅宗朝科歷三司官止判敦寧壽八十四亦以淸白名

陰崖	李誾	廣州	字子和直提學克基子遁村玄孫進士擧賢良不第官止郡守
五休	李瑮		字文縝司果安鉉子陰厓曾孫官止叅奉丁丑後不仕
樽岩	李若氷		字喜初弘博滋之子遁村之六世孫楓厓玄孫中宗朝科選湖堂吏郞己卯士流兄進士若氷亦己卯人祠大興縣祠
首岩	李若海		字景容若氷之子中宗朝科官止直提學丁未禍與長吟亭羅湜同日死享益山南村院
沒古子	李洪男		字士重若氷之子中宗朝科選湖堂官止叅判丁未坐謫乃誣告其弟洪胤遂起己酉之禍以得放
四屛堂	李民覺		字志尹四屛堂子宣祖朝科官止上正自遁村以下十世文科連續
晩沙	李廷弘		護軍嶷男之子中峰克培五世孫官止判官壬辰以泮任進士步從龍灣上疏斥日和
溪隱	李廷立		字子廷判決事時茂之子牛峰五世孫孤潭李純仁之婿宣祖朝科選湖堂冊平難功官止叅判廣林君諡文僖栗谷門人
老岩	李道慶		樹達之子溪隱玄孫以詩有名
漢陰	李德馨		字明甫知中樞民聖之子楓厓仁孫之六世孫鷺溪李山海婿二十與白沙溪隱同榜科歷南床吏郞三十一主文三十八入相官止領相諡文翼○與百沙同選湖堂一生志同道合光海殺永昌上疏諫放田里而卒年四十三昏朝叅僞勳號漢原削父人以爲痴而有隱德焉
楓厓	李允修		字勉伯郡守象鼎子漢陰曾孫文科歷監司己巳叅按律疏

觀松　李爾瞻　廣州
字得與友善之子戊申小人克壞五世孫宣祖朝科選湖堂錄僞勳官止贊成廣昌府院君而終乃伏誅爲大北之魁主張廢母之論專權用事戕害忠良凶險無比反正後以元惡正刑其子元燁弘燁大燁益燁皆文科官止吏議大司成俱被禍

石潭　李潤雨
字茂伯熙復之子松岩之從孫寒岡門人宣朝科官大司諫爲吏曹直書仁弘所爲其徒所斥而講禮學改玉後召還

洛村　李道長
字泰始石潭子荷潭金時讓婿仁祖朝科官止應敎

歸岩　李元禎
字士徵洛村之子文科翰林官至吏曹判書庚申獄死後伸

石灘　李養中
文科方貴之子前朝科官左叅贊革命後抗節不膺召命被謫大宗以龍潛故交春遇特甚至訪見欣然而不能屈其志

廣南君　李光岳
字鎭之文科官至兵使襲封廣南君壬辰冒矢親戰獲復晋州且守淸州多有戰功

百花軒　李兆年　星州
字完老星州人隴西公長庚之子也前朝科忠烈朝官止政堂文學大提學星山君謚文烈見世亂棄官歸鄉

樵隱　李仁復
字克禮侍中褒之子百花軒之孫頤齋白頤正門人也前朝登元科官止檢校侍中興安府院君謚文忠配享忠宣王廟庭○生而魁偉性剛直恐其偏急以忍爲守爲文章多譏諷常惡弟仁任仁玄日敗國家者必二人也又密啓辛旽他日必有變臨不許作佛事忠賢祠並享百花軒又有影堂

稼亭　李元具
府尹麟起之子官至星山伯百花軒之從孫

陶隱　李崇仁
字子安稼亭之子文科官止提學密直副學○慷慨有大節通經學文章典雅牧隱曰此子文章求之中國亦未易得以圃隱黨遠流亦入於淸州獄鄭道傳使黃居正殺之詩曰

山北山南細路分松花含雨落紛紛道人汲井歸茅舍一帶青烟染白雲

亭齋 李稷 星州 大提學仁敏之子樵隱從子十六中禑朝科入本朝爲開國功臣官止領議政星山府院君謚文景有文集

訥齋 李忠健 字子安正字久濯之子亭齋玄孫靜菴門人中宗朝科官止吏郎已卯伸救諸賢葬日與灘叟臨穴長痛辛巳竄到青坡而卒

默齋 李文健 字子發訥齋弟與兄遊靜菴門中宗朝科官止承旨乙巳叅僞勳以連坐付處在謫二十年卒沈厚夙成篤於孝友

芝江 李䅙 字仲實義老之子亭齋六世孫宣祖朝科官止監司以酒病卒

隱菴 李光廸 字輝古世美之子亭齋九世孫孝宗朝科官止工判謚靖憲甲寅都愼徵疏後以伋伋嘗救尤菴削黜乙卯放還

一齋 李恒 字恒之主簿自英之子松堂朴英之門人以遺逸官止掌令少業武好遊俠年二十餘始入太學以反身誠意爲主果於自信堅於自用不無病處而工甚篤傑然爲一世大儒弟子甚多與退溪分嶺之平而金克念以節義著學無傳者謚文敬

桐谷 李晃 字景升司馬繼裕之子文科官至佐郎與安府院君濟之五世孫百花軒之八世孫也

梧岡 李惟訥 桐谷之子有文集

妙軒 李奎明 字瑞卿以文學篤行者

一痴 李祇先 字子敬導之子文科官止叅議水路朝天百花軒十世孫光海朝科

號	姓名	記事
耉岩	李三省 星州	字希望文學行儉　底通透
牛灣	李　䲶	顯宗朝科官止縣令弁通政居開寧
恭簡公	李自健	字健之生員文科官止判書謚恭簡風神夷曠言論侃侃又有武才燕山時爲大司憲不忍觸諱遇事敢言中宗初政首拜大憲嘗言於朝曰理國道當在無偏無倚與衆共和也
叅判	李世仁	字元之生員文科官至吏曹判書操筆立書辭甚義直應對如流成宗朝科至燕山朝疏論柳子光中宗改玉後官至叅判歷事三朝直言極諫不顧一身之利害以誠意格勤立朝三十餘年家無餘儲
山花	李堅幹	字汝直碧玲人禮賓承雍之子前朝官至民部尙書進賢館大提學以文鳴世以詩驚人有山花之詩語故世稱山花先生
耕隱	李孟專	字伯純判書審子堅幹五世孫世宗朝科官止正言贈吏判謚貞簡生六臣一端宗時見時事艱危托以盲聾棄官歸鄕星州屢召不起謝絶人事家人莫知其托盲也至臨沒知
琴軒	李長坤	字希剛叅軍承彦之子耕隱再從孫進壯燕山朝科官止贊成兼兵判甲子逃禍己卯以判金吾救黨人己卯與少人入門
老村	李約東	字春甫縣令德孫之子山花傍孫文宗朝科官止吏叅錄淸白謚平簡救濟州有挂鞭投甲事
北峰	李敏善	字季進郡守碩明之子老村玄村官止縣令
聾岩	李尙逸	字汝休北峯子宣祖朝科官止監司
晩沙	李尙吉	字士佑敎官喜善之子北峯敏善從子宣祖朝科官止工判謚忠肅以叅於守愚之獄未免顚隮丙子入江都寓於城下十里聞虜兵渡江徃赴城市白刎而死時年二十八命旌

號	姓名	本貫	事蹟
			閭又命不祧識尤菴於童年曰此人非溪則谷也
拙夫	李尙伋	碧珍	字思彥東川之弟檜山丁煥之外孫宣祖朝科官止僉知贈吏判諡思剛亦死於江都
聾岩	李埛		字東野東川子仁祖朝科歷翰林三司官止叅判以大耋升知事壽九十一
素翁	李壙		字野叟拙夫子仁祖朝科未分館爲翰林官止承旨府尹嘗牧濟時善遇泉壤人受學于谿谷
丹厓	李志傑		字漸于素翁之子南溪門人又學于遂菴官止副正辛壬疏論偵儉獄之緩治操文哭尹志述懸尸下有求仁得仁之語被竄
琴湖	李志逵		字秀夫學生埬之子素翁從子進士壽職僉知辛壬力主少論竹陰趙希逸婿淸江李濟伯外孫
果齋	李世煥		字秀璋庶尹志雄之子拙夫曾孫南溪門人歷師傅至知敦寧諡孝憲辛壬爲英宗師傅無所標榜自作像贊因號二憂堂
浣亭	李彥英		字君顯佐郞鄧林之子山花之后寒岡門人宣祖朝科官止承旨
畏齋	李厚慶		寒岡門人官止縣監有文學
復齋	李道孜		字至之畏齋從子寒岡門人叔任並享靈山院
杏村	李嵒	固城	字古雲固城人鍊城君瑀之子十七登忠宣科官止門下侍中鐵城府院君諡文貞配享忠宣廟庭筆法絕古多有公輔之望繩墨居家不問生事以圖書自娛嘗語其子岡曰吾老矣無官守言責當以格君心爲務也

桃村	李嶠	固城	字嘉之杏村嵒之弟忠肅朝科官止吏部尙書○尙彌權臣禍將及乃托疾還鄕我太祖枉駕訪之遂轉入深山謝絶人事梅月堂詩曰淸風不歇桃村月者謂公也
平齋	李岡		字思卑杏村之子十五登科二十六以密直副使卒特命援例賜謚文敬時邊報絡繹而上下維持者公功爲多而惟務承迎識者或譏之
容軒	李原		字次山平齋之子十八中禑朝科爲本朝佐命功官止右議政鐵城府院君選淸白謚襄憲姿相魁偉氣宇寬弘晩以瞭昧廢
純齋	李臺		容軒之子官中樞府使有篤文學
靑坡	李陸		字放翁司諫坪之子鈍齋從子世祖朝官止吏叅少時倜儻不羈天性明敏端正博通群書尤長於史詩文名冠當時
歸來亭	李浤		字深源縣監增子鈍齋從子中宗朝科官止留守
臨淸軒	李洛		歸來亭弟官止佐郞贈吏議
雙梅堂	李胤		署令泙之子歸來亭從子成宗朝科官止副提學
忘軒	李胄		字胄之雙梅堂弟成宗祖科歷三司選湖堂官止正言戊午以佔畢門徒杖流珍島甲子被禍詩酒淸酔嘗有詩曰池面沈沈水氣昏夜深魚擲枕邊聞明朝迫近驪江月竹嶺連天不見君又云寒煙秋落渚獨宿暮歸遼之句華人稱之以獨宿暮歸遼先生
雙溪	李孝側		歸來亭子官止奉事
杏園	李阜		字子陵司果嶔之子鈍齋曾孫中宗朝登賢良科官止校理學識才行淸修卓節高於一世己卯被削後復科歸鄕

省菴	李佑	固城	字賢仲府使珌子鈍齋曾孫中宗朝科歷舍人官止判事判書
南皐	李瑩		字彥卿礪之子靑坡之孫宣祖朝科官止牧使
滄洲	李成吉		字德哉叅奉精纓之子桃村十世孫進壯宣祖朝科官止叅判壬辰謫北當乱在鄭文孚軍中書出勝捷之狀以善書有名
松岩	李魯		字汝惟宣祖朝科官止正言壬辰倡義官止叅奉孝範之子
義谷	李邦直	淸州	字淸卿淸州人琅城君季瑊之子文科官至集賢殿大提學琅城君
蘭坡	李居仁		字壽父刑部尙書挺之子義谷從子麗末嶺南都巡察使本朝爲檢校政丞淸州伯謚泰節有文集
淸虛堂	李居易		字樂天蘭坡弟本朝再爲功臣官至政丞西原府院君趙大臨獄幾死得免前朝科入耆社
九畹	李春元	咸平	字元吉咸平人郡守瑒之子功臣從生之五世孫朴思菴門人宣祖朝科官止監司天姿恬暢丰彩朗潤爲詩不事雕飾文亦古雅昏朝以湖西伯進供東朝如古坐奪官齊反正後以病風不復仕文科歷三司
龍溪	李榮元		字子善九畹從弟行誼甚篤隱居不仕文名與九畹齊名仁廟改玉除齋郎詔旨才下而己卒
歸休亭	李培元		琰之子養伯咸城君從生五世孫光海朝科官止監司
長浦	李效元		字誠伯尹瓘之子與歸休亭爲三從宣廟朝官止大司諫〇光海時與柳永慶李弘老等同被薦

襲翁	李 澥	咸平
		字子淵長浦子冊靖社功官止判中樞咸陽府院君謚忠靖
亮谷	李義吉	字方叔奉教澥之子礱翁從子朴潛治門人薦拜恭奉文章行誼爲士林所推許上以追崇疏被斥而卒年三十八
桂村	李之翼	字汝輝都正野老之子九畹從孫孝宗朝科官止禮判權遂菴之內舅甲寅托凶論詆訐毁尤菴首被引扳拜大司諫
耻菴	李之濂	字養而九畹從孫官止郡守從尤菴遊有學行
竹陰	李萬榮	字盛卿生員碩之子中宗朝科官止僉正三十八而卒以文章行誼名
竹谷	李長榮	字壽卿竹陰之弟明宗朝科官止大司諫兄弟俱享靈光祠
德峰	李 璥	字德温竹陰子明宗朝科官止監司初學于叔獻夢有神人告之而改之
桊室	李德一	字敬而父夢岳武穆入室而生宣祖朝武科官止虞候勇冠一世文章俱備丁酉與日戰徃來沙上賊莫敢近與李忠武同享
孝友堂	李 熠	水使春秀之子官止縣監享咸平祠父子同享
勿菴	李景鼎	以進士遊泮斥李偉卿發論徒步歸鄉屢擧自終改玉後累召不起
花泉	李壽鳳	縣監景翼子長浦旁五世孫文科官止大司諫
栗園	李樹吉	洗馬渫之長子長浦孫尹白湖婿官止別檢

號	姓名	本貫	事蹟
斗峰	李尙賢	咸平	字齋顯咸寧君沆之子歸休亭從孫頤齋崔來吉婿官止通政
咸恩君	李森		英宗朝李麟佐之亂竭誠輸忠決機奮武二等功封咸恩君武兵判再任御營訓鍊大將勇冠當世忠義高節
南谷	李釋之	永川	永川人版圖判書之子其父名洽也文科官止判書大提學見麗運將訖退居龍仁南谷以山水自娛光州有祠
西坡三友	李安柔		字而立南谷子太宗朝科官止正言朴習與同被罪
孝友堂	李宗儉		直提學安直之子西坡從子世宗朝科官止右諫議直提學
安谷	李宗謙		孝友堂弟早年於南谷以山水自娛三世四人並享大峙祠文科官止司藝
西山	李檣		判書禁遜子孝友堂五世孫官止叅奉
洛叟	李文淸		西山之子官止敎官
大田	李甫欽		字敬夫副司直玄賓之子世宗朝科官止應敎以順興府使與錦城大君謀復端宗死之贈諡忠壯享光州大峙祠
默隱	李鼎新		文學才行俱全俱備登進士
野隱	李鼎泰		登進士德望學高
聾岩	李賢輔		縣監欽之子燕山朝科官止戶叅錄淸白謝病東歸中宗嘉其恬退累加崇政階八十九卒謚文節人號燒酒陶甁以其外柔內剛也享永安汾江院

賀淵	李仲樑	永川	字公幹聾岩子中宗朝科官止監司
梅岩	李叔樑		字大用賀淵仲樑之弟退溪門人進士除王子師傅不就見重於師門德學俱全
艮齋	李德弘		字宏仲忠樑之子聾岩從孫官止縣監自丱角遊退溪門有學行薦拜衞率壬辰徒步覲王贈吏叅四子並莅蔵慕及孫榮俱登文科
鶴洞	李光俊		孝俊秀叅奉汝諧之子明宗朝科官止監司
敬亭	李民宬		字寬夫鶴洞子宣祖科官止承旨選湖堂
紫岩	李民寏		字而壯敬亭弟宣祖朝科官止叅判己未以姜弘立從弟陷虜東還
斗峰	李民培	牛峰	牛峯人判事周之子太宗朝科官止海伯
峰友堂	李之忠		引儀諶之子斗峯玄孫受業於金慕齋亭淸州松泉院
葆眞菴	李之信		字元立三友堂之弟文科歷監司官止副提學
魯菴	李劼		字勤夫葆眞堂子壬辰倡義
晩晦	李靑謙		字唱吉魯菴子沙溪門人學行薦官止戶儀夫人尹氏丙子殉于江都而其子翻及子婦二人幷赴火殉表以節孝祠
逸休堂	李翻		字仲羽晩晦子孝宗朝科歷三司官止右議政與尤菴往復通書契分相善

農齋	李翊	牛峯	字季羽逸休弟肅宗朝科官止吏判己巳竄長興卒于謫○善治農故以爲號世稱農齋爲西神農考稼齋爲東神農
打愚	李翔		字雲擧農齋弟逸薦官止吏叅大司憲自少不事學業操履篤確自經丁丑之變絶意名利杜門求道遊愼齋門用尤春薦拜官僚乙卯禮論竄寧海懷尼之爭與酉峰書極其嚴峻后爲石不悅者所陷己巳後以暡昧事瘦死獄中後乃得伸
歸樂堂	李晩成		字士秋逸休子出后翖退憂堂金壽興之婿肅宗朝科歷吏郎官止吏判贈左賛成謚忠肅壬寅禍瘦死爲群小所誣也
陶菴	李縡	[illegible]	字熙卿進士晩昌子歸樂堂晩成之從子屯村閔維重之外孫吳陽谷之婿肅宗朝科官止吏判少學于叔父歸樂堂以詩名自辛壬以後不復仕沈潛性理之學天姿明透學問純正文章節行爲世大儒有文集及禮書
知菴	李維		監司晩堅子陶菴從弟仍學焉官止諮議
華泉	李采		大司諫濟遠之子陶菴孫退軒趙榮順之婿蔭仕歷承旨官止叅判子光文正言俱登科叅判書
節士	李翖		字和仲丙子入江節投身義旅分守康津甲津失守携家往吉祥山中途遇敵兵抗義不屈投火救母即投烈焰而死時年二拾三歲也
東皐	李蓂	禮安	字堯瑞禮安人縣監寶幹之子遠祖夢恭混自全義移籍中宗朝科官止左議政錄廉勤謚貞簡賜几杖癸丑言乙巳之冤即日超拜刑判
栗園	李琪		字恭甫進士淑之子東皐再從孫宣祖朝科官止持平
松洲	李瑮		字光瑩監役檣之子蒙菴之后中宗朝科歷翰林吏郎官止舍人有文名善飮酒早夭

不欺齋	李涎	禮安	字子淨郡守國衡之子松洲曾孫宣祖朝科官止正爲大北心腹癸亥被竄
巍岩	李東		字公擧郡守泰貞子出后伯父進士泰亨遂菴門人逸薦諡議官止知縣贈吏判諡文正以理氣說與南塘相卞温陽享祠蒙菴之后一號秋月軒一云東泉
松齋	李堣	眞寶	字明仲眞寶人進士繼陽子燕山朝科官止戶叅有文名撰東國史略有文集享淸安院中宗反正與尹璋曹繼殷直政院從狗竇出人笑之反得功後爲許眉壽之所駁奪
温溪	李瀣		字景明進士埴之子松齋從子中宗朝科官止大司憲嘗劾李芑奸狀又有時望爲李洪男所誣杖流道卒贈官賜諡
退溪	李滉		字景浩温溪弟中宗朝科選湖堂官止賛成贈領議政諡文純從祀文廟配享宣祖廟庭天姿粹厚德器宏深學以朱子爲師踐履篤至于大成士林仰之如泰山北斗實國隱後一人也栗谷於五賢從祀之議以爲若以靜退二先生從祀則夫誰曰不可休菴問靜退勝劣栗谷曰資質則靜勝於退學問則退勝似靜自官尊以後不復立朝蓋亦自度其才不足於經濟邪正有文集及喪禮朱書節要理學通錄等書
蒙齋	李安道	[redacted]	字逢源僉正寯之子退溪孫官止直長學於家庭爲名碩
頤叟	李孟常	陽城	叅判澥之子文科官止兵判五子俱登文科
陽村	李謙之		字順叟頤叟子世宗朝科翰林官止掌令
龜村	李全之		字子敬陽村弟世宗朝科官止中樞
訥齋	李芮		字可成龜村子世宗朝科重試歷三司官止判書諡文質

花山處士	李苴	陽城	牧使思謙之子頤叟之從侄屢徵不起牧使思謙子
三灘	李承召		子胤保花山之子大科選湖堂錄佐理功官止禮判陽城君○謚文簡能文章世宗朝重試
悔軒	李廷英		生員百根子官止縣監有文學
薇山處士	李球		僉正允哲之子三灘曾孫
戇翁	李舒	洪州	字孟陽洪州人提學起床之子前朝科入本朝錄開國功臣左政承安平府院君再致仕謚文簡以孝旌閭
壯烈公	李希健		舒之八世孫世居延安武擧歷安州牧使錄振武功封洪陽君甲子破适于鞍鞭峴賊平卽回軍至肅川遇敵而死贈左議政
蓀谷	李達	新平	字孟之雙梅堂詹之后文章甚高與崔孤竹白玉軒共稱三唐落拓不得志以學行學官終○嘗爲賓使從事孤竹爲靈光郡守往遊焉眄妓紫錦而無價公題詩於裳曰商胡賣錦江南市朝日照之生紫烟美人欲取爲裙帶手探粧奩無直錢孤竹曰益之詩一字千金乃逐字直布三疋以需其價如病客孤舟明月在老僧深院落花多句眞膾炙一時
南村	李蘧		字仲尙奉事世純之子雙梅堂詹之旁孫明堂朝科官止叅判母蔡氏壽亭一百三歲
槐堂	李天啓		字亨伯府使鎭奉之子中宗朝科官止舍人嘗劾李芑乙巳竄海而卒
東川	李照		仁祖朝科官止郡守有孝行能文詞丙子傳檄召募義兵聞下城悲憤而作詩見志
金剛居士	李顒	仁川	子常之子前朝事文順宣獻肅睿六朝官止門下侍中大學士謚文良

號	姓名	本貫
清平山人	李資玄	仁川
雙梅堂	李詹	新平
雙明齋	李仁老	仁川
貞憲公	李子淵	
文貞公	李藏用	
希賢堂	李永瑞	平昌
東湖	李季仝	
晩翠堂	李琡	
海隱	李昌煥	
青溪	李東運	
烟岩	李佐薰	

字士精侍中䫜之子金剛居士從任與侍中資諒爲從兄弟不仕謚靜史稱公多置田宅而退溪以爲吏論太刻許之以鴻宜物表蟬脫溷穢辭召表曰以鳥養鳥庶免鍾鼓之憂以魚觀魚俾遂江湖之性蓋公以禪首自娛嘗入清平山故因自號

字眉叟明宗朝科官止諫議大夫

趣之子字少叔新平人前朝科入本朝官止議政府事謚文安嘗爲諫官與朴尙衷田祿生効李仁任謫守春川蓀谷之先祖

右僕射李翰子高麗文宗朝爲吏部尙書謚章和精嚴事理明於論政封慶源君開國公食邑三千戶配享文宗廟廟子顥慶源伯子逌門下侍中謚貞憲三女皆配文宗爲賢妃

字顯甫貞憲公子淵之六世孫儆之子也淸儉寡欲通經史善斷事官至平章事太子太傅封慶源郡開國伯食邑千戶高麗名臣智德甚高當世一人年七十二卒謚文貞

字錫類平昌人副丞宋美之子文科湖堂校理世祖朝科世稱入文章

希賢堂子武科官止中樞謚憲武時稱名將文武全才且有德君子

別提廷直之子希賢堂六世孫以逸薦官至敎官

晩翠堂子官止洗馬不就

奉朝賀光溥之子海隱玄孫濟西尹德熙婿進士而有詩才

承旨東顯之子海隱五世孫

老圃	李亨漢	平昌	居金川以詩鳴於世
雲岳	李涵	載寧	司直殷輔子文科官止知縣登第以兼用老莊語見拔再登科
石溪	李時明		雲岳子官止叅奉
葛菴	李玄逸		石溪子肅宗朝科官止吏曹判書己巳以疏語侵犯坤殿甲戌遠竄追削壬寅復後復削還復
恒齋	李嵩逸		葛菴弟薦拜縣監弟靖逸號平齋隆逸號定于齋徽逸號存齋俱有文名
息城君	李雲龍		武科玉浦萬戶壬辰嶺南先潰水使元均欲弃船遁公抗言曰此地乃兩湖要地今吾衆雖弊豈捨此欲安均從之請擧李舜臣來會與之破敵丙申移拜左水使錄宣武功封息城君贈兵曹判書
東菴	李潑	光州	大司諫仲虎子宣祖朝科官止副提學與栗谷友善汝立之獄連栲死後伸寃光州人也
南溪	李浩		字景淵東菴弟宣祖朝科官止應敎與其兄同連汝立獄後伸
蒼石	李埈	興陽	字叔陽興陽人主簿守仁子宣祖朝科官止副提學有文學退居嶺南與鄭愚伏齊名
月澗	李㙉		蒼石弟逸拜洗馬與其兄同享玉成書院今尙州
雙栢堂	李世華	富平	字君實富平人以載之子出后叅奉熙載孝宗朝科歷六曹判書將卜相選淸白贈領議政謚忠肅己巳諫廢妃竄定州

竹湖	李廷濟	富平	字仲協承旨世維之子雙栢堂從子肅宗朝科官止戶判諡忠貞辛壬後主少論
釣隱	李 邕	牙山	麗朝官止門下侍中本朝贈左議政
安谷	李重明		字子文監正徧金之子釣隱八世孫官至奉事疏請建皇廟
勳安居士	李承休	京山	官至密直副使年老致仕力學能文章惟正言見忠宣屛諫臣不復仕無求於要名世高其節
白川	李千封		進士忱之子字叔發寒岡門人官止都事
貧都	李之馧	公州	瑀之子字子聞叅判如海之孫仁祖朝科官止刑叅選淸白享安邊鶴湖祠
楓溪	李 鍵		慶祉子文科官止正
文烈公	李兆年	京山	府吏長庚子恭愍朝錄勳官止星山侯諡文烈天姿嚴正志堅氣確敢諫發直王亦憚畏且敬嘗歷政堂文學提學
安齋	李世應	咸安	字公輔副正季靑子文科叅靖國功官止叅判咸安君諡襄簡子霖文科官止吏議乙巳士流
寬谷	李 隨	鳳山	生壯太宗朝科世宗朝在潛邸時受學于公及卽位擢用官止吏判諡文靖配享世宗廟庭
琴隱	李陽昭	順天	代言師古之子太宗之龍潛故文亦與同榜官止郡守麗亡遯世拜官不就上親臨其居亦爲謝絶不見賜所居山名曰淸華後以此贈諡華公太宗聯句曰秋雨半晴人半醉公對曰暮雲初見月初生暮雲卽上之微時所幸姬也上下床握手曰眞予故人也

松谷	李　薈	泰安	少尹卿之子調朝科官止司諫以詩文鳴世
南村	李公遂	益山	崖之子忠宣朝科官至贊化功臣功益山府院君謚文憲性明愼剛毅嘗復王位以辛旽之忌自爲戒滿退居德水享益山院
益齋	李希孟	古阜	字伯醇成宗朝科官止都承旨贈文安佔俾門人享古阜院
安分堂	李希輔	平壤	燕山朝科選湖堂歷吏部官止同知讀書萬卷有文名
龜岩	李　楨	泗川	字剛而湛之子中宗朝官止副提學初學于圭菴河西終聞道于退溪之門有宋諸儒道學之書自公始刊布所著文集及景賢錄行于世宣廟朝累召不起居萬竹山中敎授生從而終亨泗川書院
黃江	李希顔	陜川	已卯名賢兵使允儉之子與兄校理希曾吏郎希閔世稱三玉操玉卓然才兼弓馬以逸拜縣監前後凡三應命南冥以詩曰書生三度朝天去不見君王面目來山海亭中夢幾回黃江老漢雪盈腮此是南冥之詩嘲云耳
松溪	李麟奇	青海	字仁瑞兵使沃之子也青海伯之蘭六世孫官同知壽八十三以文章名而尤善於筆琴歌射御皆極其妙昏朝見時事大變不入城子重老兵使殉忠壯也玄孫裕民文科正卿壽民統制使而子重老郎青興君也嗣隱與爲忘年之交
青海伯	李之蘭		字武馨本姓佟名豆蘭世居眞部落元來善射元之末國亂遂東渡江而來太祖潛邸時往見一言契合從太祖累立戰功陪太祖幸永興還于學壞上疏請爲僧遂落髮有子四人皆至顯榮年七十沐浴坐化官至左贊成謚襄武青海伯

松谷	李瑞雨	羽溪	字潤甫正郎慶恒子有高見卓行
伊峰	李舜民	蔚山	字皡如應時子宣祖朝科官至正郎通屋致善談人命
橡峯	李　慥	德山	瑛之子進士有文學
訥齊	李光庭	原州	後龍之子出后光龍薦拜洗馬居嶺南有經學多成就後學有文集
華陰	李時恒	遂安	字士常肅宗朝科官止兵郎本自全義移歸
楓溪	李景華	振威	佐郎檝之子尤菴門人進士有行誼
梅軒	李光後	順興	享慈仁龍溪祠
竹軒	李昌俊		梅軒光後弟與兄幷享
贅菴恩陽君	李　諒	全州	桂林君瑠之子成宗曾孫
鵠洲	李夢男		公山正挺之子太宗五世孫
東皐	李　⿰忄皆		景紃之子退憂堂景慄從子文科官止副提學
虛舟	李　憎		景嵱子東皐從兄弟官止牧使

松石	李寬	全州	洗馬彥諄子孝寧大君補六世孫官止郡守弟覺文科書
歸來亭	李師聖		縣監承器之子孝寧大君七世孫文科官止叅議
退休堂	李求益		生員惕之子廣平大君與五世孫蔭官承旨四子俱登文科
玉潭	李應禧		驪興守玹之子成宗五世孫有學行昏朝廢學
梧洲	李幼洙		洗馬時中之子宗英順川君琩之孫坡谷誠中從侄官止縣令
明谷	李震白		洗馬命耆之子梧洲從孫鄭太和外孫官止司諫
晩晦	李衡徵		瓶窩衡徵之弟官止都事
楸灘	李瓊仝		字玉汝判官達誠子黃岡文挺玄孫官止大司憲文名一世
松菴	李師益	慶州	直長軌之子菊堂蕃九世孫有卓識高行
白石	李衡萬		判書聖龍之子四留廷馣六世孫文科官止承旨
觀瀾	李承曾		進士事親至孝土賊入郡過其廬相戒不入除職不就自上命旌閭事在三綱行錄
霞谷	李巒	全義	奉事潤身子藥峰鐸之玄孫官止諮議不仕嘗求婚於尹石湖石湖問於尤菴尤菴曰譽之者以爲顏曾毀之者以爲跖也

盤溪	李三達	全義	霞谷櫶之子官止叅奉
水月堂	李之英		縣監宗文之子東岩叟阡之十一世孫文科官止評事
後谷	李星徵	延安	灘翁袨之子文科官止黃海監司
鼇山	李 湜		字正源鼎徵之子稼隱檡孫後谷星徵再從任官止江原監司
竹陰	李 滉		締徵之子灘翁袨從孫叅奉不仕
二憂堂	李萬元		字伯春叅奉洞之子後谷星徵之孫文科官止吏叅平監延陵君己巳叅書疏
醒軒	李之億		進士萬善子出后縣監萬成而二憂堂萬元從子文科官止兵曹判書
一竹	李惇五		蓮峰其卨之子官倉守贈吏判諡忠顯丁丑江都殉節旋閭
芝田	李景憲	德水	杜谷累容弟官止叅判文科
桐江	李 瀩		鳳鎭之子芝田景憲旁五世孫有卓識
六一軒	李弘基	星州	進士有文學
茅齋	李弘量		六一軒弘基弟官止叅奉

李弘宇	星州	茅齋弘量弟官止知縣三兄弟並享星州祠	容齋
李思敬		麗朝判司宰監事見國將乱率五子隱居開寧牧隱作堂記	送月堂
李元紘		恭讓朝爲評理使有文集	春谷
李藏		文科止判樞出征野胋	佛谷
李源	陝川	字君浩博學力行尊慕南冥退溪兩先生與寒岡守愚契分甚厚好善惡惡出於天性其子光坤亦入南冥之門	清香
李光友		字和甫清香堂源之從子早及南冥門清貧自守於物慾談如授官固辞不仕	竹閣
李質		字文素居茂長有至孝居廬時山鼠汚穢祭物泣涕竟日群鼠來斃以親嗜雉每祭有雉一日雉不得涕泣自責雉忽自投廚中一夜大雪環墓之地無一點雪以孝奏天朝奇高峰梁松川投皆推服享茂長祠	永慕堂
李天慶		字祥甫早廢科受學於南冥力踐精詣丁母憂而遭壬辰乱載木主祭器顚沛流離之際不廢朝夕祭尊享永平淋流院	日新堂
李聖任	全州	洞之子益安大君芳毅六世孫宣祖朝科官止海伯○以新恩還鄉嶺伯辞朝滿朝出餞見公呼唱使人欲試其才公應口成詩又自爲之歌以肇翰文詞言語歌聲容貌八皆玉也故號爲五玉魁配定文武藝上特賜內廐馬二疋以二手牽出	月村
李元培		敬寧君之后尤菴門人經明學博自厭世囂娛樂林泉隱德不仕世稱林下處士	永慕堂

陶邱	李濟臣	全州	字彥遇逃世以後改以愚弱冠遊泮庠與金后溪範裵洛川紳齊名自經乙巳無意於世日遊名山放歌傲遊自娛仁宗喪心喪三年値諱日整衣戲敘忠孝之行淸狂之節當世無比河覺齋挽公曰異人神人不羈人三人化作一人身享晉完字
鷗洲	李黿溟		字汝涵蔭仕判官能詩與東岳唱酬
松岩	李煥		中司馬自丙子後杜門不出作悲歌十首以寄懷于世丁憂居廬啜粥三年旋閭而贈持平奉事格之子靑坡穆五世孫生員
七松	李頜		華陽洞本主人
斗川	李瑋		字伯温農岩門人蔭官郡守英宗朝科直拜文學是年卒性耿介高潔且有卓見
賓菊	李齊賢		善畵葡萄
竹友堂	李廷麟		字祥甫栗谷門人外士有文學
晦堂	李沆		有文學潔行
雲塘	李琰		字玉吾南冥門人嘗用功於愼齋守愚許以務實篤行享晉州字
栗島	李敬承	杆城	居北關官止判官享安邊玉洞院丙丁以後不仕嘗有詩曰魯連蹈海秦無帝陶令歸山晉有臣仁廟朝科歷南床官至判官
薇谷	李善承		栗島敬承弟進士與兄幷享

松石亭	李仁容	杆城	武科官止僉正聞朴松堂風弃官歸鄕卜築溪山以終
梧亭	李宜炳		蔭仕縣官工於筆法
恩軒	李玖		居狹川性至孝有學行贈佐郎
芳村	李瑭	固城	字緘彥仁祖朝以文行除叅奉
短谿	李惠		官止知甫州身短口谿故自號有文學至行
愚翁	李慶趾		有學識進士有華山酬唱錄
野老	李淳		官叅奉享星州柳溪院
狂夫	李芳秀		官止府使能扛沙五十斛有忠孝大節而自晦不進
笑醒	李顯達		官止摠管
清麓	李尙泰		進士能於詩
松坡	李德敏	龍仁	字季度隴西永成子官止正郎有學行享牙山仁山院
巡邊使	李鎰		字重卿觀察使伯持之後明宗戊午科官至左叅賛壬辰爲巡邊使募兵申砬之戰忠州爲先鋒平壤之役多獻功績受賜白金二十兩褒其忠勇

西村	李慶昌	龍仁	居松都有文集白閣序之
蘆坡	李屹	碧珍	字子山官止洗馬享三嘉古岩祠
瓦谷	李翊聖		以寫字官止都事筆法與石峯齊名
果菴	李恒吉	全義	字子久沙溪門人丁卯亂從先生召募討賊以勞除叅奉不就壽八十餘鄕人立祠享之
信菴	李俊良		字子修南冥門人有文學
蒙齋	李燔	咸平	叅奉杜吉子明齋尹先生門人有學行
松齋	李澳		寒岡門人學高行潔
筆齋	李成已		有學行高名
四梅堂	李應鍾		亭長城倡義壇
雙尖堂	李仁賢	鎭安	文科郡守英俊子中宗朝科官止正亭鎭安靈溪祠
盆谷	李承璧		有文學篤行
遠心堂	李堉	全州	月潭久源之曾孫英宗朝科官止堂上寒岡門人

鳳城君	李屹	全州	中宗王子封鳳城君宗英中最聰明仁孝被奸臣金明胤之所誣配蔚玲丁未賜死宣祖朝伸雪
梅谷	李用賓		享潭陽池洞祠
茅村	李淨		享晋州大覺院
玉山	李起春		享高靈道峯院
石峰	李海龍		慕齋門人有學行享扶安淸溪宇
石湖	李承幹		享扶安淸溪宇
春坡	李惟馨		字德甫同知曄之子天默齋尙馨之再從官止都事昏朝廢氣
屹峰	李業		同春堂門人有學行
梧岡	李毅敬	原州	典籍彦悅之子以遺逸官止副率享康津月岡祠
月岡	李廷祥		沙溪門人有學行
德岩	李碩慶		從寒岡遊文學
竇岩	李璣玉		寒岡門人學高識博

市西	李日三	原州	字省吾進士善書書大報壇
萬松	李寅鄉		字潭陽池洞祠
雙梅	李鶴		字羽仙有文學
坡谷	李馥	全州	安昭公良祐後牛溪門人
水南	李彝章	韓山	陶谷必重子文科官止叅判享康津月岡祠
西疇	李彬	原州	仁祖朝文科官止持平享康津月岡祠
龜岩	李元培	公州	居鏡城行高才全有名當時
鏡湖	李宜朝	延安	字孟宗雲坪門人篤於禮學所著有家禮增解行于世贈都憲
贈兵議	李希老	丹陽	評之五世孫武科有勇力有功於丁卯之亂贈兵曹叅議
義士	李者立		有勇略深河之役自願入募將軍金應河素聞其名留署募將倚以爲重車嶺之役者立與鄭奇男衝突敵陣身被數十創臨死呼奇男曰男兒已死誰將我死之報于諸兄群任以雪今日之恥乎言訖與主將同死柳樹之下
老峰	金克己	慶州	麗朝高宗時科官止翰林能文章題咏編載勝覽

草屋	金震揚	慶州	字士靜恭愍朝官至左常侍○與諫官劾趙浚鄭道傳及圃隱遇害杖流而卒陶隱作傳性慷慨不群所莅地多聲績
桑村	金自粹		字純仲通禮門副使昭之子恭愍朝科官止都察使太宗以刑判徵之不起因而自殺○嘗以正言言事杖流性至孝安東所居有孝子碑師友圃牧諸賢牧隱作純仲字說
十淸軒	金世弼		字公碩僉正薰之子桑村自粹之玄孫燕山朝科歷三司吏郎選湖堂官止叅判贈吏判謚文簡○甲子被罪己卯赴京還仍經筵經學講過勿憚改極言罪當人之過南袞金詮忌之杖流放還退歸忠州癸巳復官而卒公天姿甚高充養有素尤善啓沃之任子礎以直臣死於乙巳謚忠愍享忠州八峯院
南谷	金　凝		字汝望重慶之子忠愍公礎之孫從事溪潭之門倡多士卞師誣昏朝廢論弃歸故山改玉後徵拜忠州知川祠配享
欖谷	金鼎鉉		生員峋之子十淸軒玄孫文科官止僉知終至右尹
菊堂	金益昌		震海之子十淸軒六世孫文科止僉知
獨坐翁	金光岳		進士鼎相之子十淸軒之七世孫文科官止知縣
默齋	金弘翼		察訪積之子桑村八世孫丙子以連山縣監覲王敗而殉贈吏判謚忠愍旌其門
鶴洲	金弘都		字文叔默齋之弟仁祖朝科歷翰林三司官止監司贈吏判謚文貞以海伯伸姜獄卞杖死後尤菴陳自伸寃
龍谷	金有慶		字德裕生員斗徵之子鶴洲之從曾孫直齋李箕洪之婿肅宗朝科官止判書致仕○爲泮任與鄭亨益上疏請祀神皇爲持平時言尊號之爲媚壬寅竄肅川移洪州乙巳首拜戶議一生秉直於義理淑慝之別極其嚴正以是被竄逐而不悔以孝旌其閭儷文名于一時

壯菴	金光	慶州	正郞孝貞之子官止叅奉行高學廣
冲菴	金淨		字元仲壯菴光之弟也中宗朝科歷三司副提學選湖堂官止刑判提學贈領議政諡文簡命不祧以淳昌倅爲與訥齋上疏請復妃立朝與靜菴同志合道激濁揚清期回至治己卯之禍下獄杖配錦山徃見病母未及還鄕移配珍島事覺裂衣上書減死安置濟州辛巳竟賜死時年三十六自數歲知讀書習字幼而孤喪制如禮事母能孝其學初陷老莊後所見極高明文章本於庸學己卯之際群賢彙正不無求治太銳之意一二好事亦或嫉惡太過公與靜菴以爲深憂而事已無奈欲退則恩遇甚重以至於禍或以此歸咎於公與靜菴者是不知公與靜菴也有詠松詩三篇士林傳誦莫不憐之
倉丘堂	金聲發		字景時察訪益謙之子冲菴曾孫文科歷三司官止承旨
麋村	金元亮		字明淑汴之子舍人天宇之曾孫大宇即冲菴從侄也沙溪之門人遺逸拜持平以勳追封月城君反正後辞爵甲子入斬後伸寃
晩翠堂	金偉		字汝器判官士傑之子鷄林君稛之七世孫明宗朝科官止刑判淸名直道見重於世
松崖	金慶餘		字田善進士光裕子晩翠堂孫仁祖朝科官止副學贈領相諡文貞松潭宋柟壽外孫默齋李貴之婿丁丑講和後退居邱園及孝廟初服與尤菴講復雪之義於尤菴最相善先卒其年終之義愼齋函稱之
貞靜齋	金德運		重錫子松崖曾孫官止叅奉
酒隱	金命元		字應順大司憲萬鈞之子鷄林府院君稛之六世孫明宗朝科判六曹卌平難功官止左議政慶林君諡忠翼退溪門人

野塘	金南重	慶州	字子珍僉知守廉子酒隱孫光海朝科歷翰林官止禮判謚貞孝天姿仁厚符彩英發不爲黨論同春樂靜議雖不合稱長德
楓崖	金必振		野塘之子蔭仕縣監有文集
盤阜	金始振		字伯玉南獻子酒隱曾孫滄江趙涑之婿仁祖朝科官止叅判
壽谷	金柱臣		生員一振子野塘孫肅宗朝科以順安縣令爲肅宗國舅升領議政敦寧慶恩府院君謚孝簡仁元王后定策立英宗也公之力最多辛壬間爲外少而內老云有文集行于世
竹亭	金榮一		字習請邦祚門人以六條薦除官不就寃死於己丑之獄
翠屛	金昌一		字亨吉桑村之后官止同知少從金暘菴晩事守金愚守愚稱其潔行高節待之以友徵召爲郡守老升同樞壽八十四原州有翠屛仍以爲號
文簡公	金富佾		字天與新羅宗姓太祖初置慶州以魏英爲州長卽公之曾祖國子監祭酒左諫議大夫覲之子也兄弟四人富弼富佾富軾卽高麗太祖時人也官歷戶部禮郎三部尙書謚文簡其弟三人皆登大科名望德譽名於一世○公之雄辯折裏人莫之敵名重當世卽高麗太祖時人也富軾弟富儀也
貞善公	金仁鏡		平章事義玲之四世孫高麗朝明宗時官至舍人才識精敏善肄書公與蒙古戰于野貶尙州牧使之時故舊無一人相送者唯門生餞于郊公詩云一鞭幾盡掃湖塵萬里南荒作逐臣子諫成至尙書孫承茂美容儀卓才識官至御史
北逸	金瀅		字載淸弘博良輔之子十淸軒再從侄明宗朝科官止通政牧使
快軒	金台鉉	光州	字不器光州人監察御史須之子官止門下侍中僉議政丞謚文正配享忠肅廟庭○風姿端雅眉目如畵性怡靜言行以禮事母至孝歷事兩朝進退以義習歷代典故少時往

光州

松堂
鈍軒
致堂
蓮溪
鳳谷
雲岩
後凋堂
挹靑堂
山南
養正堂
霅月堂

金光載
金光轍
金懷祖
金瞻
金東準
金緣
金富弼
金富儀
金富仁
金富信
金富倫

學先進之門先進奇之引入內餉之其家有女新寡一日從窓隙以詩挑之自此絕不復往

字子輿快軒台鉉子官止僉議評理三司右使謚文簡立朝言論慷慨事母至孝表其坊曰孝子里恭愍朝卽位閉門不出

松堂之弟官至判密事謚文敏

鈍軒子官止判圖判書

致堂子麗祖右軍統制使入仕本朝

字而軾鈍軒之后沙溪門人進士官止監察丙子以後歸鄉累徵不起享全州石溪祠進士熙止即公之父也

字子由生員孝廬之子快軒之后中宗朝科官止監司大司憲嘗劾金安老黜補安老召還

字彥廸雲岩子退溪門人進士以逸薦叅奉不就後贈謚文純

字愼仲後凋堂弟與兄同師退溪司馬除齋郎不就篤志力學

字伯榮生員綏之子雲岩從子退溪門人官止兵使

字可行山南弟退溪門人進士先生稱其篤志力學

字惇叔養正堂弟退溪門人生員以遺逸官止知縣有文集先生嘗命造璣衡

近始齋	金垓	光州	字達遠挹淸堂子宣祖朝科官止待敎壬辰爲義兵將卒于軍文學早成自弱冠已有重望有文集
溪岩	金坽		字子峻雩月堂子光海朝科托疾不仕屛居禮安仁廟政玉以司諫召登途稱疾而返桐溪歎曰吾王之有某如武王之有伯夷英廟嘉其樹立比之殷三仁
九峰	金琠		字子厚山南子退溪門人有學識
北厓	金圻		字止叔九峰之弟聾岩李賢輔外孫通溪門人逸叅奉不事科業篤志學問
迂軒	金璁		字明寶光述子養正堂之曾孫文科官止校理丁巳以持平右鄭之虎
風詠軒	金彥琚		字秀珍敎授楨之子快軒十一世孫中宗朝科歷三司官止判校退老光州而不仕
桊村	金忠男		頤之子快軒十二世孫
鳴岩處士	金廻		字叔明桊村忠男之子高霽峰門人文章鳴世而廢擧不仕名在光山誌
七梅堂	金浯		字仲源進士成輅之子鳴岩處士孫金愼齋門人生員以文學著名
竹隱堂	金震羽		字威卿快軒之后有孝友之行積於性理之學著童蒙訓說
晩德	金大器		字玉成詠導應之子快軒十二世孫遊松江沙溪之門有遺稿
瑞石	金彥昴		習讀誠之子晩德從兄弟官止司評享長城倡義壇

幷享倡義壇有文學

蒼泱	金彥希	光州
獨松亭	金鎧	
黃岡	金繼輝	
沙溪	金長生	
慎獨齋	金集	
虛舟	金槃	
滄洲	金益熙	
瑞石	金萬基	
西浦	金萬重	

叅奉昭胤之子右相國光之曾孫文科官止吏曹判書錄清白

字重晦縣監鎬之子獨松亭之從侄明宗朝科歷翰林南床官止大司憲○聰明强記有宰相之才其爲箕伯也栗谷以爲鍊達時務不可去朝爲學雖無踐履工夫而所見超諸文章鑑識爲一代宗主

字希元黃岡之子以遺逸官止叅判贈領相謚文元從祀文廟○受學于栗谷又出入於牛溪門德器純厚造學淳粹貫通禮學所著有疑禮問解近思錄釋義經書卞疑家禮備要等書及遺稿文集壽八十四

字士剛沙溪之子松塘俞泓之婿以遺逸官止判中樞謚文敬繼家篤學力行爲世儒之宗且用工於禮學沙溪門下如同春尤菴草廬諸公皆卒業於公孝宗初銳意復雪先生爲吏判會北人駭聞乃退歸配享孝宗廟有從祀文廟之議而不果享連山及光州祠後乃從祀文廟

字士逸慎獨齋弟仁祖朝科官止吏叅世與慎獨齋幷稱雙璧

字仲文虛舟之子怡愉堂李德泂婿仁祖朝科官止吏判謚文貞與兩宋先生際遇孝廟銳意復雪尤菴之歸公出喩聖意及尤菴出而擔當世道公已沒矣孝廟每對尤菴嘆惜

字永叔忠顧公益兼之子滄洲從子孝宗朝科歷副學典文冊保社勳爲肅宗國舅官止領敦寧光城府院君謚文忠○有文學大鎰庚申與息菴默齋凶黨以悟上心公功爲多

字重叔瑞石之弟東里李殷相婿顯宗朝科官止兵判謚文孝文章冠于當世又善於詩歌己巳安置南海卒于謫以孝旌閭

六花堂	金萬增	光州　字景能滄洲子官止知事
醉仙	金萬均	字正平滄洲子靑湖李一相婿文科官止大司諫
晩求窩	金鎭龜	字守甫瑞石之子希菴李光稷之婿肅宗朝科官止兵判光恩君謚景憲己巳安置珍島 竹泉濟州置
竹泉	金鎭圭	字達甫晩求窩弟肅宗朝科官止禮判謚文貞大小科俱登魁性剛直敢言藻鑑出衆掌 試頗秉公道
退漁子	金鎭商	字太白叅判萬埰之子六花堂從子肅宗朝科官止大司憲○自經世禍勇退不仕辛壬 被竄淸直風致放浪山水自娛以卒
柳下	金鎭玉	字伯温醉仙子尤菴門人蔭仕官止監司酷肖沙溪尤翁甚愛
蘭谷	金鎭岳	字汝吾萬堅之子滄洲從孫竹西李敏廸外孫李芝村婿有文才
惕齋	金普澤	字仲施北軒弟蒲菴李師命婿肅宗朝科官止監司壬寅追奪善書有文行
北軒	金春澤	字伯雨晩求窩子不仕○豪邁不羈文章奔放且多才局而不能檢束累入鞫獄入輒白 放而縱非端雅然乃世間豪士也
白雲軒	金雲澤	字仲行惕齋弟肅宗祖科官止叅判謚忠愍贈吏判命命不祧壬寅杖死乙巳復伸
竹軒	金民澤	字致仲白雲軒弟肅宗朝科官止校理贈副學士寅杖死乙巳伸
萬竹	金延澤	竹軒之弟出后叔父鎭符官至副率

健齋	金陽澤	光州	字士叙鎭圭之子文科歷三司官至領議政諡文簡
孤松齋	金龍澤		字德雨牧使鎭華之子西浦之孫蒲菴李師命婿壬寅以布衣禍被而五人之一贈執義
存吾齋	金光澤		字德輝孤松弟進士壬寅配長鬐乙巳放還
寶稼齋	金敏材		字士修存吾齋子以學行薦官止翊衛
迷菴	金偉材		白雲軒子官止副率
坯窩	金相肅		字季潤右尹元澤之子柳下鎭玉之孫官止郡守以善書名
固菴	金相茂		字仲陟壽澤之子六花堂曾孫文科蔭仕官止叅議
石堂	金相定		郡守令澤之子退漁子鎭商孫文科官止牧使叅議
藝園	金斗烈		字英仲迷菴子出后聖材爲惕齋之孫官止郡守以善篆肄名
過齋	金正默		字而運藝園之弟出后有文學之名
沙西	金觀秋		字伯大材之子孤松齋孫官止直長
芹窩	金憙		字善之僉知相庚子困菴之從子雲坪宋能相婿英宗科選奎章閣官止左議政諡孝簡

赤谷 金益廉 光州
字遠明府使桀之子黃岡之族曾孫孝宗朝科官止司諫有文名嘗疏救尤菴被削黜

丫溪 金一鏡
字人鑑夏重之子出后呂重赤谷孫肅宗朝科官止叅贊辛丑上不道之疏爲萬古所無之凶逆甲辰正刑

文安公 金良鑑
高麗文宗朝科官止太尉謚文安嘗入唐朝倣文廟之制創始於東國文獻理學之功最大與蘇東坡交契相許及作別有詩贈之曰乞與三韓使新渡到樂浪相與飮酒歡有桃核大者剖作二個盃贈公一個○當在上頁

泰安公 金謙光
字撝卿監察鐵山子文科官至禮曹判書錄佐理功封光城君庚辰北夷梗化命申叔舟率師討之以公爲從事討平凱旋上銳意圖治委公戒政董理有法君臣相得又李施愛反討平之錄敵愾功封光山府院君至左議政○當在上頁

忠靖公 金若時
麗末登文科官止門下侍中謚忠靖天姿清秀風采儀偉通古博今有性理之學源入本朝太祖累徵不起遂謝事歸鄕其識鑑志介與圃隱齊名○當在上頁

惕若齊 金若恒
光城君鼎之子恭愍朝科官止掌令入本朝爲大司憲知製敎製進方物表有不遜語明太祖命流于楊子江沙而卒

忠正公 金益兼
字汝南檠之子益熙之弟生員丙子之亂奉母徐氏入江都與權順長爲死守計事急與金仙源自焚于南城翌日母徐氏亦自決贈領議政謚忠正○當在上頁

竹下 金俔
元澤之子公生而岐嶷夙成庚申文科癸未以吏書判書拜領議政謚文憲○當在上頁

月梧 金相福
監役益輝之子獨松亭孫官止郡守

柏園 金永群
月梧子官止都事

灘叟	金虬 光州	字夢瑞佐郞世愚子已卯名人神童從侄明宗朝科歷吏郞官止典翰乙巳被竄
龍溪	金正男	字子定縣監彪之子灘叟從子宣祖朝科歷翰林官止監司○廢母時倡正議能詩文早卒以神童稱
藥山	金偉男	字子始龍溪弟牛溪門人文科官止通禮廢母時不獻議自晦以死
掃雪翁	金穎男	字仲悟正郞誌之子已卯入翰林神童孫宣祖朝科官止府尹以葡萄詩鳴于世
節友堂	金鐵根	字石心恒壽之子龍溪五世孫厓軒李禎翊之婿辛丑疏討柳鳳輝
寄傲堂	金宇亨	字道常滄之子藥山孫文科官止判書入耆社有玉山遺稿
自菴	金絿	字大柔縣監季文子生進中宗朝科官止副提學贈吏判謚文懿已卯與靜菴同被罪謫南海壬辰放還醴山以卒文章甚高筆法鳴世聞華人購求遂絕而不書
蘇峰	金大德	字得之同知無祿之子自菴再從文科官止叅判善書有名
晚翠堂	金孟權	監察中老子進士而早擢蓮榜名重賢關世宗選置二十人公與焉賜召對膝置端宗顧謂公曰汝於他日善輔此兒及光廟受禪卽日徒步還鄉終身不赴
靑蘿	金克成	字成之晚翠堂子生壯燕山朝科冊靖功國官止右議政光山府院君謚忠貞爲安老所誣被謫七年安老敗拜相在燕山時以直言名靖國後以文武才稱西南有警公爲國家輕重三十年
松皐	金泰國	郡守伯幹子靑蘿從曾孫官止郡守光海戊申以後絕意出仕

寄傲堂	金命賢	光州	松坡子仁祖朝科薦洗馬無意仕宦歸老林泉
雙梅	金質幹		字文吾博士應龜子宣祖朝科官止吏叅
詠齋	金 揩		府使澗子光海朝科丁卯以安州牧使被虜坐廢有文名
竹溪	金存敬		字守吾宣朝科官止同知
松坡	金信行		叅判達之子松臯從子文科官止注書
秋潭	金友伋		字士益大振子出后大成進士官止叅奉斥廢母論享長城院
薇山	金汝鈺		字君粹秋潭子仁祖朝科官止叅判以尤菴薦再授西潘
敦睦齋	金麒瑞		字時見副正命元子官止叅奉享高敞殿洞院
蘆溪	金景憙		字用晦敦睦齋子生壯配殿洞院
醉軒	金益成		字裕應僉知洪之子有學行
市西	金 璇		字而獻富成子醉軒從姪進士官止叅奉斥廢母論
潭菴	金用石		佔俾齋門人進士有孝行知士禍將作卜居安東九潭○子筠竹軒

川觀	金聲	光州	字始叔慎齋門人甲申後杜門絕仕意
沙村	金允悌		字恭老瑚之子進士文科官止牧使中宗朝科
守拙齋	金益濟		字子舟孝誠子慎齋門人官止通政丁丑斥和以書僞號故不受通政資
天拙齋	金致樂		字雲卿有學行居光州
忠烈公	金方慶	安東	字本然安東人新羅敬順王之后孝印之子自少志學善書登第官至兵部尙書初母有娠屢夢餐雲霞嘗語人曰吾口鼻雲氣常在及生子卽公也少有嗔慧臥啼街巷牛馬避之人皆異之及長忠直信厚器宇弘大不拘小節嚴正寡言待物以禮國有大議王必召之必問焉
筍軒	金永盹		大臣文英公恂之子忠烈公方慶孫官至左政丞曹頔之亂有侍御勞封府院君謚忠穆
翼元公	金士衡		上洛侯永煦之孫龜峰永暾從孫麗季文科與趙浚同爲諫官時稱得人賛太祖開國功封上洛侯上幸平州駐駕野次召公及南誾論開國勤勞之功盃酒相屬如舊日矣丙子爲都統處置使征對馬一島翌年凱旋官止左議政謚翼元
雙谷	金礩		字子安同知宗儆子筍軒之旁五世孫世宗朝科册佐翼功官止左議政上洛府院君謚文靖初與大臣同謀見事將不成因妻父鄭昌孫告變
眉叟	金壽童		牧使礩之子雙谷從子成宗朝科科册靖國功官止領議政永嘉君謚文敬短母喪靖國後自以爲罪終身不見天日
訥菴	金瓚		字叔珍叅議彦沈子雙谷玄孫宣祖朝科官止吏判謚孝憲

號	姓名	本貫	事蹟
警弦	金孝建	安東	字善述縣監謹之子訥菴從子光海朝科官止同知
守拙齋	金以鏡		字君晦僉正璙之子訥菴瓚之再從侄厚齋盧克愼外孫仁祖朝科歷三司以大耋升資憲
駱谷	金德龍		字雲甫別座瀣之子眉叟從孫明宗朝科官止箕伯
雙溪齋	金紐		字子固副知敎寧仲潦子惕若齋從曾孫世祖朝科官止吏判暮年謝事能文章善詩律曉音律人稱三絶
寓菴	金澍		字應霖公亮子按廉使士廉七世孫中宗朝科錄光國功官止吏叅挺學花山君能文章以下宗英之系後赴京而卒
龜峰	金永暾		文英公恂之子官止左政丞弟永煦官止右政丞上洛候
野隱	金湜		字子深孟誠之子雙谷磺從孫中宗朝科官止掌令
惕若齋	金九容		字敬之上洛候卽之子忠烈公方慶之曾孫十六進士十八文科洪武十七年奉使帝命流大理道卒享勿溪書院○弟佐郞齊顔謀誅辛旽事泄死有詩曰世事紛紛是與非十年塵土汚人衣落花啼鳥春風裏何處靑山獨掩扉
金沙	金鑊		字正卿都事大涉之子惕若齋八世孫光海朝科官止判書○懶菴鄭彦信婿孫奐文科官止校理
聽蒼	金棨		字方叔監察大燁之子金沙再從兄弟光海朝科官止群守金省克弘徽之婿也
悠然堂	金希壽		字夢禎正叔演之子筠軒旁孫中宗朝科官止大司憲以善書名乙亥立異於沖菴復妃之疏

東皐	金魯	安東	字景參悠然堂子中宗朝科官止承旨亦善筆法
南峯	金弘度		字重遠東皐子明宗朝科官止典翰以才學名
東岡	金瞻		字子瞻南峰子宣祖朝科官止校理自悠然堂至公四世皆入湖堂人榮之
夢村	金睟		字子盡東岡弟宣祖朝科選湖堂官止校理判中樞謚昭憲○主東人壬辰爲嶺伯逗遛郭忘憂欲移兵先擊之
西堂	金誠立		字汝見東岡子秋波宋壽之外孫草堂許曄之婿許蘭雪即公之妻也宣祖朝科官止弘文官著作歿於壬辰亂時年三十一
駱峰	金振		字汝玉西堂子仁祖朝科官止監司生父郡守正立松坡李生寅之婿也
龜岩	金忠用		安恕初縣監錫之子龜峯九世孫己卯人正言戱之侄明宗朝科官至獻納在泮宮時上疏誅普雨又坐乙巳黨被削
毅齋	金悌甲		字順初龜峯弟慵齋尹溉婿明宗朝科官止監司贈謚文肅壬辰以原牧入鴒原山城賊以書招降公手斬其使城陷死之妻李氏亦投城而死字時伯年二十亦抱父同死幷旌閭享原州忠烈祠
養直齋	金時晦		字養伯龜峯之子明宗朝科官止府使
艾軒	金時獻		字子徵毅齋子宣祖朝科官止吏叅深於易學眼空一世異一世之奇才也嘗入直禁中劉克良以衛將入直喫語陰陽變化之故大驚服明日又問之劉大驚曰醉裏狂言醒不起武人安知易理竟不言壬辰劉公死節於臨津之戰公每嘆奧義之不傳焉

金時讓	安東	荷潭	字子仲縣監仁甲之子毅齋從子宣祖朝科選湖堂錄荷白官止判中樞郡元帥謚忠翼記性紀人一過眼終身不忌忠智餘局爲世第一而經綸之䟽一不見採故有丙子之亂云昏朝亦嘗被謫有荷潭錄行于世
金徽		四休亭	字敦美荷潭子櫻亭許實之婿仁祖朝科官止吏判入耆社
金緻		深谷	字士精養直齋時晦子出后忠武公時敏逗日堂睦詹之婿也宣祖朝科選湖堂官止監司癸亥以北黨被竄
金得臣		柏谷	字子公深谷之子顯宗朝科官止叅判安興君登科時年已晚矣自掌令已不仕退臥槐江以壽升資憲階八十一爲强盜所害平日勤讀成章攻詩雖縷肝腎如落日下平沙宿禽投遠樹歸人欲騎驢更怕前山雨爲澤堂之所稱嘗文名遂大振倉邱堂金聲發之婿也與朴久堂洪晚洲友善
金光粹		松隱	評事克諶子進士享義城院
金淮		後松堂	字匡源松隱玄孫琴鳥堂裵龍吉婿光海朝科官止佐郎
金宗德		川沙	南應子松隱六世孫官止都事
金擧		南厓	叅奉希孟子三塘五世孫
金啓祥		素隱	南厓子官止直長
金龜錫		懦岩	進士重安子素隱孫以上三人當在三塘下

寶白堂	金係行	安東	字取斯縣監三近子成宗朝科官至大司諫享安東院新羅太師宣平之后
晚退軒	金中清		夢虎之子字而化寶白堂五世孫光海朝科官止承旨精於易學享奉化甘泉祠
三塘	金瑛		字英之掌令永銖之子寶白堂從孫中宗朝科官止吏議
采眞子	金聖甲		主簿夏享子三塘八世孫弟範甲嘗疏斥尤菴
四味堂	金克孝		字希閔郡守生海子三塘從孫林塘鄭惟吉婿二十一拜洗馬後登上舍官止同敦善書廢論不叅廷請
仙源	金尙容		字景澤四味堂子宣祖朝科歷翰林三司官止石議政謚文忠性和易恒蕩有古大臣之風丁丑入江都城陷上樵焚自死時年七十七旌閭享江華楊州院有文集及年譜
淸陰	金尙憲		字叔度尙容之弟出后縣令大孝宣祖朝科歷翰林吏郎選湖堂官止左相謚文正壽八十四配享孝宗廟庭性剛嚴方正好直諫南漢圍中崔遲川作降書公手毀之後以斥和臣再入瀋陽終始不屈天下慕義及還遂隱居不出感孝廟恩遇出而薦尤春兩公而兩公之立身出朝明春秋大義者公之力也文章典重淡雲微雨詩漁洋詩話布于世
今是齋	金尙寬		淸陰兄官止府使
晚沙	金尙謇		淸陰兄今是齋弟官止叅奉
休菴	金尙寯		字汝秀寺正元孝子四味堂從子宣祖朝科官止叅判昏朝以供辞不明反正後被竄
水北	金光炫		字汝晦仙源子仁朝科歷翰林南床官止吏叅善篆楷有正直忠厚之名

沙浦	金壽民 安東	字堯叟水北之子官縣監性至孝母病斷指灌血以延數日指瘡阽危者閱歲而執喪不懈工於篆籀
一寒	金盛迪	字仲思沙浦子肅宗朝科官止監司一云吏叅
蕉窓	金盛後	字仲裕牧使壽一之子竹所孫官止正郎所著詩甚多三淵稱老鍊
茅洲	金時保	字士敬進士盛遇子水北曾孫官止副正受業於農岩先生常稱之
蘭谷	金時傑	字士興茅洲之兄肅宗朝科官止大司諫
茗泉	金時燦	字推明縣監盛遒之子沙浦孫英宗朝科官止副提學贈謚忠貞世其忠孝論議峻正以直道再竄黑山島蒙宥而卒
密翁	金砥行	監役時淨子一寒之孫官止監役
鳳麓	金履坤	字厚載縣監純行子出后叅奉明行茅洲孫沙浦玄孫官止縣令有詩名
竹里	金履喬	字公世監司方行之子茗泉孫正宗朝科歷奎章閣官止左相謚文忠配純祖廟庭
山木軒	金義淳	郡守履仁子沙浦五世孫正宗朝科官止吏判
雲水軒	金光燦	字士晦淸陰子生父今是齋也中司馬慶典州郡歷叅議以壽升同知
谷雲	金壽增	字延之雲水子晦谷趙漢英婿官止叅判性淸高隱居春川谷雲無樂利之意其拔俗之撰可以警世著書有名

退憂堂	金壽興	安東	字起之谷雲弟出后承旨光爀孝宗朝科歷翰林官止領相諡文翼己巳之禍安置長鬐而卒
文谷	金壽恒		字久之退憂堂弟十八進士二十三魁謁聖科二十八重試三十四典文四十四八台選湖堂官止領相諡文忠忠節不墜家聲與尤菴老峰志同道合嘗治庚申獄以此娟疾于凶徒己巳先尤菴被禍賜死于珍島甲戌伸寃享楊州石室院
夢窩	金昌集		字汝成文谷之子肅宗朝科官止領相諡忠獻配享英宗廟庭辛壬以先朝元老建儲首功死於群書之手鷺江與四忠并祠
農岩	金昌協		字仲和夢窩之弟靜觀李端相婿肅宗朝科官止禮判諡文簡受學于靜觀齋出入于尤門學問高明文章典雅天姿穎悟進修不怠己巳家禍以後不復仕具辟疏見者可以收涕肅宗必欲致之而不能得享石室祠
三淵	金昌翕		字子益農岩之弟以遺逸官止進善贈諡文康早以文章名見世故多端遂無意於世放浪山水間要清平雪岳之勝結廬其上自稱居士經學高明而自得於靜中爲多世所謂洛學即公爲主焉
老稼齋	金昌業		字大有三淵之弟官止敎官而不就築石郊別業以居有文集及燕行錄傳世故學者多玩覽焉善畫嘗寫尤菴眞
圃陰	金昌緝		字敬明老稼齋弟官止直長有經學早夭農淵最悼惜之有文集
澤齋	金昌立		字卓而圃陰弟官止大君師傅世稱六昌即羅明村良佐甥也
三古齋	金昌肅		谷雲子早卒尤菴撰墓文

竹醉	金濟謙	安東	字必亨夢窩之子進壯肅宗朝科歷三司官止承旨贈贊成諡忠愍壬寅被禍
櫓巢	金信謙		字尊甫老稼齋子疎齋李頤命婿追壯敎官不就贈諡敬文多自得性理之學
嘐嘐齋	金用謙		字濟大圃陰子以蔭官止判書好奇古有古人風博覽群書
潛齋	金益謙		字日進谷雲孫進士文名一世
眞齋	金久謙		老稼齋子官止察訪以善書名有
渼湖	金元行		字伯春竹醉子出后觀察復崇謙以遺逸官止賛善贈諡文敬天姿純厚學問純粹有文集閔遇洙門人
止菴	金亮行		字子靜櫓巢子官止叅判早事學問沉潛經學晩年被竄上疏請君黜奸從享南溪及肅宗廟配三相
石坡	金龍行		字舜弼久謙子善書
三山齋	金履安		字正禮渼湖子逸進官止叅判
庸菴	金履素		字伯安府使元坦行之子竹醉孫文科官止右議政諡翼憲
松園	金履度		庸菴弟文科官止吏曹判書
楓皐	金祖淳		字埃原庶尹履中子竹醉曾孫正宗朝科歷奎章閣爲純祖國舅官止領敦寧永安府院君諡文忠配享正宗廟庭

東林
竹所
靑岳
東圃
庸齋
九潭
按廉使
淨友堂
頤眞子
拙灘
潛谷

金光爀
金光煜
金壽翼
金時敏
金謹行
金兌
金士廉
金湜
金德秀
金權
金堉

安東
淸風

字晦仲今是齋子仁祖朝歷翰林官止承旨
字晦卿休菴子宣祖朝科歷翰林三司官止刑判謚文貞
字星老竹所子宣祖朝科官止濟牧贈謚忠景丙子斥和
字士修蕉窓子蔭郡守贈吏議性甚疎迃而嗜酒好詩如白首無官是黃花不飮非可謂好句矣
字敬甫進士時叙子靑岳曾孫官止府使南塘門人有操行
字士說淸陰族兄寬裕豁如有長者之風從杏村中溪遊中司馬倭亂爲檢察使崔滉從事
麗朝歷政堂文學官按廉使○公素有智德風采儼偉器度弘博奉公以誠按民盡力名重當世○後孫花山君寓菴澍中宗朝光國功臣
字老泉淸風人進士淑弼子中宗朝以掌令魁賢良科直拜大司成贈吏判謚文敬◎氣度剛正性又聰悟善好古博學卓見醇識才器兼備己卯以文章陰陽理數貫通爲薦目中宗方擬大用及禍作有奴竊負亡命知其不免自縊於居昌山谷之間有絕命詩曰暮天含黑山空寺入　雲君臣千載義何處有孤墳
淨友堂子孫興宇牛溪門人爲寢郎
字而中奉使樑之子淨友堂孫牛溪門人宣祖朝科歷翰林官止戶叅淸風君謚忠簡兼學於栗谷廢論配江界卒于謫
字伯厚叅奉興宇之子頤眞曾孫也仁祖朝科官止領相謚文貞自幼時自任經濟及爲相創大同之制其時不無異同之議而民至今賴之爲泮任時罰仁弘直聲藉甚

金佐明	淸風	歸溪	字子正潛谷之子仁祖朝科歷南床官止判六曹許卜謚忠肅配享顯宗廟庭
金錫胄		息菴	字斯百歸溪之子進壯顯宗朝科歷三司以玉堂一年內超至兵判策保社功官至領相兼兵判淸城府院君謚文忠文章爲世所宗器局弘大國家倚以爲重庚申調捕堅寺諸南亦或有寃死者以此己巳禍被追奪子道淵杖死甲戌伸
金藎國		後瘳堂	字景進縣監汲之子圃樵任輔臣外孫宣祖朝科歷翰林官止判中樞入耆社壽八十六爲戶判十餘年以才局稱與柳春湖永慶南雪簑以恭爲小北領袖反正時告變反正後代朴燁爲賓伯
金蓍國		東村	字景徵後瘳之弟見山鄭期遠婿光海朝科官止禮叅提學出后府使洛
金始蕃		眠湖	字仲擧後瘳之子仁祖朝科官止禮曹叅議以能詩名
金文夏		東郭	字聖起進士壽昌蕃子東村孫駱峰金振外孫肅宗朝科官止應敎
金克亨		沙川	字泰叔仁伯之子與後瘳東村四從兄弟朴潛冶門人以學行薦官止正郎與尤菴有理氣往復書
金　澄		坎止堂	字元會沙川之子亮谷李義吉婿孝宗朝科官止監司淸城君存金字亨以貪汚劾之致其死同春以論罪直臣非國家之福也上疏言之蓋公以同春門人有剛節前後彈八十餘家以此被誣云
金　搆		觀復齋	字士崔坎止堂子肅宗朝歷三司官止右議政謚忠翼

儉齋	金㮾	清風	字士直觀復齋之弟肅宗朝科官止吏判謚文敬受業於朴南溪有文章儕友推重未第時欲擬南臺嘗疏斥尹拯以卞師誣
厚齋	金幹		字直卿洙之子坎止堂再從侄生父濤也以遺逸歷賛善官止參賛謚文敬南溪門人亦出入尤門有語錄及文集
晴沙	金在魯		字仲禮觀復之子寤齋趙正萬之婿肅宗朝科官止領議政謚忠貞配享英宗廟庭主蕩平之論性忠厚不露圭角不遺節履辛壬竄理山
知足堂	金若魯		字而敏儉齋子鳴岩李海朝婿英宗朝科官止右議政
晩霞	金尙魯		字景一知足堂弟英宗朝官止領議政正宗丙申追集
沙村	金致垕		字士重奉魯子厚齋孫英宗朝科官止大司諫以館儒疏請去尹拯先正之稱丁巳又疏論辛壬討復竄蝟島
本菴	金鍾厚		字伯厚寺直致萬子晴沙之從孫睡隱洪錫輔外孫以學行抄選歷諮議官止參議
夢村	金鍾秀		本菴弟英宗朝科歷吏判官止左議政謚文忠初配正宗廟庭後黜享追奪
蘿菖山人	金濤	延安	字長源延安人密直提學光厚之子恭愍朝文科入皇朝中制科授安邱縣丞以親老東還官至密直提學忤李仁任竄於楊白洲之獄牧隱門人恭愍嘗手書金濤長源蘿菖山人八字以賜之
逸溪	金自知		蘿菖山人子麗朝科入本朝官止刑判謚文靖
頤樂堂	金訢		字君節知中樞友臣之子逸溪曾孫成宗朝科官止參議成廟特命長直玉署奉使日本不還有文集

懶軒	金詮	延安	字仲論顏樂堂弟出后判書悌臣孫成宗朝科官止領議政諡忠貞能文章孝友廉白而但於神武變後即入相以是或疵議
一齊	金勘		字子獻府使元臣之子顏樂堂再從弟成宗朝科官止二相延昌府院君壽四十諡文敬
保樂堂	金安老		字頤叔顏樂堂子燕山朝科選湖堂官止左相中宗丁酉被竄葛院途中賜死文章有名丰姿端妙終日不動望之如玉而舉眼之際妖態可掬貪權專擅屢起大獄戕殺士類殆盡溫陽幸行時以四韻鞦韆詩十首登科其一曰東風初破小桃腮節迫秋千雨洗埃繡鳥掠花紅露濕纖腰劈柳綠烟開初疑弄玉吹簫去更訝飛瓊御鶴來堪笑半仙真戲劇景陽兵火是禍胎
醉眼	金湜		字季綏保樂堂子蔭仕官止別提以善書名多從士流遊
日圃	金埴		務先之子醉眼孫善畫山水尤工畫牛
晩翠堂	金盖國		字公澄夢得之子逸溪五世孫宣祖朝科官止正郎享榮川院
築樂堂	金顆		字汝習府使粹五之子也蘿菖山人十世孫肅宗朝科官止掌令以讜直著名寶鑑以直諫竄外而卒
府院君	金悌男		宣廟國舅官止領敦延興府院君諡懿愍○性正直方剛器局識鑑一世崇仰光海癸丑被禍
竹下	金熤		字光仲判書相奭之子延興府院君悌男之五世孫懶軒八世孫英宗朝科官至領議政諡文貞
海石	金載瓚		字國寶竹下之子正宗朝科官止領議政諡文簡

		判書元老子麗末官止郡司見國事將非浮海而遁後贈謚忠介善山人
白岩	金濟 善山	
籠岩	金澍	字澤夫白岩濟之弟恭愍朝科麗末以禮儀判書奉使入京還到鴨江聞革命之報復入朝請與同罪之師太祖許之拜禮部尙書辭不受遊於荆楚之間命給尙書祿以終年本朝贈謚忠貞享善山月岩祠
注村	金孝貞	字敬夫自淵之子白岩之孫太宗朝科歷翰林集賢殿提學官止吏曹判書謚文貞
屛菴	金應箕	字伯春大司憲慶之子籠岩孫太宗朝科官止左議政謚文戴專任講官十餘年以端謹聞
新齋	金振宗	字老先經歷俌之子屛岩從任靜菴門人中宗朝科官止應敎丁未謫卒
憂亭	金敬直	字而正籠岩十二世孫光海朝科官止正
江湖	金淑滋	字子培進士琯之子世宗朝科官止司藝吉冶隱門人善敎誨後進東方理學自公再傳寒暄公有妻取見枳於世而佔俾齋即後妻之子也
佔俾齋	金宗直	字季昷江湖之子世祖朝科歷三司官止判書謚文簡○文章高潔兼有學行喜奬進文人賢士多出其門寒暄一蠹以道學名濯纓梅溪以文章名陰陽算術處士之流皆有所傅公嘗作弔義帝文濯纓載之於文史柳子光李克墩輩因以起戊午史禍公亦被泉壤之禍徐四佳亭素不喜公不欲公之主文二十餘年不避賢路以是公不得主文而卒後仁祖孝宗兩朝以此爲東國之大欠事焉
省菴	金孝元	字仁伯縣令弘遇之子籠岩旁孫明宗朝科選湖堂官止府使與沈義謙分黨爲東人之主其在經緯俾弘益多凡三爲守令十年在外未嘗一入京師勤於職事見朝家潰裂歎

曰吾輩安得無罪栗谷歎曰若使仁伯當之不必至此三陟有府祠

困六齋	金義元	善山	字宜伯省菴弟進壯宣祖朝科歷翰林官止大司諫
素菴	金履元		字守伯困六齋之弟宣祖朝科歷翰林官止兵曹判書癸亥奪
東溟	金世濂		字道源郡守克健子省菴孫荷谷許封外孫希菴婿光海朝科歷翰舍林人官止兵戶判諡文肅爲人擬重文章峻高尤長於詩廢論初起公首劾主張者被謫改玉後修撰召還
壺隱	金儁相		字巨卿東溟子肅宗朝官止承旨巳未以正言論啓尤菴
眞樂堂	金就成		字成之正郎匡佐子林松堂門人天姿穎悟學以主敬爲先凝神靜坐望之如天仙誨人諄諄有法享善山洛峯院
久菴	金就文		字文之眞樂堂弟中宗朝科官止大司諫文之譬如清流激湍少靜時須以久菴爲號以自省後贈吏判諡貞簡享洛峯院
浴潭	金豣		察訪宗武子立岩柳仲郢外孫久菴之孫以父戰亡於李鎰軍中痛父非命不赴擧遊旅軒之門
東湖	金善英		字述而居玄風仁祖朝科官止府使
松亭	金沫	海平	將軍用宣之子前朝科官止開城尹與李陶隱友善
止止堂	金孟性		字善源郡事遵禮之子松亭曾孫成宗朝擧隱逸第官止吏正有操行文名築室于星州伽川上以詩酒自娛享星州祠
松亭	金泮	江陵	字詞源權陽村門人定宗朝科世宗朝爲大司成與金鉤金末同爲曹監多作成之効在於館職四十餘年一時名士皆出於其門精經學退老江西朝夕不給淸寒子亦公門人

慕菴	金德崇	江陵	判事天益之子官止郡守享鎭川百源書院
梅月堂	金時習		字悅卿司勇月省之子贈謚清簡五歲能文世宗召見指端宗曰此是汝君及魯陵廢削髮爲僧放跡山水後長髮卜居金鰲山下後竟爲僧而卒清風高節逈出千古栗谷作傳雖病其拋棄名敎而至論節義則曰雖爲百世之師也可矣詩集及年代金鼇新話行于世
盤谷	金臺		字登可進士四陽之子成宗朝科官止獻納常詹右文學知燕山不克負荷卽引於盤谷以自娛
惕菴	金蓮恭		字敬叔圭菴宋麟壽庶妹婿出入履素笑仙門因而得操守益固常曰他皆薄氷動如傾陷因以惕爲號爲童蒙訓導多所成就栗谷曰我國不通庶孼如金訓導不施而卒可惜
長浦	金行		字周道國枰之子明宗祖科官止正爲人倜儻豪偉能善詩文載東儒師友錄又見後自警編與牛栗從遊
蘗眞子	金譚		字譚之爲養親捨公車性至孝善居喪鄕里稱金孝子楊蓬萊爲知府薦聞于朝褒賞修至事在江陵邑誌
槐堂	金潤身		字德叟司正汝明子與盤谷爲三從兄弟成宗朝科官止承旨癸亥削
月峰	金順命		字正受光烈子宣祖朝科官止監司
聽荷	金起宗		字仲胤奉事哲命子峯月從子光海朝大科官止戶曹判書瀛海君謚忠貞甲子爲洛西從事討李适
東岡	金添慶		字文吉司藝忠貞之子與長浦同六世孫明宗朝科官止禮判謚肅簡以文武才被薦公知汝立之凶而絕之士論携異而公中立不偏黃岡與之爲知己
柏川	金善餘		字伯俊東岡子宣祖朝科官止佐郞壬辰焚史草而逃

駱坡	金始煥	江陵	字晦叔奉事弘柱子柏川曾孫肅宗朝科官止吏判謚孝憲
損谷	金尙星		字士精駱坡子景宗朝科官止吏曹判書
忠靖公	金尙喆		子士輔損谷弟景宗朝科官止吏曹判書丙戌拜至領議政謚忠靖
鐵村	金 晅	義城	元宗初登科歷淸安郡守官至贊成事性淸介嫉惡如讐忠宣以世子在元公以侍讀從善草肆
孟岩	金英烈		同知紘子冊佐命功官止叅判義城君謚良昭享長城院
慕齋	金安國		字國卿叅奉璉之子燕山朝科官止左贊成謚文敬配享仁宗廟庭寒暄門人學問高明藻鑑出人間世望重己卯以完伯坐廢退居利川後移驪州黎湖扁其齋曰恩逸日與諸生講論專以小學爲主丁酉權凶金安老許沆等敗始還朝賓待華使及日本使臣皆服其曲驪州利川及龍岡義城有諸院配享
思齋	金正國		字國弼慕齋弟中宗朝科大科官止禮叅贈吏判謚文靖學於寒暄雅有重望己卯以海伯聞禍作草疏將上恐激禍而止爲小人所駁而能寓居高陽扁堂曰恩休窩高陽長湍有祠
海村	金堯命		字士中司議有孚子慕齋孫官止縣令
壺隱	金克顯		字士寅繼趙子思齋孫有文名與崔天健柳克新并稱而竟不第
西峰	金堯立		字士恭壺隱弟宣祖朝科官止司諫詞翰風節有名縉紳間壬辰管運唐粮錄原從功宣祖嘗書善書才士善畫學士八字而賜之忤柳西厓官不得達

獨醒	金學	義城	字汝玉內侍敎官泰基子西峯孫司馬官止正郞贈佐郞有學問及孝行
壽窩	金時彦		官止正郞西峯玄孫
七峰	金希參		字士魯致精子中宗朝科官止府使從眞樂堂金就成聞性理之學篤至孝友接物以禮嘗卜妾而聞戒於河西而勇斷
開岩	金宇宏		字敬夫七峯子明宗朝科官止副提學氣宇軒豁聲名藉甚
東岡	金宇顒		字肅夫開岩弟南溟外孫仍學焉宣祖朝科官止吏叅贈諡文貞兼學於退溪有學識在經幄啓沃與栗谷友善期以格君後爲東人領袖溺於黨論非不知先生公平之心而乃與浮薄之徒公肆誠斥享星州院
淸溪	金璲		禮範之子進士安東泗濱書院五子並享
藥峯	金克一		字伯純淸溪之子明宗朝科官止司成以詩名
龜峰	金守一		字景純藥峯弟薦補察訪而早卒
鶴峯	金誠一		字士純龜峯之弟宣祖朝科選湖堂官止叅判贈諡文忠○從事退門誠心篤學奉使日本守直不撓壬辰以諱日事情得罪拜嶺伯統督義旅卒于軍中風俗考異錄文集退溪言行錄行于世性剛直忠節罕比于世
雲谷	金明一		字彦純鶴峯兄從退溪學天姿近道爲師所推壽三十七

金復一	義城	字季純鶴峯弟宣祖朝科官止司諫	南岳
金涌		字道源龜峯子退溪孫女婿宣祖朝科官止叅議壬辰募鄕兵振守性淸直罕比	雲川
金是榲		守以遠進士澈之子藥峯孫官止叅奉丙子後不仕人稱大明處士	瓢隱
金聖鐸		字振伯泰重子瓢隱曾孫肅宗朝文科官止校理	霽山
金虎燦		中柱子鶴峯八世孫官止叅奉	奮窩
金齊閔		字士孝顥之子一齋李恒門人宣祖朝科官止正言贈諡忠憲享古阜道溪院	鼇峯
金齊顔		鼇峯弟	竹堂
金齊賢		字季膺頣之子鼇峯從弟沙溪門人享龍仁院官止叅奉	安息窩
金地粹		字去非曙之子鼇峯孫光海朝科官止承旨贈諡貞敏廢論之起以正字獻議立異竄富寧反正後以司諫召還又以直道忤世不復永進小築天台山下以終嘗與淸陰水路朝天歸時遇風操文祭海神曰船中如有華物天立監臨風乃止	苔川
金克敏		我岩弟六歲居喪盡禮命給復	我岩
金克亨		我岩子亦以孝旌閭	無爲堂

蘆村	金八和 義城	無爲堂子不墜家聲亦以孝聞
守口齋	金八休	居狹川事親至孝父主簿
龍華香徒	金庚信 金海	舒玄之子駕洛國首露王十二世孫母夢金甲神人乘雲而來有娠二十月而生公背有七星文佐新羅滅麗濟二國際遇明君太宗王春秋謀行言聽爲羅朝第一名臣功德勳名焵收皆知十五爲花郞時以此爲號墓在慶州稱爲角干陵
竹岡	金晋	大臣金寧君牧卿之子官止都僉議評理以燕邸待從功封金寧府院君諡忠簡
赤松軒	金希禹	光壽子竹岡八世孫敎官而不就
少痊	金德承	字可久都事盡善子赤松軒孫少陵李尙毅婿光海朝科歷春坊官止掌令廢論叅凶疏後卞
東園	金洪福	字子懷少痊子肅宗朝科歷翰林三司官止大司諫以史官停擧與金盛大伸救尹拯
甲峰	金宇抗	字濟仲洪慶子東園從子肅宗朝科歷三司官止右議政諡忠貞入耆社入相時上書敎旨特恩也辛丑疏救四大臣又論尙儉獄緩治鏡黨將追崇大嬪公獻議嚴斥鏡黨亦沮
拙齋	金鈍	太宗朝科歷翰林集賢殿提學官止禮判世宗創欽閣捄文僚公與金墩與其選
遯隱	金伉	官都庫判官與鄭圃隱諸賢從遊
盆陵君	金淯	太宗朝翼戴佐命功臣封盆陵君事載會盟錄享白洞祠○遯隱伉之子

慕菴	金克一	金海 縣監壻之子處士享淸遺紫溪院諡節孝○性至孝喪親廬墓誠感猛獸薦南臺持平不仕事聞旌閭贈執義
濯纓	金馹孫	字季雲執義孟之子節孝處士克一之孫生壯成宗朝科歷南床翰林選湖堂官止獻納佔俾門人性簡抗少許可文章汪洋如河海爲史官時以佔俾齋吊義帝文置史草中克墩子光輩以此起史禍公首被慘禍同門無護免者後贈都承旨與三足幷祠紫溪院有文集三卷尤菴序之
三足堂	金大有	字天佑藹城君駿孫之子濯纓從子己卯薦科官止正言有孝友才行己卯以前直長被薦薦目曰氣宇超凡識度明敏後辞歸雲門山漁樵以居乙巳後仍不就職內蘊經濟外事沈寘嘗曰年過七十壽足矣司馬薦科臺省州縣榮足矣朝夕酒肉之供亦不可謂不足矣因以三足爲號矣金大成湜亡命抵公家公知之而不納南寘以爲薄於情云
南窓	金玄成	字餘慶牧使彥謙之子節孝克一五世孫明宗朝科官止同敦寧能文章善詩文祖勝唐筆逼迫吳興家系寒微而以文墨起家性又淸雅壽八十
將軍	金春男	宣武原從一等功臣官至崇禮門將階禦侮將軍慕菴七世孫
心適堂	金履祥	字仲吉中宗朝科官止相禮
松岩	金鍊光	字仲精心適堂子明宗朝科壬辰以淮陽府使遇賊不屈而死享松都崇節祠松都有孝子碑
盆城子	金禧年	與河西友善有文學德行乙巳杖竄進士
乖崖	金克儉	字士廉文科歷翰林世祖朝官止戶叅
蒼麓	金時模	才行文名超出萃類進士

大谷 金錫文 金海
官止郡守有學行知易理能

棄齋 金守雍
退溪門人文高學博進士

蘆川 金景壽
有學行享長城院進士

梅竹堂 金景勇
進士有學行享長城院

梅堂 金坫
一齋門人官止叅奉有文學才行

副元帥 金景瑞
字聖甫宣祖朝武科官止捕盜大將光海己未爲副元帥從姜弘立入建州弘立全軍皆降公入淸國中潛爲日記錄彼間事情欲送本國弘立發告于淸人公遂遇害後因本道人上言伸冤復官

鶴城君 金完
字子具武科歷內禁將滿浦僉使其父克祧爲韓德修所告未出獄而卒公誓復父讎射德不遂甲子适亂以昌城防禦使從間道赴元帥府元帥張晩問計將安出公曰賊鋒方銳以分突之勢晩然之以公爲先鋒進據鞍峴破之以功封鶴城君

義士 金銓
興武王之后都摠管敬臣之十六世孫仁廟丙子聞南漢之功急與其兄進士銑出家僮起義到礪山聞己搆成痛哭而歸無意仕宦遯跡于吉州南平以壽升資嘉善

蘭溪 金得培 尙州
官止政堂文學恭愍時破紅巾有大功爲金墉所害圃隱爲疏請收葬知貢擧時擢圃隱爲壯元圃隱挽公詩曰君是儒生合討文奈何提釼杖三軍忠魂壯魄今安在回首靑山空白雲享尙州玉成院○左代言尙城君祿之子也

東園 金貴榮 尙州

字顯卿應武子明宗朝科選湖堂官止左議政上洛府院君其子闓文科官至判尹爲大北許筠之黨被黜

畏齋 金顒

字大而三山子己卯薦科官止典籍薦目曰好古尙志學行純正

西臺 金冲

畏齋子明宗朝大科官止正

松灣 金憲

字晦仲宣祖朝科官止郡守歷七道都使

洛厓 金安節

字子亨宗善子亨尙州院

后溪 金範

字德容允儉子畏齋再從侄進士明宗朝以經行薦官止知縣以孝旋閭有文名享尙州院

沙潭 金弘敏

字任甫后溪子宣祖朝科大科歷翰林官止典翰壬辰倡義遮截湖西享尙州院

省克堂 金弘微

字昌遠沙潭弟宣祖朝科官止吏郎早承家庭之學又學于柳西厓宣祖方講周易選經術公與焉

養眞堂 金澤

字兌仲長琇子宣祖蔭科官止監察明宗時以布衣上疏請雪乙巳之寃○商山之金自公始焉

梅沙 金需

字雲瑞杖理德謹之子養眞堂孫光海朝科官止吏議奉使赴京卒于玉河館

靑陸 金德謙

字景益洪之子養眞堂從子宣朝科官止刑議以老升同中

醒翁 金德誠

字景和靑陸弟宣祖朝科官止吏叅錄淸白贈謚忠靖○廢母時明大義辭甚嚴正竄南海移穩城反正以司諫召還又不合於追崇之議斥和甚嚴以是官不高丙子卒後四日

			寇至享北青老德院
仕隱	金尙	尙州	字友古青陸子沙溪門人光海朝科官止承旨
靜軒	金禼	尙州	字舜輔醒翁子默齋李貴之婿仁祖朝科官止正
歸來堂	金禹錫	尙州	靜軒子科官止叅判
退修堂	金演	尙州	字士益歸來堂子肅宗朝科官止禮判辛丑代理時人對時必時必以傳禪爲言語意極凶慘
樂健亭	金東弼	尙州	字子眞進士濡之子退修堂從子泛翁洪柱國外孫肅宗朝科判六曹官止判敦寧謚忠肅
都元師	金得培	順天	恭愍朝官止都元帥判典醫祿之子紅賊之乱與安祐李芳實同協王室克捷强盜同被奸人搆陷死於非罪顚末略傳載在安祐記文
節齋	金宗瑞	順天	字國卿都摠制隱之子太宗朝官至左議政謚忠翼体矮多智開拓六鎭時稱大虎以顧命大臣被禍於光廟靖難時肅宗朝伸寃英宗朝贈謚
柯亭	金希說	順天	縣監若押之子平陽府院君承霔玄孫文科官止叅判
守約齋	金碩勛	順天	字讓叔孝友出天親喪泣血三年博通經傳學問高明以孝贈持平銳之子
畏菴	金汝吻	順天	字士秀壎之子平陽府院君承霔六世孫宣祖朝科官止義牧以申砬從事手殺賊卒與申公赴水同死旌彩神俊忠勇雙全
北渚	金瑬	順天	字冠玉畏菴子西垌柳根婿宣祖朝科官止領相謚文忠配享仁祖廟庭封昇平府院君廢母時不叅庭請反正之功公實多焉能文章尙氣力沈深有器局但丁丑之事主下城

之議起従三學士時論有之

號	姓名	本貫	事蹟
白谷	金靈	順天	畏齋從子官止翊贊丁丑斥和倡義赴難道聞講和疏陳大義
梧涯	金震標		字建中判書慶徽之子北渚孫鄭玄谷之婿孝宗朝大科官止參議輕財喜施有敦睦之義丁家禍以後怡靜自修
東籬	金允安		縣監自順子畏齋再從弟柳西厓門人文科官止大司諫
竹軒	金倫	彥陽	字無已彥陽人文愼公𤦺之子平章事就礪之曾孫文敬公許珙外孫事忠穆王官止僉議政丞謚貞烈仁於宗族信于朋友忠勇大節罕比於世
息齋	金敬直		竹軒子恭愍朝科官止司徒柱國彥陽伯
西軒	金汶		字子湄典書復生之子息齋孫世宗朝科官止集賢殿直學聰博覽明於事理而早夭
三清逸老	金健		字公啓縣監義叔子竹軒八世孫宣祖朝科官止府使
西村	金庭睦		字而卿三清逸老子宣祖朝科官止叅議昏朝謫而卒
默齋	金礭		字瑩仲郡守叔甫子平章事就礪九世孫文宗朝科冊敵愾功官止贊成彥陽君謚恭襄享金海六松宇
健齋	金千鎰		字士重進士彥琛之子平章事就礪十三世孫李一齋門人以學行被薦壬辰倡義使晋州之戰與崔慶會黃進同殉世稱三壯士贈贊成忠烈謚與其子象乾幷享晋州彰烈祠
晩休堂	金億鎰		健齋兄弟間似疑享長城壇

平章事
虛白堂
潛谷
華南
悠然堂
鶴湖
鶴沙
忘窩
遁谷
雪松
操省堂

金就礪 彦陽
金揚震 豊山
金義貞
金農
金大賢
金奉祖
金應祖
金榮祖
金壽賢
金澥 禮安
金澤龍

侍郎富之子與契丹戰克捷爲兵部尙書平章事謚忠烈高麗朝忠勇名臣爲人節儉正直忠義自守臨兵嚴明臨陣制敵多出奇謀以成大功爲相正義率下子佺門下侍中平章事子良鑑顋仲保餅良鑑之子文行以忠宣妃兄爲侍郎賛成事

字伯起郡守徽孫之子燕山朝科官止工叅選淸白享安東院

字公直虛白堂子中宗朝科歷南宋官止僉知贈謚靖簡有文集

字明甫潛谷子官止司藝性亢麗與人寡合不能容人之過

華南子官止縣監以五子登科賜爵致祭

字孝伯悠然堂子光海朝科官止持平

字季徽鶴湖弟金鶴峯誠一之婿仁祖朝科歷三司官止左尹文章學行爲士林所推享勿溪院

字孝仲鶴沙弟光海朝科歷副提學官止吏叅享榮川院

字廷叟弘正鎭之子虛白堂曾孫宣祖朝科大科官止禮曹判書

字士路府使泮子明宗朝科歷翰林官止牧使壬辰以商州牧得鄭起龍擊戰有功癸巳力窮而於戰贈功旌閭

退溪門人字施普宣祖朝科官止獻納

栢岩	金玏	禮安	字希玉縣監士文之子生父士明吏判淡之玄孫宣祖朝科官止吏叅〇壬辰爲慶尙左監司
孤山	金鎣		字士精道善子栢岩從孫仁祖朝科官止監司
劍岩	金鋗		字子稱得善子栢岩再從孫仁祖朝科官止僉知居醴泉
蘆洲	金兌一		字和伯劍岩子生父鐳顯宗朝科官止司諫
檀溪	金海一		字宗伯蘆洲弟顯宗朝科官止承旨
青田	金履萬		字仲綏檀溪子肅宗朝科官止司諫
斗亭	金應南	原州	字重叔郡守珩之子宣祖朝科選湖堂冊扈聖功官止左議政原城府院君諡忠靖李省菴之蕃之婿
休岩	金德遠		字子長縣監仁友之子巴陵曾孫顯宗朝科官止右議政己巳仁顯出宮時右相甲戌配島配
巴陵	金斗南		字一叔別坐瑛之子斗亭從弟官止同中宣祖朝以蔭進以治行高擢秩壽八十五
晩橋	金敬文		字直之兵使俊龍之子官止僉正以壽九十升同中以善書名巴陵孫休谷之從父
瓮川	金錫弘	扶安	僉知眞從之子侍中文貞公坵之十世孫官止叅奉己卯人也
雲江	金啓		字晦叔錫沃之子瓮川從子明宗朝科官止叅判享扶安宇

聾岩	金宅三	扶安	進士應鑑之子官逸士籍居扶安隱居窮經享扶安柳川院
澹虛	金之白		進士沆之子金愼齋門人官止敎官享南原宇
春岩	金之純		字眞卿在澗濰之子疑卽澹虛兄弟同享南原宇
三老	金爾音	咸昌	字伯玉郎將勇之子前祖朝科官止觀察使享桑川祠
勿菴	金　陸		字道盛應麟之子三老之后退溪門人官逸承旨同享桑川祠
芝山	金八元		字舜擧明宗朝科官止縣監
乖厓	金守溫	永同	字文良世宗朝科選湖堂官止領中樞永山府院君諡文平文章有名○兄釋祖爲名僧 少尹訓之子
省谷	金　流	[redacted]	字濟甫沙溪門人進士官止禁都
梅陽	金鸞祥	清道	字季應俔之子中宗朝科官止吏議乙巳以正言不從閔齊仁金光準之論安置南海後 敍丁卯以學問可備經筵被召
圓峰	金孝給		縣監九鼎之子文科官止禮議
四勿齋	金時泰		導銓之子進士
道村	金宇泰		四勿齋從兄弟間也官止叅奉

寒暄堂	金宏弼	瑞興	字大猷武護軍紐之子佔畢齋門人官佐郞贈領議政謚文敬從祀文廟天姿甚高制行甚嚴以小學爲根本倡明斯道自先生始以佔畢門徒竄熙川移順川甲子卽其地刑死中宗丁丑以靜菴之言贈爵光海朝升廡嘗有詩曰處獨居閑絶往還只呼明月照孤寒煩君莫問生涯事數頃烟波數疊山
鶴川	金穩	蔚山	典工摠郞晛之子本朝文科官止府使原從回軍兩功臣享長城院
河西	金麟厚		字厚之叅奉齡之子鶴川五世孫中宗朝科選湖堂官止校理贈吏判謚文靖中宗朝加贈領相謚文正從祀文廟受學於慕齋天分甚高明胷懷淸淡學術出類文章豪邁至於陰陽算律無不通精仁宗在東宮常侍講筵及卽位寵遇極隆自寬天之後不復仕退居長城敎誨後生沈潛性理栗谷以爲東方出處正無與論比七月一日卽仁廟上賓日也是日則持酒入山痛哭而返盖必有隱痛之在中矣
白岩	金大鳴		字聲遠宣祖朝科官止郡守享晋州大覺院
雲岩	金輳	海平	字志遠應兌之子松亭洙六世孫仁祖朝科官止正郞居星州少事鄭寒岡與石洲石田爲莫逆交〇淸操絶人
觀瀾	金克成	靈光	字會運範之子宣祖朝科官止司諫爲大北黨
蘿谷	金涉		權瀾從孫以文章名咉蝶行傳于世
秋江	金逢		縣監敬義子文科官至監司子塊文科官止納獻
潛齋	金就礪	安山	字而遠宣祖朝科官止正退溪門人蓮城府院君定卿六世孫較正陶山記

雲峰	金在鍵	安山	應男之子己卯名人蓮城府院君定卿七世孫行義峻潔
陶溪	金始聖		字仲遠雲峰子薦拜叅奉受業於趙時菴累擧不中除官不就開文會堂於公州弓院門徒數百人子定五文科官縣監甲辰以斥逐壬寅僞科人被竄乙巳放
松岩	金沔	高靈	字志海兵使世文子寒岡人壬辰爲義兵將官止慶尙兵使
梅軒	金鎭	安老	字鎭之察訪宗僖子官止牧使
月塘	金臺卿		令成固之子文科官止大司成子可久文科官止判書
月谷	金節	開城	字正叔叅奉大鑑之子重峯門人從殉贈諡忠壯旋其門
五者翁	金篩		字平叔月谷弟事重峯至誠常以爲重峯之外更無賢者昏朝以全彭齡郭詩享祀北院而處重峯其下公以爲全有盜行郭斥程子豈可與先生幷享此人以西宮右袒陷之幾至不測反正後又上疏論之凡二十年間脚爲流血不知竟黜全郭之享嘗以爲鄭雲謂吾惡者續男恠者知舊謂狂者白江謂難者潛谷謂之剛者故曰五者翁其所云爲多徑情直行而不能變化質氣故其所成就止此尤菴作傳
梅軒	金鋏	羅州	字自張沙溪門人官止洗馬昏朝拜禁都弃歸茂朱反正後又拜洗馬
濯溪	金益彬	珍山	字有文居中和私淑於遯菴鮮于浹肅宗朝科官止監司儒時遊泮宮有邪議濟名直道罕比於人
農軒	金相進	金山	字士達德泗之子駕洛國金九衡之后薦拜叅奉官止奉事

金　海豐　康津　龍宮　熙川　完山　清道　禮安

嵐亭	金始昌	海豊	字廷陽之顥子官止叅奉以孝旌閭享黃澗松溪及金山景廉院居廬時有虎來衛年踰七十盡其制禮徵召不起
誠齋	金若默	康津	中宗朝科官止牧使居泰仁享泰仁武城院
菊坡	金元發	龍宮	入元官止兵部尙書太學士入本朝封筑山府院君享龍宮院
水村	金　縈	熙川	承旨伯醇之子開國功臣熙川君宇之五世孫明宗朝科官止執義
濯溪	金致遠	完山	字士毅李黃江門人又徃來南冥之門壬辰募鄕兵討賊與倡義使諸公進截略江官止察訪享草溪院
雙修堂	金之岱	清道	清道金氏始祖也謚英憲享清道南溪院
認軒	金玄度	禮安	字弘之汝鼎子牛溪門人宣祖朝科官止牧使
東籬散人	金靜厚		字士畏認軒子崔簡易門人宣祖朝科官止禮正
草堂	金懷愼		權陽村門人與柳磻溪同享扶安宇進士有文學
淡溪	金瑞慶		字古夫名臣坵之后人稱小學板本享扶安宇
大谷	金　銘		享扶安柳川祠進士
竹溪	金　鋐		享扶安柳川祠進士

守分	金湍	禮安	享扶安柳川祠進士
藝亭	金彥健	永同	滋之子進士享尙州院
淸溪	金應會	彥陽	字時極訓導成璧之子牛溪門人薦拜別座壬辰丁酉殉于亂享潭陽院金德齡姨夫居潭陽
萬痴堂	金秀南	光山	字安汝仁祖朝科官止掌令丁丑殉江都贈官旌閭
東閣	金莘尹		麗祖宰相能文章醉酒發狂言忤權貴步至紺岳寺與黃彬然語自稱老彬然不之奇及與聯句詩曰鶴塞難得睡僧定如聾彬然叩頭願爲弟子
奇石	金夏玉		字玄瑞垤之子慕齋五世孫許眉叟門人麗朝人
歸山	金鉤	牙山	字直之官止判樞與金泮金末皆胃監成就人才爲人淳謹博通經史尤透於性理之學誨人不倦三金皆諡文長太宗朝科
心適堂	金鍊老	松都	有文學有文集
魯菴	金宗一		進士
江叟	金棺		後村尹烇之婿官止禁都有文學
忍百堂	金樂春		受學於退溪隱居求道善居喪聞慶鄉祠配享
谿谷	金復興		官止都事能詩善文壬辰多與天將唱酬

玉壺	金忠烈	松都	弘文舘吏也光海朝金尙宮用事憤惋上疏曰詩云赫赫宗周褒姒滅之我祖三百年宗社金尙官滅之疏到政院斥退
菊潭	金命國		善畫山水人物
楓潭	金紟弼		進士能詩能文著文集
翠竹堂	金應鳴	慶州	享慈仁龍宮祠宇字可成有學行
篤誠齋	金翼虎		居西關孝友夙著晩治性理之學遺世以終身享朔州金昌院曾祖麟祥以孝旋閭
西溪	金聃壽	義城	官叅奉享星州晴川院
在澗	金莘	扶安	享南原寥溪院都事益禮子進士有學行
水北	金興國		官止牧使
竹日	金應燁	順天	宣祖朝科官止應敎享豊川豊基愚谷院
默堂	金濤	慶州	進士有文學
菊圃	金廷堅		進士
大谷	金鳴		進士

白谷	金弘宇	慶州	字伯容尹梧陰門人享長城倡義壇
梅谷	金道器	義城	尤菴門人進士有學行
樹隱	金仲隱	慶州	享南原杜洞祠前朝官至判書謚肅敬懶巖申包翅妻父
市隱	金履成		字聖甫巳巳後謝世
海翁	金弘遠		享長城倡義壇
華山	金延年		享寶城院
月峰	金光遠	靈光	享長興院辛巳後不赴擧秋江孽之孫
月峰	金大立		官止別提一齋門人
龍岩	金承績	彥陽	享金溝六松宇
龜岩	金承緖		進士一齋門人與龍岩同享六松宇
孤匡	金敏行		牛溪門人進士
鳴川	金 瓘	康津	享泰仁武城院字沃而進士赴擧入城爾瞻聞其名而躬訪遂終身避之不見

居川	金子覺	康津	享就州淵岳院
東溪	金峻榮		字安汝沙溪門人官止叅奉昏朝與趙止齋同時抗疏
銀溪	金萬挺		享泰仁藍川祠字卓然進士
逝水	金應斗	蔚山	享長城鶴林祠中宗朝科官止府使子百鈞文科大司諫李樑同黨
安息齋	金 習		沙溪門人享泰仁龍溪院進士有文學
玩物齋	金得元		字乃乾淸陰門人進士
自然	金時瑞		享淳昌花山院
北渚	金萬鍾		進士有文學
默翁	金 棐	光山	字士甫沙溪庶子官止察訪以善書名又有得罪於師門尤菴書中所稱豆囚卽此
觀復齋	金崇謙	安東	農岩昌協子歸菴朴權婿早夭有詩名
商山君	金得齊	商山	高麗忠穆王朝魁十韻詩文科紅賊之亂隨車駕于南破賊救民謁朝同我太朝立戰功封三司右使商山君
同中樞	金德生		云寶之子狀貞魁偉勇力超倫射藝罕古朴苞之亂禍幾迫於呼吸公奮不顧身與李天祐等戮力協贊以靖難功賜推忠奮義翊戴功臣號以扶聖功於幾危佐景命於內訌十

文貞公	金坵	扶寧
文烈公	金富軾	慶州
文簡公	金黃元	光陽
文安公	金審言	靈光
忠武公	金應河	鐵原
忠壯公	金德齡	光州

二字銘諸鐵券圖像凌烟有疾其勇者詔之期搆以律死也世宗臨宁一夜厯間曳履聲曰小臣金德生抱寃泉壤願伸骨恨錄用子孫上深加悶惻命贈中樞仍令返葬于舊鄉至靈光朗月山下輿扛不能行其夜又現夢願葬于此遂窆安于其地

字次山自幼有才善屬文麗朝科以書狀官如元有北征錄行于世在翰宛八年善詩有名累官至僉議事中書侍郎平章事諡文貞

富佾之弟肅宗即麗祖朝登第至元師諡文烈按撫軍政國家經濟之策罕有特高累立大功

字天民麗朝肅宗朝登第歷翰林學士樞密院事諡文簡力學篤文爲海東第壹國家大策特多立功

高麗成宗朝登科官止禮部尙書平章事竄文安事君爲國內說百僚外分牧守無曠分憂之任言論功直事事得當

字景義身長八尺風儀俊偉氣度軒昂二十五武擧甲科李白沙一見奇之超薦至宣川郡守到任以收拾人心以士庶皆欲爲應河一死以左營將受姜弘立節制渡江至深河與清兵遇力戰氣盡倚樹而死明帝聞贈遼東伯贈領相諡忠武弟應海丙子以元師薦爲別將丙子乱苦戰力鬪胷中九箭旣甦而兵解上褒之屢官至大將年七十上章乞退歸

字景樹光州石底村人神勇絕倫怒則目出火光雖暗夜能照數里李貴曰捕逐龍虎飛走空中智如孔明勇若雲長公家寒微習儒業人無知者壬辰乱兄德弘死於錦山之戰公傳檄募兵得壯精五千人會朝家以和議戒諸將毋使交兵公留屯晋州有忌其威名而疾其成者功者沮戲百端時体察使尹斗壽使擊巨濟公奮武揚威擊賊之際尹根壽開德齡之刑殺濫甚聞于朝右相鄭琢力言不可殺壯士上命釋之未幾李夢鶴叛乳賊黨誣言德齡反自上命縛之就供曰臣受國恩誓滅賊豈從叛逆乎上問諸大臣鄭琢金應南言其必不叛而柳成龍獨不對遂嚴訊體碎體裂竟死獄中英朝李匡德按湖南狀聞寃誣贈兵曹判書諡忠壯

壯武公	金　浚	彥陽	麗朝威烈公就礪之後贈叅判匡弼之子武歷義州府尹贈左贊成謚壯武仁祖朝時人募義奮擊敵軍而勝捷忠義雙全
秋史	金正喜	慶州	字元春判書魯敬之子月城尉漢藎曾孫以筆文名重一世純祖己卯科官至叅判
直臣	金處善	不書本貫	宦官也當燕山臨政規諫切直主未聽從一日謂家人曰今日吾必死矣入而極言曰老奴逮事四朝古今無如君王所爲者主大怒極刑處善曰老漢何敢愛死但恨君不能久爲君王耳又以一矢斷其脚令起行處善曰君亦絕脚而行乎直言極至中宗寅旌其閭
獨谷	金孟昌	昌原	字世伯文科世祖朝官郡守贈吏判
梨亭	金　榮		獨谷子中宗丙寅原從功官通禮贈禮判
二櫟亭	金　淵		字澄遠宣祖朝官至兵曹叅判壬辰因避寓于麻田鄕第志寓山水累徵不起
月隱	金得光		字于復幼有至性卓孝誠感出天及仁廟丙子避寓于楊州月下山躬入聖廟奉安聖哲位牌事載邑誌以孝行贈奎章閣副提學二櫟亭子
松堂	趙　浚	平壤	字明仲文靖公德裕子太尉貞肅公仁規曾孫前朝判三司入本朝開國功臣官領相平壤伯謚文忠配享太祖廟庭大姿明敏風采照輝歷事四朝寵遇無比桐軒尹紹宗門人
松山	趙　狷		字從犬盡取有戀主之義也松堂之弟前朝官止按廉使贈謚平簡隱於清溪山累徵不起太祖親臨又避楊州松取不凋也山取不移也子鐵山孫軾守遺訓不仕以報麗
元通	趙　軾		僉知鐵山子松山孫官止副護軍以遺訓不仕遯跡山林卜居通津府東其名曰圓通以清溪山所居之洞名元通故耳
江湖散人	趙　寅		字明仲昌生之子元通玄孫官止叅判贈執義昏朝不赴擧除官不就志氣卓犖文行夙著居於元通作孔岩津歌

樂道齋 趙廷翼 豐壤 字翼之江湖散人子贈判書篤行守道爲世所推性又至孝仁祖褒之丁丑入江都殉節
年三十九與姜雪峰蔡湖洲忠顯李惇五交遊謚忠肅

孤菴 趙世傑 字士敏水使猷之子樂道齋孫性至孝有猛獸避廬白雀巢屋之異甲戌以後廢擧

倚樓 趙景禎 字綏之光海朝科官止叅議

檜谷 趙瑚 判書允璿子松堂從兄弟問官止賛成事

松月堂 趙須 字亭夫檜谷子太宗朝科官止司藝以庶兄希敏之緣坐久廢不顯

雨亭 趙璞 直提學思謙子松堂再從侄禑朝科我朝爲開國功臣官止叅賛平原君被削

養心堂 趙晟 字伯陽判官守誠之子貞肅公仁規九世孫官止教授晦齋門人又事靜菴有學行天文
地理醫學律呂無不通精

龍門 趙昱 字景陽養心堂弟明宗朝科擧遺逸爲長水縣監贈吏判謚文康與兄同事靜菴俱有重
名巳卯爲師卞誣以年得免

遯谷 趙亨生 奉事仁賓之子龍門孫官縣監享楊州院

遁村 趙門衡 字敏甫遯谷從子官止縣監老升僉知受業於沙川金克亨亨少與尹鑴得志將禍士
林公移而責之辞意凛然

仁溪 趙洽 應禎子松山六世孫官通訓壬辰與金健齋倡義

施齋 趙惠 漢陽 字濟夫開國功臣涓之子太宗朝科官止判中樞謚恭安

良節公	趙温 漢陽	仁壁之子策開國功佐命勳封漢川府院君官止左賛成勳功所致皆以散施窮族草廬數間食無異味坐不重茵年八十而卒謚良節其子搆室請其叔父右議政良敬公涓落成之良敬視其庭除不坐而出曰伯氏居宅不設階級爾曹及爲石砌吾不復入汝室諸侄懼而壞之孫叓孫文科司藝與於癸酉端宗之難
坡西	趙順生	節孝賫之子忠貞公仁沃孫施齋再從兄弟文科官止吏議
慕溪	趙絅	護軍承胤子坡西五世孫官止縣監壬辰倡義享淸州松泉院
靜菴	趙光祖	字孝直監察元綱之子良節公温之玄孫温卽涓之兄也進壯中宗朝科歷三司選湖堂官止大司憲贈領相謚文正從祀文廟寒暄門人姿品高明學問純粹博學力行爲東方理學之祖遭遇中廟期回至治終奕貞等所誣己卯配綾州加罪賜死時年三十八院享多處
琴齋	趙忭	字浩然府使光彥子良節公五世孫於靜菴爲族侄辛巳獄年十九杖流康津壽八十二贈賛成謚貞憲
方隱	趙廣輔	典籍勉子施齋從曾孫與靜菴陰厓爲友燕山朝以佯狂自晦免己卯與諸公同時抵罪幾死而免
晦谷	趙廣佐	子季良郡守勛之子方隱從兄弟薦拜持平己卯被黜辛巳宋祀連之獄連逮杖死英廟朝贈吏議
松江	趙澄	字洞叔司果廣弼子方隱從子中宗朝科官止僉知
休川	趙重呂	字重卿都事幹之子松江玄孫仁祖朝科官止校理疎菴任叔英之門人有至行高操且能文章有文集
南岳	趙宗著	字聚叔休川子顯宗朝科歷三司官止府使始號浪齋晚卜終南山下青鶴洞有南岳橋數十篇藏于家

冶谷	趙克善	漢陽	字有諸景琁之子良節公溫八世孫以遺逸官止掌令受業于李潛窩自少至孝有墓火雨滅之異仁廟贈吏叅旌閭
東山	趙晟漢		冶谷子同春門人官止禁都
玄洲	趙纘漢		字善述楊庭之子良敬公七世孫宣祖朝科官止承旨與弟玄洲皆以文章名
玄谷	趙緯漢		字持世玄洲之弟光海朝科官止知事文章有名當世且有氣節光海政亂歸南原作流民歌和陶歌以見志且主追崇之議
叢桂	趙　備		字士求玄洲子文科官止校理
三休堂	趙　休		字休休叢桂之子
守正齋	趙得重		字士威洸馬億之子玄谷孫官翊贊受業於魯西尹宣擧攻尤菴甚力與羅良佐聯疏以尤菴背作玄谷墓文略有貶故也
梳翁	趙公瑾		典翰德源之子良敬公旁六世孫官止漢興君
隱星	趙　贇		字秀彦梳翁子仁祖朝科官止典翰丁丑斥和上疏請與洪翼漢同被罪子嗣基文科官止承旨甲戌逆誅
龍洲	趙　絅		字日章奉事翼男之子隱星四從兄弟仁祖朝科選湖堂官止二相錄淸白卜相謚文簡壽八十四被配廟庭後黜初以直臣名以直言忤旨同春救之爲人淸儉刻苦文章亦有名晚以禮論斥尤菴疏伸尹拯尤菴曰兩尹禍心也趙洪所見之誤云
鹿門	趙威鳳		龍洲子官止廳敎

松泉	趙威明	漢陽	字晦汝龍洲從子顯宗朝科官止叅判以善書名
八友軒	趙普陽		同知元益子文科官止佐郎
北溟	趙世彙		顯宗朝科官止正
杜谷	趙啓生	楊州	正誼子文科官止叅贊謚靖平
華山	趙末生		杜谷弟太宗朝科官止領中樞集賢殿太學士謚文剛
信善堂	趙彥秀		字伯高叅奉邦佐子末生五世孫中宗朝科官止叅贊謚貞簡自乙丑後杜門養病六十卒愛士向善不爲崖異淸白恬淡
松岡	趙士秀		字季任信善堂弟中宗朝科選湖堂官止二相錄淸白謚文貞
竹川	趙挺		字汝豪進士忠秀之子宣祖朝科官止右議政歷翰林在昏朝逢惡禍反正初削黜後屢出賊招圍置以死
農岩	趙振		竹川兄退溪門人進士以遺逸官止判中樞
聽湖	趙存世		字善繼徵士搫之子松岡孫宣祖朝科歷翰林官止叅判
睡軒	趙存道		字之德年之子聽湖再從兄弟文科官止校理昏朝凶黨癸亥竄
鼎谷	趙存性		字守初年之子松岡從孫父出爲漢川尉元强之孫天休李夢奎之外孫牛溪門人宣祖朝科官止知敦寧謚孝敏

藥泉	趙啓遠 楊州	字子長龍洲子申象村欽之婿仁祖朝科官止刑判謚忠肅以五子登科贈領議政
省竹	趙晉錫	字汝三藥泉子仁祖朝科官止掌令
藏六堂	趙龜錫	字禹瑞省竹弟仁祖朝科歷翰林官止監司
晩晦	趙師錫	字公擧藏六堂弟顯宗朝科官止左議政謚忠憲卜相時有加卜之謠己巳後被謫
苔村	趙嘉錫	晩晦弟字汝吉肅宗朝科官止吏曹參議
楓溪	趙泰東	藏六堂子字聖登肅宗朝科大科官止大司憲
二憂堂	趙泰采	字幼亮郡守禧錫子省竹從子肅宗朝判六曹官止右議政謚忠翼辛壬四人之一荐棘珍島壬寅十月賜死乙巳伸放公與泰耉泰億爲從兄弟而斷以義理至死不撓是所尤難也同享四忠祠
悔軒	趙觀彬	字國甫二憂堂子肅宗朝科官止兼戶判辛丑疏斥蕩平安置大靜明年放還
睡窩	趙道彬	字樂都正泰斗子二憂堂從子肅宗朝科官止右議政謚靖禧癸卯竄沃溝
地山	趙泰老	字仁叟晩晦子肅宗朝科官至吏曹判書
素軒	趙泰耉	字德叟地山弟東菴李有相婿肅宗朝科判六曹官止領議政

號	姓名	本貫	事蹟
謙齋	趙泰億	楊州	字大年苔村子肅宗朝科歷翰林官止右議政初謚文忠
退軒	趙榮順		敎官謙彬之子悔軒從子英宗朝科官止叅判再疏請削
時菴	趙相禹		字貢卿司果之柔子華山末生七世孫官止叅奉〇沙溪門人以道學著有孝行廢擧詩曰末必吾登第令母依盧薦拜都事不就仁祖朝科抗疏言追崇之非華使之來以白衣預儐幕之選有詩名以孝旌閭配享溫陽祠
梅谷	趙爾後		字景松時菴之子官止同知顯廟幸溫泉李白軒薦公與公弟爾重賢孝之行能繼其父特際敎官又際書筵官享陽祠
九峯	趙鳴殷		字汝衡梅谷子肅廟甲子以東學掌議爲栗谷卞誣通告八道巳巳以後不復詣公車隱居九屛山潛心實學
省菴	趙鳴國		掌令爾炳之子梅谷從子官翊衛承其家學至行天七典郡色淸白無比臺行追崇追表之制以孝廉聞于朝
石澗	趙云仡	豐壤	御史虔之子官止監司麗末辞識佯狂自晦入仕本朝
獨菴	趙宗敬		字子愼進士彭之子恭肅公益貞之孫益貞卽石澗三從孫中宗朝科官止典翰自是己卯士流與朴冶川同志知安老之奸力沮再入而卒早夭
風玉軒	趙守倫		字景全舍人廷璣之子獨菴孫官止佐郎牛溪門人篤實做學門徒甚盛享舒川鳴谷院
滄江	趙涑		字希溫風玉軒子以遺逸歷掌令進善官止正淸標卓行名於一世癸亥贊靖社之議改玉後走歸鄕里力辞勳名孝廟朝以孝行擢拜南臺不就選淸白善書畫享果川廣州院
梅窓	趙之耘		字耘之滄江子蔭官縣監善書畫墨梅畫入中原後絶不畫

止齋	趙溭	豐壤	字止源漢豐君守彝之子風玉軒從任官止郡事節行卓異不事科業年二十四抗疏昏朝規盡孝道大憲李藍請省鞫委官朴承宗奇自獻推委不開坐越四年戊午如係囚荐蘇南海改玉後拜佐郎外臺時上疏者亦多而至於威問之際犯顔不撓置死後度外者獨公而已嘗學于茅溪文緯
曙窓	趙		字翕如理校守翼子風玉軒從子錄靖社功官止左尹豐安君贈謚景穆
鶴塘	趙尙絅		字子章都正道輔子翕之曾孫肅宗朝科四拜本兵五拜銓長官止判敦寧壬辰竄安州移安山乙巳放
荷捿	趙瓛		字景瑞牧使尙紀子鶴塘從子英宗朝科歷三司提學至右相有孝行拜相後不出以西伯出俸錢以利宋子大全
竹溪	趙應祿		字景綏察訪德期子恭肅公益貞之旁孫宣祖朝官止府使豊川君
修竹	趙邦直		字叔淸竹溪之子光海朝科歷三司舍人官止承旨府尹光海廢母公以兵部入直西宮有詩曰深宮寂寞鎖重門武士通宵守禁垣小臣明燭坐畏人譏刺拭啼瘡可以見悲感慷慨之念
雪竹	趙國賓		字景觀惟白子與止齋曙窓爲同七世兄弟宣祖朝科官止禮郎有文名
松坡	趙徽		字子美允成子恭肅公益貞旁孫屛岩具壽福外孫宣祖朝科官止禮郎
翠屛	趙珩		字君獻承旨希輔之子與修竹邦直爲四從兄弟仁祖朝科歷翰林三舍官止禮判謚忠貞嘗以追崇之議坐謫睦孤石婿
東岡	趙相愚		字子直翠屛子肅宗朝科官止右議政謚孝憲初以同春門人與高晦安相儉洪得禹朴世徵上疏卞先師之誣被謫後從其子孫爲少論

白賁堂
止窩
倚樓
後溪
臺溪
歸樂亭
鶴岩
歸鹿
墨沼
東溪
農村

趙仁壽
趙大壽
趙頤壽
趙裕壽
趙最壽
趙景命
趙文命
趙顯命
趙錫命
趙龜命
趙載浩

豊壤

字伯靜生員相鼎子東岡從子早廢擧業以薦拜叅奉禁都
字德而白賁堂弟洪葆翁外孫徐夢漁婿肅宗朝科官止舍人
縣監相忭之子東岡從子菊堂鄭華齊婿仁祖朝科進士有學行文名
字毅仲倚樓之弟官止判事以詩名於世有文集
字君錫白賁堂子金醉仙外孫金蘭谷婿景宗朝大科官止大司諫
字季良府使相槩之子東岡從子肅宗朝科歷三司大憲官止知敦疏斥尹志述及嘗救
諸臣
字叔章歸樂亭弟澤堂金昌立婿婿生肅宗朝科歷翰林吏郞典文五軍門都大將策振
武功官止左議政豐陵府院君謚文忠
字時晦鶴岩弟肅宗朝科歷翰林吏郞四軍門大將判六曹策奮武功官止領議政豐原
府院君能詩文有藻鑑戊申爲吳命恒從事夜軍中大驚命恒具甲欲潛出公割衣與奴
執命恒手曰此時元帥將何之乎命恒手沮戊申之事公有勞績而但爲偏論甚峻誣殺
金福澤謚忠孝
字伯承止窩之子肅宗朝科官止判敦寧壽八十
字錫汝僉正泰壽子東岡孫生壯官止翊贊英宗入李爲將命
字景大鶴岩子英宗朝科官止右議政

闇菴	趙載洪	豊壤	農村弟英宗朝科官止大司憲
忍菴	趙載道		歸樂堂子
聽凉軒	趙九鎭		字德重鶴岩孫十五而夭有詩才
黔磵	趙 靖		字安仲光憲子金藥峯克一婿宣祖朝科官止正享尙州院
可畹	趙 翊		字棐仲黔磵弟生壯宣祖朝科官止掌令
石谷	趙 璞		字温叔宣祖朝科歷知製敎官止僉知
星江	趙見素		石谷子官止縣令
後浦	趙全素		星江弟仁祖朝科官止弼善
退修菴	趙聖復		字士克監役始末之子星江孫肅宗朝科官止執義贈吏判諡忠簡辛丑上代理疏竄珍島壬寅圍籬旌義癸卯杖死乙巳伸正宗朝賜諡旌閭
慵軒	趙世英		字子實別派之孚之子中宗朝科官止府使
寓菴	趙仁奎		字景文持平世輔子慵軒從子中宗朝科官止吏曹叅判有文集二十劵名儷語
浦渚	趙 翼		字飛卿僉知瑩中子寓菴曾孫宣祖朝科官止右議政諡文孝尹月汀外孫仍學焉又師沙溪以經術師而又兼治禮學學行俱篤光海時屛跡不仕改玉後薦被擢用有文集享

號	名	本貫	事蹟
松谷	趙復陽	豊壤	字仲初浦渚子仁祖朝科歷翰林舍人吏郎官止吏曹判書謚文簡享廣州院 廣州及開城書院
道山	趙來陽		字長吉松谷弟進士丁丑以后永謝公車
迂齋	趙持謙		字光甫松谷子孝宗朝科歷翰林選湖堂官止副提學有清節直道與韓泰東爲少論領袖己巳後有褒贈享廣州院
鳩村	趙續		字熙叔時中子浦浦再從弟仁祖朝科官止正郎
卒菴	趙綸		以文名重有文集進士
知足堂	趙之瑞	林川	字伯符執義瓚之子生壯成宗朝科又魁重試選湖堂官止應教錄清白○佐魚有沼征建州才望重一時以春坊官誠心勸學燕山嫉之如仇大書壁上曰趙之瑞大小人也甲子與鄭誠謹同被慘禍至於藉沒少時以文章名詩入東文選詩曰愁坐清宵數漏籤朝來捲箔對山尖鶯含曉色啼深樹燕掠輕舍入短簾臥念因知身慣懶家貧非是我爲廉平生大志消磨盡羞把菱花照此髯
雲江	趙瑗		字伯玉兵佐應恭子知足堂再從曾孫進士宣祖朝科歷翰林官止承旨師事南冥以佳士稱與李潑有隙東西之黨遂不可調停矣栗谷歸咎於公
竹陰	趙希逸		字怡叔雲江子新菴李俊民外孫宣祖朝科選湖堂提學官止禮參廢母時不參庭請有文集
丹圃	趙希進		字興叔竹陰弟出后于璘爲知足堂玄孫官止正光海時升陰將不免䄂禍公交遊大北以免其兄以此自廢可謂觀道知仁

姓名	本貫	號	事蹟
趙錫馨	林川	近水齋	字子服竹陰子水北金光炫婿進壯洗馬不就以文詞自娛自幼自有才名人稱唐詩晉筆自雲江以下三世魁司馬
趙顯期		一峯	字揚卿郡守時馨之子丹圃孫官止府使淵博時務
趙聖期		拙修齋	字成卿一峰弟隱而不仕風流弘長學識深博窮格有心力而農岩甚重之三淵詩曰尤翁山出脚拙修海騰波理氣與經濟與林滄溪柳磻溪幷稱
趙遠期		九峯	字勉卿一峯之兄顯宗朝科歷三司官止監司
趙正萬		寤齋	字定而郡守景望子近水齋孫洪泛翁婿進壯蔭仕官止判書謚孝貞少從同春學以泮任論尹拯背師壬寅竄碧潼乙巳放有不睡之疾故三淵戲稱寤齋
趙正緯		一默軒	字象之一峯子肅宗朝科歷翰林官止正言
趙正緒		南谷	一軒弟官止縣監
趙正純		石谷	南谷弟文科官止持平
趙明履		歸泉	南谷子文科歷三司提學官止行吏判謚文憲
趙明鼎		老圃	石谷子文科歷三司提學官止吏判謚文獻文甚嫻熟性又忠厚
趙明翼		肯齋	字士輝寤齋子生壯英宗朝科歷翰林官止大司憲
趙德常		楞湖	字汝五進士明觀子九峯爲從兄曾孫中司馬歷洗馬慶典州牧官止叅議能於詩文

樹村	趙世煥	林川	字彛望叅奉碩之子雲江之再從曾孫仁祖朝科官止監司○淳實其中卓犖其外少而能詩見時事不平則發之吟咏以此見忤於世與尤菴善其送行詩曰囊裡猶藏舊賜貂此時誰遣此行遙離亭數掬男兒淚不爲先生爲聖朝
黔浦	趙世佑	白川	都事璜之子高麗將軍天柱六世孫官司直遊靜菴門
重峰	趙憲		字汝式應祉子黔浦孫宣祖朝科官止宗廟令贈領議政謚文烈天姿堅確學問純篤絕人之操高世之行事繼母至孝初學于土亭師事栗谷龜峯而獨信栗谷見人之誣栗谷明目張胆以斥之上萬言疏卞栗谷誣被謫北邊及還仰觀俯察知有壬辰之乱持斧伏闕上爾獻策及乱作擧義兵死于錦山戰子完基亦死義士七百人同日死之錦山有殉義塚碑院享議處而淸州府西有神碑章甫有從祀文廟之議
白野	趙錫周		字維新謙行子肅宗朝科官止掌令
南溪	趙廷虎		字仁甫凝之子開國功臣復興君胖七世孫光海朝科歷三司官止大司成仁廟朝諫進如元宗附廟以諫長力爭以直道見忤官不得顯生父僉知冲也
樂靜	趙錫胤		字胤南溪之子仁祖朝大科選湖堂官止吏叅錄淸白贈謚文孝與市南諸公請改仁朝之謚文章清德爲世所重壽僅五十
稼隱	趙庭堅		進士有文學
肅魏公	趙胖		麗朝爲密直退居白川佐李太祖錄開國功勳二等封復興君上以胖生長中原岱奏聞使以遣之明太祖引見多詰責胖曰歷代創業之主類皆順天革命非獨我也微指明朝之事語操漢人之音明太祖甚敬禮之先是胖之先即宋太祖匡胤之后也宋亾胖在脫軍中與明太祖同在行伍中相歎故明禮語及之謚肅魏有三子曰瑞老瑞康瑞安太宗

朝皆文紷科贊

德谷 趙承肅 咸安
字敬夫璥之子前朝科官止監務師事圃隱禑朝科爲扶餘監務及革命棄歸咸安德谷以訓後生爲已任享咸陽院

漁溪 趙旅
字主翁安之子進士贈吏判謚貞節生六臣之一自魯陵遜位不復仕進退居嶺南高節無雙且有文章祀六公于咸安西山

南溪 趙壽萬
字眉叟蔭仕官止左尹金虎之子漁溪之孫

忠憲公 趙重晦
字益章漁溪之后自幼有德器厚重二十六爲文科說書直道見忤竄黑山島後因諸大臣之奏薦再升承旨又以直道見忤又竄茂長旋下舒用之命正祖卽祚特拜吏曹判書謚忠憲○淸名直道節義忠誠當世罕比

下鳴亭 趙應卿
字景老南溪子以孝行擢用典宰三邑

大笑軒 趙宗道
字伯由叅奉堰子下鳴亭孫官止郡守公謔浪諧笑卓犖不羈恒言多笑故以爲號忠義節介世所罕肩享咸安院

澗松堂 趙任道
塡之子大笑軒從弟有學行贈持平享咸安院寒岡門人

玉川 趙堪
叅奉庭堅之子漁溪玄孫牛溪門人官止主簿享坡州祠

坡西 趙逢源
字士達平市令鑑之子玉川曾孫蔭仕郡守老升同知敎壽八十四而卒

損菴 趙根
字復亨坡西子顯宗朝科官止校理尤門高弟以文學著名石谷宋尙敏獄被訊而卒公平日持論太正直故見惡奸黨致此

觀我齋	趙榮祏	淳昌	字宗甫郡守楷之子損菴從子三秀軒李賀朝婿官止郡守善書山水人物
月溪	趙希文		字景范府使琳之子德谷玄孫河西金麟厚婿仍學焉文科官止府使
中齋	趙廉	淳昌	字魯直文錠之子前朝官止左政丞謚文貞
西山	趙瓛		良度公縺之子中齋孫文科官止典書不仕本朝
晚閑堂	趙壽益		字士靜正郎瀀子西山八世孫西厓柳成龍外孫石樓李慶全婿進壯仁祖朝歷翰林副提學官止吏叅謚文簡
玉川	趙元吉		府院君侳之子仕本朝官止工判玉川府院君享淳昌祠
虔谷	趙瑜		玉川君子麗末科官止副正本朝徵以漢城尹不就麗俗斷喪公與圃隱行三年之制世宗嘉之表其閭曰孝子副正趙某之門稱麗官者從公志也
晚休亭	趙命臣		泰夏子虔谷十一世孫文科官止承旨
月川	趙穆	橫城	字士敬叅奉大春子門下侍中文景公永仁十三世孫司馬以逸官止大司憲十五就退溪門中司馬後廢學專意師門爲退溪嫡傳醇方温謹踐履端實義理存心
隱隱堂	趙遴	橫城	字使兼副正應世之子文景公永安十二世孫隱居有學行
一笑齋	趙誠立		字汝明隱隱堂子宣祖朝科官止大司諫
松湖	趙平立		字汝直別坐進之子隱隱堂從子宣祖朝科歷翰林官止典翰爲人淸介不樂榮利

悅軒	趙簡	橫城	大將軍連璧子忠烈朝大科官止評理謚文貞生而肩有甲鱗爲郡小吏嘗升槐樹邑宰晝夢雙龍糾結槐上使人偵之即令就學忠烈王以詩賦試文臣又第一賜黃牌丁憂廬墓三年享金堤龍岩院
雪壑	趙平	金堤	沙溪門人官洗馬丁丑後歸鄕不復仕享任實院
孤山	趙孝博		性至孝友以才行名節稱桐溪作傳
愼齋	趙璨	林川	翰林應恭子雲江瑗爲兄弟官止洗馬
定獻公	趙榮進	豐壤	字汝楫二憂堂從孫性質洽重文藝夙就甲子進士文科官止刑曹判書謚定獻
壯毅公	趙儆		字士惕武科歷江界府使壬辰爲嶺南防禦使以士卒百人當敵能擊且爲聲援于權慄禿城之守慄感其義啓曰終始犄角惟趙儆一人而已累當敵擊破以功官止判尹錄宣武功封豐壤君謚壯毅
蘿山耕叟	朴剛生	密陽	字柔之判書忱之子叅議朝官止叅贊議政府事太宗朝拜戶曹典書又錄勳不就以文雅名
默齋	朴仲孫		字慶胤正字切問之子蘿山孫世宗朝科歷南床冊靖難功官至吏判密山君謚恭孝
存誠齋	朴楣		字子胆默齋子頑易齋姜碩愚婿世宗朝科歷吏郎官止禮佐有文章詩文多在東文選中
訥齋	朴增榮		字希仁存誠齋子成宗朝科歷南床選湖堂至校理自幼已若老大人及長能文章至聞上國十八登科享淸州菊溪書院

江叟	朴薰	密陽	字馨之訥齋子己卯以持平登賢良科官止都承旨增謚文度學硏精義理兼有幹局識度言論風采己卯薦目曰器局弘遠不露圭角有君子之風量學方正志操端雅及禍作竄義州癸巳放痛母子暌離不離側五年不復仕母沒哀毁而卒享淸州莘巷院
虎溪	朴世拯		字濟卿叅奉廷麟子江叟五世孫以鄕薦除職辛丑歸鄕改紀後以詩娛以侍從䟽正父爲升資爲僉知性淳謹稱菊堂承賢之曾孫也
巽齋	朴致和		字士叅監役守温子江叟七世孫肅宗朝科官判尹以剛直名辛丑臨秦耆宣仁潛入之事誦固城世以三諫臣目之
駱村	朴忠元		字仲初別提藻子存誠齋曾孫受業於舅氏奇服齋中宗朝科歷翰林選湖堂官止吏判至二相論文景長於文章
灌圃	朴啓賢		字君沃駱村子養心堂趙晟門人明宗朝科歷南床翰林吏郞選湖堂官止兵判提學
石谷	朴安行		字性之進士好賢子灌圃從子光海朝科官止郡守以不附宗從任承宗官不得顯
㬽山	朴安期		字直卿僉知希賢子駱村從孫文科官止正有文名
退憂堂	朴承宗		字孝伯知敦寧安世子灌圃孫宣祖朝科歷翰林錄翼社功官止領議政密昌府院君昏朝終始扶護西宮反正日自縊死或爲故主立節請伸寃
挹白堂	朴自凝		字正吉退憂堂子光海朝科官止司諫慶母時不叅庭請癸亥以代逃削科付處
南溪	朴承任		牧使安禮子石谷從子文科官止承旨
廣岩	朴聖源		字士修震錫子南溪玄孫陶菴門人英宗朝科官止叅議奉朝請贈吏判謚文憲爲諭善時敎導正廟多補翼之功

松月堂	朴好元	密陽	字善初副正苡之子駱村從弟明宗朝科官止戶判
義谷	朴鼎賢		字重老松月堂子宣祖朝科官止刑判入耆社
仙谷	朴顔賢		字幾伯副正愼之子松月堂從任宣祖朝科歷翰林官止監司
槎灘	朴魯賢		字省吾仙谷弟出后伯父大司諫謹元宣祖朝科歷翰林官止校理三十七而卒謹元卽癸未三竄之一
東溪	朴萬鼎		字士重叅奉廷瑞子槎灘曾孫肅宗朝科歷春坊官止應敎甲戌以輔德疏請張嬪宮號供奉付處
松堂	朴英		字子實郡守壽宗子與訥齋爲四從兄弟武科官至兵叅○少倜儻不羈以武出身晩悟斯學師事新堂鄭鵬行不懈沉潛性理勸進後學爲己任己卯以兵叅被斥後以慶尙兵使終贈謚文穆
孤岩	朴寬		字剛仲司直舜齡之子官止察訪有學行
長洲	朴震元		字伯善文冲子孤岩孫宣祖朝科歷翰林昏朝爲判書癸亥降資爲大司憲
東湖	朴鼎元		字秀善長洲震元弟光海朝科官止都事爲咸平倅時湖南儒生欲上廢母疏聚于咸平公逐之盡出境內人使不得叅以此被罷作淸奇亭於驪江上以居之咸平有鄕祠配享
稼里	朴玄圭		字掌令千榮之子東湖孫篤學力志
遯溪	朴栗		字寬仲別提德孝子明宗朝科官止掌令以文章名爲李鎰從事殉節

朴蘇叙	密陽	泌川	字錫五遯溪子宣祖朝科歷翰林官止吏叅朝天歸路沒于海公斥和又劾洪汝諄李爾瞻以此屢被黜
朴詹		大瓢	字魯直泌川子光海朝科歷翰林官止兵叅癸亥削榜丁丑以春坊入瀋陽譏殺同僚鄭雷卿于彼中
朴守玄		草亭	字太玄大瓢子顯宗朝科官止司藝有文集
朴守冲		對仙	草亭弟有學行文集
朴紳		桃谷	字華卿草亭子肅宗朝科官止監司己巳以掌令首發栗牛黜享啓子胤東文科持平辛丑主凶疏甲辰景廟挽詞不敬坐廢其詞云危途閱歷千層浪寶座依歸夢一塲之句
朴激		芝浦	字巨源玄禎子光海朝科官止郡守知製敎
朴宜仲		貞齋	字子虛文摠郎仁杞子恭愍朝科官止大司成人稱賢人入本朝官止叅贊收隱門人天姿明透文章典雅名于一世
朴蕃		仁德亭	縣令德之子貞齋族玄孫官別坐有學行亭任實院
朴薰		收心亭	監察信之子仁德亭再從官止判官幷亭任實院
朴慶應		一翁	收心亭五世孫官郡守
朴善應		滄江	一翁弟官除敎官不就
朴吉應		眞靜堂	字德一滄江弟仁祖朝科官止留守

默齋
龍岩
明鏡
一菴
玄溪
雙溪
歸菴
蘭溪
二樂堂
菊堂
南岡
洛汀

朴宗元
朴雲
朴遂一
朴孝男
朴遂
朴樞
朴權
朴𤥭
朴興居
朴興生
朴震㖔
朴增輝

密陽

孝武之子與仁德亭爲從兄弟進士
字澤之默齋子朴松堂門人以孝行見重士林才俊氣豪志趣不凡以孝旋閭所著多書
又與退溪多質疑
字純伯生員灝之子龍岩之孫處士 一云忝奉
字子順府使顒之子貞齋旁孫文科官止佐郎
字尙之一菴子仁祖朝科歷三司官止兵曹判書
字子愼時瑞之子玄溪孫以遺逸官止執議不就
字衡曁府使時璟子一菴曾孫肅宗朝科歷三司官止吏曹判書
字擔夫天錫子太宗朝科歷大提學官知中樞孝行出天其廬墓也山君來舊坐苫之側
雉兎馴遊事聞旌閭世宗朝之名臣
判尹天貴之子蘭溪從兄弟間官止殿中御史
字敬夫二樂堂弟官止縣令金桑村門人桑村稱英敏十三進士十七生員
承旨守弘子二樂八世孫以文學名
南岡子文科官止大司諫

挹清堂	朴嗣宗 密陽	字公繼菊堂玄孫官止叅奉誠孝出天好善嫉惡獎進後學從栗谷遊以薦拜佐郎一謝而歸幷亭草江院
懶眞子	朴廷老	字汝獻挹清堂從子從重峯沙溪遊治禮學隔壁聽人書而歸記之盡卷無一錯字
迂拙齋	朴漢柱	字天支敎仁子成宗朝科官止獻納成宗目之以使士俚正言戊午以佔畢門徒杖流甲子賜死是日天大雷中宗贈職享密陽書院
大菴	朴惺	字德凝生員思訥之子官止府使以仁弘之黨疏誣松江與文景虎並稱本以寒岡門人享玄風松潭祠
梧岩	朴選	字馨甫司評孝悌子端廟朝正郎審問之六世孫光海朝科官止正
無盡齋	朴愼	字汝欽遊退溪門以孝行薦除敎官
知足堂	朴明榑	字汝鼎宣祖朝科官止禮叅
梧村	朴應勳	有至孝廬墓虎紙其瘡宣祖朝旌閭享黃磵松溪院
圃菴	朴性源	中司馬能知禮學兼解音律所著有華東正祭禮抄
菊堂	朴承賢	僉知善元子江陵薰之孫官止縣監
樂志亭	朴彥誠	有學行享尙州淵岳院
陶窩	朴濬	官止敎官享仁同陶溪院

愚谷	朴身潤	密陽	以文學進士享昌原雲岩祠
松岩	朴明淑		天性至孝承順母志斷指延命
合江	朴大德		有學行進士享成川祠
丹邱子	朴琮		字子美篤學行誼進士
菊潭	朴壽春		有文學
凌虛	朴敏		進士有學行享晋州鼎剛祠
岩遁	朴兌		進士善文
訥齋	朴悌祐		進士善文
四愚亭	朴守儉		尤菴門人家貧好讀行誼大著尤菴大加奬翊勸之仕終辞不應及先生被誣杜門不出事載永同邑誌
市隱	朴繼姜		篤行善事市八
弘毅齋	朴弼琥		字士淵有學行志介
校理	朴篪		字大連遯溪之孫十八大科其時命官朴淳疑其年少居大科卽刻燭呼韵以試之其詩曰文武收才禁苑春天顔高處物華新暮來唱罷黃金榜謬被君恩摠一身二十六以校

理爲李鎰從事殉節尙州世稱三從事即尹暹果齋李慶流伴琴同殉

號	姓名	本貫	事蹟
忠壯公	朴榮臣	密陽	字仁輔宣祖乙巳武科光海朝廢母公奮然直告被竄渭原甲子爲豊川府使爲李适之所害臨死罵逆贈叅判旌閭賜謚曰忠壯也
潘南	朴尙衷	潘南	本羅州人字誠夫密直副使秀之子恭愍朝大科官止右文直提學贈謚文正牧隱門人天性孝友沈默罕言慷慨有大志博學能文章請誅李仁任杖流道卒享松都五冠院
釣隱	朴訔		字仰止潘南之子禑朝入本朝冊佐命功官止左議政錦川府院君謚平度
嘯皐	朴承任		字重甫進士行之子釣隱五世孫拙齊權五紀婿中宗朝科歷南床翰林選湖堂官止監司大司諫
醉睡	朴瀰		字證之嘯皐之子
松谷	朴大夏		字茂業進士瑑之子釣隱七世孫宣祖朝科官止評事
竹窓	朴元度		字仲憲進士瀸之子松谷孫顯宗朝科官止承旨
鼎山	朴泂		誨之子釣隱五世孫有學行善誨後進經傳小學之外不敎他書及黨派之分弟子談東西是非則斥之曰欲爲時論且出廳東人之爲弟子者謂公欲扶牛栗作此模稜公絜家入原州鼎山以終身公不事於文章故無傳書著
青蘿	朴璘		字士猷釣隱七世孫從事牛栗門古潔秀偉有長者風
無悶堂	朴絪		吏正兆年之子釣隱五世孫與弟治川幷享陝川花岩院

冶川	朴紹 潘南	字彥胄無悶堂弟朴松堂門人中宗朝科魁科歷舍人吏郎官止司諫左議政謚文康眞率無僞篤志好古且有文章藻藝名在賢良薦而徑赴他試識者諱之以此免於己卯禍復爲司諫欲去金安老爲同僚所敗而歸退居狹川
艮齋	朴應男	字柔中冶川子明宗朝科歷林選湖堂官止大司諫贈謚文靖以讜直敢言稱有好善之心士流推許年四十六而卒
拙軒	朴應福	字慶伯艮齋弟明宗朝科歷翰林官止大司[illegible]從成東洲李履素學性忠實恬靜多識國朝典故
南郭	朴東說	字說之拙軒子宣祖朝科官止大司成昏朝坐廢十年而卒符移凝遠質實無外飾爲詩淸新有法逘李白沙北竄詩曰平生竹如意相逘子陵臺語甚凄激人多傳誦
鳳洲	朴東亮	字子龍南郭弟宣祖朝科歷翰林二十六冊扈聖功官止戶判錦溪君以受命七臣杖罪於光海以置對失言又得罪於反正後安置海島因汾沙鳴寃放還江鄉汾沙一作汾西
活塘	朴東賢	字孝起應川子艮齋從子宣朝朝科歷吏郎官止應敎初以學行授職世其忠直濟以學力
西浦	朴東善	字子粹活塘弟宣祖朝科歷翰林官止判書謚貞獻廢母時不叅庭請以此遠竄反正初首加擢用
汾西	朴瀰	字仲淵鳳洲子尚宣廟翁主爲錦陽尉廢母時與東陽晋安皆不獻議以文衡乏人欲於格外除公不果受學於沙溪
中峰	朴漪	字淑之叅奉東豪子活塘從子宣祖朝科官止監司爲人暴戾且多才氣兼通理學光海時爲箕伯十年喜殺立威以奇巧之物獻媚固位反正初卽爲梟首
霞石	朴炡	字大觀西浦子光海朝科歷南床策靖社功官止吏判錦洲君謚忠肅
守愚	朴煥	字汝述東民之子活塘從子沙溪門人官止郡守升同知

號	姓名	本貫	事蹟
儒軒	朴 潢	潘南	字德雨南郭子仁祖朝科歷翰林官止大司憲丁丑吳尹學士入瀋也不免謗議而時相欲幷竄淸陰桐溪八松諸公公以大諫力言不可諸公得免公力爲多○出后于應順孫
玄石	朴世采		字和叔中峯之子以遺逸官止左議政謚文純從祀文廟孝行深於禮學與尤菴爲道義之交而景慕如師又與明翁相合調停其間而實多依違尤翁末年常以書勉戒甲戌以後復斥南九萬不嚴於希載之獄世以爲三節人英廟以蕩平之功特旨陞廡
痼翁	朴世堅		字仲固霞石子文科官止承旨進壯
西溪	朴世堂		字季有痼翁弟顯宗朝大科歷三司提學官止判樞歷吏判謚文貞自玉堂以後恬退不仕急流勇退之節足以聳勸而所居有泉石之勝文章亦多而有淸藻
寒泉	朴世耇		字輝之守愚煥之從子官止叅奉不仕而自晦
克齋	朴泰殷		字祖能南溪子官止判官以博雅介潔稱而亦事依違至被王雲之誚
東溪	朴泰淳		字汝厚守世相之子儒軒孫肅宗朝科歷三司官至大司成孫師緝師緤乙亥逆誅
晚休堂	朴泰尙		字士行痼翁子顯宗朝科官止吏曹判書謚文孝顯廟入孝時以大提學爲博冠禮時以大宗伯爲贊冠
白石	朴泰維		字士安西溪子肅宗朝官止持平而夭以筆名攻尤菴甚
定齋	朴泰輔		字士元白石之子出后世垕爲尹美村外孫肅宗朝大科選湖堂歷吏郎贈領議政謚文烈己巳諫廢妃與吳陽谷李柏堂同受刑而公抗言不撓尤被慘毒之刑謫至露梁而江上立祠旌閭亦以善書名以尹明齋之甥也故攻斥尤菴幷斥睡翁而巳立節之后尤菴方赴謫聞而嘉歎令子孫毁其文

遯溪	朴泰徵	潘南	字徵之經歷世基子拙軒玄孫肅宗朝科官止弼善辛巳疏救南尹吳三人
雲溪	朴泰昌		字盛甫世㦻子拙軒玄孫肅宗朝科官止弼善辛巳疏救南尹吳三人
素菴	朴世珪		痼翁之兄
凝齋	朴泰觀		有文學有文集
省菴	朴弼傳		字景賚判官泰興子玄谷孫以孝行歷諮議南臺官止叅議
黎湖	朴弼周		字尙甫郡守泰斗之子汾西曾孫以遺逸歷吏判至賛成謚文景篤學力行以長銓赴召也進神劄以明國是
無臭翁	朴弼琦		字稚圭雲溪子英宗朝科官止兵議致仕奉朝賀
醒菴	朴弼理		字景玉無臭翁弟英宗朝科官止同義禁
雪松齋	朴弼成		字士弘都正泰長子南郭玄孫尙孝廟翁主爲錦平尉謚孝靖賜几杖以孝旋閭
鷺洲	朴弼益		叅奉强貞子黎湖從子肅宗朝科官止兵曹判書謚章孝壬寅以盟祭不叅竄泰仁
耐齋	朴師洙		字景魯監察弼史子出后伯父大司憲弼明活塘五世孫景宗朝大科歷三司弘提官止吏判謚文憲幼有才名嘗主蕩平論
近齋	朴胤源		判官師錫子守愚五世孫以孝行官止監役贈吏判兼祭酒謚文獻

錦石	朴準源	潘南	近齋弟黎湖再從孫官止縣監以博雅稱有文集以蔭官止判敦寧諡忠憲女爲綏嬪誕純祖○有詩集
燕岩	朴趾源		字仲美師愈子黎湖再從孫官止縣監以博雅稱
楡谷	朴致隆		字泰興子鈞隱十一世孫英宗朝科官止大司諫
耻菴	朴忠佐	咸陽	字士華軍部郎莊之子高麗忠肅朝科官止三司事咸陽府院君諡文齋自幼好學精易理温厚儉約雖爲卿相猶布衣
正菴	朴民獻		字希正典籍瑜子耻菴八世孫明宗朝科選湖堂官止叅判爲北兵使○花潭門人
草屋	朴守緒		字敬承主簿芝子恥菴十世孫光海朝官止承旨
棄窩	朴徹		字亨遠判官忠生子正菴從孫蔭仕府使受學於朴南郭東說
四拙窩	朴成阜		字汝厚棄窩子南溪趙廷虎婿蔭仕縣監歸去公州滄江築室扁以四拙
晚軒	朴成玉		正言希閔子耻菴十五世孫文科官止文學
東園	朴重慶		晚軒子文科官止郡守叅判廷薛玄孫
南野	朴遜慶		晚軒子官止敎官
五根	朴成乾		字陽宗宣林子耻菴族曾孫成宗朝科官止知縣享長水院

孤狂	朴　權	咸陽	字而經五恨子成宗朝科官止正言甲子被謫而卒享長水院
逍遙堂	朴世茂		字景蕃進士仲儉子兵判習玄孫中宗朝科歷翰林三司官止正嘗載筆宛直書金安老爲所斥李芑欲置淸顯公求外補其自守如此以善書稱著有童蒙先習享槐山花岩院
無違堂	朴大立		字守伯世泰子逍遙堂從子中宗朝科歷三司官止贊成能役鬼術云
潛冶	朴知誠		字仁之郡守應立子逍遙堂孫以遺逸薦歷南床至承旨贈吏判謚文穆有孝行力主元宗追崇之論似是所見之誤非如諸臣媚悅之態嘗曰人之四体四肢百骸一心爲主沙溪以是攻其學術之差厚齋問公學術於尤菴而答以不知享牙山院
寒泉	朴慶新	竹山	郡守思恭子宣祖朝科官止叅判
愛閑亭	朴知謙	咸陽	潛冶弟官止別坐享花岩院
歸翁	朴慶後		府使尙郁子大立五世孫文科官止叅判
梧亭	朴　蘭		元亮子中宗朝科官止縣令以詩名如春夢亂如秦二世詩思强似魯三家非近世操觚者所及有遺稿
三島壽翁	朴奎精		字春仲居靈岩有學行孝友之行所居有海山之勝好爲修養之術年踰八十享長水院
小華	朴寅亮	竹山	字代元高麗文宗時入元官止叅知政事謚文烈以詩名使于宋中國人刊行其所著作表獻遼定强界曰普天之下旣莫非王土尺土之間何必我强我理歸汝陽之舊田撫綏弊邑回長沙之拙袖蹈舞昌辰遼主覽而許之

朴仁碩 竹山 檜谷

字壽山左僕射育和子官止戶部尙書子犀破蒙兵時爲兵馬使享龜城字判書暉之子官止大匡政丞諡文匡未冠登第入仕元朝與名士遊博通古今山川風土如指諸掌及還忠宣每密論政理

朴全之 杏山

字之衢糾正翙之子杏山五世孫世宗朝科選湖堂册佐理功官止左議政延城府院君諡文憲配享睿宗廟國朝名臣

朴元亨 晩節堂

官止左代言封延昌君忠肅王嘉其淸白設學士宴以寵之

朴孝修 石齋

字貞叔仁祖朝科武科歷兵馬虞候贈兵判諡忠愍甲子适亂錄原從功

朴命龍 忠愍公

朴誾 高靈 挹翠堂

字仲說正職孫子二樂堂申用漑婿燕山朝科歷南床選湖堂官校理十五能文章二十九被禍處心正持己簡遇事直言且言柳子光李克墩成後之奸群少誣以他事竟致其死死時神色不變公之詩律自當世至今罕比神骨透徹眉眼如畫不似煙中人中宗朝科贈都承旨公與容齋止亭爲莫逆交人以爲君子止亭爲少人容齋爲君子小人之間

朴慶業 岩叟

字應休郡懋之子挹翠曾孫文科官止叅判

朴漸 復菴

字景進世貞子挹翠再從孫宣祖朝科官止吏議

朴長遠 久堂

字仲久直長烜之子復菴再從曾孫仁祖朝科歷翰林三司官止吏曹判書諡文孝八歲遊江邊有一過客見公儀容端秀文彩問年與同庚使作別詩口占曰前後生同壬子年今朝相遇此離筵天無竟日雷霆怒莫歎潮陽路八千滿座大驚神童之名名滿洛下自點當國再遏其子鈫於銓郎玉署直聲動一時

朴鐔 芝浦

字大叔久堂之子東山尹趾完婿尹明齋門人以遺逸官掌令

栗村	朴林宗	高靈	侍中雨生子官止府使
明洲	朴 瑛		武科惟儉子栗村九世孫文科正郞子相馨文科官止叅判己巳叅凶疏
耆隱	朴文秀		字成甫肅宗癸卯文科己酉按節嶺南時潦水大至家屋器物蔽海而來以爲非關東必關北也欲移粟往哺計發濟民倉粟三千石載送具啓咸曰未有朝令而移粟他道恐有論責文秀曰北民之活只有移嶺粟也是時北伯果以水灾狀請嶺南之粟所以得活十餘州民立碑於咸陽萬歲橋頭公智明果敏之聲千古藉藉雖樵牧之人人無貴賤而曰朴文秀朴御史耳戊申策奮武功封靈城君官止判敦寧謚忠憲
樂堂	朴 澤		竹窓兄弟間享文淵院有文集進士
竹淵	朴 潤		郡守繼祖子以孝旌閭享高靈文淵院
鶴岩	朴廷璠		文科司書享文淵院
閑碩堂	朴仲林	順天	庫使安生子世宗朝科官至吏曹判書集賢殿提學贈賛成謚文愍有文章忠孝之行丙子與其子同殉
醉琴軒	朴彭年		字仁叟閑碩堂子世宗朝科官止刑曹判書贈謚忠正或云刑曹叅判○受世宗顧托及端廟遜位丙子與成三問等謀復上王被鄭昌孫金礩發告皆被極刑幷殺子弟家人不遺樵類獨公有後幷享果川洪州寧越諸院忠節志介千古罕有
東齋	朴耆年		字松叟醉琴軒弟文宗朝科選湖堂官止修撰丙子同兄被禍弟永年文科節義識鑑卓高弘博隱而自遯

景春軒	朴引年	順天	字龜叟東齋弟文宗朝科官止校理志介高尙世所仰崇
花遷堂	朴春茂		進士箕精子景春軒七世孫官止府使壬辰與趙重峰同倡義贈叅判諡愍恭
石村	朴忠挺		有學行生員享光州直泉院
寓軒	朴尙玄		字景立遂林之子石村族孫贈掌令守志林泉繡薦孝行未及用而卒尤菴多所往復能造渾天儀
遜齋	朴光一		字士元寓軒子尤菴門人以孝行官止諮議有文集及語錄著卞誣晋湖問答
白野堂	朴光元		字士善遜齋弟遊尤菴門又從遂菴芝村遊官止刑郞居喪能盡制辛壬間棄官歸鄕
安村	朴光後		字士述天用子遜齋從兄弟尤菴門人有行儉
復齋	朴良佐		塡之子中司馬以孝行薦授齋郞贈吏叅
龍潭	朴而章		字叔彬復齋子宣祖朝科歷翰林官止副提學兵叅子狘礪爲大君師傅
龍谷	朴世徵		字子久尙蘭子醉琴軒旁孫贈佐郞尤菴門人寫石谷封事緣連杖死弟處谷世振也
酒仙	朴春亨		宣祖朝官止監察
黔岩	朴致道		顯宗朝科歷三司官止承旨家甚寒儉文章動一時

葉藏秋壑斜陽隱半山盖以賈似道王安石爲比貞復覺其意掇而焚之享光州月峰院

號	姓名	本貫	事蹟
六峯	朴祐	忠州	字昌邦訥齋弟中宗朝科歷翰林吏叅官止留守亦有詩名
思菴	朴淳		字和叔六峰子花潭門人明宗朝科選湖堂官止領議政謚文忠清修力學文章德行爲一代賢相退溪曰朴淳如一條清氷華使曰宋人物唐詩調宣廟奬之以松筠節操水月精神栗谷筆下少許可雖於燕閑時默罕言語與栗谷爲道義之交領袖於一隊善類少時首劾尹元衡黜之晩節謝事退居永平築拜鵑山水自樂而終不幸庶子應犀死於大北中無后特爲不祧享永平光州書院
烟波	朴漑		字大均思菴兄官止縣監不事仕業起亭江上每以輕舟乘月遊賞亦以詩名附訥齋集末
鶴村	朴以龍		字施允副尉成健之子文科官止佐郎
一石	朴惟楝		字時甫叅奉事三之子鶴村從孫官止叅奉從尤菴遊享黃磵松溪院
俊浦	朴海		字仲涵思達之子訥齋旁孫宣祖朝科歷翰林官止都事昏朝被黜
岩川	朴增	務安	府使臨卿之子有學行
南村	朴璘		縣令仁亮之子菊磵尹鉉婿岩川再從孫官止都事
草亭	朴應善		南村璘之子坡谷李誠中婿官止郡守道學淵源士林所崇

道源齋	朴世憙	尙州	字而晦副正士華子中宗朝科歷三司選湖堂官止承旨贈吏判謚文剛己卯竄江界而卒享南陽院
松村	朴世勳		道源齋弟官止僉正己卯被薦享南陽院
認齋	朴世照		字仲温松村弟靜菴門人中宗朝科歷副提學官止監司
雲岩	朴日省		字學魯訓鍊正致恭子文科官止承旨丁丑斥和
琴書齋	朴光輔		字國柱生員璘之子官止主簿以韓松齋薦承召入闕終不屈志不慕榮利惟樂琴書
華齋	朴光佑		字國耳琴書齋弟中宗朝乙巳科官止司諫贈吏判謚貞節才華拔人孝友出天事性理之學己卯禍作以儒生守闕痛哭入門被傷裂頭坐於政府外廊都人欲爲靜菴伸誣疏者一時製給十餘度乙巳以中學會儒之事杖隕有求仁得仁有何怨尤享淸州松泉院
雲谷	朴受		字大受華齋子官止縣監不仕精於易學出入休菴之門嘗有救西人一隊之方
騎牛子	朴容		字恕卿雲谷弟乙巳禍後不仕
玉谷	朴允文		字德章副正増之子華齋兄生員有文名
貞肅公	朴安臣	忠州	高麗政丞元挺之曾孫定宗朝文科太宗朝官至大提學謚貞肅節義淸卓志不可奪朝家敬重之
認齋	朴祥		字昌世進士智與子燕山朝大科選湖堂官止通政牧使贈吏判謚文簡與金冲菴同疏請復妃己卯被斥性簡元嫉惡太過以此不容於世沈貞作逍遙亭求詩於公公詩曰落

雨忘翁	朴桂	務安	草亭子官止佐郎
古心齋	朴履文		字仲禮左尹澄子雨忘翁曾孫文科掌令東隱李雲根婿
痴菴	朴道郁		字斐然主簿星瑞子英宗朝科官止縣監
晩翠軒	朴道煥		痴菴弟官止僉知戊申敘原從功
水西	朴善長		字汝仁文正郎全之子宣祖朝科官止都事享順興院
東原	朴始亨	江陵	縣監中信子文科官止承旨
三可亭	朴遂良		字君擧東原子官止縣監朴訥無華孝友篤至燕山命短喪公猶服衰廬三年以冲菴薦白衣謁見拜知縣爲縣七年吏民挽止不得歸一日逃還己卯禍作後歸田舍與朴公達詩酒自娛而終冲菴贈公躑躅杖公以詩答之
四休	朴公達		字大觀正始行之子東原從子己卯薦科歷南床官止兵佐前科後削與三可會飮于雙欄亭兩家澗水水漲不得渡則各於岸上擧盃相勸弁享鄕祠
萆南	朴熙中	珍原	監務溫之子太宗朝科官止直學初使日本而還享長城鶴林宇
岐陽	朴濬哲		暉生子萆南玄孫進士與其祖同享
竹川	朴光前		字星哉遊於退溪門孝悌恭順留心性理之學華使到明倫堂諸生謁見不意雨注諸生皆奔避東西齋簷公通先後一二行步立退溪奇之柳眉岩薦士五人公爲首壬辰倡義

灌圃	朴弘美	慶州	字君彦顯龍子宣祖朝科官止承旨以文章名月沙爲儐使辟公爲幕公所著清江賦世比赤壁賦慶州懷古詩載輿地勝覧
秋山	朴弘式		灌圃弟官止洗馬
懷齋	朴光玉	陰城	字景瑗司藝鯤之子宣祖朝科止持平以孝行薦以激揚自任壬辰與金健齋高霽峯約舉義卒于軍中享光州祠
栗亭	朴瑞生	比安	字汝祥部郎漸之子冶隱門人太宗朝官止大司憲選清白退居善山享龜川祠
守菴	朴枝華	旋善	字君實花潭門人地甚寒微爲學官棄去有學行能文章壬辰乱入春川山谷書白鷗元水宿必詩投水而卒世傳仙化云成牛溪曰守菴尊丈學問見識非近世人物有文集
林湖	朴守儉	義興	字養伯景讓之子尤菴門人肅宗朝科官止通政牧使有文集享提川鄉祠
雪峯	朴信	雲峰	漢城尹之誼之子圃隱門人文科官止吏判謚忠肅子從愚雲城府院君
竹林	朴璟	昌原	郡守弘信之子文科官止執義享長城倡義壇
梧里	朴繘	蔚山	以健子文科官止縣令
菊磵	朴晋祿		恭愍朝科官止大提學
藍溪	朴而文		進士居狹川壬辰倡義討賊贈承旨
雪峰	朴潔		字景清年十六道遇南冥下馬供手曰子非南冥先生耶先生曰世稱之云自見南冥後絶意名利又登退溪門享星州院

松厓	朴汝龍	蔚山	字舜卿司馬官止正郎以栗谷之薦舉齋郎
篁岩	朴齊仁		字仲思出入南冥門薦授師傅官止知縣寒岡稱德量弘度
遯翁	朴希聖		孤青門人文高學博
五寒堂	朴希哲		遯翁弟亦孤青門人亦有學行文學
虛谷	朴世振	順天	字子玉尤菴門人顏谷世徵之弟贈佐郎尤菴門人才行學識俱極卓高
素隱	朴重繪		字受汝安村光後之子尤菴門人
忠烈公	朴元宗		字伯胤仲善子成宗朝科武科燕山時與成希顏柳順汀舉義冊靖國功封平城府院君官至領議政謚忠烈配中宗廟庭
忠愍公	朴淳	陰城	官止中樞府事太祖幸咸陽前後問安使往不得還淳請行不用使車自持子母馬入咸陽行在所故以其子繫于樹騎其母以進子母踴顧相呼徊徨不進大祖憮而問之淳曰子母相離不忍也雖微物有至情上感然不怡以潜邸故人留之不遣一日上與淳局戲之際適有鼠抱其子墜自屋角至死不相捨上見而乃許回鑾淳得命卽辞行在諸臣之所請遂當斬于末渡江之際太祖聞而慟之曰朴淳良友不可食言遂决南還太宗聞其死命書工書其身以進淳妻任氏亦自刎謚忠愍
松坡	朴全	務安	字勉夫傅官解之曾孫文科官止正郎
寺事	朴寶生	寧海	寧海君堤上之三十世孫也麗朝官奉順大夫判衛尉寺事稼亭李穀婿

判書	朴元桂	寧海	麗朝官奉翊大夫典法判書寶文提學歷仕忠宣惠穆四朝李牧隱撰碑銘
龍湖	洪文楧	山淸	字君秀寒岡門人進士有學問行誼
陽坡	洪彥博	南陽	字仲容僉議仲贊戒之子官止門下侍中南陽侯謚文靖金玹之亂遇害妻子勸避之公曰安有首相逃死乎徐整衣冠出戶爲賊所害公以勳戚有重望故玹首害之
安武公	洪達孫		字可則以武藝進世祖潛邸之時陰求天下之士而欲圖靖難計與柳洙泗楊汀等三十餘人俱爲明澮之薦進癸酉十月十日椎殺皇甫仁金宗瑞等錄靖難功封南陽府院君官止左議政謚安武
西潭	洪　瑋		字偉夫訢之子陽坡八世孫宣祖朝科官止司書
麻川	洪逸童		字日休武節制尙直之子陽坡從曾孫世宗朝科官止進賢館大提學能詩善飮入名臣錄女爲成廟後宮
友菊齋	洪敬孫		字吉甫監察智子麻川從侄世宗朝科官止同成均
石壁	洪春卿		字明仲翰林係貞子友菊齋曾孫中宗朝魁科歷南床選湖堂官止吏叅詞翰名一世落花岩詩在詩刪
栗亭	洪天民		字達可石壁子明宗朝科歷南床選湖堂官止都承旨
拙翁	洪聖民		字時可栗亭弟明宗朝科歷南床選湖堂錄光國功官止判樞益城君謚文貞姿稟絶人淸操超倫文章淸麗所著述無於世而公能暗誦無一差錯
鶴谷	洪瑞鳳		字輝世栗亭子宣祖朝科選湖堂冊靖社功官止領議政益城府院君謚文靖相業文章俱有可高丁丑力主和議

葆翁	洪命一	南陽	字萬初鶴谷子仁祖朝科歷翰林官止大司成
靜修齋	洪九行		縣令處宇子葆翁孫官止監役
北汀	洪處亮		字子晦僉正命顯子鶴谷從孫仁祖朝科歷翰林提學吏判官止判中樞諡貞憲
磨鏡軒	洪九淵		北汀子有文集文名動一時
老圃	洪好人		字有哉兵使以度子肅宗朝科歷北兵使官止判尹
守白齋	洪柱翼		僉知大源子老圃再從孫文科正言嘗作四大臣像贊
海峯	洪命元		字樂天進士永弼之子石壁曾孫宣朝科歷南床翰林官止畿伯有文集
無適堂	洪命亨		字季通海峯弟光海朝科官止承旨贈吏判諡義烈丙子江都自焚夫人成氏亦殉節享并旌閭
醒菴	洪處厚		字德載海峯子禾谷鄭錫湖之婿仁祖朝科歷翰林官止監司諡忠壯虜人僭號主和者請於國書書其新號公以言爭之
櫟軒	洪處大		字仲一醒菴弟仁祖朝科歷翰林官止中樞
安分齋	洪處尹		字之任櫟軒兄仁祖朝科歷翰林官止監司
杏谷	洪處久		櫟軒弟武科官止兵使有文集

淡圃	洪受瀗	南陽	字君澤酷菴子逸休李翽之婿肅宗朝科歷翰林官止吏判許卜入主文圈文學爲一時名宰
西岩	洪禹瑞		字仲熊府使受浣子淡圃從子肅宗朝歷三司官止大司憲
敬齋	洪啓欽		字敬伯西岩子進士蔭仕郡守
守虛齋	洪啓廸		字惠伯縣令禹圭子出后從父禹錫淡圃從孫肅宗朝科歷翰林官止大司憲贈吏判謚忠簡命不祧辛壬論啓泰耉潛入對斥光海佐於庭請時安置黑山島竟杖死乙巳伸與李晩成仝雲澤稱三宰臣二十三進壯
壺谷	洪受疇		字九言安分齋子肅宗朝科歷三司官止吏叅以掌令嘗疏伸尼尹又證栗谷變形之說以此投界能詩到高山郵不遇主人題詩曰客到高山驛誰彈流水音惜人不能去明月上遙琴李松谷瑞雨擊手歎賞
靜窩	洪禹寧		字汝成主簿受寬子櫟軒孫芝湖李選之婿肅宗朝科官監司
日涉園	洪宗海		字南紀啓佐子靜窩孫英宗朝大科官止大司諫
龜灣	洪禹傳		字執中正郎受濟子出后受晋海峯曾孫六十後始登肅宗朝科官止叅判癸卯竄乙巳放嚴於討逆又論崔奎瑞請黜南尹崔三相廟享白首嘗論獲過於上官不得達
滄窩	洪啓禧		字純甫龜灣子陶菴門人英宗朝大科歷三司提學官吏判致仕緣坐追奪後復少遊泉門有文學才校正朱子大全及語類所著有經世指南或有外粉內墨之評云而致凶
艮齋	洪儀泳		郡守啓祐子龜灣從孫文科官止注書善書以緣累不達

木翁	洪瑞翼 南陽	字翼之拙翁子文科官止叅議
懶齋	洪命耇	字元老木翁子笑仙申鑑婿光海朝魁科官止叅判謚贈忠烈丙子以箕伯勤王與虜戰于金化之柏田死之麾下金啓鳳六人同死旋閭享驪州沂川祠
沂川	洪命夏	字大而懶齋弟仁祖朝科歷翰林官止領議政選淸白謚文簡東淮申翊聖婿與尤菴善爲當世名宰享沂川院
黎川	洪重普	字遠伯懶齋子李蒼谷顯英婿進壯仁祖朝科歷翰林官止右議政謚文翼
逍遙堂	洪益晋	拙翁曾孫以文名有遺稿
月湖	洪得箕	字子範黎川子尙孝廟公主爲益平尉
北谷	洪致中	字士能監司得禹子月湖從子肅宗朝科歷翰林官止領議政謚忠簡嘗主蕩平之論口不出是非之言故於懷尼之爭忠逆之案一無建白
愛懶齋	洪濟猷	北谷子叅奉早卒有遺稿
耐齋	洪奉猷	字伯亨主簿政祥子月湖孫遭家禍不第少頗豪縱自丁家禍父死於巳巳麻衣草坐以終身感憤不平一於詩發之
樂天	洪碩舫	字應龍司直得宗子友菊齋再從曾孫中宗朝科官止正
時雨堂	洪渾	字潭元判官弼世之子巳卯名人友菊齊旁孫明宗朝科歷翰林官止吏議
東城	洪汝諄	字士信闇之子樂天再從任宜朝科官止兵判

西湖	洪 湜	南陽	字仲精縣監汝謙之子東城再從侄宣祖朝科歷翰林官止叅判光海時謫卒反正後復子友敬尙主爲唐原尉
休休堂	洪 應		字應之右尹深之子文宗朝科選湖堂册佐理功官止右議政益城君謚忠貞配成宗廟庭風標淸雅操身有規稱賢相名卿
顧菴	洪順福		字子綏判官士淳子休休堂從孫官止持平巳卯被禍享南原老峯院
晩悔堂	洪得一		判決事思斅子休休堂六世孫文科官止監司
雙柏堂	洪純愨		字勤初暹之子顧菴順福從孫宣祖朝科以大臺升同知
晩洲	洪錫箕		字元九進士頤中子雙栢堂孫仁祖朝科大科官止叅議贈吏判謚孝正旋閭詩才敏給有倚馬擊鉢之稱初受學於具洛洲鳳瑞具爲嶺伯贈詩云千里嶺南觀察使十年門下壯元郞作華陽行附尊周之義正廟取而覽之其集特贈爵謚
晩隱堂	洪胄華		字君實進士一運子晩洲再從孫贈持平旋閭疏卞菴尤被誣享淸州壽樂洞院
敬齋	洪 鵬		主簿巨舫子樂天順舫子官僉正享任實院
淸溪	洪 葳		遠湖子己卯人士俯之五世孫休休堂旁孫樂靜趙錫胤之甥孝宗朝科歷三司選湖堂官止叅判才華夙就與文谷爲心交
耻齋	洪仁祐		字應吉僉知德演子退溪門人進士篤學力行榜置黑白以驗一念善惡平生燕居之時必冠帶家人問有何可尊者公曰天臨上地載下幽則鬼神明則人皆可以敬我亦人也居喪哀毁而卒享驪州沂川院

退齋 洪進 南陽 字希古耻齋子宣祖朝科册扈聖功官止左議政贊成謚端敏唐城君與弟荷花同選玉堂人稱雙珠性剛介志行世所罕有

荷衣 洪廸 字太古退村弟宣祖朝科選湖堂官止舍人嘗從退溪問爲學之方先生歎曰吾友不亾矣

虛舟子 洪汝栗 字子敬退村進子官止郡守壬辰以集賢殿叅奉奉安影幀間關保護莅郡有治績

槐陰 洪遵 字師古司成仁健子耻齋從任宣祖朝科官止承旨

東湖 洪錫龜 字國寶進士俊子耻齋同派孝宗朝科官止牧使以文名善書著名

仙菴 洪興祉 字子綏僉正繼元子出后叔父繼述陽坡旁九世孫仁祖朝科官止府使

月浦 洪徹禹 字克勤進士天錫子陽坡旁孫仁祖朝科官止奉正居郭山以儒宗名於關西有郭山鄉祠

戀生亭 洪汝方 字子圓文景公吉旼子太宗朝科官止吏判大提學謚文良

白石 洪茂績 字勉叔正郎義弼子戀生亭七世孫逸官止判書大司憲謚忠良昏朝以布衣上疏請斬爾瞻偉卿竄巨濟九年改玉後直拜南堂又論追崇之非出后縣監仁弼

默齋 洪彥弼 字子美世謂士洪副學泂之子戊午人澣之從子中宗朝科選湖堂官止領議政錫几杖謚文僖配享仁宗廟性怯懦見害必避徒以博雅自負不喜儒者嫉靜菴欲沮其路叅乙巳僞勳但居家有醇謹廉簡之行

忍齋 洪暹 字退之默齋子中宗朝科選湖堂官止領相錄淸白賜几杖謚景慕生而穎悟過眼輒誦有節儉之操位長百僚而所居蕭然少時嘗因諫杖竄而晚年容身保祿無所建白栗谷

經筵日記目之以流俗宰相云

柳川	洪宗祿	南陽	字延吉吏判貞孝公曇之子忍齋從任宣祖朝科歷翰林直學官止監司壬辰爲調度使
八谷	洪憙		宗福之子忍齋曾孫以學行官止同敦寧子判中樞樸文左尹樸道俱參靖社功封君
遯愚堂	洪錫		字君敍郡守敬紹之子忍齋曾孫以學行官止司業贈吏判謚貞敏淸陰門人自號大明處士太白五賢之一
孟山	洪鳳祚		字字瑞參判南溪君爀子樸道玄孫英宗祖朝科歷三司官止知中樞
澹軒	洪大容		牧使櫟之子孟山孫官止郡守解音律性雅淡好古
晩全	洪可臣		字興道掌員昷之子戊午人滸之曾孫官逸判書寧原君遊古村門又往來退溪門草堂門丙申討李夢鶴錄靖難功
鹿門	洪慶臣		字佑公晩全弟宣祖朝科歷翰林官止副提學以詩名
杜谷	洪宇定		字靜而庶尹泰之子晩全孫許岳麓外孫崔雙栢堂婿以遺逸官止大君師傅贈吏判賜謚太白五賢之一子克官直長號斗山
南坡	洪宇遠		字君定杜谷弟李海皐婿仁祖朝科歷翰林提學官止吏判謚文簡爲持平時論趙氏母子事曰先王之寵姬殉死先王之愛子流竄又引禮論論尤菴沒于謫壽八十三尤菴曰趙洪不過所見之誤
梧隱	洪蟄		字承基佐郎宇熙子鹿門曾孫肅宗朝科選湖堂官止應敎

花浦	洪翼漢	南陽	字伯升大成之子忝贊淑玄孫仁祖朝科官止掌令贈領議政謚忠正以首斥和議忤當路出爲平壤庶尹丁丑縛送虜中不屈而死事在尤菴所撰三學士傳有文集平澤卽公之生長地立祠幷享尹集吳達濟兩公生父進士以成子晬元殉于江都
篠叢子	洪裕後		字餘慶初遊佔畢門文章甚高學爲處士之詩韜晦山水之間以免史禍世以爲有仙術享遐壽以終云公子至博于百家書無不通知敎授千人云
東江	洪乃範		瓊之子字伯陳宣祖朝科老升同知
華谷	洪南立		字卓慕仁祖朝科官止判校
匡定公	洪奎		樞密事縉之子高麗元宗朝拜御史中丞恬淡寡慾倜儻不羈竭忠事君再安社稷
忠剛公	洪霖		字春卿僉使受命子武科贈戶判謚忠剛討李麟佐乱義扶上將李鳳祥忠義堂堂
忠正公	洪子藩		字雲之左僕射巏之後同知密直副使裔之子麗朝科歷南京留守按忠淸全羅慶尙三道皆有治績官至慶興君開國候爲人魁悟俊偉才局絶倫超至公輔
洪厓	洪侃	豐山	直學之慶子麗朝科官至舍人能於詩
慕堂	洪履祥		字元禮司直修之子洪厓八世孫杏村門人宣祖朝大科選湖堂歷翰林直學官至大司憲贈謚文敬配高陽文峯院
芝溪	洪霶		字景望慕堂子宣祖朝科官至副提學大司憲
獨靜齋	洪雲		字景時芝溪弟仁祖朝科官止忝判

島潭	洪𩅦	豐山	字景澤獨靜齋弟仁祖朝科重試歷三司官止掌令晩以眼病廢仕
秋巒	洪霙		字景芳島潭弟月沙李廷龜婿光海朝科官止禮叅不以黨論分別是非不爲名議所推
芝塘	洪柱一		字一之芝溪子仁祖朝科官止通政牧使進士以是蹇滯
月灘	洪柱三		字鼎卿島潭子生父府使靈孝宗朝科歷翰林三司官止監司
楸軒	洪萬遂		字成中月灘子肅宗朝科官止校理以眼病廢有文集
彩峯	洪萬遇		字季會彩峰弟肅宗朝科選湖堂官止舍人
天一齋	洪重鉉		字大玉牧使萬最子獨靜齋曾孫文科校理生曾祖秋巒
松南	洪重相		字季瞻天一齋弟文科正字
無何堂	洪柱元		字建中秋巒子尙宣廟公主爲永安尉謚文懿嘗疏救趙樂靜朴文堂以此被罪鄭陽坡金滄洲伸救公與士類多交
竹里	洪柱國		字國卿無何堂弟孝宗朝科官止禮議鄭畸菴門人
金華	洪萬容		字伯涵無何堂子顯宗朝科歷三司大科官止吏曹判書謚貞簡
藥軒	洪萬衡		字叔平金華弟仁祖朝科歷翰林官止校理姿性絶倫文詞婉麗容儀如玉

號	姓名	本貫	事蹟
雙栢堂	洪重疇	豐山	字道陳金華子肅宗朝進壯蔭仕至叅判有文集行于世
芸窩	洪重聖		監司萬抜子金華藥軒從子蔭官至判決事從三淵遊能詩
睡隱	洪錫輔		字良臣僉正重箕子雙栢堂從子西河李敏叙外孫肅宗朝科官止吏判壬寅誣被禍屢刑窴靈岩乙巳放
守齋	洪鉉輔		字君擧睡隱弟水村任埅壻肅宗朝科官止禮判謚貞憲
翼翼齋	洪鳳漢		字翼汝守齋子英宗朝科歷三司總五管六曹判書官止領相謚翼憲女爲壯獻世子嬪寔誕正廟憑權十年用權
安窩	洪樂仁		翼翼齋子英宗朝科官止叅判自上命刊行文集平日文名未甚著而集則多可觀
臨湖	洪萬廸		字吉士竹里子眉江李景魯外孫華谷李慶億壻進壯肅宗朝科入弘錄官止持平
耳溪	洪良浩		字漢師鋪浦子芸窩孫英宗朝科歷三司官止吏判謚文獻
梅沙	洪杜震		字春卿府使躍之子慕堂孫肅宗朝科官止獻納
晚退堂	洪萬朝		字宗之監杜天子梅沙從子肅宗朝科官止判書歷七道監司謚貞憲
花隱	洪重寅		晚退軒子官止都正
梧泉	洪重徵		字錫汝花隱弟肅宗朝科官止工判謚良孝

社潭	洪重夏	豊山	字天叙叅判萬鍾子月灘三從孫肅宗朝官止監司
晩香堂	洪重禹		字天錫社潭弟肅宗朝科官止承旨景廟代理後見朝象不佳力求補外戒子侄不使染跡於辛壬凶徒
蒼厓	洪景輔		社潭子英宗朝科官止判書大司憲贈謚忠獻戊申請扈衛宮城英廟晩年以爲戊申之功只公與吳光運而已
市林	洪名漢		字幼良生員重華子社潭從孫顯宗朝科官止大司諫判書
三省窩	洪聖輔		社潭從子顯宗朝科官止大司諫
癖菴	洪憲輔		縣令重遠子月灘曾孫博泉李沃外孫詞律甚工
月峰	洪䨦		字汝時正郎鸞祥子慕堂從子仁祖朝大科冊昭武元勳官止叅贊學詩于權石洲
靜虛堂	洪柱世		字叔鎭月峯子秋川鄭彦敬婿孝宗朝科官止兵郎爲文詞以辭達理職爲主不尙浮華當時大儒稱公以文之大手
德谷	洪鍾韵		字遠伯仁祖朝科官止翊善
杏亭	洪大猷		字子時肅宗朝科官止府使
涵虛亭	洪貴達	缶溪	字兼善缶溪人孝孫之子世祖朝科歷翰林選湖堂官止吏判謚文匡文燕山時爲内嬖所讒流慶源賜縊死平生無暱眦獨於國事不爲容默多言宮禁秘事以此禍及文章汪洋長篇短什膾炙人口常騎駑馬任其所之世以駑馬爲貴達馬者此

寓菴	洪彥忠	缶溪	字直卿貴達子燕山朝科選湖堂官止校理涵虛被禍杖配眞寶家人勸逃不聽就拿至鳥嶺聞反正涕泣不已中廟首擢昏朝被斥公終不赴召以詩酒自娛不幸早卒享尙州近岩院
無任子	洪鎬		字叔京德祿子寓菴從曾孫鄭愚伏門人宣祖朝科官止大司諫
木齋	洪汝河		字伯源無任子之子孝宗朝科歷翰林官止司諫以文雅稱多識曲故嘗疏攻尤菴享尙州近岩院
東菴	洪大龜		叅奉相文子木齋孫進士
竹軒	洪敏求		漣之子進士
敬齋	洪魯		竹軒子文科官止舍人爲前朝守有文集
梅軒	洪後亨		官止叅奉享安東栢岩里院
臺岩	洪繼玄		處士享星州鄉祠
松菴	洪遠		享長城倡義壇
守拙	洪得禹	〃陽	字叔範黎川子同春門人蔭仕官止監司乙卯上疏卞師誣被竄
滄浪	洪世泰	南陽	字道遠地甚寒微而詩雅驚絕農淵詩公爲詩友有文集

倉谷	洪得龜	南陽	字子徵教官碩晉子沂川孫官止縣監善書
盤桓	洪千璟	豊山	字群玉應福之子光海朝進士文科官止通政提督官遊栗谷門以詞學名晩遊石潭享羅州院
淵泉	洪奭周		字成伯蔭叅判仁謨之子睡隱玄孫正宗朝科歷三司至吏判主文官至左議政
金剛居士	尹彦頤	坡平	忠肅公瓘之子文科毅宗朝卽高麗朝官止政堂謚文康工於文章作易解行于世好佛法臨沒作佛偈書壁
平窩	尹倬		字明仲縣監師殷子金剛居士十三世孫文科官至大司成明倫堂下種兩樹
雪峰	尹燧		字明叔昌世子平窩玄孫宣祖朝科官止通政府使
文肅公	尹瓘		當在金剛居士貢行上○字同玄佐高麗太祖三韓壁上功臣等達玄孫檢校少府少監執衡之子也文宗朝科官止吏部尙書翰林學士吏部承旨扶國立功爲民除害以功拜爲推忠佐理平戎招地鎭國功臣門下侍中知軍國事謚文肅
大提學	尹宣佐		字淳叟文肅公瓘之七世孫高麗忠烈朝大科官止藝文舘大提學生而穎異淸儉信義名重朝野
八松	尹煌		字德輝雪峯弟成牛溪婿宣祖朝科歷三司官至吏議贈領議政謚文正以直言爲己任斥和甚嚴丙子先陳自强之策不見用丁丑宰臣欲送公及石湖於虜中公挺身請行有救者得免享永同及魯城院
後村	尹烇		字晦叔八松弟牛溪門人宣祖朝科官止弼善贈謚忠憲○忠信恬靜志操確然丁丑江都殉節享江都及連山書院

童土 尹舜擧 坡平
字魯直雪峯子生父八峯九畹李春元婿以遺逸官止掌令○天分絕高冲素淡約學禮于沙溪丁丑後謝擧歸鄕論講道義顯宗朝被徵不起滄江曰文可煥黼黻筆可銘鍾鼎道可範世俗世以爲知言嘗有詩曰水繞山開得一村疎籬茅屋犬迎門主人出語多淳古泛酌瓮頭不用樽享連山金溝靈光各院

石湖 尹文擧
字汝望童土弟仁祖朝科翰薦歷副提學官止吏叅贈謚忠敬爲人沈重莊敬忠信正直濟以學力嘗同其父斥和丁丑得免送虜自此謝世屢徵不起尤菴稱有壁立萬丈之節

美村 尹宣擧
字吉甫石湖弟以逸官執義進善贈左議政謚文敬其後屢奪屢復以進丁卯抗疏請斬虜使直聲動世及在江都與士友約以殉孝廟朝與尤春草廬同被徵而引以江都事自不就進尤菴初亦奬許之後以不絕尹鑴責之子明齋請墓文於尤菴而出其擬書尤菴只據玄石之狀而不甚詳轉生懷尼之激云

龍西 尹元擧
字伯奮後村子沙溪門人逸官進善而不就

不憂軒 尹海擧
庶尹愉之子八松後村從子文學卓行俱有可高

寒松堂 尹晳
字子章童土子林溪尹集之婿顯宗朝科官止吏曹判書

德浦 尹搢
字子敬寒松堂弟孝宗朝科歷三司副學官至大司成早決休退肅宗奬其廉操再擢秩而終不就天姿甚高濟以家學且有學行而論議甚峻多攻尤菴

明齋 尹拯
字子仁美村子炭翁權諰之婿以逸官至右議政尤門之高弟初以服事後遂相激己巳爲都憲己丑拜相壽八十七肅宗丙申大定斯文是非追奪官爵辛丑間復官正宗丙申又削後又復官諡文成○哲學懿範千古大儒卓識高行百世一人爲東方文學之宗匠

農隱 尹推
字子恕明齋之弟以逸歷掌令官止郡守其爲邑有廉白之操民愛之如父母選淸白攻尤菴力醋有所著懷尼始末

鳳溪	尹榆 坡平	龍西之子官佐郎
月梧	尹揆	不叟軒子官止叅奉
痴菴	尹揩	監役鳳擧子月梧從兄弟間歸川李廷夔之婿進士受業於魯西姿性仁孝問學之功學行懿範與明齋同以爲祥麟瑞鳳
玩碁軒	尹惠教	字汝廸德浦子西堂李益壽婿肅宗朝科歷三司官止吏判謚文温名位既高而所居蕭然其立朝未嘗跡涉於黨曰
長湖	尹敬教	字養一執義抃子石湖美村從孫文科歷翰林副學官止吏議
一菴	尹東源	大司憲行敎子明齋孫以逸官止執義進善○自成學功能繼家
敬菴	尹東洙	字士達自敎子農隱孫以逸官止祭酒受業於明齋姿質秀偉行義修篤屢被徵招終不就命
晦齋	尹㴾	字汝沃縣監季孫子金剛居士十三世孫慕齋門人中宗朝科歷翰林官止左議政入耆社己卯被斥乙巳老使草啓不作
楓灘	尹棐	字子恭晦齋子明宗朝生壯廢擧卜夢村以居文酒自娛以卒
閑溪	尹覃休	字伯亨楓灘子宣祖朝魁科歷三司官止遞禮有文名
滄洲	尹知敬	字而一都承旨覃茂子閑溪從子泌川朴彝叙婿光海朝科官止監司性卓犖好奇節反正之夕以東宮官入直闕中被召人皆恇㤼公與竹泉李德洞却立不拜曰無以卞眞僞頭可斷膝不可屈上令明燭公直前視之乃拜且覓東宮所在

尹 坡平

夢溪	尹鏶	字純夫滄洲子後寥金蓋國婿仁祖朝科歷三司六曹叅判孝廟嘗以非罪鞫大憲俞撤天威震疊廷臣不敢出一言公爲司諫自分以死馳入闕中唱導之聲振于大內三啓蒙允停刑直聲動朝
徵菴	尹深	字玄通夢溪之子顯宗朝科歷翰林官止兵判以善書名己巳凶疏與李觀徵爲疏色
匡西	尹彙貞	字彥吉徵菴子文科官止叅判
竹齋	尹仁涵	字養叔僉正應奎之子金剛居士十五世孫明宗朝科歷翰林選湖堂官止戶判自六歲有詩名以天將迎慰沒于客館
圃菴	尹鳳朝	字鳴叔直長明遠子竹齋五世孫肅宗朝科官止吏判以文章名英宗丁未以代方萬規之疏戊申三月荐蘇旌義辛亥放
屛溪	尹鳳九	字瑞應叅奉明運子圃菴從弟寒水齋門人以醇謹被薦歷都憲官止判書撰尤菴墓誌又製華陽院庭碑未竪
石門	尹鳳五	字季章屛溪弟英宗朝科歷三司官止判敦寧
臨齋	尹心衡	字景平府使鳳詔子圃菴從子景宗朝科官止禮判自辛壬以後不仕英廟欲致而不屈風流豪邁淸節罕比
懶齋	尹光齡	字彥叟承旨侙子領相弼商之孫金剛居士十四世孫官止副正以薦拜刑郎己卯寘庇仁丁酉叙
漆林	尹壽	字靜叟監察孝祖子開國功臣虎玄孫金剛居士十三世孫進士己卯極言黨非仰天傷心詩調淸新
梧翁	尹𤩪	字汝玉慶重子漆林玄孫仁祖朝科歷春坊官止正

打乖	尹仁恕 坡平	字士推珍之子晦齋三從侄中宗朝科選湖堂官止大司憲乙巳黨於元衡削
松岩	尹儼	字思叔生員之誠子竹齋四從孫宣祖朝科官止佐郎
苔扉	尹民獻	字翼世松岩子光海朝科官止承旨遊牛栗門
芝山	尹民逸	字顯世苔扉兄宣祖朝科官判決事
無谷	尹絳	字子駿苔扉子濟谷鄭廣成婿仁祖朝科歷翰林官止吏判入耆社
杜浦	尹趾善	字仲麟無谷子顯宗朝科翰薦三司官止左議政
東山	尹趾完	字叔麟杜浦弟顯宗朝科歷翰林三司御營將官止右議政謚忠正配肅宗廟甲戌上疏請張嬪禮遇供奉丁酉以老病在安山上表斥李踈齋獨對事又嘗疏論尤菴之不可享道峯清議者以緩討希載之罪請黜廟享英廟不許
菊磵	尹鉉	字子用正承弘之子出后再從叔鶴齡領相弼商曾孫中宗朝魁科選湖堂官止戶判録清白有文名善理財
宜觀	尹安性	字季初叅判釜子菊磵從子宣祖朝科官止叅判及北兵使丁酉斥和光海朝策翼社僞勳削
秋厓	尹希吉	字君善沆之子菊磵再從侄明宗朝科歷翰林官止監司
梅隂	尹根	秋厓子文科持平贈都承旨昏朝上疏論爾瞻罪謫卒改玉後謚贈居於溫陽

素安齋	尹琛 坡平	獻徽子梅陰孫處士德性謹厚早廢學業養閑林泉鄉稱君子
泉西	尹焜	字晦甫東鳴子素安齋孫文科持平肅廟朝温幸問道內經學之士遂菴以公對除叅奉後登科爲持平疏卞聖誣而卒
蒼心堂	尹俔	生員慶禎之子國舅之任玄孫金剛十七世孫贈都事享温陽祠
六悟堂	尹大亨	養心堂子官止叅奉
水心齋	尹東老	字期仲生員彥誠字坡平尉岩五世孫金剛十五世孫栗谷門人宣祖朝科官止判書襲封坡興君
梅皐	尹希廉	縣監廷霖子坡平尉岩從曾孫已卯名人自任再從弟官縣令
達川	尹國馨	字粹夫初名先覺梅皐子宣祖朝科官止工判壬辰爲忠監沮撓重峯之起義
牛川	尹敬立	字存中達川子宣祖朝科官止監司歷翰林
月潭	尹毅立	字止中牛川弟宣祖朝科歷翰林官止禮判
滄洲	尹春年	字彥久叅判安仁子與元衡爲再從中宗朝科歷三司選湖堂官止吏判錄淸白能行廉操而附元衡奬普雨以此見削
果齋	尹希定	字察夫滄洲子官止同知
坡潭	尹繼善	字而述希宏子果齋從子文科官止校理有文名

岐川	尹綱	坡平	字美仲護軍大老子滄洲再從任宣祖朝科官止判敦寧壽九十八謚靖僖
思亭	尹鳴殷		字而遠直長瑛子國舅汝弼從玄孫金剛十五世孫仁祖朝科官止監司以孝旌閭
晦窩	尹陽來		字季亨府尹理子領相仁鏡六世孫金剛十九世孫肅宗朝科官止判敦寧辛丑奏請副使壬寅還圍置甲山乙巳放
二知堂	尹憲柱		字吉甫監役澤之子鈴川尉師路九世孫金剛之后肅宗朝科歷五道方伯官止判書謚翼憲有詩鳴世
寧仙	尹珩		字楚寶忝奉孝述子領相弼商七世孫仁祖朝科官止正字文科承旨以辛巳事疏斥崔錫鼎言論慷慨孜勉爲學任施春秋乱賊之罰于趙明履上怒命鞫學儒之父被鞫受刑辞色不慴謫蝟島而卒
龍門	尹光周		字子莘居咸平八歲讀魯史曰此帝王事非儒子所學願學他書師奇之始從尹美村及見尤菴曰吾得師矣服事四十餘年流竄之際亦不少舍竹泉薦行誼除官而不就
四梅堂	尹三擧		
碧松居士	尹威	南原	自坡平移籍南原本金剛居士之從子給事德瞻之子也神宗時以司業出爲廉察曉諭賊類感從聽命
後松	尹璜		字子均碧松五世孫前麗朝官止工曹典書
楙溪堂	尹孝孫		字有慶郡守處寬之子碧松之后晚節堂朴元亨婿端宗朝科官止叅賛謚文孝始定世子章服享南原方山宇
醒夫	尹潔		字長源正郎時傑後子松五世孫中宗朝科歷翰林選湖堂至修撰乙巳爲內翰直書安命世之死曰殺丈夫安命世公與綾城尉具思顔爲葱竹交友安之死具有力焉共飲於蚕頭問曰命世何罪而死因賦詩曰三月長安百草香江漢流水正洋洋欲知聖代無窮意看取王孫舞袖長具詣闕奏之文定大怒命棄市公之就囚也遇具於途呼曰是何事

也具鞭馬避之馬驚墜死先於公嘗於宴會中謂清川尉韓景裕曰是何之士死已幾盡君之岳母以上殺死也君可啓達一座驚愕其尙氣敢言如此

醉翁	尹湜	南原	典籍時豪子醒夫從兄弟文科官止修撰子自新文科官戶判
三休堂	尹寬		字栗翁僉使就之子後松六世孫蔭仕都事從遊靜菴與安竹窓中靈川爲友己卯後廢擧自晦
浙川	尹孝全		字詠初監司喜孫之子三休堂曾孫宣祖朝科歷副學官止大司憲
白湖	尹鑴		字希仲浙川子閔溪尹覃休外孫以遺逸官止贊成庚申伏誅初多有時望尤菴初亦爲交文章浩博人所推仰有改中庸章句以禮論激尤菴以秘誣被禍人所恨惜
長貧子	尹者獻		字元翁判書自新之子醒夫孫官止左尹龍恩君
竹窓	尹暾		字汝昇郡守克新子醒夫再從孫宣祖朝科歷翰林官止吏判
果齋	尹暹		字汝進知中樞又新子竹窓從兄弟宣祖朝科歷翰林官止正言贈領議政龍陽君諡文烈壬辰殉于尙州進錄光國功
薪谷	尹棨		字信甲府使衡用子果齋孫稱夢竹黃致敬外孫仁祖朝科歷吏郎官止應敎贈諡忠簡丙子以南陽府使擧義罵賊不屈而死時年三十四儒時亦上疏斥和氣節非但遇難立慬而兩代有三旌自果齋以下三世特命不祧配南陽祠
林溪	尹集		字成伯薪谷弟仁祖朝科歷吏郎官止校理贈吏判諡忠貞丙子三學士之一斥和甚嚴下城復欲爭之吳楸灘挽之執送虜中不屈而死配廣州祠
聾啞齋	尹柔		林溪弟進士贈掌令痛兩兄非命守志廢擧

尹衡聖	南原	棄々齋	字景任承皓子竹窓再從侄顯宗朝科官止輔德甲寅士禍詣臺極言爲時輩所誣先被擊去與俞市南知己交兄衡志文科
尹衡彥		檜園	字應聖翰林暐子竹窓從子宣祖朝科歷翰林官止司諫
尹以儉		望湖	牧使撤之子檜園孫官止禁都不仕丙子後廢擧
尹以道		梧村	字子田望湖兄弟肅宗朝科官止判書壽八十五
尹剛元		棄仁菴	字景仁佐郎霆之子後松六世孫中宗朝科官止司成乙巳杖竄
尹祈		艮輔	字伯說棄仁菴子宣祖朝科魁三場官止僉知松江稱公之言如淸心之藥
尹軫		栗亭	艮輔弟丁酉殉節亭長城鳳岩宇
尹德駿		逸菴	字邦瑞監司攀之子艮輔曾孫文科官止吏判辛巳獄疏救崔錫鼎姜世龜攀以棄齋衡聖之從子出后
尹忭	海平	知足菴	字俱夫司勇希琳之子中宗朝科官止正靜菴門人爲巳卯士流
尹斗壽		梧陰	字子仰知足菴子生壯明宗朝科策扈聖功官止領議政海原府院君諡文靖東西分黨之時爲東人所斥不許淸要壬辰爲相俊偉有氣力器局有協贊中興之功又錄光國勳
尹根壽		月汀	字子固梧陰弟明宗朝科歷吏郎選湖堂典文策光國功官止左贊成海豊府院君諡文貞壽八十淸德文章爲世宗匠而兼治禮學又以筆名于世
尹昉		稚川	字可晦梧陰子宣祖朝科官至領議政海昌君諡文翼出入牛栗門廢母收議時詣闕稱病而閉門獨居丙子陪主入江都失王后主一位以此得罪焉

陶齋
長洲
白沙
霜浦
松巒
秋峰
涬溟
棄菴
白邃
陶溪
霞谷
龍浦

尹昕 海平
尹暉
尹暄
尹曒
尹晛
尹履之
尹順之
尹澄之
尹宗之
尹墀
尹堦
尹世紀

字時晦稚川弟宣祖朝科歷三司官止知敦寧
字靜春陶齋弟宣朝科官至工判入耆社
字次野長洲弟巽菴義沈謙婿宣祖朝科歷翰林官止叅判丁卯以賓伯棄城行軍律後
伸
月汀子有文才早卒有遺集與子白邃詩合成一冊
字伯昇聃壽子梧陰月汀從子明宗朝科歷三司官止判校分黨之時亦爲所斥目之以
三尹壬辰以大邱府使赴水而死
字仲素玄洲新之弟休菴金倘鷟婿光海朝科官止判敦寧謚靖孝壽九十
字樂天白沙子梧窓朴東亮婿光海朝歷三司官止叅贊顯宗入學時當爲博士而李尙
眞劾論具不合
字巨源涬溟弟仁祖朝科官止司藝
霜浦子蔭官府使有詩集行于世
字伯玉玄洲子海峰洪命元婿光海朝科選湖堂官止吏叅
字泰升郡守勉之之子長洲孫石村慶暹外孫秋巒洪霙婿顯宗朝科官止判書巳巳以
尤菴之黨竄唐津壬申卒于謫中世稱通才同春比之於梧陰
字仲綱霞谷子肅宗朝科官止兵判謚孝獻

三友堂	尹世喜	海平	進士塤之子泮溟從孫混泉李同揆婿文科官止正言早卒
晩霞	尹游		字伯修三友堂子肅宗朝科官止吏判謚翼憲
白下	尹淳		字仲和晩霞弟肅宗朝科官止吏判以文筆俱有名而筆尤著辛壬發啓
近菴	尹汲		大司諫世綏子龍浦從子英宗朝科歷吏郎官止吏判入耆社札翰名世英廟丁巳以蕩論荐蘇南海
信菴	尹得孚		源之子白蓬玄孫英宗朝科官止參判
悗軒	尹冕東		字子穆得一之子玄洲五世孫官止敎官以壽升僉知能文章書與丹陵凌虛同遊
南岳	尹承吉		字子一監察弘彥子與梧月九同世祖明宗朝科歷翰林官至參贊入耆社謚肅簡弟承勳好時論大有時望
晴峰	尹承勳		字子述南岳弟宣祖朝科歷翰林官止領議政北征蕃胡與柳永慶相忤
海客	尹珙		字元璧晴峯字光海朝科官止修撰嘗謫春川將母以居一日火撓其室公不可救母遂赴火與母同死以旌閭其妹同死
漁隱	尹孝貞	海南	海南人司諫耕之子生員一云漁樵孫
橘亭	尹衢		字亨中漁隱子中宗朝科選湖堂官止校理己卯以禮郎被斥與崔新齋柳懶齋稱湖南三傑享南海鄕祠
石門	尹復		字致遠橘亭弟文科選湖堂官止左贊成壽八十三

駱村	尹穀中	海南	橘亭子文科官止左贊成
橘屋	尹光啓		字景說和中子駱村從侄宣祖朝科官止司書
滄洲	尹惟載		駱村子出后伯父郡守弘中文科官止監司
孤山	尹善道		字約而滄洲子仁祖朝科官止叅議贈吏判謚忠憲後追奪布衣抗疏請斯爾贍謫北邊盖受朴承宗之嗾也以禮論多激尤菴明於醫及地術居海南文章卓越能論理機配南海海村祠
恭齋	尹斗緒		字季彥持平爾厚子出后從叔典籍爾錫而孤山曾孫混泉李同揆婿進士善書畫能格物一云鍾厓
駱西	尹德熙		字敬伯鍾厓斗緒子官止主簿亦以書名尤善畫馬
南臯	尹奎範		愭之子恭齋從曾孫文科官止叅議
栗亭	尹澤	茂松	字德中贊成守平子麗朝官政堂文學謚文貞事恭愍多建白後歸錦州山水自娛性至孝早孤不識父面見方冊中述父子情者必流涕佩囊得異物盛以獻母喪葬不用浮屠
桐軒	尹紹宗		字憲叔三司副使龜生之子栗亭孫前朝魁科官止魁科官止禮儀判書入本朝爲兵曹典書修文學士牧隱門人
清香堂	尹淮		字清卿桐軒之子太宗朝科官止吏判謚文度太宗常稱其醇德學問該博尤長於史
樂閑亭	尹子雲		字之望副正景淵子鶴川孫世宗朝科歷翰林策佐理功官止領議政茂松府院君謚文憲

厖軒	尹子濚	茂松	字淡叟司直汁之子栗亭五世孫文宗朝科歷翰林官止直提學
退村	尹洞		字而遠別坐彥淸子樂閑亭五世孫宣祖朝科歷翰林策扈聖功官止判中樞茂松府院君
東里	尹玉		字子温判書思益子與樂閑亭同祖八世中宗朝科歷三司官至叅判以德嬪之父贈領議政
松月堂	尹豊亨	漆原	字衢仲直提學碩輔子中宗朝科選湖堂官止監司
重湖	尹卓然		字尙中縣令伊子松月堂從孫明宗朝科歷翰林策光國功官止戶判漆原君詩名與李山海有文章之稱壬辰有疵議
北亭	尹志述		字老彭司評景績子松月堂彥七世孫進士贈吏判謚忠憲庚申大喪後以舘掌議捲堂所懷李頤命所選幽宮誌辛巳事沒而不書丙申事微緩其辭意其不忠之罪可勝誅哉云云諸臣迭救迭斥辛丑拿鞫不爲決案直爲正刑初贈持平憲宗朝賜謚配太學四賢祠英宗朝曾被黜旋復享
德谷	尹啓鼎	咸安	字仲沃本自坡平移籍左尹忠愍公慤卽辛壬八相帥之一之子儀觀秀偉才智文識俱有可稱自其父寃死之後無意於世困窮以沒齒
別洞	尹祥	醴泉	字實夫太宗朝科官止藝文提學致仕以本縣吏登科長成均十六年精於學問訓誨譽紳名賢多出其門東人仰之如山斗爲我朝師範之最享醴泉正道院
勇菴	尹之復	新寧	字得初宣祖朝科官止都事文學有名
月湖	尹奎		進士享高靈文淵院
老坡	尹璜		進士享長長城昌義壇

松陰	尹周翊	新寧	進士尹明齋門人
憂菴	尹時衡		進士亨蔚珍蒙泉精舍
坡陵	尹巑		進士亨金堤仰靑祠
雪樵	尹安國		字廷碩宣祖朝科官止監司朝天沒海
承旨	尹自任	坡平	字中耕文科判書金孫之子其父金孫册靖國爲坡城君諡平簡公力學篤志生員文科己卯爲承旨與靜菴冲菴相善北門禍作謫北靑憤懣以卒
忠愍公	尹廷俊		字秀白任之曾孫光海朝登科身長偉狀貌壯雄愛人疾惡所與遊者皆豪俠最相親者金將應河朴豐川榮臣以其氣槪相許也甲子适乱守馬灘爲适徒之所害而卒其奴玦伊有胆力見公之死以其馬獻于其夫人遂痛哭赴水而死及适平贈兵曹判書坡寧君諡忠愍
文靖公	尹東度		字敬中判書惠敎之子甲子進士文科歷提學戶判拜相官止領議政諡文靖
昭靖公	尹坤		文顯公瑤之玄孫少登科與弟珣俱以文學進用錄佐命功臣封坡平君歷平安監司官至右叅賛諡昭靖
晩遯菴	尹師哲		高麗太師華達之后鈴平府院君垠之子天資甚高成廟丁酉徵拜執義逺昏朝退歸淸州東玉華始築菴曰晩遯搆亭曰萬景逍遙自在高潔主靜視功名如太虛片雲
主一齋	尹承任		字重甫晩遯菴五世孫昭靖公坤九世孫都正璲子孝廟朝特下中樞英祖朝贈掌肆院事專心性理云爲動靜一以敬爲主尤菴題主一齋銘嘗師事尤菴從學西溪
瓜亭	鄭叙	東萊	文安公沆之子高麗毅宗朝文科官止中承被讒放歸東萊築亭種瓜撫琴作歌以寓戀君之意李陶隱詩所謂琵琶一曲鄭瓜亭遺響凄然不堪聽者卽此也時稱才德君子

雪壑齋	鄭矩	東萊	蓬原府院君良生之子爪亭旁孫恭愍朝科入本朝官止贊成事謚靖節勤儉好學
靑松	鄭子堂		字升高敬差官期子雪壑從曾孫成宗朝科歷南床官止承旨校理豪宕多氣節善滑稽有詩名燕山時佯狂敖世作一絕以爲行狀曰佯狂半世欲全身窃餅偸黎駭俗人貌學俳優心學聖詼諧放曠本非眞
素遇堂	鄭鷹		字鷹之副正仁厚子雪壑齋玄孫中宗朝科選湖堂官止典翰文章與奇服齋齊名己卯謫扶餘卒時年三十五
二友堂	鄭謇		仁俊子素遇堂從弟才行文學名于世
月湖	鄭淑夏		二友堂子文科官止監司壬辰有勳
林下	鄭師哲		世儉子雪壑五世孫官止叅奉
思菴	鄭大年		字景老翰林荃子林下三從兄弟中宗朝科大科官止左贊成謚忠貞有操守嚴於辭令
秋川	鄭良弼		字夢賚灝之子思菴曾孫光海朝科官止叅判
七休堂	鄭演弼		字士益郡守純復子秋川從叔中司馬官止知縣精於禮學著喪祭禮抄
三堂	鄭泰濟		字東望佐郎佑子秋川從子月塘姜碩期婿仁祖朝科歷翰林官止吏議
醉全	鄭華齋		秋川子素閑堂柳廷亮婿文科官止府使

乖隱 鄭球 東萊
字大鳴縣監有義子雪壑五世孫中宗科朝歷翰林官止司諫巳卯後杜門不出登文科掌令亦乙巳名人

機隱 鄭二經
字常伯郡守謹之子掌令希登孫光海朝科官止牧使

克復堂 鄭彥秉
字達夫中東子領相昌孫十世孫昌孫即雪壑從孫也寒水門人贈持平天性至孝鳳岩諸公皆極推許

虛白堂 鄭蘭宗
字國馨直提學賜之子爪亭旁孫世宗朝科選湖堂策佐理功官止吏判東萊君謚翼憲工於筆肆

守夫 鄭光弼
字士勛虛白堂子成宗朝科歷三司官止領議政賜几杖壽七十七謚文翼配中宗廟德望蔚然爲國朝名臣燕山甲子被竄反正召還癸酉入閣神武之變力救諸賢使靜菴諸公不死於當夜者皆公之力也以是罷相未幾竄後復入相安老用事又被竄戊戌三凶敗後還相是年卒名爲巳卯八賢之首○謫中有詩云積謗如山竟見原此生無計答君恩十登峨嶺雙垂淚三渡長江獨斷魂漠漠高山雲潑墨茫茫大野雨翻盆暮投臨海孤城外草屋蕭蕭竹作門

西坡 鄭漢龍
府使光輔子守夫從子蔭仕縣令

湖陰 鄭士龍
字雲卿西坡弟十六司馬十九登中宗朝科大科選湖堂官止領相中樞詩名冠當世以李樑黨被削

林塘 鄭惟吉
字吉元府使福謙子守夫孫中宗朝大科選湖堂官左議政賜几杖壽七十四文章德業俱有卓然但性儒恸爲李樑圈文衡以見枳而栗谷許以善流屢請收叙世事不露圭角

文峯 鄭惟一
字子中稷蓄子虛白從曾孫訥齊李弘準外孫明宗朝科歷翰林選湖堂官止大司諫退溪門人

水竹 鄭昌衍
字景眞林塘子宣祖朝科歷翰林選湖堂官止右議政入閣先於林塘昏朝廢母時不叅庭請退居杜門七年改玉首入相府

號	姓名	本貫	事蹟
南峰	鄭芝衍	東萊	字衍之惟仁子水竹再從兄明宗朝科官止右議政凝重有度人稱栗谷之風而公爲得大臣体
濟谷	鄭廣成		字壽伯水竹子月潭黃謹中婿宣祖朝科選湖堂官止刑判早廢晩退田園朝庭特拜暫詣謝恩而卒不就職
秋川	鄭廣敬		字公直濟谷弟陶谷閔有慶婿光海朝科歷翰林副學官止吏叅公在玉署發廢母之論公倡言斥之及水竹公將不免大禍乃在已以弼之君子以爲觀過知仁
陽坡	鄭太和		字囿春濟谷子仁祖朝科歷翰林官止領相謚翼憲配顯宗廟庭四爲儐使六拜首相處黃閣二十年壽七十二有德量才器不露主角可謂罕世名相長德君子矣以潛通大朝被執於鳳城不知屈事得解已亥爲院相與尤菴同爲禮論及尤菴以此獲罪公之子載嵩恐累及背去附托時論
碁洲	鄭致和		字聖能陽坡弟仁朝朝科歷翰林官左議政
南谷	鄭知和		字禮卿秋川子仁祖朝科歷吏郞官止左議政顯宗朝科顯宗國哀爲院相甲寅上劄救尤菴
益菴	鄭萬和		碁洲弟仁祖朝科官止叅判
松磵	鄭載嵩		字子高陽坡子顯宗朝科歷翰林官止右議政
陽村	鄭載禧		字子純南谷子顯宗朝科官止禮判上卜相壽八十三
寒溪	鄭載漢		字子章益菴子有孝友才業尤春期以遠大三十一而卒
源村	鄭存謙		字大受文祥子秋川六世孫英宗朝科官止領議政謚文安

號	姓名	本貫	事蹟
桂潭	鄭復始	東萊	字以健別坐華之子盧白堂五世孫明宗朝科官止叅議以剛直名嘗以古阜守上疏請雪乙巳之寃
休翁	鄭弘翼		字翼之寺正思愼子盧白堂六世孫宣祖朝科歷翰林官止副提學贈諡忠貞昏朝廢母公持正不撓獻議凛然主大怒一歲中三配皆南遠北惡地也鍾城光陽地方歷行七千餘里反正以承旨召還廉介絕人端確自守未嘗隨人輕輊
見山	鄭期遠		字士重別坐象信子西坡曾孫宣祖朝科歷翰林三司官止叅判壬辰以楊元接伴使殉于南原享忠烈祠
霧隱	鄭之虎		字子皮進士凝遠子見山從子光海朝科官止禮叅爲正言疏論自點之誤國事廢錮數十年以清白恬靜稱丁巳發告廟論
拙翁	鄭鍾		汝康之子雪壑六世孫寒崗門人
石門	鄭榮邦		湜之子盧白堂旁孫進士享龍宮馬山祠
梅塢	鄭榮後		石門弟官止叅奉享馬山祠
楓川	鄭守弘		字毅伯禮儀判書可宗子恭讓朝科入本朝官止大司憲能文
懶菴	鄭彥信		字汝夫佐郞振之子楓川玄孫明宗朝科歷翰林官止右議政汝立之獄辞連被刑竄死後伸初與洪汝淳相鬨後嗾仁弘陷柳永慶
東窩	鄭協		字和伯懶菴子宣祖朝科歷翰林官止吏叅
東里	鄭世規		字君則慄之子東從窩子歷南臺官止吏判謚景憲有才學以郡守直拜湖西伯丁丑勤王敗績

西溪	鄭綸	東萊	字仲經成宗朝科官止掌令
梛村	鄭台耇		字仁叟樵之子克復堂謙彥從祖也孝薦叅奉不仕以子必東之貴老升僉知
松厓	鄭東後		字厚卿汝倬子領相昌旁八世孫肅宗朝科官止承旨
圃隱	鄭夢周	延日	字達可云瓘子直臣襲明之后恭愍朝連魁三場官止門下侍中本朝贈謚文忠從祀文廟○天分甚高豪邁絕倫倡明千載爲東方理學之祖獨行三年喪制奉使日本人夷感泣卞誣至王庭天子歎賞身居首相志扶王室壬申遇害禑昌之間事多可疑人或是以問退溪曰當於有過中求無過不當於無過中求有過○有僧贈詩曰江南萬里野花發何處春風無好山先生執詩流涕曰嗚呼晚矣
知叅事	鄭襲明		高麗仁宗朝爲太子侍讀知叅事倜儻奇偉力學能文累轉國子司業與崔梓金富軾任元敱李仲奏上書言時弊十件事狀伏閤三日而不報是時仁宗不採公言遂致驕逸無度仁宗悔之曰若鄭襲明在則吾豈至此其公之平日見重於王如此
雪谷	鄭保		吏議宗誠子圃隱孫官止監察六臣事後連緣幾死以忠臣之孫特厚恕之龍仁忠烈院同享圃隱
陶村	鄭維城		字德基博士謹子圃隱八世孫夢竹黃致敬外孫仁祖朝科歷翰林官止右議政謚忠貞
霞谷	鄭齊斗		進士昌子陶村孫浩菴李基祚外孫以逸官贊成
窮村	鄭纘輝		字景由縣監元徵子雪谷九世孫尤菴門人官止縣監

松谷　鄭淵　延日　府使供之子文科官止判書

青荄　鄭滋　字敏古判官恇沈子松谷玄孫中宗朝科官止吏正受業於慕思齋門乙巳杖竄光陽丁未移慶源卒于謫

松江　鄭澈　字季涵青荄弟明宗朝魁科選湖堂册光國功臣官止左議政寅城府院君謚文靖河西門人又從高峯遊忠貞耿介氣岸豪爽文章亦如其人以峭直見忤於人而愛君之誠特出於天性雖放達休退之中必形諸歌詞崔守愚之入鞫獄公實營救其再入公已不在委後猶被追奪之典栗谷每稱公耿介之節而猶以狷狹病之沙溪嘗論公曰好之者栗谷牛溪黃岡思菴也惡之者山海仁弘汝立爾瞻也於此可以知公矣此實斷案而尤菴撰公之神道碑亦引此語爲證享昌平桐江羅州月井書院

華谷　鄭起溟　松江子黃岡金繼輝之壻進士有遺稿附松江稿末

畸菴　鄭弘溟　字子容華谷弟光海朝科選湖堂官止大司憲謚文貞沙溪門人有文集與城門有是非

抱翁　鄭瀁　字景叔應敎宗溟子華谷從子以遺逸官止進善贈吏判謚貞節丁丑入江都與妻李氏自刎殉節因賊之發矢中傷左目太白五處士之一也與尤菴美村最友善

丈岩　鄭澔　字仲淳監察慶演子抱翁孫尤菴門人肅宗朝科歷翰林官領議政謚文敬壽八十九清名直節不墜家聲累被罪謫立朝直剛人目之以鄭虎嘗斥尹明齋背師亦被謫享忠州院

醉石　鄭義河　字聖文丈岩子官止縣監有文章氣節力主先尤後春之論延豊鄕祠與李眞齋同享

澹岩　鄭龜河　字聖則別提泌子丈岩從子有孝行子樑進士言論正直上疏明忠逆義理以此屢斬不得一命而卒

簫隱　鄭敏河　同知瀚之子松江五世孫官止同知以子判書枋之貴特贈正卿享昌平智谷祠

滄洲	鄭日煥	延日	棨之子文岩從曾孫蔭仕歷注書吏議官止叅判
赤松亭	鄭　濟		郡守彥珪之子松谷玄孫官止叅奉
晩依堂	鄭始成		字集卿涵之子赤松亭曾孫大科歷翰林官止監司
稼谷	鄭宗賓		晩依堂子武科官止兵使
谷口	鄭壽期		字舜年典籓寅賓子稼谷從子明村羅良佐婿文科官止判書
鶴南	鄭羽良		字士肇谷口子景宗朝科歷三司官止右議政謚文忠子致達尙主爲日城尉其子厚議以不似誅
南奎	鄭翬良		字士瑞鶴南弟英宗朝科歷翰林副提學官止右議政謚文獻文名于世
湖叟	鄭世雄		允良子官止察訪
梅山	鄭重器		碩達子湖叟四世孫文科官止叅判
守菴	鄭四震		字君燮寒岡門人官止洗馬享永川文岩院
雙峰	鄭克後		旅軒門人篤學力行薦授大君師傅
巴江	鄭禹賓		官止同知善書山水

雪谷	鄭誧	清州 字仲孚清州人清河君僨之子忠宣朝官止司議大夫直提學善書能詩有曰江風吹雨晚來晴江鴈離群半夜鳴惆悵抱琴人不見滿樓秋月爲誰明
雪軒	鄭頫	字思謙雪谷兄高麗忠肅朝官止西原伯大提學謚文克
圓齋	鄭樞	字公權雪谷子恭愍朝科官止校理政堂文學謚文簡嘗與李石灘存吾請誅辛旽黜爲東萊縣令每嫉奸權用事疽背而卒性恭儉謹厚居官以廉人稱清白
復齋	鄭摠	字曼碩圓齋子禑朝科入本朝爲開國功臣官止政堂文學西原君謚文愍丙子與金若恒赴大明流大理衛而卒
春谷	鄭擢	字汝魁復齋弟前朝科爲本朝開國功官止右議政清城府院君謚翼景配太宗廟
栢谷	鄭崑壽	字汝仁司猛孟中子出后從叔承門宣祖朝大科冊扈聖功官止判敦寧西川府院君謚忠翼壬辰請兵天朝終成恢復之勳
寒岡 隱鷄	鄭述	字道可栢谷弟父爲寒暄堂外孫以逸官止大司憲贈吏判謚文穆少學于吳德溪出入于南冥退溪之門而未嘗受學焉耳爲人温良英果正禮學而博古樂善栗谷薦以英才臨海永昌之獄連上疏請全恩廢母時又將極言知不可爲而止未幾卒
沙谷	鄭樟	寒岡子文科官止佐郎
藥圃	鄭琢	字子精以忠之子雪軒八世孫明宗朝科冊光國功官止右議政西原府院君謚貞簡壽八十八嘗救李忠武及黃芝川
清風子	鄭允穆	字穆如藥圃子官止察訪性豪爽不喜俗以筆法名
谷神子	鄭士信	字子孚宣祖朝科官止判決事

芝軒	鄭士誠	清州	字子明左尹科之子谷神子兄弟官止縣監遊退溪門
忠烈公	鄭　者		字德圓寒岡八世孫正廟己未武科贈兵曹判書諡忠烈歷嘉山郡守土寇洪景來之乱立節罵賊弟耋爲賊徒所害世稱七義士之一也鄭晩錫挽公詩云萬古綱常三父子五城風雨一男兒
勉齋	鄭乙輔	晋州	副使椽之子麗朝官止工部侍郞菁川君詩文良善文翰
郊隱	鄭以吾		字粹可郞將臣重之子勉齋曾孫麗末科入本朝官止二相謚文定工詩文善占兩子苯文科右相而與金宗瑞同被禍
狂奴子	鄭光露		忠壯公苯之子郊隱孫家禍後廢仕不出因狂奴以爲號
愚伏堂	鄭經世		字景任郡守汝寬子勉齋乙輔十世孫宣祖朝科選湖堂官止吏判諡文莊柳西厓門人學行醇篤又深於禮學爭追崇之議仁城獄主全恩以文章名世有諸處院享
無忝堂	鄭道應		字鳳輝翰林泌子愚伏孫修菴柳袗婿官止諮議
立齋	鄭宗魯		縣監智模子出后伯父仁模無忝玄孫逸薦官至持平
整菴	鄭　陟		字明之舌之子本以晋州鄕吏太宗朝以鄕貢登科歷舍人官止知中樞大提學諡恭載錄清白壽八十六有孝行
休休子	鄭孝成		字述初忝奉元麟子整菴玄孫進士以才譽薦拜知縣官止監司以孝旌閭氣槩言論卓然自立父祖皆孝旌曾祖誠謹忠旌
玄谷	鄭百昌		字德餘休休子子柳川韓浚謙婿光海朝歷翰林選湖堂官畿伯美姿容儀儞於禮儀自成一家丁丑妻妾及弟弼善百亨子婦尹氏殉于江都幷旌其閭庶弟百崇亦夫妻殉節

隅谷	鄭温	晉州	麗末托以淸盲棄官歸晉州太祖徵之不起遣中使以松葉刺瞳以試之而終不撓享晉州鼎岡宇
三溪	鄭密		字叔茂碩賚子明宗朝科官止郡守
東山翁	鄭斗		登進士隱居州東性至孝不售於世能通鳥獸之音入山吹律鳥戰來馴預知壬辰亂起戒其子○許穆叙東方淸士五八一
薇窩	鄭德輝		居咸平首陽山下揭崇禎御筆自稱皇明遺民以不忍離親側不就公車
明菴	鄭拭		十九廢擧遊山遇石必書明字取尊慕大明之義也居晉州武夷山九曲四十年不出山多有風泉感懷之詩贈持平
常軒	鄭僖	草溪	愼之子官止平章事麗朝
八溪	鄭悛		佐郎習仁子常軒四從兄弟麗朝官寶文閣提學有文集
竹溪	鄭昌		知郡事孝恂子常軒旁孫生壯世宗朝科歷翰林官止校理
恒齋	鄭宗榮		字仁吉縣監淑之子常軒八世孫中宗朝科歷翰林選湖堂官止二相按八路方伯錄淸白謚靖憲慕齋門人以善書名
松浦	鄭殼		字晦甫恒齋子宣祖朝科歷翰林三司官止監司
土谷	鄭基廣		字子居牧使愉之子松浦從子宣祖朝科官止叅判八川君
晩洲	鄭昌冑		字士興僉正時望子春湖李尙弘外孫仁祖朝科官止承旨恬軒任相元許公以文衡手段○監司篾之九世孫也

愚軒	鄭德麟	草溪	縣令景禮子竹溪玄孫文科官止正郎
蠖溪	鄭玉堅		武牧使從雅子八溪曾孫官止別坐
嶧陽	鄭惟明		淑之子蠖溪孫○進士享安陰嶧川祠
桐溪	鄭蘊		字輝遠嶧陽子光海朝科官止吏叅大司憲贈謚文簡○天性剛嚴好直諫光海之殺永昌上疏極言丁好寬李覺等見其疏慙恚而死安置大靜反正後擢用副提學又爭追崇丁丑下城以及刺腹得不死自處以國大夫躬耕嶧山之陽以終身淸名直節前古罕有公嘗學于仁弘廢母時絶之及其誅請收屍
守夢	鄭曄		字時晦進士惟誠子與晩洲同爲別派宣祖朝科歷南床官止叅贊贈右議政謚文肅性務寬緩而如大議事及立節處則毅然壁立得進退之節昏朝與李月沙同進慶運宮謝恩時天旱祈雨閉南門公曰不須閉開門若開閉門則天必雨爾瞻等聞之大怒幾抵罪後歸驪江不起受學于栗門遊退龜之門享廣州驪州諸院
學易齋	鄭麟趾	河東	字伯睢縣監與仁子十六司馬十九大科册功官止領議政河東府院君謚文成以大臣贊成靖難有文章著東國通鑑
三省齋	鄭崇祖		學易齋齋子蔭仕官止戶判河南君
南坡	鄭光績		字景勳叅奉起門子三省齋玄孫宣祖科歷翰林官止判中樞謚翼正穆陵因山後上十漸疏歸臥田廬反正後以大憲召
花岡	鄭澤雷		字休吉縣監得說子學易齋七世孫梅野姜宗慶外孫進壯昏朝以儒生疏諫廢母請誅爾瞻竄南海聞母憂嘔血而死事聞旋閭配扶安扶餘義烈祠父以泗川宰殉於乱中即壬辰也其子千世十一歲曹喪過哀而卒

之又齋	鄭遂大	[redacted]	師霖之子南坡七世孫善書有名
竹堂	鄭復周	河東	宗簿義子官止判典書享咸陽鄕祠
一蠹	鄭汝昌		字伯勗僉正六乙之子竹堂孫成宗朝科歷翰林官止縣監贈右議政謚文獻從祀文廟○佔僤門人與寒暄同志倡道寒暄明於理一蠹明於數入智異山三年不出明五經之蘊罹史禍謫鍾城而卒禍及泉壤詩曰風蒲蕭々弄輕柔四月花開麥已秋看盡流頭千萬疊扁舟又下大江流亭咸陽安義鐘城各院
默齋	鄭彥忠		一蠹之孫有識鑑卓行
西溪	鄭世虎		字子仁讓軍尙祖子三省齋從子中宗朝科官止判中樞謚孝簡女爲德興大院君夫人
東海	鄭應斗		字伯樞瑀之子三省齋玄孫光海朝科官止正言辛酉以書狀歸路渰死嘗有詩曰十年流落兩湖間始占興州一半山春耒耕釣還無暇東海幽居亦未閑
六吾堂	鄭慶欽		文科官止承旨字善叔府使以重子東海再從孫尤菴門人
東江	鄭惟謩		文科官承旨
龜谷	鄭墉		忝奉弘量子東江曾孫官止奉事與尤菴爲友婿而得罪斯文與之相絕以此被竄爲懷沃間一塲是非
襄武公	鄭鳳壽		字祥叟宣祖朝武科歷義州府尹慶尙兵使義勇俱高當壬辰扶拯人民禁止侵掠於國多功勳勞績謚襄武
栢亭	鄭易	海州	郎將允珪子文科官止贊成謚貞度

愚齋	鄭眉壽	海州	字耆叟寧陽尉悰之子栢亭曾孫蔭官止左贊成海平府院君冊靖社功謚昭平
虛菴	鄭希良		字淳夫府使延慶子栢亭玄孫生壯燕山朝科選湖堂官止翰林治易學明數學性廉潔有爭臣風戊午史禍謫義州蒙放居憂嘗曰甲子之禍甚於戊午方在廬苫一日棄巾杖於祖江沙濡不知所向疑沈江或云逃去爲僧或云得道登仙多異績
梧亭	鄭 鎔		字百謙監察元禧子愚齋曾孫以詩名於世
農圃	鄭文孚		判官値之子乙巳奸人彥慤孫虛菴從曾孫宣祖朝科官止府尹贈忠毅壬辰起義乙丑獄寃死卽復伸享會寧祠
樂晚軒	鄭孝俊		判官欽子梧亭從子惕齋申點外孫以蔭官至知敦寧襲封海豊君蓋以壽贈九耋及五子大科也
白郊	鄭 植		樂晚子嚴桐江婿文科官止弼善
旭軒	鄭 榏		字士濟白郊弟文科官止刑判與弟樸同請尤菴按律
缶南	鄭 晳		字白也旭軒弟文科官止叅判弟樸文科大司憲積文掌令
敦谷	鄭重徽		字愼伯白郊子文科歷翰林官止叅判
黔岩	鄭光前		字孝仲愼之子栢亭七世孫官止叅奉
如愚子	鄭 勔		字汝弘道昌之子黔岩孫仁祖朝科官止承旨嘗休官卜築於加平如愚川因以自號云

松軒	鄭侊	海州	字子謙進士登之子栢亭旁孫成宗朝科官止檢閱
新堂	鄭鵬		縣監鐵堅子出后吏判錫堅成宗朝科官止舍人師寒暄及秋江倜儻有氣節甲子杖流靖國後被召拜青松府使享善山院
石痴	鄭喆祚		判書運維子白郊從玄孫英宗朝拜持平以善書名
惺齋	鄭順朋	溫陽	字耳齡獻納澤子燕山朝科官止領議政錄衞社僞勳削奪初入己卯黨籍
北窓	鄭磏		字士潔惺齋子官止判官生而清秀天文地理醫藥卜筮及華語皆不學而能入京與華人語皆驚異超授六品職兼醫數象三學敎授其父上變時力諫大忤又爲其弟礥所誣屏處于外其在山居能知山下人事又能解鳥獸之音其學似出於禪家之流也文章亦可傳稱
萬竹	鄭礥		字景舒北窓弟出后伯父百朋官止府使乙己與其父共叅僞勳濟父之惡害兄之賢而但有詩名海州芙蓉堂詩曰荷香月色可清宵更有何人弄玉簫十二曲欄無夢寐碧城秋思正迢々
古玉	鄭碏		字君敬北窓弟官止司評生而能言白日無影能詩且善書
十竹軒	鄭礸		字可獻北窓弟明宗科官止都事
桂軒	鄭礎		字靜叟壽朋子惺齋從子中宗朝科歷吏郎官止校理以異人稱之
叢桂堂	鄭之升		字子愼十竹軒子以家累不仕居龍潭常騎大龜而行休則置龜於岩間雲盖其背奴輒跡而牽來宅南數百步有設醮步星之所縹紗高峙頂戴一松耳邑人至今傳三淵集云

撫松堂	鄭　晦	温陽	叢桂子沙溪門人官止佐郞
耐菴	鄭士雄		字景斌礎之子北窓從侄宣祖朝科官止正郞詩酒娛世以終
東溟	鄭斗卿		字君平撫松子仁祖朝科歷三司官禮叅弘提文章奇拔嘗以白衣爲儐使從事作詩必苦思竟日作必逼古顯廟以公之集粧以珍錦置御案欲令爲文衡累示微意而終未承
蒼谷	鄭麟卿		字聖瑞東溟弟北窓曾孫仁祖朝科官止承旨
雲溪	鄭雷卿		字震伯進士暀子十竹軒曾孫仁祖朝科官止弼善丁丑陪東宮入瀋陽謀誅鄭命壽事發遇害世子招魂以衣而送之
玉壺子	鄭星卿		字鍊夫東溟弟早卒
癯溪	鄭惟岳		字吉甫雲溪子進壯顯宗朝科歷三司官止刑判時稱回龍顧祖納馬叛倫盖其納馬求利於虜之事耳巨濟在謫而卒
苔查	鄭　瑄		字君玉監姬鄰之子處士有氣節嘗與弟遇賊而死以贈察訪
勿齋	鄭安道	光州	義之子恭愍朝科官止牧使
惺齋	鄭以周		字邦武進士褧子宣祖朝科以探花郞以入翰苑盖極選也官止掌令以剛直見沮官不顯
禾谷	鄭賜湖		字夢與惺齋子宣祖朝科官止吏曹判書諡忠敏享淸州壽樂院以善書名
壺亭	鄭斗源		字紫元正字明湖子生壯光海朝科官止吏判

病隱	鄭士偉	光州	縣監耋之子惺齋三從侄文科官止都承旨
謙齋	鄭敳		字元伯時翊子官止縣監善書爲東方第一
錦南君	鄭忠信	羅州	字可行高麗尙書地之七世孫宣祖朝武科拜知印仁祖朝拜安州牧使策振武功臣封錦南君歷平安兵使丁卯拜副元帥謚忠武宣廟壬辰扈聖西幸仁祖朝适亂平靖丁卯淸乱立義以是綠勳一等
三峯	鄭道傳	奉化	字崇之刑部尙書云敬子恭愍朝爲政堂文學推戴太祖冊開國功封奉化伯判三軍事芳碩之難被誅能文章明輿術
野叟	鄭文炯		字明淑縣監東之子三峯曾孫世宗朝科歷北兵使官止左議政錄淸白謚良敬一云領中樞
雪齋	鄭可臣	羅州	中樞府使松壽子麗朝官僕射謚文貞配忠宣廟性正直端嚴處事精審入元在時作詩云東海南有錦城山山下吾廬草數間巷柳園桃俱手植春風應待主人還○享羅州祠
永慕亭	鄭軾		東叅自新子雪齋五世孫文科官止判書謚景武配雪齋祠
逸軒	鄭湛		主簿念祖子永慕亭玄孫宣祖朝科官止吏正壬辰倡義湛字一作諶
菊齋	鄭暉	慶州	倉承子楚之子前朝官止侍中月城君子熙啓爲開國功臣鷄林府院君
白雲	鄭撥		庶尹明善之子鷄林君熙啓六世孫武科以釜山僉使壬辰自死贈贊成謚忠壯
秋巒	鄭之雲		字靜而仁弼子思齋門人處士衿懷坦夷論理明透慕齋稱以相長之友退溪惜之執親喪哀毁踰禮有至孝卓行

永慕菴	鄭 構	慶州	南冥門人國哀方喪三年以孝聞于朝特拜縣監以榮其親
來菴	鄭仁弘	瑞山	字德遠坤子以遺逸官止領相年八十八癸亥被正刑學于南冥初有盛名屢被徵招而性本陰鷙豪橫嶺右詆毁晦退壬辰自稱義兵將專事作亂昏朝首發廢母之論反正後伏誅兒時詠松曰數尺稚松在塔西塔高松低不相齊傍人莫笑稚松短他日松高塔反低退溪聞之笑曰詩則大奇而有務勝之病先生可謂知人又知詩矣
灌圃	鄭榮國	盈德	縣監濡子宣祖朝科官止承旨以海牧搆成崔沂之獄癸亥誅
困齋	鄭介淸	鐵城	字義伯訓導世雄子以逸徵官縣監贈執義處地寒微文學卓名許眉叟亟稱許之有享祠
寬齋	鄭大淸		困齋弟官止叅奉
葱山	鄭 雲	陽井	字子容少博學以文鳴國子試以玉貌篇居魁號爲鄭玉貌高元忤權貴斥之
遇谷	鄭子厚		字載物官止平章事麗朝有詩名
沙洲翁	鄭晉哲		律身以正行誼純篤早廢舉業而卒名在永同邑誌
耕齋	鄭玉良		享三嘉平川院
西疇	鄭禮男		有文集
鋤歸子	鄭允海		官叅奉享咸昌陶溪精舍

朝鮮人物號譜 下

號	氏諱	本貫	派系及歷職並其行績
夏亭	柳寬	文化	字敬夫判官安澤之子恭愍朝科官止判秘書入本朝拜左議政謚文簡○爲輔相三十餘年四方無田宇霖雨屋漏手傘疵貴爲極品而敎導學徒至老不怠其卒也世宗率百官而臨弔
屯翁	柳公亮		字彥明益之子夏亭七世孫宣祖朝科昏朝爲判中樞改玉後降爲禮叅甲子入於亂斬後得伸
潔淸齋	柳謹厚		字正夫萱之子屯翁孫顯宗朝科官止承旨得狂疾而卒
鶴岩	柳夢鼎		字景任監察用恭子夏亭六世孫宣祖朝科官止承旨
四嬌	柳浚		字登遠南臺夢翼子鶴岩從子蔭仕判官不就敎授生徒羅州茅山有孝旋門徒立祠以祠名曰竹峯宇
古菴	柳夢鶴		均之子夏亭五世孫宣祖朝以遺逸官止掌令
約齋	柳尙運		字悠久佐郞誠吾之子四嬌浚之孫朴梧窓東亮之外孫顯宗朝登科歷三司提學官至領議政謚忠簡○入耆社嘗與南泉力救希載
晩菴	柳鳳輝		字季昌約齋子損菴趙根之婿肅宗朝科歷副學官止左議政辛丑建儲時首陳凶疏爲逆魁乙巳竄死乙亥追施逆律
後凋軒	柳松齊		字季昌約齋四從兄弟鶴岩玄孫顯宗朝科歷兩司官止正

龍門	柳 慤	文化	字敬伯正郎成民子夏亭八世孫海臯李光庭外孫斗峯李志完婿光海朝科官止檢閱癸亥削
磻溪	柳馨遠		字德夫龍門子進士大明亡後和陶靖節歸去來辭隱德于扶安磻谷著磻溪隨錄皆當世經濟之策擧而措之可以治邦安民矣許眉壽稱王佐之才有復雪之志積穀以待之享扶安東林院
三友堂	柳文遠		磻溪弟並享東林院
老圃堂	柳 洵		字希明洗馬思恭子文正公璥之八世孫政丞曼殊玄孫生壯世祖朝科歷翰林官止領議政文城府院君賜几杖諡文僖性節儉好書亦有友愛但以少氣節無是非爲世所議成廟命題美人圖詩曰君王自是踈聲色展盡猶應寄一嚬
西山	柳自湄		字原之縣監洽之子老圃堂洵之從叔文宗元年登科官止監察及端宗遜位削髮衣緇遯世于首陽山後移住西山公與柳誠源爲袒免兄弟與梅竹連昏故諸子畏禍每請觀必曰父得狂易之疾陶菴作傳以比金悅卿
愚伏	柳 塤		字克厚縣監禮善子老圃再從孫明宗朝科歷翰林選湖堂官止領議政始寧府院君
南麓	柳熙緒		字敬承愚伏子宣祖朝科官止刑叅爲土賊所害
醒齋	柳 雲		字從龍司紙公佐子文正公璥九世孫燕山朝科選湖堂官止大司憲贈文敬性豪邁不羈爲己卯士流所斥及禍作南袞引爲大憲乃力救諸賢斥居漢江上流知其終不得免因縱飮成疾而卒有文集

文化

石軒	柳沃	字啓彥文豹之子中宗朝官止府使欲叅冲菴訥齋復妃疏以親故而止享淳昌花山院贈諡靖簡
月波	柳彭老	字君秀判官景顏子文正公敞九世孫宣祖朝科官止學諭壬辰隨高霽峯起義兵與之同殉配光州褒忠祠玉果詠歸院
葵塢	柳寅吉	字景休叅奉泂之子文正公敞十一世孫宣祖朝科官止吏叅
綠筠	柳桂芬	字自馨端宗朝科歷吏郎官止校理
清軒	柳澍	重蕃子西山五世孫光海時抗疏
觀齋	柳廷秀	縣監霔子領相忠景公亮之玄孫文正敞公九世孫文科官止吏正燕山時死
松菴	柳灌	字灌之觀齋子中宗朝科官止左議政諡忠肅乙巳三大臣之一明宗初尹元老忠順之變爲元衡所誣而賜死
七松居士	柳崑壽	郡守德男之子生父郡守成男老圃玄孫進士
琅玕	柳誠源	字太初舍人士根子文正公敞七世孫世宗朝科官止司成贈諡忠景端宗廟六臣之一
獨樂亭	柳轂	字致遠世宗朝科官止通政牧使
竹溪	柳仁洪	字彥容校理孝章子文正公七世孫成宗朝科官止校理
六有亭	柳思敬	字德新宣祖朝官止禮佐

點齋	柳 琰	晉州	評理安簡公蕙孫子恭愍朝科入本朝官止吏判大提學錄淸白○謚文簡
謙齋	柳從善		字擇中明宗朝科歷舍人直學官止戶議
素齋	柳順善		字純中柔之子點齋五世孫生員明宗朝科歷翰林選湖堂官止大司成
睡齋	柳仁黃		字子榮司諫文通子燕山朝科歷翰林官止禮叅
蜀菴	柳仁淑		字原明睡齋弟中宗朝科歷翰林官止二相謚文貞己卯以都承旨罷丁酉復敘乙巳禍賜死三大臣之一
夢窩	柳希齡		字罕睡仁貴子中宗朝科官止戶議己卯被削善詩多著享文義魯峰院
塈翁	柳興龍		字致雲夢窩曾孫壬辰之亂父爲賊所傷涕泣請自代賊奇而舍之其父驅翁而去見其啼號不食義而釋之喪制克盡誠孝不事家業而敎授生徒同春白于朝贈監察享文義德川院
後村	柳 澗		字老泉持平敬元子淸白吏珣八世孫珣卽琰之從兄弟間也松窩李槩之婿宣祖朝科歷副提學官叅贊昏朝叅疏贈領相
明村	柳汝恪		字守而後村子光海朝科歷南床官止府使
汝翁	柳汝恒		字久而明村弟光海朝科歷翰林官止校理甲子栲死
霞塢	柳 涵		字景時亨弼之子淸白吏珣之十世孫宣祖朝科官止牧使

柳思規	桑榆子	晋州	字汝憲司評惟一子點齋旁六世孫明宗朝科官止叅議能文
柳舜翼	芝岡		字勵仲桑榆子之子宣祖朝科册靖社功官止兵叅菁川君贈謚忠貞
柳格	晴巒		字正夫進士夢門子睡齋蜀菴再從孫宣祖朝科歷翰林官止正言未釋褐以學行薦拜一命居喪踰禮成疾而卒
柳垠	西垌		字晦夫晴巒弟出后從叔光門芝川門人又遊退溪之門宣朝朝魁科選湖堂册扈聖功官止左賛成晋原府院君謚文靖文章贍敏自負其文頗好勝廢母時不叅庭請歸臥槐山聞大北目之上來叅於定節目會享槐山花岩院
柳時行	碁汀		晴巒之子文科官止司諫
柳碩	皆山		字德甫府使時會子碁汀從子仁祖朝科歷三司舍人官止監司善儷文又能詩送燕使詩曰日落荆卿水天寒郭槐臺送北幕詩曰暫留關帝廟仍聽渭城歌日落楊州道君行可奈何嘗與李性欲激清陰爲虛舟金槃之所相激
柳頎	柳巷		字洗耳碁汀子仁祖朝科歷吏郎官止應教
柳命才	思齋		晋州君碩之子群山具宏外孫西垌曾孫官止郡守老升同知己巳與其弟命雄欲上疏諫廢妃聞定齋諸公設疏廳遂往與同叅幼時以神童名程提督召見而大奇之贈其夫人所繡脫巾二幅程公節死後傳之爲寶
柳命堅	茅山		字子固柳巷子顯宗朝科官止吏叅已巳首起仲救之說

號	姓名	本貫	記事
退堂	柳命天	晉州	字士元茅山弟出后皆山顯宗朝科歷副提學吏判官止判中樞卜相爲南論甚峻巳巳叅凶疏甲戌獄安置黑山島
靜齋	柳命賢		字士希退堂弟顯宗朝科歷副提學官止吏判乙巳叅凶疏甲戌安置康津而死庚申獄亦嘗坐謫
西林	柳徠		字子山靜齋子靜默堂權重經婿英宗朝科文章超人戊申爲巡撫使從事兼安東判官辞連被逮杖死後伸有文集
後遁	柳耒		字耕叟西林弟睦林一婿亦有文才
秋沙	柳慶農		字公明西林子二十七而天遍觀萬卷書有文集○痛其父杖隕未伸有詩曰山中有夜青天覩盆底何年白日明
海岩	柳慶種		字慶種後遁之子文章贍敏冬夜嘗次秋興八首各十六合爲百二十八首其敏給如是
西峰	柳藕		字泰淸舍人自濱子與睡齋蜀菴爲再從兄弟官止正寒暄門人及其遇害心喪三年勵志勤苦訓誨後生以培養人才爲任淸夷莊重不事表襮惡言不出於口慨然有扰濟天下之志天文地理醫藥卜筮音律書畫皆極其妙
笑菴	柳祖詢		字詢之西峯子文科官止承旨
泛愛齋	柳祖訒		字訒之笑菴弟履素齋門人以遺逸官止工議
散菴	柳道三		字汝一察訪天根子西峯旁六世孫仁祖朝科官承旨能文章
竹堂	柳辰仝		字叔春進士漢平子淸白吏拘五世孫明宗朝科官止判書謚貞敏有將才歷西北兵使善書竹中宗癸卯上疏請伸巳卯

石潭	柳珩	晋州	字士温府使溶子竹堂孫武科官止統制使贈領議政謚忠景背担精忠報國四字有忠義智略壬辰多勝捷勞勳
野堂	柳赫然		字晦甫晉陽君孝傑子石潭孫武科歷訓鍊大將官止兵判庚申賜死巳巳贈領議政謚武愍甲申追奪壬辰又復
陶翁	柳之發		字起之兵將琳之子石潭從侄顯宗朝科歷平安兵使官止禮叅甲寅以承旨營救尤菴
峀雲	柳德章		司諫星三子野堂從孫官止同知善畵竹年八耋筆力不衰
默守	柳成運		字集中掌令霆之子淸白吏珣之后領相順汀八世孫肅宗朝科官止弼善從子綎官至叅判乙亥逆誅
省菴	柳儼		字思叔錦副尉挺晋子領相順汀十一世孫景宗朝科歷三司官止禮判有文名
潮溪	柳宗智		字明仲南冥門人官叅奉不就好學力行南冥許以醇厚汝立之獄栲死享晋州大覺院
竹浦	柳萬重		字厚仲肅宗朝科官止府使有文名
聾岩	柳義孫	全州	府使濱之子完山伯濕之曾孫世祖朝大科歷翰林官止吏叅有文名○全州人
直齋	柳崇祖		字宗孝之盛子聾岩從孫成宗朝科歷翰林官止成均贈謚文穆精於理學誨人不倦
駱峰	柳軒		字伯輿鍊正季章子聾岩從孫成宗朝科歷水使官止大司諫鐩濤白燕山時以直諫竄濟州改玉後放還壬辰殉節有器局
八友堂	柳世麟		駱峰子中宗朝科官止吏叅

月蓬	柳永吉	全州	字德純叅奉儀之子八友堂孫明宗朝科選湖堂官止禮叅有文名以李橾之黨有疵論
春湖	柳永慶		字善餘月蓬弟宣祖朝科册扈聖功官止領議政全陽府院君與汝諄山海攻栗谷與仁弘斥牛溪終爲小北領袖
蓬窓	柳恒		字汝常月蓬子宣祖朝科官止左尹光海時被謫反正乃叙以文翰廉平稱于世
素閑堂	柳廷亮		字子龍縣監悅之子春湖孫尙宣廟翁主爲全昌尉謚孝靖光海時謫珍島反正放還家有名馬光海奪之其馬逃之謫所置于廳下一日馬忽躍出是日乃反正之日也
道溪	柳淰		字澄甫素閑堂子桐江嚴惺婿進壯仁祖朝科歷吏郎應敎官止箕伯
東湖	柳以升		字仲進道溪子蔭官止牧使以筆法名
萍湖	柳永忠		字恕伯叅奉修之子春湖從弟十六進士以經行薦除副率不就能文章
竹磵	柳永孝		萍湖弟官止府使
忍窩	柳澐		廷稷子萍湖從曾孫有孝行以孝旌閭
楓岩	柳光翼		萬春子忍窩從孫官止翊衛
芝齋	柳堪		字克任典籤世龜之子八友堂從子中宗朝科歷翰林乙巳以不印定乱寃北十九年始放還
杜浦	柳塤		字克和芝齋弟明宗朝科歷南床北兵使官止刑判

號	姓名	本貫	事蹟
竹扃	柳永謹	全州	字謹之府使珽子芝齋從子文科官止大司諫
松磵	柳永詢		字詢之竹扃弟宣祖朝科歷翰林官止叅判
沙湖	柳穡		字子有監司永立子芝齋孫宣朝科歷翰林官止叅判光海時論卒反正後復官
晚修	柳謙明		字益輝叅奉完子沙湖五世孫肅宗朝科官止修撰
薇川	柳慶昌		字善伯司勇楫子芝齋從曾孫仁祖朝科歷吏郎副提學大司憲錄淸白有直名
岐峯	柳復起		引儀城之子豐岩五世孫
陶軒	柳友潛		岐峯子○子稷進士自號白拙菴上疏首毁栗谷
楸川	柳孝潭		世宗朝科官止執義
誠齋	柳灌	興陽	判密直奇子政丞淸臣孫官止僉議政丞高興府院君謚忠靖麗末被禍見夢於太祖致祭賜謚○享興陽雲谷祠
於于子	柳夢寅		字應文主簿樘子誠齋七世孫宣祖朝魁科選湖堂官止吏叅仁祖反正逃之西山以孀婦詞爲罪案而栲死正廟特命伸雪贈謚忠貞○子瀹字瀹而宣祖朝科選湖堂官止校理癸亥亦被栲而正廟伸雪
醉吃	柳潚		字淵叔副正夢彪子於于從子宣祖朝科歷翰林選湖堂官止副提學瀛州君以大北之黨反正後削奪

號	姓名	本貫	事蹟
泰宇	柳活	興陽	字浩叔醉吃弟宣朝科歷翰林兄弟俱選湖堂官止舍人癸尹與李志完發受命七臣之啓反正後安置
思菴	柳淑	瑞寧	字純夫太常卿成桂子官止贊成事端寧君謚文穆配恭愍王廟辛旽用事擧朝趨赴而公獨不往乞退歸鄕有詩曰不是忠衰誠意薄大名之下久難居旽以是讒之杖流使人縊殺之家人勸逃公曰是父天也天可逃乎就死神色如平時享瑞山院
琴軒	柳方澤		禮賓卿成臣子思菴從兄弟官止漢城尹
泰齋	柳方善		字子繼瑞寧君沂之子思菴曾孫進士蔭主簿遭家禍不第居原州訓誨後進靖難功臣多出其門有詩文壯名
樗亭	柳伯淳		琴軒子禓朝科入本朝官止吏議
花溪	柳宜健		思菴之后英宗朝進士廢擧講學明於易數除叅奉已歿
雪江	柳泗	文化	字仲池希松子中宗朝科官止通政府使享光州景烈祠
龜川	柳景深	豐山	字大浩正郞公權之子中宗朝大科選湖堂官止大司憲北兵使
立岩	柳仲郢		字彦遇郡守公綽之子龜村從兄弟松隱金光粹婿中宗朝科官止監司
巴山	柳仲郢		字希范立岩從弟從退溪學先生許以温淳四十而卒
謙菴	柳雲龍		字應見立岩子退溪門人壬辰後三爲豐基守官止牧使選廉謹吏贈判書謚文敬

西厓	柳成龍	豐山	字而見謙菴弟明宗朝科歷翰林選湖堂冊光國功扈聖勳官領議政豊原府院君謚文忠錄淸白退溪門人○壬辰爲体察使有功社稷世謂中興名相爲東人領袖多激栗谷之所建壬辰有李文靖眞聖人之歎 以爲南人嶺南多院享嘗與金鶴峯有屛虎之論
修菴	柳袗		字季華西厓之子進逸薦官止持平有學行配屛山院○子千之亦爲南臺掌令
拙齋	柳元之		察訪柳子修菴從子官止縣監
校理	柳世鳴		字爾能西厓曾孫肅宗朝科選湖堂官止校理文章學博世所崇推
城隱	柳桂隣	善山	公濟子寒暄門人處士
懶齋	柳成春		字彥章城隱子錦南崔溥外孫中宗朝科選湖堂官止吏正已卯被謫自是放逸時與尹淸亭崔新齋並稱湖南三傑
眉岩	柳希春		字仁仲懶齋弟中宗朝科選湖堂歷翰林官止資憲贈左賛成謚文節初從崔新齋又質學于慕齋乙巳以臺官謫濟州以近家移鍾城宣廟朝丁卯召還公之棄官歸也栗谷上疏請留之經筵日記云博覽强記擧書輙誦性且温和但少經濟之才云公之夫人亦能文章獨行萬里從公于鍾城謫所過磨天嶺際有詩云行行遂至磨天嶺東海無涯鏡面平萬里夫人何事到三從義重一身輕多著詩亭潭陽及鍾城諸院
霽嶠	柳希亮	文化	字龍卿廢國舅自新之子光海朝科選湖堂歷翰林副學官止禮叅癸亥竄以子斗立緣坐絞以善書名
百拙菴	柳宜涵	全州	字養虛蔭官知縣居白川有學行受業于甫谷

文定公	柳順汀 晋州	字智翁牧使壤之子佔畢門人有文武才頗有時望燕山朝科官止吏判與成希顔朴元宗定策廢燕山立中宗錄靖國功封菁川府院君官止領相節義忠誠罕古稀世以學行薦諡議享金溝金堤鄕祠○沙溪門人
白石	柳楫	
翠微軒	柳宗仁	享咸昌雅谷精舍
耻軒	柳世勛	自兒時誠孝出天丁憂過哀事閭旋閭學問純篤操行淸儉
梅墩	柳廣善	有文集
市隱	柳聖翊	享光州景烈祠
嘉村	柳砲	享咸昌陶溪祠
守眞堂	柳貫三	字道卿南溪門人南溪以爲晩得二士云而二士即公與崔緻學也皆於斯文着實用力焉
臺岩	柳達尊	字伯三嘉村子享咸昌陶溪祠
松岩	柳淳	字顥叔官止主簿昏朝棄官
松菴	柳𤦺	字和甫沙溪門人享光州景烈祠
墨塘	柳必勳	字聖瑞尤菴門人

玄江	柳 乘	晋州	字子寬朴遯齋光一門人
禹興君	柳 涇	興德	中宗朝錄決策靖國功封禹興君○燕山政亂宗社幾危廢燕山立中宗錄三等功
文襄公	柳子煥	靈光	子光嫡兄端宗朝錄協贊靖難功封豈山君資憲謚文襄
成齋	權 昰	安東	麗朝樞密使守平之子官止太尉翰林學士時稱知禮先生
夢菴	權 㫜		字晦夫成齋子忠烈朝官止僉議賛成事謚文貞淸儉謙遜耿介不苟酷信浮屠遁入禪社子溥聞之馳往大哭
菊齋	權 溥		字夢萬夢菴子晦軒安裕門人官止三重大匡大提學永嘉君謚文正有忠孝之行老而讀書不懈甞撰孝行錄
松齋	權 準		字平仲菊齋子官止門下賛成事吉昌府院君謚昌和忠肅時瀋王相持公守義不撓事定後首擢用晩退致富
誠齋	權 皐		字嘉平松齋弟官止判密侍中永嘉府院君謚忠靖
靜齋	權 鎬		字希顔松齋孫官止判密直事
葵軒	權 鑄		靜齋弟官止進賢舘提學
槐亭	權 湛		靜齋子麗朝科官止資憲府尹有文集
檜亭	權 堡		葵軒子文科官止獻納贈禮叅

權近	陽村	安東
權遇	梅軒	
權踶	止齋	
權擥	所閑堂	
權綸	逍遙堂	
權轍	雙翁軒	
權恂	雙泉	
權慄	晩翠堂	
權擘	習齋	
權韐	草樓	
權韠	石洲	

字可遠左政丞僖之子誠齋孫恭愍朝科官止簽書密直入本朝爲佐命功臣官止二相典文吉昌君謚文忠學冠一世名碩達士多出其門入中原帝命赴文閣與劉許諸公交遊所著有入學圖說五經淺見錄及文集或以爲有欠於守節云

字慮甫陽村弟調朝科入本朝官止藝文提學〇圃隱門人

字仲安陽村子太宗朝魁科歷典文官止右贊成謚文景太宗幸太學親策時務依焚香故事得公爲壯元上大喜謂知貢擧河崙曰此榜乃予之門生卿不得爲家桃李有文集

字正卿止齋子文宗朝大科策靖難功官止左議政吉昌府院君謚翼平配世宗廟〇姿稟豊厚方嚴凝重爲相持大体甞薦韓明澮共贊大事

判事崇禮之子陽村從孫世宗朝科歷翰林官止大司成監司晩年退居德源素羅里以自娛

字景由勛之子止齋玄孫中宗朝科官止領議政謚康定

字彥忱雙翁子官止嘉善承旨壬辰多功立績

字彥愼雙泉弟宣祖朝科官止戶判追冊宣武功贈領相謚莊烈壬辰乱初以光牧領兵勤王大捷幸州升都元帥忠勇冠世

字大平承旨祺子陽村五世孫中宗朝科官止監司與安命世尹潔友善及二公被禍屛跡於鄕而終以皮裡春秋忤世能詩

字汝明習齋子官止主簿氣槩甚峻

字汝章草樓弟進士不仕官止敎官詩調駸々乎晩唐以白衣爲儐相從事甞抗疏言柳成龍李山海主和誤國實今日之秦檜國忠請斬之不報昏朝任踈菴削科公有詩曰宮

修隱
松菴
知足堂
遂初堂
霽月堂
寄傲堂
蒼白軒
松菴
月川樵叟
閑廬
竹君

權韜
權伉
權讓
權忭
權偕
權㦏
權禘
權徵
權儁
權盼
權儆

柳青々鶯亂飛滿城冠蓋媚春輝朝廷共賀昇平樂誰遣危言出布葦坐詩案就刑卒於東門外公忿慨時事作詩譏刺面辱權貴其氣節足以抗疏天門碎首闕廷仁祖朝伸冤石洲弟亦能詩坐兄詩案謫海南有詩云臣罪如山死亦甘聖恩猶許謫江南臨岐別有無窮痛慈母今年七十三

安東

字士直石洲子蔭仕洗馬知縣

字禮卿草樓孫孝宗朝科官止執義老升通政同春書知足堂三字以賜之

字怡叔知足堂子肅宗朝歷三司副提學贈吏判諡文貞己巳殿試始聞中宮將廢引義自廢肅宗淸節奬之贈爵諡

字敬叔遂初堂弟肅宗朝科官止叅贊諡貞簡壬寅後歸田隱

字士克霽月堂弟肅宗朝科官止判書壬寅後不立於朝

字景海燧之子寄傲軒從子文科官止禮判入耆社孝旋其閭

字而遠別坐硡子止齋五世孫明宗朝科歷翰林官止兵判諡貞翼壬辰以遇賊而遁坐廢

叅判怗之子松菴孫官止正

字仲明判官和之子素閑堂六世孫達川尹國馨婿宣祖朝科歷三司八道方伯官止戶判吉川君善書有名

字警五閑廬子芝峯李晬光婿光海朝科官止正字

壺隱	權蹟	安東	佐郎僴之子陽村后官止師博子歆文科至監司
睡隱	權綍		字雲卿郡令晛之子雙翠從曾孫宣祖朝科官止兵判癸亥圍籬甲子誅後得伸
添窩	權修		字永叔睡隱子顯宗朝科官止監司
霞谷	權愈		字退甫奉事子陽村十一世孫顯宗朝科歷三司官止禮判有文集己巳叅凶疏
雲谷	權授		字天卿陽村后以薦官止知縣有孝行廬墓不食油醬三年
栗亭	權節		字端操正郎審子菊齋五世孫世宗朝科歷三司官止監司膂力絶人光廟在潛邸屢臨其第論大事公佯聾不答
石溪	權鑊		字士重處士潔子栗亭五世孫光海朝科官止承旨昏朝以四館停擧李偉卿等
東谷	權堨		字子明石溪子仁祖朝科歷翰林官止北兵使四道監司
歸浦	權斗樞		字汝綱堉之子東谷從子竹陰趙希逸外孫春沼申最婿文科官止掌令
雙塘	權弘		忠成公鈞之子松齋曾孫文科官止議政謚文順善詩文
青霞	權克中		監司德輿子菊齋九世孫官止洗馬初師石溪崔命龍後事沙溪能於詩文
七休	權是經		字季常江都節士直長順長子青霞曾孫文科官止判書

南岡	權常	安東	字吉哉叅奉振之子菊齋八世孫蔭官止工正老升同知贈領相東興君享淸州白麓院 仁祖朝時也一云明宣之間
恥菴	權愰		南岡之子生員
南岳	權憘		字思悅恥菴弟宣祖朝科官止知中樞○孫大任尙宣廟翁主封吉城尉
石塘	權悏		字思省南岳弟宣祖朝科歷翰林冊宣武功官止禮判吉昌君謚忠貞在翰苑不許汝立 之獄
石潭	權大運		字時會司御謹中子石塘孫仁祖朝科歷南床翰林官止領相入耆社賜几杖年八十八 己巳廢妃時起爲首相甲戌竄海南
蘇川	權大載		字仲車進士偉中子石塘孫卽石潭從弟孝宗朝科官止戶判提學入耆社己巳叅凶疏 是年卒
南麓	權珪		字德章石潭子肅宗朝科歷三司官止大司憲甲戌竄唐津
濟南	權瑍		字仲章大胤子石潭從子顯宗朝科官止吏叅有文集
靜默堂	權重經		字道一瑋之子石潭孫肅宗朝科歷翰林選湖堂官止吏判有文集辛巳獄安置于絶島
竹塢	權基彥		世昌子石塘六世孫文科官止弼善
殼晦	權正己		字謹之吏判克禮子菊齋十世孫進士有文學
晩晦	權得己		字重之殼晦弟出后監役克寬光海朝科官止正郞不仕昏朝享公州道山院

炭翁	權誋	安東	字思誠晚晦之子以遺逸官止右尹有學行性坦率並日而食處之宴如一室書史以終日被屢朝禮遇嘗疏救尹善道幷享
萬松	權訨		字叔訏穀晦子炭翁從弟隱居養閑所居儒城村舍蒼翠絕壁一塵不到人稱萬松處士
無愁翁	權愭		字伯仁炭翁子顯宗朝科官止大司諫時稱南人中豪傑
有懷堂	權以鎭		字子定縣監惟子無愁翁從子尤菴外孫肅宗朝科歷三司官止戶判
雲波	權世樟		有學才德兼純
懶菴	權應挺		字士遇監司希孟子中宗朝科官止叅判乙巳被竄
松溪	權應仁		默岩庶弟官止學官有文名
楓岩	權寔		字直卿默菴子中宗朝科歷三司官止判尹
冲齋	權橃		字仲虛生員士彬子中宗朝科官止贊成贈右相諡忠定己卯以禮叅伸救兩柳疏語極甚峻切以此被罪卒于謫享安東祠
寓菴	權檣		字濟甫冲齋弟中宗朝科歷三司翰林官止知縣己卯薦目以爲志操精純
青岩	權東輔		冲齋子官止郡守
石泉	權來		青岩子生父縣監東美官止軍資正

漫叟　權[illegible]　安東　字叔晦生員審行子冲齋從孫宣朝科官止正金鶴峯門人

蒼雪　權斗卿　字天章濡之子石泉曾孫瓢隱金是榲婿肅宗朝科官止校理

荷塘　權斗寅　叅奉霖之子蒼雪再從兄弟官止縣監

忍齋　權大器　煒之子進士而不就仕

松巢　權宇　字定甫忍齋子薦拜王子師傅○退溪門人廢擧早卒士流惜之享安東鏡光伊溪院舍

清臺　權相一　字台中深之子松巢五世孫文科歷副提學官止知事

六有堂　權格　字正叔府使聖源子花川君瑊之后孝宗朝科執義己巳廢妃時獨拜西宮

寒水齋　權尙夏　一號遂菴字致道六有堂子尤菴門人以遺逸官至左議政謚文純○德器深厚道學純粹爲尤門嫡傳受楚山遺托建立萬祠又受衣鉢之傳門人名顯多出世稱江門學士享清風黃江及忠州樓岩院

癯溪　權尙遊　字有道遂菴之弟肅宗朝科歷三司副提學官止吏判謚正獻與遂菴伯仲師友世稱有德君子壬寅遭削黜未幾卒

玉所　權燮　字調元尙明子遂菴從子北溪李世白外孫龜川李世弼婿

欹枕翁　權瑩　字仲蘊玉所弟英宗朝科歷三司官大司諫隱於晚年而仕

山水軒	權震應	安東	字亨叔牧使之性子遂菴曾孫以學行薦拜諮議○德性醇謹學問實篤英廟朝上疏忤旨竄海州後放還
南塘	權尙矩		字至叔陶村鄭維城婿孝宗朝官止承旨
一齋	權漢功		麗朝評理頙子官止門下侍中醴泉府院君諡文坦與蔡洪哲得罪於忠肅而怨之流於島有文集
東皐	權仲和		字容甫一齋子恭愍朝科官至賛成入本朝爲領議政醴泉伯諡文節壽八十三
痴軒	權景裕		字君綏判官耋之子一齋六世孫成宗朝科選湖堂官止校理戊午以佔俾門徒慘禍
默翁	權準		字達甫世仁子一齋十世孫光海朝科官止執義
東溪	權濤		字淨甫世子春默翁從弟光海朝科歷翰林官止叅知○元宗追崇時立異○享丹城書院
霜岩	權濬		字導用默翁弟光海朝科官止正
愼村	權思復		官止政堂文學福成君禑朝時致仕
獨樹	權軫		字希正禑朝科入本朝官止左議政諡文集
退齋	權敏手		字叔達主簿琳之子成宗朝科歷翰林官止大司憲與李容齋勍冲菴訥齋出爲監司卒己卯之禍始於此
桐溪	權達手		字通之退齋弟成宗朝科歷翰林選湖堂官止校理少有大志落落不群燕山將立母廢妃公力爭以此被譎而卒後伸旌閭

岐亭	權纘	安東	字纘祖退齋之子中宗朝科歷三司官戶判與其父同享咸昌書院
松岩	權好文		字章仲敎授緩子進士不仕柳西厓許以百世師
晦谷	權春蘭		字彦輔錫忠子宣祖朝科歷翰林官止校理容貌哲如氷壺自少有向學之志師退溪而成學享安東龍山院
藏谷	權泰一		字守之晦谷子宣祖朝科歷翰林官止刑判姿品端毅操履篤實光海時見時事日非徘徊田園師事金學峯具鳳齡
南川	權斗文		字景仰有年子宣祖朝科官止通禮誘掖後進多顯於世壬辰被虜全節逃還
六樂堂	權斗南		字景望光海朝科官止郡守
龜沙	權㒒		字霽仲叅奉悟子陽村八世孫光海朝魁科官止同中樞副摠管航海朝天有文集
檜隱	權光煥		字克晦胤之子光海朝科官止正
東岩	權省吾		字省之光海朝科官止正言升通政
松鶴軒	權應時		有文學
鼇峰	權克中		進士居湖南龍蛇之間治危方略多在文集
陶隱	權好臣		享順興耆英祠有文學至行

龜峰	權德麟	安東	曹晦谷門人顯宗朝科官止郡守早年知學所造精深
鳩巢	權聖矩		肅宗朝科官止郡守
霽月堂	權雲		文科翰林選湖堂同知受益之子
龍巒	權紀		官止叅奉父夢鼎
松堂	權孟孫	醴泉	字孝伯牧使詳之子太宗朝科官止二相謚齊平
拙齋	權五紀		字協之別坐善之子松堂從孫燕山朝科歷翰林官止執義
睡軒	權五福		字嚮之拙齋弟成宗朝科歷翰林選湖堂官止校理戊午史禍以佔畢門徒被禍蒙刑釜礁在頸而辞氣少毫不變有清直節
草澗	權文海		字顥元祥之子拙齋從孫明宗朝科官止承旨遊退溪門及西厓鶴峯東岡深契嘗叅劾栗谷○所著有大東韻玉行于世
仙溪	權墉		有文學
樊谷	權昌業		字基安直長誌之子張敬堂門人成宗朝鄉人合辞薦公深自韜晦尤菴述墓表
松坡	崔誠之	全州	字純夫贊成事融子官止贊成事大提學謚文簡久從忠宣於元與權漢功用事及忠肅之見留也瀋王之黨疏國家得失將言于元遍公署名公厲色折之衆乃沮性剛直不妄言詩文書法爲人所推尤透陰陽推步之法致仕而歸接賓客畜聲妓淸談雅笑不問人間事

春軒	崔文度	全州	字義民松坡子蔭仕至評理論良敬以將官讀書程朱之學事親亦至孝
晩六堂	崔瀁		常侍替之子鄭圃隱之甥前朝文科官止大提學革命後退居全州大勝洞太宗以布衣召之以故人待之賜田不受
竹亭	崔濯		字慶之完山君文貞公宰之子本朝文科叅贊謚平度錄淸白享淸州松泉院
槐岩農隱	崔有慶		字彦明郡守孝基子竹亭五世孫文科官止吏議九歲己能詩才奇志高讀書爲文不資師友所著有龜鑑及農隱集
夢窩	崔鐵堅		字應久處士櫟之子農隱曾孫宣祖朝科官止大司諫容貌魁傑壬辰佐幕湖多功多勞
丫澗	崔行		夢窩子官止郡守
雲谷	崔繼勳		字德會府使衍之子丫澗從侄仁祖朝科官止司諫
南坡	崔禧		字仲膺教授命弼子竹亭六世孫明宗朝科官止叅議
汾陰	崔天健		字汝以南坡子宣祖朝魁科歷副提學官止吏判有文名爲少北領袖光海時付處改玉後復官
鳳岩	崔守慶		字慶餘輔德恒齊子汾陰五世孫蘇湖李東根婿肅宗朝科官止兵正
杜機	崔成大		字士集鳳岩子英宗朝科歷春坊官止大司諫以詩名世稱三淵后一人
土木窩	崔重純		命哲子杜機孫官止叅奉

號	姓名	本貫	事蹟
秋花堂	崔守良	全州	賢齋子鳳岩從兄弟
晩翁	崔起南		字興叔秀俊子竹亭七世孫宣祖朝大科歷舍人官止府中牛溪門人癸丑之禍削爵而卒
遲川	崔鳴吉		字子謙晩翁子生壯宣祖朝科歷翰林副學冊靖社功官止領議政完城府院君謚文忠有文章器局沈深有遠略丁丑倡下城之議丁卯主和起送三學士有疵論然而甞拒助攻天朝獨步通天朝事覺被拘瀋陽君子以爲功功疵相勝異世之名相也
頤齋	崔來吉		字子大遲川兄光海朝科官止工判完川君
柳下	崔惠吉		字子廸遲川弟九畹李春元婿仁祖朝科歷三司官止吏郎吏叅有守靜雅操癸亥靖議力辞勳籍
靜修齋	崔後亮		字漢卿柳下子出后遲川蔭官左尹有文集爲淸牧時徃拜尤菴請改三學士傳遲川縛送于陽波一疑
東岡	崔後尙		字周卿遲川子顯宗朝科歷翰林官止應敎
鹿村	崔後賢		字象卿頤齋子仁祖朝科官止文學
秋岩	崔錫晉		靜修齋子官止縣監
明谷	崔錫鼎		字汝和秋岩弟出后東岡後尙聾翁李澥外孫華谷李慶億婿進壯顯宗朝科歷南床主文翰林五拜首相謚文貞配肅宗廟甞作禮記類編辛巳拔張嬪賜死爲儒生代作祭酉峯文

遯窩　崔錫恒　全州
字汝久明谷弟肅宗朝科歷南床翰林官止左議政以詩文名爲黨論甚峻出后敎官後遠

崑崙　崔昌大
字孝伯明谷子肅宗朝科歷翰林官止副提學以詩文名亦以黨論甚

三黎　崔鴻晉
光異子竹亭后文科官止正郞

認齋　崔俔
字季鼎深之子南岳金錤一婿金鶴峯鄭寒岡門人宣祖朝科官止監司

烟村　崔德之
字可久叅議霆之子權陽村門人太宗朝科官止直提學退居靈岩永保村築書樓扁以存養其歸也盖見時事之將非也成學士諸公以詩餞之高節無比亦有正學壽七十二時人比之生六臣之一享靈岩烟村院

養正堂　崔邦彦
字美伯世榮子烟村之后受業於尤門官僉正老升同知卞師誣被譴學問主洛論甞受學於魯西故斥極甚嚴而前後儒疏語及魯西戒其子侄不叅曰吾若忘舊誼亦一極

山堂　崔忠成
字弼卿生員淑子烟村孫寒暄門人配烟村院

石溪　崔命龍
字汝允受業於處士竹友堂李延麒李公曰非我敎君君乃敎我也涉獵諸書深學精數學一世名儒

蓮軒　崔敬中
字日强肅宗朝科官止府使

惺齋　崔冲　海州
字浩然本州吏温子官止佐理功臣太師中書令謚文憲享高麗靖宗廟歷事五朝時望甚重顯宗以後干戈纔息文敎未遑公收召後進敎誨不怠學徒山集分爲九齋時稱海東孔子〇子惟善孫思齋皆爲麗朝平章事父子幷享海州文憲院

東山	崔滋	海州	左僕射敏之子官止平章事謚文靖
日休堂	崔慶會		字善遇天符子東山九世孫宣朝科官止兵使謚忠毅贈賛成壬辰起義癸巳殉于晋州 即三壯士之一也享晋州祠
竹溪	崔慶長		字善餘明宗朝科官止正
竹隱	崔弘載		字德興宣祖朝科歷兩司官止府使
月潭	崔滉		字彥明靜菴門人汝舟子江湖散人萬理五世孫明宗朝科歷翰林官止左賛成海城君 ○履素齋門人有才氣
楊浦	崔澱	海州	字彥忱郡守江雨子月潭從弟進士九歲學于栗谷先生甚重之不以童子待之十四擧 南宮先生爲考官公嫌自避十八中司馬才器俊異風神透明詩文草書音律丹青皆絕 奇早夭有詩云蓬壼一人三千年銀河茫茫水淸淺
秋浦	崔滑		楊浦弟兄弟同事栗谷性諄謹事親至孝楊浦詩末句曰鸞笙今日獨飛來碧桃花下人 不見
滄浪	崔濬		字彥洞秋浦弟武科官止察訪
雙栢堂	崔沂		字浩源宣傳官汝漑子月潭再從弟宣祖朝科歷翰林官止監司贈吏判光海丙辰海州 民有欲上變嫁禍一世公迫令自殺爲俞世魯白大珩所誣告爾瞻纘男從而搆揑死獄 中反正後伸有長者風廉士操
秋峰	崔有源		字百進月潭子宣祖朝科官止大司憲以孝旌閭以論啓臨海癸亥削

立岩	崔有淵	海州	字聖止滄浪子仁祖朝科歷三司官止承旨有文名
默守齋	崔有海		字大容揚浦子光海朝科官止承旨歷東壁李月沙門人嘗水路朝天與中朝講學追崇義理而歸追崇之論自公始
孤竹	崔慶昌		字嘉運兵使守仁之子江湖散人五世孫宣祖朝科歷翰林官止郡守詩調淸學唐而與李遜谷白玉峯世稱三唐栗谷以氷霜素履稱之公見山海等濫奸之狀便絶舊要以故阻淸選○有詩云去歲維舟蕭寺岸折花臨水送行人
櫟村	崔振海		佐郎濼之子孤竹孫蔭官止郡守孤竹詩末句曰山僧不管傷離別閉戶無端又一春
艮齋	崔奎瑞		字文叔正碩英之子出后縣監碩儒肅宗朝科歷副學官止領議政謚忠正英宗廟嘗疏伸尼尹主少論早自休退居於龍仁戊申叛婦人輸告變乱定後力辞勳名御筆書賜一絲扶鼎四字以奬之
香湖	崔雲遇	江陵	字時中敎授濬之子以太學薦官知縣親灸於牛栗兩門嘗疏請復貞陵又請各陵立表出后叔父進浩○享江陵祠
翰林	崔雲溥		字大中宣祖朝科選湖堂官止翰林文學卓博當時大儒○栗谷姨妹夫
孤雲	崔致遠	慶州	字孤雲年十二八唐唐僖宗乾符元年登科爲高駢從事草討黃巢檄東還拜翰林學士見時事非入伽倻山而卒或傳仙化○東方文章自公始新羅唐書藝文志載公四六集一卷桂苑筆耕貳拾卷文集三十卷麗朝以鷄林黃鵠葉嶺靑松之語德之○從祀文廟○詩云東園花開洞壷中別有天仙人推玉枕身世飄千年萬壑雷聲起千峯雨色新山僧忘歲月猶托葉間春磵月初生處松風不動時子規聲入耳幽興自應知

崔淑生	慶州	字子眞僉正鐵重子孤雲之后成宗朝科入湖堂歷提學官止二相爲大憲朝市肅然能詩文工於四六己卯被削	忠齋
崔清		判事子雲之子淸河侯承老之后前朝官止信州監務本朝召以爲左贊成不就耕于豐壤之野	觀稼亭
崔東寨		武科監誠子逸官師傳	臺菴
崔興運		字季任彥虎之子文科拜判官臺菴五世孫	百弗菴
崔震立		仁祖朝武擧歷兵使官止工曹叅判丙子戰亾旌其門諡貞武	貞武公
崔德重		字七七出於閭巷以善書名	東峰
崔致雲	江陵	字伯卿生員安麟子太宗朝科官止吏叅○有淸操甞爲崔潤德從事北征胡以宰相才受知于英宗未及用而卒	鏡湖釣隱
崔應賢		字寶臣釣隱子端宗朝科官止大司憲壽八十	睡齋
崔壽峸		字可鎭生員世孝子睡齋孫十九逃世壯遊山河剖松作琴彈罷棄去甞以詩贈其叔世節曰日暮滄江上天寒水自波孤舟宜早泊風浪夜應多世節以其詩告金詮南袞搆成獄杖訊死又夢冲菴詩曰相驚憔悴舊形容夢裏離懷說自重覺來身在高樓上風打前江月在峯	猿亭
崔基鋁		字子武星祥子叅判世節曾孫生員○廢母時與兄基鋅三日痛哭去太學及反正後科出六丁丑後復不仕鄭恒齋外孫也	東溟
崔文湜		字正源別提基鋅子仁祖朝科官止禮叅肅宗己未以諫長爲尤菴被律啓	省軒

艮齋	崔演	江陵	字演之縣監世健子中宗朝科歷南床提學選湖堂官止判書諡文襄○美姿容能文章
春軒	崔洙		亨江陵鄕祠○文學卓行見重於世
太虛亭	崔恒	朔寧	字貞夫知承文院事士柔子宗世朝魁科放榜日直拜修撰選湖堂冊靖難功官止領議政寧城府院君諡文貞○性謙恭簡靜立朝四十年不被彈駁爲文工於四六一時表箋多出其手
石圃	崔永潾		字泉明太虛亭子徐四佳之婿也世祖朝科官止禮儀
松泉	崔興源		字復初典籤秀珍子石圃從孫宣祖朝科錄扈聖功選清白官止領議政寧平府院君
立岩	崔岦		松泉子官止戶叅寧安君
三溪	崔彦粹		字士純主簿濬源子石圃曾孫中宗朝科歷翰林官止校理
南岡	崔顒		字景甫三溪子明宗朝科歷翰林官止叅判
未能齋	崔尙重		字汝重顒子之南岡從子宣祖朝科歷翰林官止司諫有德望享南原露峰院
砭齋	崔蘊		未能齋子文科官止承旨幷享南原院
醒灣	崔葕		儒字長砭齋兄宣祖朝科官止右尹享南原院

艮湖	崔攸之	朔寧	字子攸星灣子修竹趙邦直婿仁祖朝科歷翰林官止應敎
鼇洲	崔徽之		字子栗艮湖弟官翊衛而不仕昏朝不赴公車改玉後始中司馬絶意就仕專心學問
西山	崔是翁		鼇洲子以明齋門人逸官拜持平
杏園	崔東立		字卓甫司勇忭子石圃五世孫宣祖朝科歷翰林官止海伯
栗汀	崔東式		字正則杏圃弟宣祖朝科官止司諫秋淵禹門人癈母時抗疏歸田小北所稱八學士之一也
月潭	崔晫		杏園子文科官止都事
梅峰	崔徽厚		遂菴門人八學士之一
東臺	崔善問		字慶夫自江子官止吏判謚文忠以淸白吏稱享金山院
老谷	崔漢公		字台用東臺子世祖朝科官止典翰
圭岩	崔漢候		字子房老谷弟文科官止都承旨
三池	崔澐		文科德源之子東臺再從孫官止縣監靜菴門人早著學行十八被薦直拜知縣已卯刑訊宅有三池故世以稱號
溪堂	崔興霖	和順	字賢佐域子明宗朝棄世入報恩金積山下卜築於溪上與大谷南溟東洲講論吟詠櫟泉美湖二公表其遺蹟

守愚堂	崔永慶	朔寧	字孝元佐郎世俊子溪堂再從孫以逸官持平贈大司憲以學行薦官進六品○志操介潔行誼端方牛溪有清風滿袖之許
石軒	崔逸		字大隱象玄子仁祖朝科官止兵叅
沙川	崔自潤	江華	宰監緒之子官止司正
迷翁	崔琇		縣令承世子沙川玄孫文科歷副提學官至判書
逸谷	崔珪		迷翁弟官止府使
雙明齋	崔讜	鐵原	太師文叔公惟淸子熙宗朝科官止平章事謚靖安歷事四朝名重一時到處有聲績與弟詵及張自牧高瑩中玄德秀耆會
松齋	崔鎭邦	忠州	明宗朝科官止郡守
樗谷	崔挺豪		字時應宣朝科官止正言忤仁弘不達以訓進後學爲已任
新齋	崔山斗	光陽	字景仰漢英子中宗朝科選湖堂官止舍人己卯被禍同福與尹橘亭柳懶齋並稱三傑所著綱目賦膾炙於時
逍遙齋	崔淑精	陽川	字國華司正仲生之子世祖朝科選湖堂歷副提學官止吏叅成宗朝選入經筵
錦南	崔溥	羅州 唐津	字淵淵澤之子佔畢門人成宗朝科選湖堂官止應教奉使濟州奔父喪飄泊中原觀浙江而歸有漂海錄○戊午以家藏佔畢集竄端川甲子賜死性慷慨有氣節讀宋史詩曰挑燈掇讀便長吁天地間無一丈夫三百年來中國土一朝付與老單于

松石	崔命昌	開城	字汝愼護軍鐵孫子燕山朝科歷翰林官止吏叅選淸白巳卯士流罷散而卒
霖谷	崔潤德	通川	字汝和判書名將雲海之子武科官止左議政謚貞烈配享世宗廟庭亦爲名將征野胡有功全師而還
簡易堂	崔岦		字立之自陽子明宗朝科官止刑叅兼承文提調地甚寒微文章簡古名冠一時自謂我乃天下文章不可草草自奉以在飼牛而食之居必錦帳錦袍待朝士甚傲嘗以奏請副使入天朝
鳳岩	崔元凱	水原	本以慶州金氏賜姓籍崔氏○執義洽之子官止郡事有文學
何山	崔孝騫	隋城	字聖許仁祖朝科官止府使有文集三淵序之
潔齋	崔斯立		行跡在三綱行實錄
栗亭	崔鶴齡		享長城慕岩宇
雅閑亭	崔淸江		生壯世宗朝科官止執義以母死不奔喪臺啓被罪後伸
鶴岩	崔愼		字謹用北關人尤菴門人官止縣監性本强篤信師門乙卯爲柳𢎞明所引㨾死杖下甲子首疏斥尹父子己巳竄光陽
慕菴	崔安		官止直長享古阜院
省齋	崔文炳		享慈仁龍溪祠

淸冷子	崔守哲	全州	有文學著文集
固窮堂	崔守孟		字茂叔享扶安道洞院進士而止五子登大科
龜谷	崔奇男		以詩名世
雪蕉	崔承太		龜谷子亦以詩名世與巷東金富賢齊名
蒼厓	崔大立		譯官也有能詩善文之名
竹堂	崔瀣		享晋州普仁院
梅軒	崔汝傑		享高靈院
肯齋	崔鎭紀		享任實征南院
希顔齋	崔景星		並享征南院
龜湖	崔翼星		並享征南院
竹軒	崔恒慶	永川	進士淨之子寒岡門人有至學篤行
松溪	崔命春		字春源金大成門人

寬谷	崔瑞琳	永川	享扶安瓮川祠及泰仁院愼獨齋門人有至學
處岩	崔繼成		享扶安瓮川祠
龍湖	崔克忠		享康津大谷祠
江湖散人	崔萬理	海州	字子明少尹荷之子東山滋六世孫文科官止知中樞謚恭惠世宗朝選淸白
松亭	崔應龍	和順	字見叔明宗朝大科官止留守遊松堂退溪之門
忠壯公	崔孝一	義州	字元讓贈兵曹判書謚忠壯嘗奉使於明卒于南別舘
文貞公	崔承老	慶州	父殷含仕新羅公生而聰敏好學年十二太祖召見卽高麗太祖也使讀論語而甚嘉之賜鞍馬成宗朝極言時政得失用人愼擇等語數千百言官止門下侍中淸河侯食邑七百戶及卒謚文貞孫齊顔事顯德靖文四朝官止太師謚靖恭
文憲公	崔冲	海州	見上
忠景公	崔思諏		字嘉言麗朝文科文宗時拜門下侍中謚忠景保國安治民泰存社稷以安有功於國實大焉乞退歸田園○子源及湊皆國朝大官卽文憲公崔冲之孫
寅齋	申槩	平山	字子格宗簿令晏之子太宗朝科官止左議政賜几杖謚文僖配世宗廟佐英陵致太平有文集
西湖散人	申曉		寅齋弟太宗朝魁科官止正言言事忤旨棄官歸隱

韋菴	申鏛 平山	字大用籤典未平之子寅齋曾孫燕山朝科歷翰林官止吏判諡文節己卯與鄭文翼力救善類有器局爲當時名宰己卯年少氣銳者爭事彈劾物情大乖怨憾次骨公與靜菴冲菴陰匡冲齋每欲調停而諸公執不可至於無可奈何
獨松	申礏	字伯俊生員華國子韋菴孫宣祖朝科冊扈聖功官止二相平川府院君弟砬武科判尹壬辰死橽川
石湖	申汝拭	字玉甫判書平興君梭之子武領相景祺孫判尹砬曾孫進士官止牧使
忠翼公	申景禛	字君受寅齋六世孫都元帥忠壯公砬之子武學錄靖社功一等勳平城府院君丙子扈駕南漢丁丑拜領相諡忠翼配仁祖廟庭
東城君	申景禋	字子精忠翼公景禛之弟丰彩美髯姿性端謙以琴臺之禍至痛在心終身不食魚事兄如父服訓不懈官至御營大將錄靖社功二等勳封東城君
忠壯公	申砬	字立之忠翼公景禛父獨松弟丁卯武科爲晋州牧使時梁應鼎謂曰公是大器不可不學遂挾書就學爲北兵使討斬尼湯介自上特命帶職歸寧上親迎郊見尙有戰袍血痕上卽解御衣以衣之問卿子女有幾以長女約婚爲信城君珝之夫人宣祖朝壬辰爲都巡察使至忠州汝岉請先據鳥嶺公曰未及嶺而相遇則事危矣遂背達川敵軍已繞我軍攻之勢如山壓公還到彈琴謂汝岉曰男兒死耳義不可苟活乃投江水而殞贈領相諡忠壯
絅菴	申琓	字公獻石湖之子出后伯父縣監汝挺後廛金蓋國外孫趙九峯婿顯宗朝科歷翰林官止領議政諡文壯
恕菴	申靖夏	字正甫絅菴子肅宗朝科歷翰林官止校理農岩門人○公本少宦情世稱仙風道骨多在石湖亭以江湖詩酒自誤
鈍菴	申昉	字明遠牧使聖夏子恕菴從子朴玄石外孫生壯肅宗朝科歷翰林官止吏叅

紫霞 申緯 平山 叅判大升子武相景禎七世孫統制使翊夏從曾孫曹松下之婿純祖朝科官止叅判以筆名世

象村 申欽 字敬叔都事承緒子西湖散人五世孫宋秋波外孫李淸江濟臣婿宣祖朝科歷翰林選湖堂官止領議政謚文貞配仁祖廟文章德業爲世名相光海朝以受命七臣放歸反正後首起吏判其卒也世子臨吊有文集及野言

笑仙 申鑑 字明遠象村弟宣祖朝科官止叅判淸名雅望與兄相埒天使朱之蕃以笑仙題公扇因以爲號

樂齋 申翊聖 字君奭象村子尙宣祖翁主爲東陽尉謚文穆慷慨有大節文章成一家又善書癈母時不叅庭請丁丑遲川作降書公以別雲釼按叱之以斥和入瀋陽賴世子伸救免禍哭小室詩殘燈明滅伴羈魂遠遠鷄聲起別村試拓東窓看夜色曉色月留痕

東江 申翊全 字汝萬樂齋弟仁祖朝科歷翰林官止禮叅亦有文章儒時疏陳追崇之非嘗忤李焳々通於彼

華隱 申炅 樂齋子丙子後不赴擧入華岳山中以節行有名英廟朝特贈執義○黃竹所婿獨齋門人進士

春沼 申最 字季良華隱弟仁祖朝科官止都事坐家禍不顯文章出人

汾厓 申晸 字寅伯東江子顯宗朝科歷翰林副學官止吏判卜相謚文肅天姿豪邁無意宦利有文集

四痴 申儀華 字端明沼子顯宗朝科官止副正有文集

象峰 申翊虎 字君輔笑仙子文科官止監司

濠梁 申翊隆 平山 象峯弟官止侍直亦高士也夫人立節江都而殉

舟村 申昦 字昦倩濠梁子處士贈吏判謚孝義母及妻皆節死江都以故自廢不仕終身不近胡物隱居鎭岑舟村英廟書崇禎年以給

晦谷 申愈 字伯謙日華子舟村孫文章學術俱至高明而早卒未盡展才因大臣金炳學言特贈吏曹叅議

困村 申慜 字敬叔晦谷弟有純良之姿奇傑之氣亦受業於寒水之門實心正學早卒

龜峰 申命仁 字燊中府使叔根子寅齋曾孫進士已卯守闕號哭不復應擧遺落世事

松亭 申命和 郡守叔權子龜峯從兄弟進士亦爲已卯士流

思妊堂 申氏 松亭之女監察李元秀妻即栗谷母夫人通經學又善書及畫栗谷受學於母夫人而成學

橘宇 申忭 字樂翁永保子思簡公浩卽寅齋從兄弟而其玄孫也許尙友外孫中宗朝科官止許事已卯知士禍作棄官辛巳連獄而廢

惕齋 申點 字聖與進士廷美子橘宇再從孫明宗朝科歷三司册宣武功官止判中樞平城府院君謚忠節壬辰乞援于天朝有功

化堂 申敏一 字功甫僉正晉之子惕齋從子成滄浪婿光海朝科官止大司成立異於追崇有文集及春秋卞訛中和圖○牛溪門人

恩休堂 申 字孝元思化堂子仁祖朝科歷翰林官止府使贈謚忠貞斥和甚

寬谷 申儀 恩休堂弟仁祖朝科歷三司伴長官止叅判

默齋	申命圭	平山	字元瑞恩休堂子顯宗朝科官止執義以直諫有名群少謀害尤菴至有遷陵之事公以不謹石役被罪後得仲享珍島祠
鳳洲	申銲		字翼仲默齋子肅宗朝科官止吏議以文學言論有名
寒竹堂	申銋		字華仲鳳洲兄肅宗朝科官止禮判入耆社贈領議政謚忠景辛丑禍作公年已八十餘抗疏荐蘇乙巳放而卒
涵一齋	申韶		字成甫大司憲思健子鳳洲孫金柳下愼玉外孫處士不仕洪雙栢堂婿
翠微	申在植		字仲立僉正光蘊子涵一齋孫純祖朝科歷三司官止吏判
養齋	申命龜		愼之化堂從孫蔭官止叅奉
白下	申暻		同知思億子養齋曾孫文科官止執義
郊峰	申光弼		字隣卿敎官溥之子宣朝科官止正郞有文名
道村	申易于		字于長郊峯子進士鄭見山婿光海朝科官止佐郞
百源	申碩蕃		字仲衍宣郞謹之子寅齋七世孫以逸官止掌令與尤菴同春兩先生友善尤菴撰其墓文
松溪	申季誠		字子誠倬之子松堂門人持身有規不求聞達而終南冥之晩年稱翊公與大谷而已享密陽金海諸院
六友堂	申景進		叅奉麟之子齊靖公孝昌之七世孫有文學進士

醉隱　申奎　平山
贇延之子思簡公浩從兄弟齊靖公九世孫肅宗朝科官止牧使疏請復端宗愼妃肅宗從之贈承旨享晉州祠

克齋　申益熀
統制使命全子逸官主簿

醇隱　申德隣　高靈
字不孤上護軍思敬子麗朝科官止寶文閣提學與圃隱諸公友善善於筆法麗亾不仕退居光州

壺村　申包翅
醇隱子前朝科官止大司諫與太宗同榜進士革命後退居南原世宗徵拜工議不就亦以善書名享南原祠

岩軒　申檣
字濟夫壺村子太宗朝科官止叅判集賢殿提學善書

保閑齋　申叔舟
字泛翁岩軒之子世宗朝科選湖堂册靖難佐理功歷典文官止領議政高靈府院君謚文忠配成宗廟庭○以集殿提學校理在職時與成朴諸公同被世宗之恩遇且後聞復位之謀而便未同叅於謀或皆疵議然其於大勢奈何

歸來亭　申末舟
字子楫保閑齋弟端宗朝科官止大司成自端宗遜位以后退居淳昌花山

懶軒　申浚
字彥施保閑齋子成宗朝科直拜兵曹叅議册佐理功歷吏判官止賛成領經筵高陽府院君謚昭安

三魁堂　申從濩
字次韶奉禮澍之子保閑齋孫十九魁司馬成宗朝科大小皆魁故以爲號選湖堂歷直學官止禮叅奉使上京還至松京而卒燕山追崇其母公獨力諫文名著于世

企齋　申光漢
字漢之正洞子保閑齋孫中宗朝科選湖堂官二相謚文簡己卯以承旨被斥世以名儒稱十八不知書爲隣兒辱始折節讀書明年己魁禮闈嘗作金安老保樂堂詩曰聞說華堂結搆新綺窓丹楹照湖濱江山亦入陶甄手月笛還宜錦繡人進退有憂公保樂行藏無意我全眞風光儉閱須閑熟可使何人作上賓語意渾然而未嘗染跡之意自在其中

號	姓名	事蹟
楓岩	申津 高靈	字濟世企齋子文科官止翰林
靈川子	申潛	字元亮三魁堂子進壯已卯薦科翰林官止牧使其薦目曰識度有學行才藝志操及削科又失白牌有詩曰紅牌已收白牌失翰林進士總虛名從此峨嵯山下老山人二字孰能爭辛巳杖流後得伸寃文章書畫世稱三絶風度雅量名于一時
二樂堂	申用漑	字漑之監司沔子保閑齋孫成宗朝科歷典文官止左議政諡文景○性本豪放才兼文武文章遒勁無一點俗塵之氣父死於李施愛之亂公請赴北方以復讐上不許後詷知讐人入都乘夜往殺之燕山時嘗被謫南竄往見公曰士流太激公厲聲曰自古小人陷害君子未嘗不以激之一字竄色沮而終公之世不敢作亂多用酒豪
晩退軒	申應槩	字子方同知楧之子二樂堂玄孫牛溪門人以逸官止承旨臨海獄錄翊社功公耻之反正後改正
醒齋	申翼相	字叔弼監正滉之子晩退軒孫顯宗朝科歷翰林一年內超至右議政諡貞簡疏言肅宗之書中宮影禎於禮非宜之事
用拙齋	申湜	字叔正同知仲淹子保閑齋五世孫宣祖朝科官止知事見識精明尤用力於禮樂之書光海時不叅庭請享淸州雙泉院
霞隱	申涌	字季收拙齋弟晩全洪可臣婿宣祖朝科歷翰林官止監司壬辰以義兵將赴亂所著有儀禮及喪禮五服通考○十二贈日本使臣詩曰扶桑三島外華岳五雲中兩國千年好孤舟萬里通享淸州鄕祠
玄圃	申得淵	字靜吾拙齋子鄭水竹婿光海朝科歷翰林官止叅判與淸陰有多少欠隙云
芷潭	申得洪	字大吾霞隱子仁祖朝科官止司藝

晩晦	申涏	高靈 字通源芷潭子顯宗朝科官止承旨
鍾山	申潗	得洽子芷潭從子性至孝父死未葬冬處冷地和米屑於水而飮之六十後喪其母亦如之肅宗朝特命除職旌閭享霞隱祠
石軒	申慶濟	字聖食數官涬之子拙齋曾孫肅宗朝官止右尹英宗乙巳被竄於渭源○其孫天永戊申被逐
龍溪	申文濟	晩川潗之子司馬以文名尤善於散儷早廢擧卜築於保寧龍淵之上有龍溪上樑文尙傳于今
竹軒	申必淸	鍾山子官止輔德文科有文集
松村	申景洛	庶尹湍之子懶齋五世孫鄭順朋外孫文科春坊官止承旨
二知堂	申溵	字湖仲牧使景植之子懶軒五世孫仁祖朝科歷春坊官止牧使三十八歲卒著農家集說
三畏堂	申潚	醒齋子李畏齋婿官止牧使
忍齋	申霔	縣監必遠子竹軒從子文科官止承旨
伊溪	申公濟	字汝楫得洪子歸來亭孫燕山朝科歷翰林官止吏判選淸白以善書有名
竹堂	申濡	字君澤正郞起漢子伊溪旁五世孫仁祖朝科官止禮叅能文
草菴	申混	字元澤竹堂弟仁祖朝科官止校理詩文與兄齊名

艾山	申善温	高靈	字稚良草菴子顯宗朝科官止正言
漁城	申滜		字仲卿良源子岩軒六世孫明宗朝科官止副提學退溪門人天性至孝親喪廬墓三年弟死毒癘抱屍號哭里有查古鳴輒人死公手爇之立朝風節凛然力雪乙巳之寃不與汝立一面嘗劾三尹以是落拓遂以文章自娛壬辰倡義保障湖右
石北	申光洙		澔之子漁城五世孫尹鏞厓斗緒婿英宗朝科官止承旨有文名弟光河文科官承旨號震澤亦有名
湖隱	申滉		晩退堂子毅齋金悌甲外孫官止正
晦堂	申元祿	鵝州	叅奉壽之子文科官至監司享義城藏待院
懶齋	申悅道		字晋甫仡之子晩堂孫寒岡門人文科官止掌令
梧峰	申之悌		字順甫夢得子懶齋近族宣祖朝科歷三司官止承旨享義城院有文集行于世而文學見識名重一世
陰松	申弘望		字望夫梧峯子仁祖朝科官止正言亦有文集有文學
河孤	申楫	寧海	字汝涉處士活之子宣朝科官止正
晴川	申維翰		字士儀叅來之子出后泰始肅宗朝官止叅奉以製述官入日本有遊海錄有文章能詩文
雲溪	申孟慶		字伯祥官止知縣性至孝母病醫云用蠐螬忽前至執之而用果愈事聞旋閭在三綱行實錄及丹陽邑誌

就閑	申圾	原州	忠孝之行根於天性母疾思雀肉公露立禱天七日鹿雀忽入籠中以孝贈承旨拜砥平縣監
烟沙	申壕		進士官至叅奉有文名
病翁	申弼貞		居聞慶隱居講齋尤明禮學肅宗朝被徵官止主簿贈執義所著有訓蒙易義
隱坡	申命鼎		字伯凝農岩門人有詩集三淵序之曰菽水未繼而使慈顔常怡藜藿未充而代爲肉食者憂
琴書臺	申重慶		官止敎官享全州與學堂
松湖	申恕		字士推進士以善書名
惟菴	申濩		有文學
懶齋	申鳴華		字大叔肅宗朝蔭仕官至知縣
退齋	申祐		貞肅公元濡子麗朝官按廉使麗亾退隱尙州太祖累徵不起以至孝旌閭○後孫養一堂之益仁祖朝學孝廉除叅奉嘗從西溪學亦以孝行旌閭嘗斥爾瞻之姦享儉岩院
鼇崖	申應泰		處士鐔子尤菴門人性至孝學力純篤尤門高弟一代善士壽陞僉樞
武壯公	申浩	平山	字彦源射才絶人嘗射本箭五百步壬辰爲李舜臣之中衛將會戰于玉浦公常一等殉于軍中贈刑曹判書諡武壯南原院
壯節公	申崇謙	光海	長大有武勇高麗太祖十五年太祖與甄萱戰萱兵圍甚急公爲大將力戰死之公之容貌與太祖彷彿故敵軍誤認以此太祖僅避之得脫嘗萱對公勸降而不聽故公竟乃

遇害者也太祖甚哀之鑄作金像而葬之謚壯節○能吉與鐵及其子甫樂並爲元帥太祖創智妙寺以資冥福

礪山

號	姓名	事蹟
醉春堂	宋軼	字可仲恭孫之子成宗朝科歷南床冊靖國功官止領議政礪原府院君謚靖肅
頤菴	宋寅	字明仲僉知之翰子醉春堂后尙中宗翁主爲礪城尉謚文端諄淸儉約風流儀采超群出凡能文章善詩律而文治禮學
壺隱	宋熙業	僉正圻之子頤菴曾孫官止僉正以王子妻父贈贊成
壺隱	宋世琳	字獻中郡守演孫之子燕山朝科官止校理有能文之名享泰仁武城書院
盤谷	宋世珩	字獻叔壺隱弟中宗朝科官止吏曹判書
午堂	宋枸	己卯名人校理好智之子登進士不仕
伴菊軒	宋承禧	字景繁午堂子宣祖朝科官止司成
伴鶴軒	宋駉	字德甫伴菊軒子宣祖朝科官止知中樞壽八十四
氷壺	宋騁	伴鶴軒弟文科官止吏曹正郞
透叟	宋廷奎	伴鶴軒曾孫肅宗朝科歷三司官止監司
耻菴	宋瓚	字仲潤廷澤子透叟從子英宗朝科官止輔德有文名

壺峯	宋言愼	礪山	字寡言府使㑻之子宣祖朝科歷翰林官止吏曹判書退溪門人有才德器度
省菴	宋駿		字大甫壺峯之子生父伴菊軒宣祖朝科官止副提學癸亥反正後被削
木翁	宋瑄		字仲懷百祥之子伴菊軒再從侄官府使昏朝棄利川而辭不入都主東論
泉谷	宋象賢		字德求監察復興子宣祖朝科官府使贈吏判謚忠烈壬辰爲萊伯時有急亂以爲致書於其父曰君臣義重父子恩輕遂死之妾韓金蟾亦罵賊不屈而死之○後旌其閭贈下爵謚享淸州及開城院
西郭	宋象仁		字聖求泉谷弟宣祖朝科官止監司光海時被謫反正放還
靜谷	宋克訒		字愼伯監察礎子宣祖朝科歷翰林官止禮議
雪村	宋時喆		字叔保靜谷子孝宗朝科官承旨
泛虛亭	宋光淵		字道源雪村子西谷李正英婿顯宗朝科官至吏叅
約軒	宋徵殷		字質夫縣監光淹子泛虛亭從子肅宗朝科官止吏叅生父縣監光洵懷尼事初以泮任通文八路斥金盛丈李景華
藏密軒	宋寅明		字聖賓徵五之子泛虛亭孫靜觀齋李端相外孫肅宗朝科歷林官至右議政謚忠憲○辛壬爲東宮多旋力後主蕩平之論
松石	宋成明		字君集約軒從子肅宗朝科歷翰林官止禮判

號	姓名	本貫	事蹟
玉溪	宋惟諄	礪山	主簿弘之子官止翊衛有至學卓行
蘭谷	宋民吉		字順之玉溪子五峯李好閔壻進士以學行才藝名于一世昏朝廢擧隱居養德
西齋	宋侃		良稱之子官止巡撫使端宗朝科巡撫湖南聞遜位仍不還朝入興陽西齋谷以終淸節直行與生六臣同等興陽有祠
雙淸堂	宋愉	恩津	進士克巳子武科僉正隱德不仕鄉人高其風誼不稱名而稱其堂號堂在懷德宋村
逍遙堂	宋順年		判官繼祀之子雙淸堂孫睿宗朝科官止正郞
西阜	宋龜壽		字耆叟叅奉世良子逍遙堂曾孫官止叅奉有至孝居喪白燕巢幕與弟及妹婿成東洲華于一世人稱三賢祠○弟即圭菴
圭菴	宋麟壽		字眉壽西阜弟中宗朝科歷翰林選湖堂官止吏叅大司憲贈吏判諡文忠○巳卯被斥于奸丁未以浮薄徒領袖賜死臨命索紙書曰皇天后土實知我心八字從容就盡公受學于慕齋幼年居廬有白燕之巢樂善好士享文義魯峰及淸州華巷院
習靜	宋邦祚		字永叔都事應嗣子西阜孫崇德齋李潤慶外孫宣祖朝科官評事以直道不容於世昏朝以西評事卒于官
睡翁	宋甲祚		字元裕習靜弟官止奉事贈諡景獻當廢母時以新恩進士獨拜西宮又入太學有倡邪議者正言以斥之享懷德靖節祠
長洲	宋廷祚		字君受縣令應光子喜爲詩七十後登仕習靜從弟
野隱	宋時榮		字茂先習靜子官主簿贈叅賛諡忠獻以篤行操學登仕江都之禍與竹窓李時稷自縊殉節○旋其閭享江華及懷德祠

負暄堂	宋時倓	字大而野隱弟屢擧不中自野隱立殉之後廢擧不出以終
尤菴	宋時烈	字英甫睡翁子以逸官止左議政謚文正從祀文廟及孝宗廟○受業沙溪終業愼齋氣像嚴正學問純全仁祖朝生壯圖英陵之復雪及遭孝廟喪在顯宗朝拜相肅宗朝謫北移南年八十三受命于井邑扶得萬古綱常知華夷分者皆先生之力也
聞道齋	宋基厚	字誠伯時琰子野隱從子逸官止掌令從尤菴學行有餘而知不足天地翻覆後無意於世徵官而不就
鳳谷	宋錫疇	字叙九同知基泰子尤菴孫肅宗朝科歷翰林官止校理文章夙就同受尤翁遺托未及見用而卒
宗菴	宋有源	字務觀鳳谷子官止敎官有法門遺矩
雲坪	宋能相	字士能漢源子鳳谷從孫以遺逸歷官諮議南臺官止執義南塘韓元震姪婿仍學焉遊妙香山道卒削後追復
心齋	宋煥箕	字子東寅祖子雲坪從侄仍學焉以遺逸歷經筵南臺官止吏判贊成謚文敬正宗朝被徵登對
剛齋	宋穉圭	字奇玉煥明子心齋再從侄以遺逸官止刑判謚文簡
雲谷	宋康錫	察訪基德子出后基億尤菴從孫官止叅奉配報恩山仰祠
蘭谷	宋命錫	尤菴從孫而又門人有文學才行
楸坡	宋麒壽	字台叟郡守世忠子西皐圭菴從弟朱溪君深源外孫中宗朝科歷南床翰林選湖堂官止判書乙巳圭菴死於禍而反錄僞勳後被削

拙菴 宋錫慶 恩津
字景受直長與祿子楸坡曾孫宣祖朝科官止叅判三次航海朝天無恙而還

清坐窩 宋爾昌
字禰汝郡守應瑞子雙清堂六世孫官止郡守受業於栗谷又學於孤青爲儕儒所推清陰題其墓曰篤厚君子

同春堂 宋浚吉
字明甫清坐窩子愚伏鄭經世婿以逸歷南臺祭酒官止叅贊贈領議政謚文正從祀文廟愚伏重先生如見大賓受業於沙溪卒業於愼齋與尤菴志同道合扶春秋之義孝廟初拜持平劾自點默之乙卯以禮論爲鍋黨所追奪庚申復官先生性温諄善於諷詠故孝廟聞先生言未嘗不從一團和氣實東方程伯淳也而內實剛嚴有萬夫不可奪之義

櫟泉 宋明欽
字晦可郡守堯佐子同春玄孫以逸官止賛善贈謚文元學行純篤姿稟明粹英廟朝被召上來上疏忤旨後削奪又伸復

閑靜堂 宋文欽
字士行櫟泉弟官止縣令有文行善隷書

松潭 宋柟壽
字靈老郡守世勤子雙清堂五世孫蔭仕郡守老升同知年九十終有詩名居懷德守雙清舊業詩酒觴詠所居有披雲窩七級臺號○長安名勝遞扁酬唱有詩集二卷

清竹 宋樺壽
字榮老松潭弟有文學行誼○松潭弟桂壽志氣卓然經學理氣通徹道成累轉郡邑後遂以修齋隱德終年○松潭七世孫新谷琦鼎以斯文德望特除隱逸敎官

醉翁 宋希命
字子順清竹窩子薦拜叅奉棄歸老升同知

霽月堂 宋奎濂
字道源國詮子松潭曾孫生員文科歷三司玉堂官止禮判謚文僖文谷金壽恒婿妹也己巳後恬退以終享懷德祠

玉吾齋 宋相琦
字玉汝霽月堂子肅宗朝科歷翰林副學官止判六曹判敎寧謚文貞文章贍敏辛丑竄卒于謫乙巳放

得寓齋 宋相晳
字原明監役奎洛子玉吾齋從弟官止府使

恩津

宋相允　韋窩　字信甫監察焜子安素齋孫官止叅奉

宋國澤　四友堂　字澤之醉翁子出后琴岩夢寅仁祖朝科官止承旨全州府尹登科後受學于沙溪卽明聖王后外祖也

宋國憲　安素堂　字君式掌令希進子松潭孫官止察訪入清州檢岩鄕祠

宋應祥　雙溪　字祥元左承旨世英子淸坐窩之叔官別提不仕倜儻好義不求榮利人稱豪士

宋尙敏　石谷　字子愼雙淸堂庶七世孫顯宗朝生員贈佐郎以孝旌閭尤菴甚奇之肅宗朝己未上封事卞禮誣始末杖死獄中享懷德祠

鎭川

宋愚　寓菴　字汝省署令琳之子祹朝科入本朝官止判敦寧壽九十二

宋賛　西郊　字治叔世魯子寓菴玄孫中宗朝科歷三司官判敦寧壽九十二歲

宋圖南　西村　字萬里奉事應一子西郊孫光海朝科官止縣令贈謚忠愍○昏朝廢母請斬賊臣削禕卿丁卯力戰死之享安州愍節祠

宋英耉　瓢翁　字仁叟翊之子松亭六世孫松亭卽寓菴一號也宣祖朝官止叅判廢母時不叅庭請大此所謂十邪之一牛溪門人有文學

宋諄　忘村　字渾元眉福子宣祖朝科歷翰林副學官止戶判癸亥追奪

宋錫　支溪　有至行卓異居喪盡禮律身有法有子六人四子登大科二子小科長孫又登太科用五子登科之例贈吏判子道涵當乙巳廢妃時以兵部入直閔黯使書頒敎文公正色不書裂朝衣而縣

凤軒	宋周賓	鎭川	字商叟郡守璞之子宣祖朝科官止佐郎壬辰父子殉節
禛南君	宋英望	鎭川	仁祖朝光海幽母后刑政旣亂倫紀旣殄宗祀將危癸亥三月金瑬李貴奉仁祖誅凶反正奉母復位錄明倫靖社功公居三等勳武擧水使止監司爲禛南君
俛仰亭	宋純	新平	字守初泰山之子中宗祖朝科歷翰林選湖堂官止四宰退老潭陽扁其亭曰俛仰其詞曰俛有地仰有天亭其中興浩然有三十景詩壽九十二過回榜宴松江諸公皆服事之享潭陽龜山祠
清心軒	宋駒		縣監麒孫之子官止縣監
勿染亭	宋廷筍		字中立清心軒子明宗朝科官止禮郞享潭陽祠
海狂	宋齊民		字而立廷篁子勿染從子朴訥齋孫婿宣祖朝科官止持平從土亭遊龍蛇之後痛陵寢之變上數萬言又爲一冊名曰臥薪記多奇謀異策請於道臣格不進遂乘舟入海號海自狂享光州雲岩祠
花菴	宋祕		海狂之子文科官止持平
冶老	宋希奎	冶爐	字天章章縣監邦賢子中宗朝科官止府使丁未以執義竄高山五載放還以孝旋閭
思菴	宋大立	瑞山	字士强以逸官止持平
休齋	宋介臣		號隱齋文仲之子太祖朝科

築隱齋	宋文仲	瑞山	字日影恭愍朝科
芚菴	宋 淵		字士凝牛溪門人蔭仕僉正有詩名文集行于世
龜峰	宋翼弼	礪山	字雲長祀連子天姿透悟剖折精微栗谷甚契許之但家有釁累不思覆盖盖身居微賤過自尊大人多嫉之攻牛栗者並攻公嗾安氏子孫起獄以此亾命重峯沙溪守愚藥峯皆得成就之效北渚亦有親炙之力詩調妙絶見天機自得之趣
雲谷	宋翰弼		字季鷹龜峯弟文學兄齊名栗谷曰可與語窮理之學者惟宋雲長兄弟而已
杏亭	宋 因		褐朝科官止監司爲漢陽判官時屬隱贈詩曰吾儒有佳士作官赴漢陽
新淵	宋師頤		字敬叔以薦拜叅奉棄歸性温淳樂易環堵蕭然處之晏如也南冥稱之爲以金守愚節亢見公必階近拜享星州鄉祠
愚谷	宋 亮		享尙州白玉院有文集
道峰	宋世貞		進士享扶安清溪院
松齋	宋日中		以善書有名官止叅奉
啞軒	宋遠器		寒岡門人有文學
竹溪	宋廷耆		享金溝六松字

湖岩	宋致中	礪山	廢母抗疏廢擧
琴岩	宋夢寅	〃津	字文炳玲之子雙淸堂六世孫四友堂之所后父
太尉	韓蘭	淸州	麗朝官止三重大匡門下太尉麗太祖征甄萱道出宅前公杖釰出迎以濟一日之餉遂從以驅馳贊成統合之勳諡威襄
夢溪	韓哲沖		禮儀判書布廸之子官止典法判書麗亡以不二臣之節隱尙州百源山
柳巷	韓修		字孟雲尙書公義子前朝科官止判厚德府使大提學諡文敬十五登第人猶以爲晩其夙成可知密啓辛旽之非正人能文章善草隷有文集及書法
襄節公	韓確		字子柔高麗太學士方信之曾孫淳昌郡事永矴子有二妹選入明國一則成宗後宮封麗妃次則宣宗後宮○公年十九成宗召見封光錄大夫時李太宗禪位于世宗公仍留在本朝被召者再四明仁宗以女嫁之官至領議政封西原府院君諡襄節配享世祖廟庭此是世宗朝時事也
竹所	韓尙質		字仲質柳巷子禑朝甲科官止政堂入本朝爲都評議司事大提學諡文烈
信齋	韓尙敬		字叔敬竹所弟禑朝科入本朝開國功臣官右議政西原府院君諡文敬王氏子孫將盡被誅公救免之以報前朝之恩
四友堂	韓明澮		字子濬縣監起之子竹所孫蔭官至領議政上黨府院君諡忠成配享世祖廟庭際遇光陵畫靖難之策四登鱗閣再爲國舅百官會葬七月而生智略無雙少時落魄有虎衛行及策無勳賜几杖特寵專權僭擬多奢末乃病脚而卒
香雲堂	韓景琦		字稚玉琅城君之子四友堂孫蔭仕副正有能詩之名與金慕齋友善慕齋作墓文

東潭	韓嶠	淸州	字子仰香雪堂曾孫策靖社功官止參判西原君有才學遊栗谷門講性理之學以郡守發改玉之議公功居多
松齋	韓惠		信齋子十五登太宗朝科大科官止參判寶文閣
石灘	韓孝仲		字景張生員天賚子松齋六世孫宣祖朝科官止承旨同中樞
愜素堂	韓孝祥		石灘弟聽松門人
蒼逸	韓必久		石灘子官止郡守
西岡	韓必明		字晦而蒼逸弟仁祖朝科官止持平
晦軒	韓如海		字浩浩典籤必厚子蒼逸從子蔭仕桂坊特贈參判丁丑後不仕先知尹鑴而絶之尤菴稱謝爲作墓文
蒼愚	韓如玉		字子剛遊尤菴門有至孝尤翁曰子剛實行可畏人也善爲詩而棄之不傳
精一齋	韓如琦		都事必震之子愜素堂孫愼獨齋門人官止直長
獨醒齋	韓如斗		晦軒兄官止郡守
復川	韓伯箕		獨醒齋子官止縣監
櫟村	韓永箕		尹明齋門人有學行

曲肱	韓重朝	清州	復川子官止同知
川觀齋	韓命輿		進士宗朝子晦軒曾孫英宗朝科歷說書官止文學
六有齋	韓命丹		川觀齋兄有文學
南塘	韓元震		字德昭有箕之子以遺逸官止執義兼經筵官贈吏判謚文純權遂菴門人文章浩博以該識登薦爲湖右豪傑之士與李巍岩論本然氣質之性往復爭辨爲湖學之宗主有文集及經義記問錄朱子書同異考等書
柳村	韓亨吉		字泰而松齊六世孫光海朝科官止叅判
漫隱	韓逕		字仲徽柳村子逸官至執義
梧溪	韓效元		字元之曾之子燕山朝科歷南翰床林官止領議政與金安老比隣不數年驟至大拜
竹亭	韓協		惟君之子炯齋從孫薦授大君師傅不就有文集
觀水亭	韓昌		郡守季復子柳巷再從孫文科官止監司
毅菴	韓伯倫		字子章觀水亭子蔭官册藏理功官止右議政清川府院君謚襄惠爲睿宗國舅
青蓮	韓智源		字士達都正碩子中宗朝科歷吏郎官止校理

陶谷	韓 述	淸州	字子善靑蓮子宣祖朝科官止工叅
栗村	韓明勗		字勗哉陶谷子光海朝科官止知敦寧入耆社壽八十六
南岡	韓 準		字公則敦寧正守慶子竹所七世孫明宗朝科歷翰林官至左叅贊淸川君靖翼功
十洲	韓汝溭		字仲安南岡子光海朝科官止禮判善書有名
百拙齋	韓應寅		字春卿敬思子襄節公六世孫宣祖朝科冊平難功官至右議政淸平府院君謚忠靖壬辰爲八道巡察光海以受命七臣卒
玄石	韓仁及		字元之百拙齋子光海朝科歷翰林官止刑曹判書
芝谷	韓配夏		字夏卿聖翼子出后府尹聖輔肅宗朝科官至工曹判書辛丑疏救輝者以爲社稷臣又疏請趂聖復正法其父至有不孝語
石峰	韓 修		字永叔司直世倫子官逸承旨退溪門人宣祖朝以經明行修超拜持平嘗於筵席上問學問之要不能明卞人多笑之栗谷白于曰某是行潔而學不足不可以一言不稱旨輕視賢士
柳陰	韓孝胤		字謹叔汝弼之子信齋六世孫宣祖朝科歷翰林官止判
月灘	韓孝純		字勉叔柳陰弟宣祖朝科歷三司官止左議政昏朝廢母時年老怵禍不能立異每爲庭請之首辛酉七十九歲而卒癸亥奪
柳隱	韓克謙		字子益月灘于光海朝科官止禮正癸酉付處

保晚堂	韓命相	淸州	字君燮縣監景裕子月灘玄孫肅宗朝科官止府尹
久菴	韓百謙		字鳴吉柳陰子官止叅議閔杏村門人有學行博雅稱宣祖朝薦拜叅奉己丑逆獄被逮幾死而免有文集
柳川	韓浚謙		字益之久菴弟生壯宣祖朝科歷翰林選湖堂官止領敦寧西平府院君謚文翼癸丑以受命七臣五道元帥國舅升領敦
柳市	韓興一		字振甫久菴子晩翠吳億齡婿仁祖朝科選湖堂歷翰林官止右議政夫人柳氏殉節江都
石隱	韓德師		奉事字揆子柳川五世孫官止直長有文集
東山	韓致興		進士光周子柳市六世孫英宗朝科歷翰林官止兵判
穡堂	韓縝		字景弘縣監撝謙子仁祖朝科歷春坊官止監司
是窩	韓泰東		字魯瞻穡堂子顯宗朝科歷翰林官止執義以淸白稱與趙持謙爲少論領袖
月岳	韓祉		字錫甫是窩子肅宗朝科歷司藝官止監司世稱淸白
蓬谷	韓琦		字仲溫柳巷旁孫中宗朝科歷南床官止府使
月浦	韓日休		蓬谷子宣祖朝科宣祖時覲扈龍灣上嘉之除掌苑署別坐
雪簑	韓峻		字卓而別提日休子蓬谷孫光海朝科官止學正

不慍齋	韓士英	清州	雪簑子天性至孝丙子亂將母匿於巖穴積雪之中背負而使其妻翼覆致温獲保三日受業于尤春門下嘗著家訓以孝行贈童蒙敎官尤菴題其跋
憃溟	韓震英		雪簑子官止別坐
覺星	韓公衍		僉議政丞渥之子柳巷叔父初爲桑門時以覺星爲號後返初服本譜以公派爲別譜
松齋	韓忠		字恕卿主簿昌愈子覺星七世孫中宗朝大科選湖堂歷吏郞官止承旨贈吏判謚文簡一云文剛己卯以忠清水使追餞靜菴於公州以是被竄辛巳杖死盖公知南衮之抱禍心入朝時責陰邪以此禍被尤酷性好善惡惡根天之性享燕岐清州祠
遯菴	韓承判		判官士武子信齋玄孫隱居不仕
適菴	韓夢參		字子變奉事試之子遯菴曾孫寒岡門人官止敎官
炯齋	韓胤明		字士炯司勇鵾之子李一齋門人官止王孫師傅
鳳岩	韓弘祚		字永叔允元子寒水齋門人文章峻高信齋之后鳳頭岩肆孫
鼇洲	韓克昌		仁祖朝科官止察訪
安素堂	韓構		碩元子文科官止承旨
榕軒	韓重爀		安素堂子進士

樂堂堂
市隱
鳳岩
石峰
復齋
晦窩
簡易堂
靜安堂
耻菴
遁翁
霅岸
鳳頭菴

韓 述
韓繼舜
韓夢麟
韓 濩
韓宗愈
韓德全
韓 淑
韓禹臣
韓世襄
韓汝愈
韓 禛
韓 曄

清州

直長與紹子生員以孝旌閭
居開城性至孝贈持平旌閭竪碑於所居址
字恭瑞官止叅奉居鍾城自崔鶴岩再傳而爲公公與松岩並稱學問則不如而成就後
學則優之北方科第多出於其門
字景洪彥恭子官止護軍居三和筆法名世其筆法如怒猊抉石渴驥奔泉宣祖朝時人
也筆法流入中國
密直副使英之子前朝科官至左政丞漢陽府院君謚文節十六登科歷事四朝魁顔偉
幹有公輔器局精忠大節大過人矣
字仁夫弼善以原之子肅宗朝科官止承旨遂菴門人有文集
字子順洗馬瑾之子中宗朝科歷翰林官止大司憲乙巳被禍
字夏卿中海之子宣祖朝科歷翰林壬辰以正郎運唐糧享熙川順興院
居北關崔鶴岩門人有文學至行
謹厚好古明於象數及兵陣聲律〇英宗朝贈持平
有文集
仁祖朝處士享禮山講學字

江岩	韓德遠	清州	字毅伯惆之子文科官止知中樞壽八十一
東潭	韓鳴		牛溪門人有文學
城隱	韓彦忱		字仲孚璞之子文科官止司成
盧江	沈德符	青松	字得之正郎龍之子前朝爲侍中西都帥本朝冊開國功官止左政丞封青城伯謚安定
忘世亭	沈濬		字潤夫判官石雋子盧江曾孫文科官止監司端宗以後不復仕世祖屢召不起
鈍菴	沈光彦		字彦之郡守濱之子忘世亭曾孫靜菴門人中宗朝大科官止叅贊謚胡安
逸齋	沈鎬		字景基鈍菴子進士亦靜菴門人與退溪爲道義交孝行高節見重於世
晴灣	沈宗敏		子士訥逸齋子生父縣監錦官止郡守栗谷門人能詩翩々豪學有文集
竹西	沈宗直		字士敬晴灣弟文科官止叅議牛溪門人有詩名兼以吏謫稱
聾岩	沈之溟		字子羽叅奉雋子鈍菴玄孫文科官止知中樞壽八十七
晩沙	沈之源		字源之監役偰子竹西從孫光海朝科不仕改玉後歷吏郎官止吏判後至領議政有德器而善韜晦
竹塢	沈益顯		字可顯晩沙子尙孝宗公主爲清平尉○善書蜀体

沈	青松		
蓮翁	沈尙吉	青松	字子八樽之子聾岩從孫官止佐郞贈執義辛壬五人之一初竄熊川壬寅被刑殺○父兵使搢同禍子載祿亦同禍
玄齋	沈師正		字頤叔晩沙曾孫善畫山水
葆菴	沈連源		字孟容舍人順門之子虛江五世孫中宗朝科歷翰林至領官議政諡忠惠配明宗廟慕齋門人乙巳勳叅僞勳對家人流涕
曉窓老人	沈逢源		字季容葆菴弟中宗朝科官止同敦寧○淡於勢利休官養靜郭司諫殉死於乙巳之禍公脫衣以襚之
並菴	沈義謙		字方叔府院君鋼之子出后監役弘爲葆菴孫明宗朝科選湖堂官止大司憲有扶護士流之功與金孝元角立爲西人
四養堂	沈忠謙		字公直並菴弟宣祖朝科歷副提學官止兵判青林君册扈聖功諡忠翼
南坡	沈悅		字學而四養堂子出后府使禮謙東岡南彥經婿宣祖科朝歷翰林官至領議政諡忠靖反正初首拜戶判以善理財有大名
惕若齋	沈惕		謙之子南坡從弟官止正郞丁丑殉節江都
休翁	沈光世		字德顯縣監掩子並菴孫文科官止舍人
覺今堂	沈長世		休翁弟蔭官府使贈吏判諡貞敏太白五處士之一
一閑堂	沈棔		字子幹判官挺世之子屢除郡不仕壽升同中樞延興府院君金悌男外孫父以緣坐癸丑之禍以此終身不入城
靜坐窩	沈潮		字信夫壽鼎子八謙五世孫官止敎官明於禮學以審理除官不就

姓名	本貫	事蹟	號
沈煥之	青松	字輝遠鎭之子吏判宅賢從孫休翁六世孫英宗朝科選閣臣官至領議政謚忠憲	晩圃
沈喜壽		字伯懼曉窓孫宣祖朝科選湖堂官止左議政錄淸白謚文貞○初救秋浦後救桐溪大忤爾瞻文章名世又有文集	一松
沈梓		字文叔校理儒行子一松曾孫孝宗朝科歷翰林官止吏判○己巳叅凶疏○子季良甲戌竄曾孫成衍鼎衍戊申乙亥逆死	養拙齋
沈友勝		字士進監司銓之子葆菴弟己卯名人校理達源之孫宣祖朝科册扈聖功官止戶叅靑溪君丁卯以平伯戰死	晩沙
沈諮		字重卿晩沙之子宣祖朝科歷翰林三司官止吏曹判書謚懿憲壽八十四	鶴溪
沈諿		字子順牧使友正子晩沙從侄宣祖朝科歷翰林官止禮判七歲時詩語驚人廢母時屛跡丙子以失言被罪而尤菴白伸	南厓
沈光洙		字希聖鶴溪子以逸官止承旨○自少篤學孝宗潛邸時爲師傅嘗論追崇之非又斥和議晩而杜門屛跡	魯淵
沈東龜		字文徵南厓子仁祖朝科歷翰林官止舍人有文集○以父之未伸死不瞑目云	晴峰
沈攸		字仲美晴峯子孝宗朝科官止副學出入尤門甲寅以司諫伸救被竄	梧灘
沈鳳儀		字聖弼漢章子梧灘孫蔭仕正郎好爲詩與李槎川順菴遊	圭峯
沈念祖		字伯修進士公獻子梧灘五世孫正宗朝科官止叅判○博覽群書能於詩文○子象奎號圭斗室領相典文	涵齋
沈檀		字德輿光泗子晩沙曾孫尹孤山外孫顯宗朝科官止吏判乙卯請同春追奪己未請尤菴按律	藥峴

圭峰 沈演 青松
字潤甫進士太亨之子西墩孫從吳晩雲婿仁祖朝科歷三司五道伯官止叅判

翠竹 沈澤
字施甫圭峯弟仁祖朝科官止畿伯

西墩 沈岱
字公望經歷義儉之子盧江六世孫申企齋外孫宣祖朝科歷三司壬辰以畿伯戰死贈
青原君嘗以三司劾栗谷

泛齋 沈大孚
字信叔西墩子仁祖朝科官止司諫以孝行聞且有直名與趙樂靜議仁祖之謚

夢悟 沈尙鼎
字聖凝府使楫之子聾岩從孫肅宗朝科官止正言以文鳴世

耻軒 沈集
字仲悅寒岡門人官止正昏朝立節

逍遙亭 沈貞 豐山
字貞之豐山君膺之子燕山朝册靖國功官止領議政花山府院君辛卯賜死與南袞合
謀作神武之變屢起大獄戕殺士流後以交結宮嬪賜死不其罪人亦快之嘗作逍遙亭
於江上題板上曰青春扶社稷白首臥江湖一夜有一狹少來刧之使改以青春傾社稷
白首汚江湖子弟願以危社稷蟄江湖改之亦不聽改書乃去其狹少疑是非塵世人云

大觀齋 沈義
字義之逍遙亭弟中宗朝科選湖堂官止令能文章見其兄之爲不善遂佯狂免禍己卯
諸賢多與之交遊以沈廣文稱之

默齋 沈思順
官宜仲沈貞之子中宗朝科選湖堂官副匿學以匿名書刑死之

聽天堂 沈守慶
字希安默齋從子中宗朝科歷八道方伯官止右議政錄淸白壽八十五○文章學識爲
世名臣其父卽直提學思遜也

竹溪 沈廱
字元直正郎覊之子聽天堂曾孫李鼇村婿仁祖朝科官止禮議力卞姜獄之晻昧安置

沙川	沈㢋	豊山	字子美竹沙弟黃息菴外孫仁祖朝科官止承旨有文集
漁村	沈彥光	三陟	字士炯郎濬之子中宗朝科官止吏曹判書謚文恭○以引進金安老削官而卒以公謂安老之黨則冤矣但其不知人可
東海浿翁	沈彥慶		字士吉漁村彥光弟信齋東老六世孫中宗朝科官止二相世稱金安老之黨
棲霞	沈雲		漁村子有文集
鏡湖	沈長源		棲霞之子有文章
義谷	沈澄		進士三近子棲霞玄孫
月溪	沈日三		居狹川有出天之孝文章德業爲世所推
磯叟	沈濱	青松	鈍菴之父或似疑○有文學至行
稼谷	沈機		字伯術有文行
默齋	沈安世		覺今堂弟
青田	沈穩		字子高休翁子進士昏朝廢擧
信齋	沈東老		文科文秀子前朝科官止禮儀判書

號	姓名	本貫	事蹟
陋菴	沈之擇	青松	字士高晴隱宗敏孫寒岡門人光海時廢擧不仕
龜亭	南在	宜寧	初名謙字敬之敬烈公乙蕃之子沙川伯乙珍從子恭愍朝科入本朝冊開國功宜山府院君領議政諡景忠太祖故人也
秋江	南孝溫		字伯恭生員怗之子龜亭五世孫進士贈吏判諡文貞○性慷慨放跡物外十八上書請復昭陵事母至孝胸襟灑落無一點塵累嘗作大臣傳門人以大禍將至止之公曰吾豈惜死終沒大賢之名又作野史燕山甲子以昭陵疏竟至泉壤禍有文集詩云天陰籬外夕烟生寒食東風野水明無限滿船商客語柳花時節故鄕情○正廟以生六臣贈爵諡李書九作傳享寧越
志素齋	南孝義		字仲柔進士恢子秋江從弟中宗朝科官止判尹己卯禍後以黃海都事爲獻納被召時金思齋爲監司草疏極言付其行旋慮激禍追還其疏於高陽碧蹄驛及入城公不言其事人有問者答以無是當時人皆以爲難事見月汀漫錄
東郊處士	南孟夏		字施伯執義慶會子志素齋孫脫略世事漁釣寄興與宋頤菴朴拙軒爲莫逆之交
晦谷	南銑		字擇之縣監復始之子東郊處士孫金酒隱外孫仁祖朝科官止吏判歷七道監司及南兵使有清白操行
壺谷	南龍翼		字雲卿府使得朋子晦谷從孫仁祖朝大科選湖堂官止吏判諡文憲爲文操筆立就筆亦姸好已巳入對以東宮進號太遽之說陳述置笏而退以此竄明川卒于謫公立朝無建白人或疵議而有直名
碁峯	南正重		字伯珍壺谷子肅宗朝科官止監司有文集

號	名	本貫	事蹟
寄翁	南漢紀	宜寧	字國甫碁峯子蔭仕官至同敎寧副摠管與同庚九老修禊春秋設員率會以此達天聽
太華	南有常		字吉寄寄翁之子英宗朝科官止吏郎文名動一世甞忤逆臣光佐竄靈岩放還而卒眞宗入學時爲將命
雷淵	南有容		字德哉太華弟英宗朝科官止判書爲主文賓客多有敎導之功○文章卓越
省齋	南公輔		字岳老雷淵之子進士
金陵	南公轍		省齋弟正宗朝科歷三司奎章閣官止領議政謚文憲有文集
東岡	南彦經		字時甫牧使致勗子龜亭六世孫遊南冥花潭門明宣兩朝以經明行修薦官止吏議歷全州府尹壬辰起義享揚根院
靜齋	南彦紀		字張甫東岡弟進士官止奉事不就
雪厓	南彦鎭		字敬甫靜齋弟官止司評以學行才藝有名
龍門處士	南格		東岡之子
華陰	南機		字公濟雪厓子光海朝登科官止府使老升通政壽八十六○牛溪門人
雲谷	南老星		字明卿司御好學子龍門孫金仙源外孫仁祖朝科官止禮參
弄丸齋	南道振		字仲玉宅夏子雲谷孫官止奉事廢學學拜官不就

南二星 宜拙齋 字仲輝縣監烒子東岡曾孫顯宗朝科歷副提學官止禮判諡章簡○姿性和厚夙儀秀明尤善詩律

南九萬 藥泉 字雲路縣令一星子宜拙齋從子孝宗朝科歷三司官止領議政諡文忠配享肅宗廟庭○能文章自少有清名嘗論許堅而被竄晩年休禍綬討希載之獄倡出深長慮三字爻爲六年與入年無間之說爲少論之槩

南鶴鳴 晦隱 字子聞藥泉子薦授主簿不仕有文才自序其集

南克寬 夢囈 字伯居晦隱子有文才大過人世無不稱者

南致元 琴軒 字仁卿府使愼之子秋江志素爲三從兄弟尙成宗翁主爲宜城尉諡榮信以風流好人聞

南尙文 雙湖 琴軒孫官止府使爲人豪爽有風致楊經理遊於園亭見公之風神清古題其門曰齒德達尊之門

南應雲 菊窓 字致遠叅判世健之子琴軒再從侄中宗朝科歷南兵使官止吏叅文武俱魁於臺試

南應龍 二樂堂 字景霖菊窓弟中宗朝科選湖堂官止工議四十而卒退溪作誄曰鸞停翠竹玉出藍田

南以雄 市北 字敵萬主簿瑞之子菊窓孫出后再從叔光佑○光海朝歷三司册振武功官至左議政春城府院君

南以興 城隱 字士豪牧使瑜之子二樂堂孫宣祖朝科册振武功官止副元帥宜春府院君諡忠壯丁卯殉於安州

南以信 眞谷 字子有都事琥子菊窓孫宣祖朝科官止叅判

號	姓名	本貫	事蹟
雪簑	南以恭	宜寧	字子安眞谷弟宣祖朝大科歷体察使官止吏判爲小北領袖
醒窩	南斗瞻		字汝仰眞谷子百拙齋韓應仁婿光海朝科官戶議癸亥削
滄溟	南翧		字伯圖醒窩子仁祖朝官止監司
坡隱	南益薰		字薰中滄溟子顯宗朝科歷翰林官止校理
芝山	南致薰		字薰然坡隱弟肅宗朝科歷翰林官止叅判
藥坡	南就明		字季良牧使尙薰子坡隱從子肅宗朝科官止知敦寧
青岩	南近明		藥坡弟官縣監
竹裏	南泰耆		字洛叟青岩子出后叅奉達明李竹瘦外孫英宗朝科歷三司官止吏曹叅判
廣陵居士	南泰良		字幼能孝明之子出后悌明芝山從孫英宗朝科歷三司嶺伯官止吏叅有文集善詩文
淡亭	南泰齊		字元鎭都正弼明之子芝山孫英宗朝科歷三司官止兵判謚淸獻嘗請伸○辛壬五人之一
知足堂	南褒		字士美郡守致信子沙川伯乙珍曾孫燕山朝科歷吏郎官止直提學見其弟袞張甚托盲不仕以正郞題其墓
止亭	南袞		字士華知足堂弟成宗朝科歷翰林選湖堂官止領議政謚文景追削以文名一世初與朴挹翠李容齋友善而性狡險己卯士流擯斥之以此怏怏做出北門之禍戕殺一代善

類自知爲小人盡焚其文仍無后而宋頤菴其外孫也

宜寧

南延縉　黎亭　字肅甫知足堂子逸官掌令有學行

南暭　白石　字明叔敎仁子龜亭八世孫宣祖朝科歷兩司官止正坐事廢

南静　寒谷　字汝淸龜亭后蔭仕郡守升資五衛將○晩居春川寒來谷農圃漁獵以自適

南夏正　桐巢　進士壽喬之子菊堂六世孫進士

南啓夏　隱几翁　字子長別提守身之子龜亭后蔭仕知縣少學於尹龍西

南溟翼　酒隱　隱几翁子文科官止持平

南啓夏　龜峯　以詩名世明宣間爲詩學敎官詩學之設自公爲始

英陽

南季明　海雲堂　萬古顯子生員官止訓導世稱有士氣居蔚尉津世宗二十年往搜蔚島逋民而空其地

南致利　賁趾　字義中蓋臣子退溪門人享安東魯林院

南師古　格菴　字復初希伯子海雲堂從孫以孝廉薦授社稷署叅奉天文地理學數卜筮無不該通

南九明　寓菴　字箕瑞尙周之子肅宗朝科官止府使以淸白名肅宗題其名于殿柱

敬齋	南秀文	固城	字景質叅判琴之子十九登世宗朝科歷南床翰林選湖堂官止直提學有文名世宗嘗召謂曰聞爾以年少文士專意讀書以成德爲期予甚嘉之朝衙夕直難專講讀爲設湖堂以公爲選首盖湖堂之設自此始之又命遊山官給供俱及卒歎惜才行賜禮葬享沃川虎溪院
松坡	南世周		字仁父進士益文子敬齋從子成宗朝科歷翰林官止典翰燕山荒淫直諫而死
西溪	南趎		字季應繼身子敬齋從孫進士中宗朝科選湖堂官止典籍嘗題南袞益松曰誰能伸汝曲直拂春雲高以此見忤遂見枳書法不習而能所著長門燭影賦膾炙一時世稱有仙術其妹亦能詩詠雪曰落地聲如蚕食綠飄空形似蝶窺紅
三槐亭	南知言		字慎之蔭仕齋郎不就官止察訪享黃磵松溪院
雨泉堂	南鳳年		字允和松坡子文科官舍人至郡守
默愚堂	南大源		祖定國父應善同死於壬辰乱痛其寃而隱居以終
三松	南夢鼇		順興君享順興耆英祠與水西朴善長同享
操菴	南弼文		退溪門人有學行
孤山	南嶸		享咸昌雅谷精舍
松坡	南應琛	英陽	字子貢業醫又能詩官止內醫院正

判事深之子文科官止持平國初棄官歸鄉忠壯公延年即公之旁十世孫也

雙清堂 南尙治 宜寧

忠壯公 南延年 字壽伯爲人沉毅勇敢事親至孝肅宗朝丙辰武科歷郡守英祖丁未爲清州營將公立朝五十年廉力謹恪愛君憂國出於天性在清州營將時爲李麟佐賊之所害立節而殞贈兵曹判書諡忠壯又旋其閭

將軍 南怡 宜山君暉之子太宗之外孫魁偉不羈嘗遊街上有一婢女負袱笥而去怪而往視則入某宰相家俄而有哭聲問之則其家小娘子卒然暴死云怡曰吾入見則可活入見則粉鬼據娘子胷見怡而卽走娘更甦怡出娘死怡入娘子甦怡問曰餓者小笥中何物曰紅柿也而娘子先取食氣絕也怡卽以治祟藥救而得生此卽左相權擥家也遂與其娘子約婚怡年十七魁武科極被世祖恩遇驍勇絕人北討李施愛南征建洲冊功○回軍詩云白頭山石磨刀盡豆滿江水飮馬無男兒二十未平國後世誰稱大丈夫拜兵曹判書時年二十六睿宗朝爲柳子光之所陷獄成坐誅時 年二十八後伸

剛武公 南誾 驪興 龜亭在之弟性豪邁好奇禑朝時自薦其郡擊敵爲將募兵爲太祖威化島敵回軍策功爲密直使太祖開國錄一等功判中樞府事上常謂群臣曰若無南誾趙仁沃焉能成大業世宗朝賜諡剛武配太祖廟

默軒 閔漬 字龍涎衛朗暉子前朝大科官止政丞諡文仁○入元朝力言忠宣之短權漢功之請立潘王也以耆老元臣前首署有文藻撰本朝綱目四十二卷好佛道遍遊名山北漢西岩寺卽公之所居之地也達休菴卽公之遊賞之地也

及菴 閔思平 字坦夫驪興君頔子恭愍朝科官止都僉議贊成事諡文溫有器局居官處事不爲匡異有文集

棲閑堂
漁隱
漁逸
櫟菴
養拙堂
陶村
守拙堂
用拙堂
九拙
立岩
振衣

閔忭 驪興
閔霽
閔由誼
閔起文
閔有孚
閔有慶
閔聖徒
閔聖徽
閔晋亮
閔齊仁
閔汝任

弟及菴惠朝官止左司議大夫驪興君謚文度

字仲晦棲閑堂子前朝科爲太宗國舅官止左議政驪興君謚文度聰明絕倫留心經史不喜驕侈

版圖判書璿之子默齋曾孫恭愍朝科官止判寺事

字叔道承旨懫之子漁逸五世孫中宗朝科歷南床翰林官止副提學與陳宇忭金安老乙巳不叅臺啓丁未壁書之禍被竄

字景應滄之子櫟菴孫宣祖朝大科官止正郞

字順吉生員溶子養拙齋從弟宣祖朝科歷翰林官止都正○淸江李濟臣之婿

養拙堂子

字士尙守拙弟光海朝科官止戶判謚肅敬再任箕伯以才諝稱號爲能臣

字明俊用拙子中司馬蔭仕牧使

字希仲典籍龜孫之子中宗朝科選湖堂官止二相乙巳以大憲首發臺啓休菴斥之以傳令軍卒公見其啓亦歎其勁直錄爲勳二等擢拜戶判後稍悔立異因事竟謫公州後尤菴作神道碑文有所發明○弟齊英歷監察唐津縣監乙巳後辞仕隱居淸簡潔行林泉終年當世名重

字聖之郡守思容子立岩孫進壯宣祖朝科官止工叅選淸白

平沙	閔黍重	驪興　字士卽縣監光爀之子振衣曾孫蔭仕察訪贈掌令
雲谷	閔汝儉	字宗禮振衣弟光海朝科官止嘉善府使
檜溪	閔光尹	字子美立岩玄孫官止直長從學於沙溪愼齋之門
認齋	閔蓍重	字公瑞監司光勳子振衣曾孫肅宗朝科歷三司官止大司憲○風采峻整亦有文學李海皐外孫
老峰	閔鼎重	字大受認齋弟仁祖末年大科歷三司官止左議政謚文忠○與兩宋論薪膽孝廟召致二老公必爲主習知中原程道遠近曲折每畫出師之路如指掌剛直之性出於天性以經濟自負丁巳以禮論竄庚申入閣壬申卒于蘇中享楊州及北道各院
屯村	閔維重	字持叔老峯弟李眉江宋同春婿孝宗朝科歷翰林官止兵判爲肅宗國舅升寧敦驪陽府院君謚文貞○聲望與老峰同而局於典雅故竟阻登庸早登同春之門爲朱門勉學兄弟俱爲士流宗主甞力爭漂海華人之執送彼中已巳前卒不及禍
趾齋	閔鎭厚	字靜能屯村子靜觀齋李端相婿肅宗朝科歷翰林謚文忠配景宗廟戊戌論劾徐宗泰有時望
丹岩	閔鎭遠	字聖猷趾齋弟尹杜浦婿肅宗朝科歷翰林官止左議政謚文忠配英宗廟○辛丑竄乙巳入閣與丈岩同賛伸雪力卞忠逆誠貫金石其言以卞聖誣爲急以諱疾罪光佐以此丁未又竄原州戊申放○有奏議四卷
夙夜	閔翼洙	字士衛趾齋子以學行官止逸掌令世其忠孝正直以卞君誣爲一生苦心尹志述之死徃哭其屍與之約婚人皆義之

蟾村	閔遇洙 驪興	字士元夙夜齋弟以遺逸官止大司憲○學行高明德器渾然一世士宗
三谷	閔彝顯	字公著奉事百瞻子蟾村孫以逸官掌令
一齋	閔懷賢	字季思司直質于中宗朝薦目曰志操純篤且有才行
好學齋	閔箕	字景說縣令世瑠子中宗朝科歷翰林選湖堂官止左議政謚文景嘗論元衡乙巳持服在外故免其禍
杏村	閔純	字景初鶴壽子以遺逸官止掌令初從申企齋學爲詩見花潭而聞主静之說仁順王后之表上疏請依宋孝宗白帽三年之制栗谷贊成之享開城高院院
苔泉	閔仁伯	字伯春副正思權子宣祖朝科㑹平難功官止知中樞驪陽君謚景靖有文行
龍岩	閔垶	字載萬苔泉子迭宕文史砥礪名節丙子入江都城陷入天登寺一家十三人同時縊而節死
楊湖	閔業	字子昂僉知友孟子捿閑堂九世孫官止敎官贈持平趙玄谷甥孝行出天兼有學問四有除命皆辭不就以孝旌閭
牛川	閔善	字尙之承旨世良子淸白吏不貪之后李白沙妹婿宣祖朝科官止承旨
石溪	閔昱	字景暐沙溪門人進士以學行贈佐郎
尤叟	閔應祺	字伯嚮退溪門人升上庠仍屢擧薦拜王子師傅宣祖深加恩顧賜御製詩○以縣令終
芝匡	閔馨男	字潤夫縣監福之子默軒九世孫宣祖朝科歷翰林官止判書二相謚莊貞壽九十六

石潭	閔汝鎭	驪興	芝厓子官都事
鳴皐	閔應協		字寅甫金滍谷婿仁祖朝科歷三司官止吏叅
雪樓	閔熙		字皡如鳴皐子孝宗朝科歷三司官止左議政謚文忠庚申獄安置丁卯死於謫己巳復官賜謚
雙梧	閔點		字聖與雪樓弟金荷潭婿孝宗朝科歷三司舍人官止二相
爻湖	閔黯		字長儒雙梧弟顯宗朝科官止右議政伏誅○巳巳廢妃時文語凶悖又爲請尤菴按律甲戌賜死辛巳論以逆律
白蓮堂	閔在汶		孤靑門人有卓識
誠齋	閔以升		字彥輝進士晩子驪川尉子芳之五世孫默軒之后薦授諮議官止縣監○出入尹明齋門與農岩論性理厚齋以公爲好
止休	閔廷鸞		字武伯官止宣傳官昏朝廢擧棄歸扶安
勗齋	閔九齡		兄弟五人友愛篤深作亭於三江終年同居任虎臣薦除官皆不就作鄕祠於靑松三江同祀五兄弟皆有卓行至學
敬齋	閔九韶		勗齋之弟
友于齋	閔九淵		敬齋弟
無名堂	閔九疇		友于齋弟

三梅堂
正獻公
怡軒
東皐
獨谷
檜谷
桑谷
赤谷
梅竹軒
仁齋

閔九叙
閔百祥
成汝完
成準得
成石璘
成石瑢
成石因
成　勝
成三問
成　熺

驪興
昌寧

無名堂弟
字復之享洙之子文科歷戶曹判書官止右議政謚正獻○德望重譽俱名當世
版圖摠郎君美之子禑朝爲政堂文學太祖以遺逸之老召拜門下侍中辞而不就謚文
靖
兵部郎中君阜之子怡軒從弟官止尙書
字子修怡軒子恭愍朝科爲大提學入本朝册佐命功官止領議政昌寧府院君謚文景
○文章楷爲世所重名載筆苑
字子玉獨谷弟禑朝登科入本朝官止寶文閣提學太學士謚文肅以文章筆法有名
字子由檜谷弟前朝科入本朝官止禮判大提學謚靖平
檜谷孫武科官止都摠管謚忠肅○與俞應孚同爲雲釼欲擧事因復端宗敗父子同死
露梁有疑塚
字謹甫赤谷子世宗朝科選湖堂官止承旨贈謚忠文○世宗朝爲集賢殿校理與朴彭
年申叔舟同被眷遇莊陵廢彭年欲墜慶會樓池公止之曰徒死無益遂協謀圖復上王
事泄被誅闔門皆死肅宗朝復官贈謚寧越及露江有祠並享六臣　公豪邁絕人忠貞
貫日文章豪贍嘗入中原中原人使題白鷺圖先生卽呼曰雪作衣裳玉作肌窺魚蘆渚
幾多時未及作下句翻示後面乃墨圖也又應聲曰偶然飛過山陰野誤落羲之洗硯池
其敏給如是
字用晦叅判概之子檜谷孫世宗朝科官止校理丙子六臣之獄以梅竹軒從叔十次嚴
鞫閉口不言圍籬金海後放還

靜齋	成聃年	昌成	字仁叟仁齋之子成宗朝科官止校理○性踈直放浪詩酒不事生産作業
晦齋	成聃仲		字頤叟靜齋弟以遺逸三徵不起守仁齋之義也
文斗	成聃壽		晦齋之弟處士贈謚忠貞以孝旌閭自端宗遜位無意出世隱居不出卽生六臣之一也 正宗朝贈爵謚幷祀寧越祠
斗文山人	成聃齡		兄弟皆遊墓齋嘗有詩曰把竿終日趁江邊垂脚滄浪困壹眠夢與白鷗遊海外覺來身 在夕陽天
塲岩	成夢井		字應卿靜齋子燕山朝科官止吏叅夏山君謚襄惠誤食毒菌而卒云
江湖散人	成夢宣		字師聖塲岩弟武科官止府使能詩能書
龜山	成夢箕		字子協晦齋○性至孝歸林川龜山之下土床蝸室不避風雨遠近振衣者甚多容齋勸 之仕而出涕不應盖亦守仁齋之義
漁夫	成孝元		字伯一江湖散人子與成東洲齊名善爲詩
東洲笑仙	成悌九		字子敬漁夫弟圭菴宋麟壽之妹婿官止縣監○受業於柳西厓潛心服膺性理之學以 遺逸薦拜報恩在縣時南冥花潭大谷土亭皆不遠而至○享公州報恩鄕祠
石田	成　輅		字仲任別坐永國子仁齋玄孫進士除官而不就有高行○事母至孝少從松江學松江 之禍與世相絕不入城都見石洲死於詩案悲痛久之悉焚其稿謝絕人事以詩酒自娛 淸狂自終
七峰	成壽益		字德久禮元之子塲岩孫明宗朝科歷翰林官止禮叅

昌寧

號	名	記事
月簑	成好善	字則優七峯子宣祖朝科官止司成孤靑門人
烟江	成晋善	字則行月簑弟宣祖朝科歷翰林官止副提學
習靜	成老童	烟江曾孫同春門人學行篤至潛德岩泉
德坡	成麟童	烟江曾孫閉戶靜修老升同知
陽川	成震齡	字子長德坡子文科官至承旨
安齋	成任	字重卿判尹念祖子桑谷曾孫世宗朝科歷三司官止吏判謚文安性寬厚風流文雅冠于一世其學實貫穿百家能詩善書
眞逸齋	成侃	字和仲安齋弟端宗朝科歷翰林官止修撰文名重一時善知音讀書過勞
虛白堂	成俔	字磬叔眞逸齋弟世祖朝科選湖堂歷翰林官止禮判謚文戴能文章通曉音律望之如仙風燕山時以晋首諫禍及泉壤
竹軒	成世淳	安齋之子十五而夭詩調淸絕有山房詩曰朝伴白雲去暮隨明月來送人詩曰臨送門前綰柳條千岩萬壑路迢迢南鄉他日相思地蜀魄聲中碧嶺高弟世傑三十而夭亦有詩才有詩云一溪流水廻靑蛇林壑窈窕幽興多勸君今日不痛飮其如山花爛熳何
松菴	成世俊	字彦卿縣令忠達子桑谷玄孫中宗朝科官止典翰
遯齋	成世昌	字蕃仲虛白堂子李靑坡陸一之婿中宗朝科選湖堂官止左議政謚文莊○學易朱溪君出入寒暄門嘗戒沈貞劾金安老

松谷 成諿 昌寧

字知伯遯齋之子

松齋 成子濟

字彥功松谷子明宗朝科官止司藝命卿大夫以下善書者書于榻前公以布衣與焉薦爲第一

敬齋 成近

字可遠松菴子天姿甚高力學不懈與弟大谷齊名次弟遇亦有學行薦拜叅奉爲尹元衡所誣死於刑訊

無谷 成遠

敬齋弟有學行

大谷 成運

字健叔無谷弟宣祖朝科遺逸官止司宰監正不就自其兄遇死於乙巳隱居報恩篤志求道學問充養不求驚世之事南溟稱之以精金美玉明宗除六品不就愛俗離山水之勝飄然獨往徜徉水石嘗有詩曰窄々低々築小室庭松籬竹翠成行溪心得雨魚々樂屋角啣泥燕々忙新服稱身雙袖短古琴便手七絃長十年嘗盡山中藥客至時聞口齒香享報恩院

板谷 成允諧

字和仲無谷子官止師傅隱居尙州容貌雄偉姿質渾厚外似坦夷內實方嚴栗谷以逸薦于朝拜官不就享尙州鳳山院

松堂 成大壽

允諧之子敬齋之孫

聽松堂 成守琛

字仲玉忠肅公世純子桑谷五世孫處士贈右議政謚文貞○學于靜菴天分極高素志冲澹回出物表見巳卯諸賢求治太速有隱憂遂歸林泉有考槃之樂明廟累徵只謝恩謚而歸筆法奇古詩亦有南山悠然之趣詩云朝來何以補衰腸蘿蔔新蒸味可嘗飽則節嘯歌慵則睡起來無語嗅花香○享坡山書院弟琮亦是靜菴門人許以英達門人私孝先生

牛溪	成渾 昌寧	字浩源聽松子以遺逸官止右議右叅贊贈領相謚文簡祀文廟○受學於家庭篤志力學德器凝遠每有恩命出謝即還與栗谷爲道義交栗谷之被誣上疏力卞栗谷嘗曰牛溪之操履吾所不及盖指其敬工夫也嘗薦之於上曰其才不足於經濟而好善優於天下壬辰車駕幸臨津上問成某家安在李弘老指近岸村家曰此時豈肯來乎上遂疑之後奔問于關西行在眷遇頓衰焉配坡山礪山海州各院
駉鶴	成汲	聽松庶姪能於詩
滄浪	成文濬	字仲深牛溪子進士反正後徵拜六品官止縣監有家庭之學而依違於北黨以緩牛溪之禍沙溪貽書責之以此有坡連之隙甥侄尹宣擧請公墓文於尤菴而其文多貶辭遂成一場是非至公曾孫至疏斥尤菴
梅邊	成稷	字子喬滄浪子官止知中樞謚靖惠
鎮浮	成櫟	字子久梅邊弟蔭僉正常惡浮華自號見志明於堪輿之術
懶眞	成杙	鎮浮弟
求全子	成熙胄	字士翼梅邊子蔭僉知從三淵遊
隱几翁	成以文	字賀夫察訪效寬子聽松再從孫宣祖朝科官止副提學翰林
天遊	成以敏	字退甫隱几翁弟宣祖朝科官止經歷大科

藏谷	成俊耇	昌寧	字德市隱几翁子文科歷南床翰林吏郎舍人
翠虛	成琬		字伯圭進士浚龍子藏谷庶孫官止察訪有詩名以製述官入日本文集世傳與仙人遊戲酬唱云
長嘯軒	成夢良		字汝弼進士璟之子翠虛從子進士○孫海應爲檢書以文名
疎溪	成孝基		字百源長嘯軒子進士官察訪有文名
晴湖	成重淹		字季文生員彭老子成宗朝科選湖堂官止弘博燕山戊午決杖付處甲子籍沒
易菴	成士達		知州事彦臣之子前朝官止大提學入本朝爲昌山府院君謚文孝
思菴	成世章		字景晦縣令希文子出后希赫易菴五世孫中宗朝科官止二相選淸白以憲長論斥李芑又論尹元衡善爲詩文
省菴	成浩		字士集世康之子思菴從侄薦拜王子師傅官止知縣
苔庭	成泳		字士涵監司世平之子思菴從子宣祖朝科官止吏判昏朝被謫而卒有淸白之名
聽竹	成濩		苔庭弟官止郡守師事栗谷光海時移居尙州
西岡	成汝櫄		字汝櫄聽竹子官止郡守明於天文地理所著有天機大要
魯溪	成汝栢		西岡兄有文名

華隱
東郭
洞虛齋
秋潭
松竹堂
雙泉
三槐堂
芙蓉堂
五狂
斗回子
菊圃
明灘

成震恒
成震昇
成獻徵
成晩徵
成信徵
成汝學
成忻
成安義
成夏挺
成以道
成時亮
成揆憲

昌寧

魯溪子進士
華隱兄進士疏斥柳世哲
字文式虎英子東郭孫蒼石外孫神氣穎秀人稱仙骨十二歲作水石記奇門遁甲無不通曉專心聖學讀遍三百半日還
字達卿洞虛齋弟薦拜師傅官止副率尤菴門人卞師誣有所著會心錄嘉言泛錄
虎啓子華隱孫贈判書
字學顏判官彥器子易菴七世孫蔭別坐自少攻詩爲造化兒所困轗軻以終如曰草露虫聲濕林風鳥夢危兩意偏傷夢秋光欲染詩缺月樓深樹寒禽穴踈籬詩之淸苦若是
綷訪八元子易菴七世孫官止司議善書
忝奉纘之子宣祖朝科官止承旨○寒岡門人
字秀南有學行贈持平
字敬修郭忘憂堂婿光海時廢擧棲山得修鍊之方年九十無病而卒世稱仙解有其文集傳家
字汝龍仁祖朝科官止禮郞
字仲一好正子已巳廢妃時以儒生連上疏直節冠世官止同中樞

石谷	成彭年	昌寧	享安陰龜淵字
桴槎	成汝信		享晉州臨川院
保閑堂	成晉		自守之子世宗祖魁科官止都事
麦菴	吳詗	海州	字月叟祭酒克正子登元第官止賛成事謚文温學問精高忠烈朝初置藝林四學公與焉
溪山	吳慶		佐郎禮孫之子爲人倜儻存心學問居家孝友文翰卓異有遯世之志卜居利川鹿洞與金慕齋友善
負暄堂	吳祥		字祥之溪山弟中宗朝歷三司選湖堂官止吏判
雪匡	吳煥		字士輝以和子負暄堂孫宣祖朝科歷翰林官止典翰以北黨又因逆适連姻安置
楸灘	吳允謙		字汝益監役希天子宣祖朝科歷三司吏郎官止領議政謚忠貞牛溪門人與黃秋浦並稱爲牛門兩生○天姿粹美平生不高遠新奇之事論○仁弘誣兩賢上疏力卞廢母時立異被竄追崇時力爭牛溪之從享公實主之○享廣州龜山院
晚雲	吳允諧		字允和楸灘弟光海朝科官止都正
秋潭	吳達濟		字秀輝晚雲子仁祖朝科官止校理贈謚忠烈○斥和甚嚴丁丑花浦林谷與之同入虜庭不屈而死卽三學士之一享廣州
西坡	吳道一		字實之典籤達天子楸灘孫顯宗朝科歷副提學至兵判○性豪逸且能文章爲少論中峨傑○以酒失禍卒于謫

永慕堂	吳命恒	海州	字士常遂命子西坡從孫呂雲浦外孫肅宗朝科歷三司冊舊功官止右議政海恩府院君諡孝忠○戊申以兵判爲都元帥戰討平而實是內聽其年六月拜相同九月暴卒人頗疑之
樊川	吳彦胄		字伯敬判書命峻子永慕堂從子英宗朝科官止大司諫
天坡	吳䎘		字肅羽典籍士謙子光海朝科選湖堂官止監司以文章名公之祖定邦官止兵使廢母時獻議以蒸蒸乂不格姦而直諫
聾齋	吳⿰賓羽		字賓羽天坡弟仁祖朝科官止知中樞壽八十四諡忠憲
百千堂	吳翮		字逸少聾齋弟仁祖朝科官止持平有淸名直節且善詞賦
隱谷	吳斗雄		字季明百千堂子贈持平以孝行旌閭性至孝居喪三年不食菜羹多士奏聞
陽谷	吳斗寅		字元徵天坡子生父主簿翔○仁祖朝科大科官止刑判諡忠貞己巳廢妃時直疏受刑享坡州德溪陽城德峯院
醉夢軒	吳泰周		字道長陽谷子尙顯宗公主爲海昌尉諡文孝居家有孝友睦敦之行善書能文一時碑碣多出其手
無爲齋	吳晋周		字明仲醉夢弟金農岩婿進士蔭郡守有文學
野隱	吳重周		斗興子陽谷本生從子肅宗朝武科官止左尹統制使辛壬之禍被竄南海乙巳放謝事歸鄕幅巾鶴氅圖書左右不改晩節
月谷	吳瑗		字伯玉無爲齋子出后醉夢英宗朝科官止叅判以堂上典文升資贈諡文穆○聰明絕人文章淸絕

淸修齋	吳　瓚	海州	字敬夫月谷弟英宗朝科官止正言○性剛直疏講三凶追律及蕩平之害又請罷內需遠竄三水卒于謫
醇菴	吳載純		字文卿月谷子英宗朝科歷三司典文官止吏判諡文簡
白雲	吳載弘		字聖仁郡守瓚之子月谷從侄能詩
寧齋	吳允常		字士執醇菴子天姿近道潛心經傳學有實得年三十七而卒
漁隱	吳國獻		字重賢同知山立子監司仁繼五世孫有孝行至友父母俱享百歲有五子亦以孝行稱○事在丹城邑誌
海西	吳廷吉		字亨甫宣祖朝科官止校書正字亨南原靈峯院
知足菴	吳　謙	羅州	字敬夫府使世勳子中宗朝科選湖堂官二相諡貞簡壽八十
忘齋	吳希道		字時厚叅奉彥彪子知足菴孫仁祖朝科即拜檢閱是年卒有孝行靖社時元斗杓薦公要與同事公以老母在堂辭之
支川	吳以奎		字贇中忘齋子孝宗朝科官止正言以文學有名且篤孝行
藏溪	吳以井		字明中支川弟進士鄭琦菴門人所著有號譜
石門	吳以翼		字子舒藏溪弟孝宗朝科官止佐郎有學行坐爲郡守
德陽	吳大寬		支川孫天姿高敏力學能文當肅宗廢妃時隱居不出出入尤菴門農岩爲布衣之交有理氣四七說湖南人稱大賢有孝行

晚翠	吳億齡	同福	字大年直長世賢子宣祖朝科選湖堂歷翰林官止叅贊謚文肅七歲能衍文文章名于世
默齋	吳百齡		字德耇晚翠弟宣祖朝科歷翰林官止同知吏叅文章與兄同
月岡	吳翊		字弼甫晚翠子宣祖朝科歷翰林官止同知以善書名
麟洲	吳竱		字敬甫月岡弟柳西垌婿仁祖朝科歷翰林官校理有文名
竹南	吳竣		字汝完默齋子光海朝科歷三司官禮判入耆社能文善書書三田碑
東岩	吳端		字汝擴竹南弟仁祖朝科歷三司官監司女爲麟坪大君夫人
龜沙	吳挺一		字斗元東岩子仁祖朝科翰薦歷三司官至戶判庚甲與弟延緯皆被謫
東沙	吳挺緯		字瑞章龜沙弟出后麟洲仁祖朝科歷三司官禮判
龍湖	吳挺昌		字季文龜沙弟仁祖朝科官止判書與許堅同謀庚申伏誅
醉翁	吳挺垣		字仲輔龍湖弟孝宗朝科官止監司
水村	吳始壽		字德而醉翁子月潭尹毅立外孫孝宗朝科官右議政四十八入閣辛酉賜死己巳復官後又追奪
沙湖	吳益昌	咸平	字裕遠廢母時南歸

春軒	吳始萬	同福	字永錫東沙子文科官大司憲庚申亦竄生父龜沙
休谷	吳始復		字仲初挺奎子龜沙從子顯宗朝科歷三司官吏曹判書己巳叅凶疏甲戌謫卒
藥山	吳光運		都正尙純子竹南玄孫文科官止叅判提學
雪岩	吳大益		直長鼎運子藥山從子文科叅判
德溪	吳健	咸陽	字士弘叅奉世紀子明宗朝科歷翰林官止典翰事南冥退溪明廟喪行如父母性至孝學問卓透地寒微薦達享灆谷書院
守吾堂	吳倜		字毅叔德溪從弟仍受學焉論議峻正操行益礪晩節屨擧手不釋冊讀書爲任○享永春書院
思湖	吳長		字翼承德溪之子當光海時官止正言○天姿聰明篤志力學繼父道能文善書昏朝甲寅謫卒
畫岩	吳行敏	寶城	字汝勇台佐子光海朝科官止正○兄行簡弟行健俱登文科
岳南	吳尙		字未詳孝宗朝科掌令莅郡有淸白聲名
興原君	吳伯昌		成宗朝策弘化佐理純誠經濟功官止知中樞封興原君諡憲平
豐原君	吳順孫		興原君伯昌子世祖朝策布義敵愾功官止叅贊諡襄肅
海城君	吳珀		仁祖朝适亂策振武功封萬戶海城君

中樞	吳 著	寶城	字士晦道明子正廟朝入耆社官止中樞
北兵使	吳世翰		中宗朝武學官止北兵使廉白清操罕有當世選清白
石城君	吳 連		宣祖朝策忠勤扈聖功封石城君
叅判	吳子慶		世祖朝策敵愾功官兵曹叅判謚安襄
竹牖	吳 澐	高敞	字大源守貞之子明宗朝科官止府尹退溪門人著東史○子汝穩文科官止應教孫益煥文科官止修撰癸亥竄即伸
松菴	吳 憲	咸平	思聰子前朝官至郎將革命不屈而仍廢學
韜菴	吳希吉		河西門人享高敞月溪祠
感泉	吳 浚		享興德彰孝祠
春塘	吳守謙		退溪門人
燕超齋	吳尙濂	同福	字幼清佐郎始續子水村始壽從子進士年二十九歿○文章警清且峻有文集過三田碑有詩云三尺胡書碣孤城憶解圍徒聞千乘國未見一戎衣將帥無籌策文章有是非朝宗逑舊路江漢欲何歸○此行當在藥山吳光運上行而有書落
文襄公	吳延寵	海州	前朝科爲兵部郞中臨政明敏智力超凡討女眞平征拓地定界築城保障有功於國家實山河深重錄功論文襄

野堂 許錦 陽川
字在中知事絅之子平章事文正公伯之孫文敬公珙之玄孫恭愍朝科官止判書自少不喜仕宦退居田園多施藥救人命

梅軒 許愭
字元德野堂子禑朝中國子試判奉常寺事

尙友堂 許琮
字宗之郡守蓀之子梅軒曾孫世祖朝科歷翰林官止右議政冊佐理功陽川府院君謚忠貞選淸白○身長十一尺二寸風姿魁偉氣宇軒仰才兼文武出入相將佩國安危成廟廢妃時承召入闕故爲墜馬而還以此得免燕山之禍

頤軒 許琛
字獻之尙友堂弟成宗朝科選湖堂官止左議政謚文貞選淸白

滌襟亭 許磺
字仲質尙友堂子燕山朝科官止府尹高陽君謚襄平

覺非子 許濱
司果磌之子晚滌琴亭從子官止別坐

一笑軒 許鋼
字剛中覺非之子

近水堂 許廷奭
字相之繼之子一笑軒曾孫司馬官止洗馬

烟客 許佖
字汝精迥之子一笑軒七世孫進士善書能詩善畫人稱三絶平生多嗜煙茶故自號云

澄窩 許磺
字磁之頤軒子燕山朝科歷翰林官止贊成性剛正臨亂不避入名臣錄

九一軒 許錦
察訪璥之子澄窩從孫官府尹

陽川

漁隱　許淮　字巨源縣監濘之子澄窩曾孫中司馬詩文清苦絶人驚世光海時棄官寓于楮子島至孝卓行見重於世

白石　許稷　字春容漁隱子光海朝科歷說書官止叅判

滄海　許格　字長春白石弟○性慷慨能文章丁丑後不赴擧放浪山水與海州鄕人建夷齊廟於首陽山每値毅宗諱日必痛哭焚香

雪峰　許烘　滄海從子與三淵友善多酬唱

滄江　許檍　滄海兄膂力絶人

桂洲　許玧　字允玉知事禼之子澄窩六世孫

退隱　許徽　知事晉之子澄窩玄孫文科官止工曹判書

醒隱　許啓　退隱子文科官止兵叅○子挺稱爲長安大俠說金淸風佑明發庚申事

東厓　許磁　字南仲令瑗之子倘友堂從侄金守溫外孫中宗朝科官賛成學有時望而謀起與芭順朋魚肉士林非本心故厥後伸救

楓淵　許亮　別坐欞之子東厓孫進士

觀雪堂　許厚　字重卿楓淵子以逸徽拜持平鄭寒岡門人

眉叟 許穆 陽川

字和父喬之子楓淵從子林白湖外孫觀雪堂從弟李梧里孫婿○以逸官止右議政賜几杖謚文正○爲人奇古爲文簡古氣節軒昂朝堂議事別無偏倚○所著有記言以禮論激尤菴狀貌清癯如粘查善篆有退潮碑文印行于世壽八十餘○享麻田眉江院心云○狀貌清癯如粘查善篆有退潮碑文印行于世壽八十餘○享麻田眉江院

寒泉 許潛

字景亮生員礎之子尙友堂再從孫宣祖朝以賢良擧官止知事錄清白諡忠貞年未至而謝事

默齋 許積

字汝車僴之子寒泉孫仁祖朝科歷翰林官領議政○爲人剛明有器局李廟稱善屢請罪尤菴而專權用事有子堅謀逆誅

草堂 許曄

字太輝奉事澣子梅軒五世孫明宗朝科歷翰林官止副提學能文章有清名分黨之時爲東人領袖

岳麓 許茂

字功彥草堂子宣祖朝科翰林官至吏判癸丑七臣之一也○才業超人

荷谷 許篈

字美叔岳麓弟生壯宣祖朝科歷翰林選湖堂官止典翰以臺臣論劾栗谷被謫而卒即所謂三竄之一也初事眉岩頗有文學之名而年少多輕栗谷猶惜之以爲不可與宋朴一觀詩多佳節高於筠遠矣

蛟山 許筠

字端甫荷谷弟宣祖朝科歷翰林官吏判爲爾瞻血黨而性狡猍謀逆伏誅○文章勝於諸兄多有奇絕有看竹集

蘭雪 許氏

草堂之女西堂金誠立妻○天姿穎悟詩語驚人如曰逢郎隔水投蓮子遙被人知半日羞又曰洞房極目傷春色草綠江南人未歸可謂絕調而芝峯以爲近於蕩又若瑤琴振雪春雲暖環珮鳴風夜月寒此乃明詩人吳世忠所作贈云

櫻亭 許實

字若虛岳麓子宣祖朝科官止郡守

東岡	許寔	陽川	字惟善櫻亭弟光海朝科以考官銘之任及借述臺啓削科後及追復
霽沙	許啓		字子瞻東岡子肅宗朝官僉正
水色	許禘		字子賀忝奉昉子草堂從任宣祖朝科官止判書陽陵君〇戊辰以前正郎告柳孝立反冊元功而登超
孤山	許恒		字仲久都事珪之子文敬公琪之十世孫光海朝科歷春坊官至府使
杏湖	許極		忝奉烔之子
巖翁	許涵		明譜學早多文學
浩齋	許伯琦	金海	字汝診直提學禎之子進士中宗朝科歷翰林選湖堂官止禮忝靜菴門人已卯被斥一號三松
南溪	許忠吉		字國善三松伯琦子慕齋門人官止掌令文科
敬齋	許稠	河陽	字仲通開城君貴龍子恭讓朝科入本朝官止左議政謚文敬配世宗廟相業與黃喜幷稱〇子翊官三宰謫槐山而卒
東湘	許震童		享扶安柳川院
道峯	許繼		享玉果院
梅隱	許璜		尤菴門人

號	姓名	本貫	事蹟
樂而齋	許玩		有文學
集義齋	許瑗		梅隱弟有文學
負暄堂	許頊	陽川	字公愼凝之子尙友堂玄孫丁酉三凶之從孫宣祖朝科官止左議政陽陵君光海戊甲以永慶黨被謫卒
竹村	許震		所居多竹故自號漢陰月汀西坰東岳皆許知
石浦	許檡		滄海格弟有文學行誼
隱士	許徵		高麗恭愍朝見國事漸危入杜門洞與鄭圃隱吉治隱誓不事二君遯居吉州
貞簡公	許詡	河陽	敬齋稠子文科重試立朝二十餘年謹身守義官至三宰○光海殺皇甫仁等公獨不食肉曰此人何罪光廟怒甚而愛其才德謫槐山而卒享槐山花岩院○其從子慥官至修撰與六臣同死丙子六臣事覺上曰許詡若在六臣爲七英廟賜謚貞簡
晦軒	安裕	順興	初名珦避御諱改名裕密直副使孚子本興州吏元宗朝科官止僉議中贊諡文成從祀文廟○自少好性理學掛晦菴畵像以致尊慕因號晦軒○憂學校日衰獲贍學錢入中原書先聖及孔子七十子像以來購六經子史祭器而來嘗見孔廟頹廢作詩云香燈處處皆祈佛簫管家家盡事神惟有數間夫子廟滿庭秋草寂無人享長湍順興院
竹屋子	安于器		字虛仲晦軒子文科官止贊成事平順君有公輔之德望器局
謙齋	安牧		字益之竹屋子之子文科官止政堂文學順興君謚文淑

順興

質齋	安文凱	謙齋再從任官止政丞謚文懿
謹齋	安朝	字當之文科碩之子晦軒從孫忠肅朝元制科官至贊成事謚文貞忠肅被留於元上書訟之○一作朝爲軸
雙清堂	安宗源	字嗣清謹齋子十七科官止門下侍中興寧君謚文簡○忠穆朝之名臣
竹溪	安純	字顯之良度公景恭之子雙清堂孫昌朝科官止贊成事謚靖肅入本朝退居衿川凡國有大事必問焉
雍齋	安宗善	字仲止竹溪子世宗朝大科官止兵判謚文肅○文詞遒麗遇英陵而言聽計用國稱名臣
永慕堂	安瑭	字彥寶司藝敦厚之子謙齋六世孫成宗朝科歷翰林官止左議政謚貞愍○巳巳與首相鄭文翼力救士流世稱己卯八賢○子處謙等謀請君側公率而下鄕以阻其事○辛巳爲婢夫宋祀連之所誣闔家被禍○後伸復賜謚
謙齋	安處謙	字伯虛永慕子登薦官止學諭辛巳被禍其登薦也與弟處謹處誠同榜聯璧
竹窓	安琛	字子珍大司成知歸子牧齋六世孫世祖朝科選湖堂官止判書文章以達意爲主筆法典重嘗論任士洪之奸永慕從兄也
思齊堂	安處順	字順之幾子竹窓從子中宗朝科歷弘博知縣己卯爲親求縣出爲求禮被罷○士流中有名稱與金冲菴最善享南原院
拭瘡	安珽	字挺然竹窓孫中宗朝科己卯削科後拜陽城縣監不就其薦目曰有學行志操○善書梅竹有文集
滄溟	安璲	字汝佩拭瘡兄弟明宗朝科官弘博

竹岩	安 瑑	順興	思齋子有學行
苔巒	安 覯		字思仲進士普文子雪川曾孫佔俾門人成宗朝科官止司諫涖郡有氷玉聲甲子之禍托疾先歸得免
玩龜亭	安 嶒		字士謙苔巒子明宗朝科官佐郎
玉川	安餘慶		苔巒孫篤志力行寒岡來訪題其壁曰頭戴程冠手執朱書其人如玉吾友善繼○善繼卽其字也所著有禮經要語
白山	安貴行		敬義子謙齋五世孫文科官止縣監六臣禍後不仕
薄田	安繼宋		字子允儀之子謙齋六世孫文科官止執義
歲寒齋	安宗道		字貫夫翊贊景律之子薄田曾孫明宗朝科官止監司
愚拙齋	安應昌		順興君夢尹之子歲寒齋曾孫官止大君師傅
芹田	安 瓛		字伯温義孫子光海朝科官掌令爲爾瞻鷹犬癸亥削
蟠松	安 塤		字君珍年長栗谷二十三歲而執卌受業官止知縣其子光宗受業於先生門壬辰遇倭翼蔽其父同被其害事聞而旌其閭
恩齋	安		字元瑞善國子思齋曾孫青蓮李後白外孫壬辰以霽峯從事同殉○贈承旨配光州及錦山院
竹厓	安 皇		字子房佐郎光郁子謙齋后李澤堂外孫文科官止承旨

霅橋 安錫儆 順興
字子華縣監重觀子竹厓孫官止叅奉有氣節能文章詩云雙牛懸絶壁耕者語如歌日
午家人饁歸筐滿插花

雪川 安省 廣州
字日三判事器之子禑朝科入本朝官止叅知議政府事謚忠肅錄淸白遺命不立碑

氷壺 安世彥
字士美雪川后文科官吏正以文學名

楓厓 安敏學
字習之後改而習察訪曇之子雪川六世孫宣祖朝科以學行薦官僉正父曇受學於靜
菴與聽松友善公乃世其家學與牛栗講磨道義壬辰爲召募使有勞勳性至孝屈意於
仕乃欲其爲親也爲叅奉時牛溪爲詩而讃之

鳴浦 安獻徵
字聖觀叅判應亨子雪川八世孫李鵝溪外孫光海朝科歷翰林官止監司○騈儷詩律
有名當世

鈒南 安後說
字德雨正郎獻規子鳴浦從子孝宗朝科選湖堂歷翰林官止承旨有文名沈沙川婿

順菴 安鼎福
字百順廣平君極之子廣陽君滉之七世孫雪川后薦拜翊贊

五林子 安珮
官止副正力學於學禮所著有家禮壬辰多有軍功

欒圃 安璹
字待而五林弟光海朝科官止郡守當昏朝廢擧如仁弘輩視之若草芥伏以全其名節

霞山 安敏行
廌公之子翔卓然有大志

春谷 安魯生 竹山
字務仲聰明絶人文章高雅與吳竹南黃漫浪世稱八學士丙子後廢擧不出
勉之子禑朝科官止提學爲西北監察紀綱大行邊境肅然

鈍菴	安 舳	竹山	字海濱中宗朝科官止牧使
牛山	安邦俊		字士彥重敎子鈍菴孫以逸官止工議出入牛溪門透於學問薦除官不就文學透徹諡文康享寶城凌州各院
田隱	安桑鷄		延昌尉孟聃之子官止都正世宗外孫以王室至親不立於世祖之朝屛居于楮子島與佔俾秋江田隱月窓四詩有集
月窓	安應世		字子挺桑鷄從弟早夭風流文采言論氣槩與秋江幷稱
晩悟軒	安廷燮		田隱六世孫韓應寅外孫鄭守夢門人有孝行昏朝李大燁欲試公爲寢郎遯隱于交河友正後蔭仕
鶴村	安 縝		字栗甫晩悟子孝宗朝科官止禮叅有孝行累典方伯而家貧如寒士淸德罕比與尹鐫同庚甚密乃知其惡而絶之
松齋	安相億		字聖洙鶴村子官止副率同春門人乙卯同春之追奪也與同門高晦洪得禹趙相禹安世徵疏卞同被謫
雪齋	安宗茂		字如松鶴村曾孫蔭仕縣監從陶菴學
灸背軒	安方慶		字善應珦之子中宗朝科歷翰林官止監司
石泉	安 祖		字景容灸背軒子宣祖朝科官止承旨曾孫汝益辛巳蠱獄以宮人淑正之叔伏鋕
淸川	安 旭		字明遠灸背軒從子宣祖朝科官止掌令
皐隱	安 止	唐津	字處善太宗朝科官止領中樞諡文靖權梅軒門人有文名退居金堤

棄菴	安置民	唐津	字淳之隱居慶州以逸民稱白雲李奎報贈公詩曰眉毛垂如絲眸子炯如水
玄洞子	安堅		世宗朝科畫師也善畫山水
蘆溪	安遇	耽津	佔畢門人官止知縣享草溪原院
磊谷	安克家		字宜之蘆溪曾孫以薦拜縣監棄歸天性孝友與蘆溪並享
勿齋	安義		一齋門人官別提享泰仁藍川院
四耐	安慶昌		臨齋門人有文學
逸堂	安瑞翼		文章早成肅宗己巳時事大非作詩諷譏托跡農圃以終其年
四美亭	安給	順興	字君晦世亨之子甲辰科乙巳禍
東厓	安重默	竹山	般之子鈍菴從子官直長鄭困菴門人
常軒	安震	順興	忠肅朝科又登元科官止密直副使順山君
都元帥	安祐	耽津	恭愍元年拜軍簿判書叅知中書政事討紅賊克捷以定乱功拜元帥
翼憲公	安潤德	廣州	判官彭老子生員文拜博士時燕山政亂坐忤旨被謫中宗改玉後錄原從功除刑曹正郎庚子倭亂爲副元帥擊敵大破贈謚翼憲都元帥

忠顯公	安弘國	順興	字藎卿壬辰扈從龍灣奉命冒圍巡問各鎮李舜臣甚奇之攻守之功多出其計丁酉挺身力戰遂至于戰亾特贈左賛成謚忠顯
橡山	安渫		字德聚英宗朝科歷工科官至輔國判敦寧奉使入京○子聖彩文科大司諫○孫廷善文科承旨
贈兵判	安克誠	順天	智勇兼具博涉經史義理忠節爲自任龍骨之亂三獲克捷以功贈兵判與車禮亮崔孝一爲結死之交
南岩	姜九萬	晋州	都元帥起章之子文魁科官至太師中書令吏部尙書西京留守○謚正節
通亭	姜淮伯		字栢夫賛成事耆之子麗朝登科爲直提學政堂文學入本朝東北面都巡察使權陽村門人能文善筆
通溪	姜淮仲		字仲夫通亭弟文科官至大提學
玩易齋	姜碩德		字子明通亭子以蔭歷大司憲官止知敦寧謚戴愍○師事騎牛子李行以學行進天性豪逸百家書無不通究
守軒	姜叔卿		郡守文德子通亭孫領相文景公孟卿卽公之弟也
仁齋	姜希顔		字景愚玩易齋子世宗朝科歷翰林官止仁壽府尹辞連成三問被鞫三問曰希顔實不知進賜今日盡殺名士誰與爲國上悟釋之公詩似韋柳筆兼王趙畵比劉郭才德兼備眞一代偉人也
私淑	姜希孟		字景醇仁齋弟也世祖朝科歷三司選湖堂官止二相晋山君謚文良平日不事厓異甞曰宋朝朋黨起於寇萊公博擊人物其流之弊雖程朱未免黨詩文蘊藉德望蔚然
醉竹	姜克誠		字伯實復之子私淑玄孫慕齋金安國外孫明宗朝科選湖堂歷翰林至舍人以染跡於李樑見枳放浪江湖詩多絕唱

梅墅	姜宗慶	晉州	字仲業醉竹子宣祖朝科官止學諭有絶人之才而不遇世而沒○與牛溪爲心交
壺隱	姜晋暉		字士舒梅墅子官別提與石洲友善
玉溪	姜裕後		字汝垂縣令晋昭子壺隱從子仁祖朝科歷三司官監司
無菴	姜錫範		字叔九玉溪子官縣監
翠岩	姜錫朋		字叔重無菴弟官止叅奉學于南溪學問有可稱者兼山俞肅基亦嘗師事之
菊隱	姜錫夏		字禹卿縣令大後之子醉竹玄孫官止敎官能於詩
聱齖齋	姜錫奎		德俊之子壺隱孫文科官止執義
菊窩	姜啓溥		菊隱子官止郡守能詩文
任窩	姜遠溥		有文學
梅古堂	姜柱完		有學行才藝
木溪	姜 渾		字士浩府使仁範子通亭玄孫成宗朝科歷翰林選湖堂冊靖國功官止判中樞晋州君 諡文簡文章亞於濯纓
草堂	姜景敍		字子文生員舜民之子成宗朝科歷三司官止承旨戊午士禍以佔畢門徒杖流會寧中宗朝科重試

松月堂
河陰
一竹
白石
葵亭
中和齋
笑菴
東皐
蘭谷
菁川
是菴
耐村

姜暹 晋州
姜大虎
姜澍
姜霽
姜遷
姜應貞
姜士弼
姜紳
姜緒
姜綖
姜絪
姜弘立

字明仲公望子草堂孫明宗朝科歷翰林官止戶判
都承旨昱之子松月堂從子官止判决事以孝旌閭
河陰子官止奉事
字明遠應淸子通亭六世孫明宗朝科官縣令以詩名
字淸老子仁之子中宗朝科以翰林削科乙巳後復拜典翰仁宗殯殿而還居利川因不出世語及時事北向長吁而下淚
字公直遊太學選長安俊士公居其最有至孝天神投藥以療父病天朝以朝鮮分野孝子星隕以公對特命旌閭
字大猷舍人溫子通亭七世孫明宗朝科歷三司選湖堂官止吏叅戊午士流訶之曾孫
字勉卿右相士尙之子笑菴從子進壯宣祖朝科册平難功官止叅賛晋興君○謚毅簡
東皐弟文科官止承旨
笑菴子官止承旨文科
東皐弟官止叅奉
字君信東皐子宣祖朝科官止叅賛光海丁巳以都元帥爲明求援深河之戰敗與金景瑞降胡後還本國而死

號	姓名	本貫	事蹟
道村	姜弘重	晋州	菁川子文科官止監司
菊圃	姜樸		字子諄東皐玄孫遽齋李萬遂婿肅宗朝科歷三司官止府使通政大夫
寄軒	姜楷		府使碩老之子官止叅奉
慕軒	姜必愼		正郎樸之子道村玄孫文科官止掌令
獻窩	姜必慶		進士楷之子寄軒從子任文科官止承旨
睡隱	姜沆		字太初克儉子私淑五世孫宣祖朝科官止佐郎丁酉倭亂全家被擄留日本十五年每以簡牌告倭動靜終始不屈全節而還倭亦稱之以蘇武還朝後全軀之徒媒孽其短賞不及而罰及之有文集及看羊錄行于世
松岩	姜鳳壽		字德叟校尉之子宣祖朝科官止郡守以沈岱從事死於蔚寧之戰有文名○配温陽忠孝祠與李忠武同享
竹月軒	姜籤		字公言雲祥子宣祖朝科歷三司官至大司憲光海在東宮畏不敢縱頗有聲譽公獨憂之梧里服公先見
竹窓	姜稲		字師古竹月軒弟宣祖朝科歷三司官止吏郎坐事廢錮後大耋升僉知能文章善草隷有文集
復泉	姜鶴年		字子久竹月軒子官止逸掌令昏朝廢議下鄉不應舉改玉後即拜洗馬連拜司業掌憲亦不上來及仁城君珙死上疏言王子之死國言未已伯夷若在必以暴易暴之譏延年若在必有擅廢立之彈上優批答之兩司請罪至付處贈大憲享懷德祠

姓名	本貫	號	事蹟
姜世龜	晉州	三休堂	字仲寶監司鎬子復泉孫尹滄洲外孫肅宗朝科官止叅判〇選淸白張禧嬪之死進子母鹿之說誣感天聽幷享懷德院
姜栢年		雪峰	字叔久竹窓子仁祖朝科歷三司提學官判中樞選淸白謚文貞〇有文名爲佐幕關東時李白洲爲方伯同遊四仙亭公作詩曰兩人相對坐疑是四仙翁白洲稱賞力主弘錄
姜銑		紫閣	字子和雪峯子雲谷南老星婿肅宗朝科歷三司官止叅判亦仲救辛巳獄
姜鋧		白閣	字子精紫閣弟進壯肅宗朝科歷三司典文官止判中樞行吏判謚文安壽八十四〇有文集
姜世晃		豹菴	字光之白閣子文科官止判書兼善書畵常自謝曰文之退之筆之羲之書之凱之光之兼之
姜翼		介菴	字仲輔叅奉謹友子通亭五世孫官昭格署叅奉以吳德溪薦爲齋郞以先進事南冥與盧玉溪爲莫逆之交享咸陽院
姜允亨		柯亭	字汝嘉致璜子李灘翁婿仁祖朝科官止承旨
姜怡		潛隱	直長胤祖子官縣監贈吏判謚貞肅太白五處士之一
姜鄧		省齋	潛隱子官止僉知尹明齋門人
姜汝宗		耆齋	進士渫之子麗朝名臣民瞻之后文科官止叅判
姜翼文		憙菴	字君遇世倬子宣祖朝科歷司諫升通政以仁弘門人立異於其師卞下獄九年癸亥竄
姜大遂		寒沙晩隱	字學顔憙菴之子光海朝科歷翰林官止府尹甲寅救鄭桐溪謫淮陽十年而卒

象谷 姜瑜 晉州 字公獻天民子文科官監司

南谷 姜游 復一子潛隱玄孫文科官止參判

兵部尙書 姜民瞻 高麗穆宗朝第武科至兵部尙書奪擊於棃嶺討女眞靖難勳翼戴功臣閣○智勇兼備志氣剛果立功顯達眞麗朝名臣也

仁憲公 姜邯贊 衿州 五世祖餘淸寓居始興郡即今衿州也父弓珍事高麗太祖爲三韓壁上功臣公自少好學多奇略異才成宗朝文科卽麗朝時也官禮部侍郞攻契丹克破之靖安國難以致太平官至門下侍中天水郡開國侯食邑一千戶及卒年八十四輟朝三日令百官會葬謚仁憲○世諺有曰有中國使臣夜入始興見大星隕于家遣吏往見適其家有婦生男使臣遂取養是爲公云及爲相宋使見之不覺下拜曰文昌星今在此耶○公性淸儉貌矮短且垢外雖不踰衆人而其於正色立朝臨大事決大策屹然有畏懼之風且多異謀奇才有見神使鬼喚雹呼風之術諸般奇事人稱非塵世人○王嘗贈詩云庚戌年中有虜塵干戈深入漢江濱當時不用姜公策擧國皆爲左衽人公之平生奇才異績難以形言可謂謫仙降世人矣

東郭 姜燦 衿川 字德輝惟慶子高麗名臣仁憲公邯贊之后宣祖朝科歷翰林官止吏議○龜峯門人

月塘 姜碩基 字復而東郭子申拙齋湜之婿光海朝科官止右議政謚文貞○沙溪門人明於禮學又能文章廢母時不參庭請立異於追崇之議女爲昭顯世子嬪嬪之死禍泉壤後得復伸

南齋 姜謙 字士益丙子以後常爲風泉之痛扁其齋曰南以皇明在南故耳嘗作遺懷詩懷慨有思漢之意行誼器局卓然自立薦以白衣佐命遂不赴就

和齋 姜仁壽 官止監察贈持平孝行出天學問闡理居狹川

琴齋
鷗洲
杏谷
碧梁
林碧堂
松塘
新浦
慵隱
礁淵釣叟
翠軒
木塢

姜漢　衿川
姜大適
姜錫泰
俞應孚　杞溪
俞汝舟
俞泓
俞大進
俞大逸
俞大祺
俞伯曾
俞晋曾

享咸陽龜川院
字學中官止察訪丙子以義兵將挺身赴難七十居喪盡禮
正言聖耇子宓菴鳳壽玄孫有孝行鳳壽卽仁壽兄弟
武科官止副摠管贈謚忠穆六臣之一也〇復魯陵與赤谷成勝同爲雲劍欲擧事未成
而見害被鞫時顏色不變徐曰欲問情外事問彼豎儒爲北兵使有詩云駿馬五千嘶柳
下良鷹三百坐樓前見其詩可見其氣像之豪邁
武科僉知起昌之子己卯薦賢良科未第禍作歸韓山作林碧堂以終老其妻卽金氏
松塘子牛溪門人文科官叅議
字德林新浦弟牛溪門人官止同敎寧
字止叔生員綰之子林碧堂從孫明宗朝科歷翰林官止左議政冊光國功杞城府院君
謚忠穆〇壬辰扈駕逃還
字景綏縣監灝子松塘從子宣祖朝科官同知贈賛成〇光海政亂不樂仕退居靑陽奈
園
字子先慵隱子樂天堂李慶祺婿光海朝科歷吏郎舍人冊靖社功官至吏叅杞平君謚
忠景〇直言不諱丙子斥和
字而進奉事大祿子礁淵從子宣祖朝科官止承旨

愚谷 俞省曾 杞溪 字子修大儀子松塘再從孫光海朝科官止承旨監司

鳳洲 俞榥 字典叔愚谷子仁祖朝科官止監司贈謚忠簡丙子斥和丁丑執送三學三學士同時抗議者公與八松俱被配

醉翁 俞㮖 字方叔鳳洲弟仁祖朝科歷三司提學官止叅判以大憲言事孝廟怒庭鞫賴救得免

松汀 俞櫶 字海伯郡守希曾子愚谷從子顯宗朝科官止禮叅己巳叅搢紳疏入鞫庭語多忤人以此少之

慈敎堂 俞命賚 字弼卿鳳洲子官止監役早孤受書於慈堂故尤菴命號因遊尤門

竹里 俞命弘 字季毅松汀之從子十八司馬肅宗朝科官禮判謚章憲

景陶菴 俞宇基 字大哉竹里子英宗朝科歷三司官止承旨以淸白名

知守齋 俞拓基 字展甫叅奉命岳子醉翁孫申寔竹堂婿肅宗朝科歷翰林官止領議政謚文翼辛壬竄○器局重厚博通古今有古大臣風

無愁亭 俞最基 字良甫牧使命健子醉翁孫金谷雲外孫鄭鷺洲婿景宗朝科歷三司官止叅贊

逸軒 俞受基 字守甫景陶菴弟有學行贈持平名在大輿邑誌有遺稿

兼山 俞肅基 字子恭判書命雄子竹里從子李屛山婿官止判官三淵門人○志操篤實文學著顯將通春坊公力辭不就

大齋 俞彥鏶 庶尹直基子無愁亭從子以逸歷諮議官止叅議寒岡門人有學行金龍谷外孫

號	姓名	事蹟
則止軒	俞彥鎬 杞溪	字士京大齋弟閔貞菴婿文科歷閣臣官止左議政謚文忠配正宗廟○有清名與知守齋並稱爲名宰
石隱	俞彥民	字而天逸軒子金農岩外孫英宗朝科歷三司泮長官止叅判文章氣岸俱高一世與世寡合不免抹撥以大憲不撓氣節
綺園	俞漢芝	縣監彥鏞子鳳洲玄孫官止縣監善書名世
市南	俞棨	字武仲叅奉養曾之子松塘曾孫仁祖朝科翰林官吏叅謚文忠○丙子斥和遲川以謝恩爲名欲縛送諸名士公抗疏請斬鳴吉賴公言諸士免禍仁祖大喪與趙樂靜議仁字之謚被謫尤菴議北伐將以公爲贊畫使出入沙溪之門下學識幾與尤春上下尤春敬重之尤菴門人亦皆出入公之門所著有家禮源流爲門人尹拯所奪爲朝家大是非以草本刊行有文集及麗史提綱享林川鍾城穩城各院
祈招齋	俞相基	字公佐吏郎命胤子市南孫尹棄棄齋外孫宋聞道齋婿官止縣令以家禮源流事屢書往復以爭之不得乃以草本入梓具疏言其顚末尹黨目之以背師至於編配盖公亦嘗受學於明齋故也公笑曰世自有當此目者○弟夏基辛壬以源流事誣詆先正群凶荐蘇極邊遠竄
梅湖	俞彥吉	字泰仲進士宅基子市南從曾孫十六魁發解以詩名於場屋二十三再試壬寅大人與金龍澤李喜之諸公同入誣獄卒于洪原謫中遂歸安山無意於世以詩酒自娛而終○文章爲李晋菴諸公所推許壬寅以後出世之士正無如公者○挽南延年忠壯公詩筆誅漏網之魚○詩曰吾頭可斷膝難摧百戰森森萬殳催是夜人爭貞節許暮春天以風雪哀名符漢塞張拳死姓憶睢陽斫指回兵馬五營觀察使忍能無恙戴頭來○盖戊甲逆變南公以清州營將殉于任其時湖西伯即權詹也
松湖	俞彥述	字繼之進士復基子梅湖從弟英宗朝科官止大司憲爲臺官合啓討三凶以勁直名詩文精妙

雲溪	兪 瑒	昌原	字伯圭僉正汝諧子同異李惕然婿生壯孝宗朝科官止叅判
勿齋	兪晦一		雲溪子南溪門人以經行薦官止禁都母喪過哀以卒
歸窩	兪得一		字寧叔勿齋弟生壯肅宗朝科歷三司官止兵判始論岐貳終而歸正
㵢溪	兪好仁	高靈	字克己陰之子成宗朝科歷翰林選湖堂官止校理佔畢門人忠孝淸儉沈重簡嚴詩文高古筆力遒勁爲經幄臣被上優渥以母老還鄕感念君恩有詩曰北望君臣隔南來母子同在湖堂時上遣史使宣醇令俟其醉甚以眼前所見難狀之物爲題中如上旨以江上燒木爲題呼韵卽應曰斫盡春山一半靑滿船橫載泛滄溟幾驚鷗鷺烟霞夢來泊蘆花細雨汀以孝旌閭
學村	兪 鎭	仁同	字士廣副正興俊子世祖朝科官止副提學學精於易
西湖散人	兪起昌	杞溪	字子盛武科僉知燕山配珍島中廟改玉以兵議召公設位北向而哭曰置吾君於他地遂居庇仁遺命勿書兵議識啣
松菴	兪 瀣	昌原	字淑夫有貞學淸名
文安公	兪升旦	仁同	沈訥强記博聞多識尤工於古文經史奧義洞徹無碍麗朝爲太子侍學師傅爲國計政明知高學名冠當世○論文安卽高麗高宗時事也
肅敏公	兪 絳	杞溪	字絳之景安公汝霖之子明宗朝科歷翰林官至戶曹判書謚肅敬○甞言吾無他長立朝三十年未甞踐權威家之門府尹元衡謂公常右乙巳黨人啓請罪公明廟特燭其狀公無罪焉

四友堂 任元濬 豊川
字子深司直有之子世祖朝魁科歷三司選湖堂官止賛成冊佐理功西河府院君謚文胡○聰明絶人有倚馬擊鉢之才

勿菴 任熙載
字敬輿吏判士洪之子四友堂孫燕山朝科選湖堂官止吏判謚貞憲○佔畢門人己卯後以清流被斥三父子俱載名臣錄

靜容堂 任權
字士經判書由謙子中宗朝科歷南床翰林選湖堂官止戶判謚貞簡選廉謹○嘗與李浚慶趙士秀安玹爲東宮輔養官

知足堂 任虎臣
字弼中叅判樞之子靜容堂從子中宗朝科歷翰林官戶判

圃樵 任輔臣
知足堂弟出后誠○南秋江外孫中宗朝科官止刑議選廉謹著丙辰丁巳錄

愛灘 任鉉
字士重文科府使夢臣之子靜容堂再從孫宣祖朝科歷南床丁酉以南原府使殉世稱南原七忠臣之一贈判書享南原祠

鳴皐 任錪
字寬甫監司允臣子官止叅奉有詩名癸亥孝立獄誅

竹室 任弘望
字德章生員㬻子靜容堂旁孫顯宗朝科官止知中樞入耆社壽八十一

西齋 任徵夏
字聖能執義洞子竹室孫金晩求甥婿肅宗朝科官止掌令贈吏叅以詞賦名○英宗丙午疏論辛壬事被竄丁未刑丙申復

竹厓 任說
字君遇叅奉明弼子中宗朝科選湖堂官止判尹壽八十二謚文靖以文學稱又有藻鑑掌試公明以得人稱之

棠湖 任衮
字子止文科判事榮老之子竹厓孫宣祖朝科官止承旨

今是堂 任義伯
字季芳棠湖子金仕隱婿沙溪門人仁祖朝科官止刑議都承旨將薦五莅藩皐以幹局稱○嘗有詩云千里來遊古錦州亂山橫北水南流長風吹雨連天暗多小羈愁獨倚樓

滄洲謂有無限韵致也○

豊川

默愚	任俊伯	今是堂弟蔭官知僉正
南谷	任翰伯	字景奭吏正章之子竹厓曾孫仁祖朝科官止通政牧使
一簣	任座	字元直今是堂子文科官止正
水村	任埅	字大仲一簣弟肅宗朝科歷吏郞官至判書入耆社諡文僖登科時年已老矣壬寅誣獄竄甲辰謫卒乙巳復官能文能詩
石門	任奎	字文仲默愚子五歲已能詩顯宗朝科官止監司莅郡以治聲稱以功令文名一時
老隱	任適	士元之子水村孫蔭仕判官
鹿門	任聖周	字仲思老隱子官止府使學門卓然文章高雅與宋櫟泉並稱
靑川	任敬周	鹿門弟
雲湖	任靖周	字稚恭靑川弟官止縣監
任摯堂	任氏	老隱之女能於詩文有文集
疎菴	任叔英	字茂叔監役奇子竹厓曾孫鄭南峯外孫光海朝科歷翰林官止校理對策直言宮闈事廢主怒黜之大臣三司爭之得免削科以此廢錮反正後始達淸顯而卒詩亞石洲尤長

四大統軍亭序中朝人曰千年己絶之調復出海外公一見生進榜皆誦

豊川

號	姓名	事蹟
危齋	任珽	字公輔持平叅判宇廸之子踈菴玄孫景宗朝官止吏議以詩名有文集
恬軒	任相元	持平重之子竹厓五世孫顯宗朝大科歷三司官提學
遯窩	任守幹	字用譽恬軒之子肅宗朝科選湖堂官承旨
在磵	任希聖	應教洸子遯窩孫官止直長
竹塢	任國老	字台卿通禮允之子竹厓從子明宗朝科官止吏判○子就正文科官止判書癸亥竄孝立獄杖死
雲湖	任蒙正	字直初竹塢子宣祖朝科歷翰林選湖堂官止吏議副提學
萬休堂	任有後	字孝伯校理守正之子雲湖從子仁祖朝科官止叅判文章孝友爲世所稱以凶弟之故遯居蔚珍
石江	任碩齡	字汝壽繼老初竹厓從孫宣祖朝官止監司○初字似子字之誤
滄洲	任道三	字一之翰登子竹塢玄孫文科官止司藝
日新齋	任世復	享南平楓岩祠有文學
高厓	任詡	字和仲詩才敏給以科詩名官止司馬有詩集行于世

剛窩	任必大	豐川	字重徵西河府院君子松十六世孫禮曹叅判無私齋繼宗之九世孫也自達於性理之學德望文學見重當世有文集行于世儒林設壇奉享且享于義城梧溪祠
逸齋	黃鑑平	長水	殿中監公有之后黃氏始祖也
厖村	黃喜		字懼夫江陵府事君瑞子逸齋后入本朝官領議壽九十錄淸白謚翼成配世宗廟在政府二十四年相業爲國朝之最首上
懦夫	黃守身		字委常厖村子冊佐翼功官止領議政南原府院君謚烈成〇淸德克家以賢相稱並享長水院
友松堂	黃允吉		字吉哉懲之子厖村玄孫明宗朝科官兵叅壬辰前奉使日本而還
無盖亭	黃允獻		府使瓘之子厖村玄孫司馬兩試官止叅奉
柳村	黃汝獻		字獻之無盖亭弟中宗朝科選湖堂官府使以文章名
愼齋	黃孝獻		字叔貞柳村弟中宗朝科選湖堂官叅判文章節行有名于世
盤磵	黃紐		字會用縣監悛元子愼齋曾孫光海朝科官止持平
于石堂	黃霦		正郞德柔子盤磵孫進士
華齋	黃翼再		字再叟鎭夏之子愼齋六世孫官止府使
靜觀	黃悅		字仲治別提起峻子厖村五世孫中宗朝科官止僉知

芝川	黃廷彧 長水	字景文靜觀子明宗朝科歷翰林冊光國功官止吏判長溪府院君謚文貞○文章名世而尤善於詩有云關門紫氣青年去弟子玄經白首知又若平時謾說歸田好半世猶歌行路難此等句皆膾炙一時
獸石	黃赫	字晦之芝川子宣祖朝科官止承旨光海壬子獄辭連栲死反正後贈吏叅○文章得於家庭而才氣俊逸可謂天得爲多
鷺汀	黃曙	字聖在主簿處信子獸石六世孫肅宗朝科官止監司贈謚忠烈辛壬以承旨被竄戊申爲嶺伯多功兩李之爭未決而暴卒
江漢	黃景源	字大卿璣之子鷺汀從子英宗朝科歷翰林官吏判謚文景○文章高明與普菴月谷齊名天度則猶勝諸公著皇朝陪臣錄
龜石	黃孝恭	尨村玄孫中宗朝科官司諫享榮川泗溪院
	昌原	
慵軒	黃士佑	字國甫中宗朝科官止贊成六歲能繼文以文名世而以金安老黨被削
松磵	黃應奎	字仲文慵軒子宣祖朝科官同敦寧壽八十五
息菴	黃暹	字景明松磵子宣祖朝科官止大司憲
負暄堂	黃是	字是之息菴弟文科官止副提學
釣臺	黃有中	字中正息菴子宣祖朝科官止兵佐入弘錄戊申削追復
西潭	黃進	字景美僉正錫卿子宣祖朝科官止吏判謚孝貞

月潭　黃謹中　昌原　字一之僉正琇之子西潭從子生壯宣祖朝科官止監司

梧村　黃敬中　字直之月潭弟宣祖朝科歷翰林官止知中樞

秋浦　黃愼　字思叔正郎大受之子將軍衡曾孫宣祖朝大科官戶判謚文敏○光海時謫卒嘗使于日本始終不屈時人比之蘇武直節器局優於白沙入日本時誓海文曰四千里行役何敢一毫憚勞三十年工夫正宜今日○享公州滄江院

芝所　黃一晧　字翼就秋浦子光海朝科官止府尹贈贊成謚忠烈○在義州治逖崔一孝於大明車禮亮於瀋陽事覺胡人使本朝殺之與克誠車忠亮孟胤張厚健等同死于南別館外死者凡十一人是日大風揚沙天地晦冥○享扶餘院

蛾述堂　黃璡　字君美芝所子官止叅奉贈持平○孝廟朝以學行薦齋郎不就肅廟朝戊辰因門人疏請贈官旋閭

夢竹　黃致敬　字而直同知大任子將軍衡之后宣祖朝科官止監司

退溟　黃宷　字子由叅議隨之子夢竹孫月潭尹毅立婿仁祖朝科官止大司成文章名于世如曰鷗鵬南徒滄溟潤者此也

雙阜　黃泂　郡守立中子隱居守道於水原雙阜村而世稱雙阜先生

錦溪　黃俊良　平海　字仲擧叅奉觶之子李聾岩婿中宗朝科歷兩司官止星州牧使有學行卓然○配退溪同享又享柒谷院

海月軒　黃汝一　字會元進士應澄子宣祖朝科歷翰林官止萊伯有詩名世稱豪士白沙月沙與之交遊

東溟	黃中允	平海	官知縣享平海明溪院○字道先海月軒子光海朝科官止承旨知縣而以爾瞻之腹心癸亥安置
大海堂	黃應清		官止知縣享平海院
朽淺	黃宗海	懷德	德休之子寒岡門人嘗疏論仁弘誣賢○昏朝廢擧隱居守道反正後五徵不就所著有理氣說官止別提享木川道東院
霽谷	黃世楨		進士德潤之子尤春門人官止縣監升同知爲師卞誣被謫
筆谷	黃煒		字季章霽谷從侄南溪門人學業甚篤明禮說居金川筆谷
少原	黃孝源	尙州	字士行正言士幹之子世宗朝大科冊佐翼功官止賛成尙州尙山君謚襄平○淸白忠貞巍然卓節冠于當時
孤山	黃耆老	德山	字鮐叟別坐季沃子進士栗谷門人以草隷名
龜山	黃榮老		孤山弟以筆名
東皐	黃應聖	黃州	字慶遇大臨之子文科官止府使
月渚	黃胤後		字希廸東皐子仁祖朝科歷春坊官承旨居平壤以退鄕學究起身而以詞翰學識名于世○居家有操行莅邑有令名人稱關西夫子嚴於在色之戒嘗妓執公手截汗衫而棄
執菴	黃順承		月渚子官止直長操行亦甚篤世以固執稱
雲溪	黃信龜		享南原齊岩宇

獨梧	黃 悏	黃州
草谷	黃啓沃	丹陽
武敏公	黃 進	長水
四佳齋	徐居正	大邱
春軒	徐 崦	
涵齋	徐 嶰	
藥峯	徐 湑	
晩沙	徐景雨	
華谷	徐元履	
松坡	徐文尙	
夢漁	徐文重	

享祿原德源院

字傳翁震孫之子成宗朝科官止典翰有文集

長身美鬚形貌甚偉自幼好武藝走捷如飛宣廟朝武擧庚寅其從叔入日本時與之隨從而人見公無不驚仰壬辰累克討捷晋州城陷公克復平再保湖南贈左贊成謚武愍

字剛中牧使彌性子權陽村外孫世宗朝大科歷吏判㕘佐理功官止贊成達城君謚文試○又云文忠○主文二十六年不使文柄歸於他手文章贍麗所著有東人詩話太平閑話筆苑雜記諸書

字鎭之禮議固之子四佳齋從曾孫明宗朝科官止司藝

字挺之春軒弟退溪門人

字玄紀涵齋子宣祖朝科官止兵判判中樞謚忠肅○龜峯門人風神峻偉才兼文武壬辰協協昏朝以受命七臣譎反正伸

字施伯藥峯子宣祖朝科歷三司官止右議政亦當朝名相○父藥峰嘗救保金德齡不反又論韓孝純黨奸廢每論以是蔭

字德基晩沙子生壯歷南臺官止叅判

字國益府使貞履子達城尉景霌孫藥峯曾孫李碧梧外孫白洲李明漢婿○顯宗朝科官止叅議

字道潤松坡弟出后于華谷金元履外孫肅宗朝大科歷清顯及兩局大將官止領議政謚恭肅○所著有朝野集及將兵說

晩靜	徐宗泰	大邱	字魯望松坡子李道村婿生肅宗朝科歷南床翰林選湖堂官止領議政謚文孝〇以館職右尼尹被閔鎭厚所劾成是非
在澗	徐命均		字平甫晩靜子金觀復齋婿進肅宗朝科官止左議政謚文翼〇有淸白之操文筆俱名於世作在澗亭於牛川上
歸泉	徐命善		字繼仲判書宗玉之子進士文科官止領議政謚忠憲
澹翁	徐命膺		字君受歸泉兄李醉村外孫文科歷閣臣官止贊成謚文靖
彌樂齋	徐思遠		字行甫寒岡門人以遺逸薦官止正郞壬辰起義多功享大邱伊江淸安龜岩祠
全歸堂	徐時立		官止叅奉孝行篤至出於天享大邱有源祠
臨川	徐熙	利川	字光允平章事弼之子十八文科爲宋朝檢校兵部尙書麗朝爲保義功臣太保內史謚章成〇配享高麗成宗廟享利川院
孤靑	徐起		字待可本出寒賤幼有學行稍長慕禪學又涉獵百家衆技二十餘遇土亭聽敎始知吾道之正大又就學于履素齋晩卜于公州孤靑山下四方之士爭仰之遊其門者來若雲集名碩達儒多出其門澤堂以花潭之學目之〇祀公州忠賢祠
花潭	徐敬德	唐城	字可久修義副尉好蕃之子中宗朝科生員除叅奉不就贈左議政謚文康〇居松都聰明剛銳有絶人之資學以窮格爲先閉門靜坐如有冥契透徹易學見得理氣之妙平生無厓異之好〇已卯被賢良薦不赴其學似堯夫退栗先生以爲多可疑處不許以淳正之學嘗有詩曰讀書當日知經綸歲暮還甘顔氏貧富貴有爭難下手林泉無禁可安身採山釣水堪充腹詠月吟風足暢神學到不疑眞快活免敎虛作百年人享松都崧陽書院

萬竹	徐益	扶餘	字君受震易之子宣祖朝科歷三司官止灣尹○少受業於聽松學而牛栗從遊立朝以清名直節著○預知汝立之奸上疏言將圖不軌且以東西相軋為憂請調合士論見忤時輩終至廢斥享恩津高山祠
六谷	徐必遠		字載邇監役雲驥子萬竹曾孫仁祖朝科歷翰林官至兵判謚貞惠○有豪邁卓犖之氣而性甚多慾始與尤菴善終事睽乖
聽潮	徐希績		司果俊豪子李打愚婿官止大君師傅
龍邱	徐鳳英		享南平鐵治祠
松窩	徐希信	南平	字景立宣祖朝科官止府使
慕菴	徐棱	長城	字大坊性至孝好學問○母病醫云以蛙合藥可療時方冬月煎藥樹下蛙自樹上墜入藥鐺○前朝人也
龜溪	徐沈		享大邱龜岩院以制處使還穀減耗事立祠報功
銘岩	徐湜		字清之以至孝名享雲峯龍岩院
忠孝齋	徐滾		字浩源享長城倡義壇
梅壑	徐鳳翎		字景翬尹魯西門人
貞愍公	徐弼	利川	性剛毅果明有公輔重望麗朝官止大匡內議令贈三重大匡太史謚貞愍○嘗為國願豐國致太平清儉節約器弘大鑑

沙峰 徐挺然 南陽 字秀夫仁祖朝科官止正

歸來堂 林鵬 羅州 字仲擧水使枰子中宗朝登科官至府尹○巳卯以生員上疏伸救靜菴

楓岩 林復 字希仁歸來堂子明宗朝科官止承正而廢貳以乙巳奸黨少之○公長於武略所論船制備局令諸道以造壬辰有多大功

石村 林惰 字子愼楓岩之子宣祖朝科官止監司适變公按海西功勢頗多而不能錄勳人謂不公

白湖 林悌 字子順兵使晋之子楓岩從子宣祖朝科官止北評事放浪不羈無榮利之心文章豪宕能於詩好兵法有寶劍名馬馬日行百里在北爲詩曰元帥臺前海接天曾將寶劍醉戎壇陰山八月恒飛雪時逐長風落舜筵大谷贈詩云少年耽學着工深

習靜 林懽 字子仲白湖弟官止縣監壬辰與克念堂倡義進士

閑亭 林坦 白湖子不仕有詩名

東里 林墇 字平仲悏之子石村惰從子官逸持平○事親至孝居喪踰禮學主敬除職不就拜持憲召命及門而卒

閑好翁 林埬 字東野石村子文科官至承旨

淸癯 林墰 字載叔閑好翁弟仁祖朝科歷三司六拜遠接五拜泮逆官止吏郞卜相謚忠翼○玄孫漢湖文科官止左議政

滄溪 林泳 字德涵僉知一濡子東里從孫生壯肅宗朝科選湖堂官止大司憲○能文章自得學問農岩曰所見大所存實

老村	林象德		字彛好都事世恭子出后護軍世溫清攝會孫肅宗朝科歷三司吏郎選湖堂官止正有文名尤長於四六
錦湖	林亨秀	平澤	字士遂北兵使畯之子中宗朝科歷翰林選湖堂官止濟州牧使〇丁未壁書之禍賜死〇豪邁能文兼有弓馬之才退溪每稱奇壯士權忠定公在謫公死呼酒滿酌痛飲數椀失聲而哭〇嘗與退溪入湖堂醉呼退溪曰君亦知奇壯事乎若夫大雪滿山着黑貂裘帶白羽箭臂掛百斤角弓乘鐵驄馬馳入山林則長風生谷萬木振動忽有大豕驚起迷路而走輒引射殪之下馬拔釰切而屠之斫老櫟焚之長串貫其肉膏血點滴據胡床而啗之以大銀椀滿酌煖酒快飲之至醺仰見壑雲成雪片片如綿樸地樸打醉面此中之味君豈知之君之所知只是翰墨小技耳先生每稱公之爲人必道是言〇享羅州松齋宇
觀海	林檜		字公直縣令吉秀之子錦湖從子鄭松江婿光海朝科官止牧使光海癸丑件仁弘被竄甲子被執於逆适而被死享羅州宇
三好	林德躋		承旨光弼子錦湖后文科官止正言贈判書謚忠獻〇享咸平箕山宇
葛川	林薰	恩津	字仲成石泉蕃之子官判決事宣祖朝科薦授恭奉以經明行修超拜六品職詣闕陳時弊〇以孝旋閭享安陰院
瞻慕堂	林芸		字彥成葛川弟薦拜恭奉棄歸〇少豪放有勇力善騎射讀兵法晚悟斯學天文地理無不涉獵性又至孝
梅軒	林周錫	恩津	字夢賚葛川六世孫受業於浦渚文學著于世南藥泉薦公而公嚴辭峻斥終老岩泉
聽梧軒	林光弼		字仲弓梅軒孫以蔭拜洗馬英宗朝科官止承旨有文學
葛谷	林守謹	安陰	字益之允生之子世宗朝科官止同成均以經明行修聞成廟朝與孫七休金乖崖同被眷遇

號	姓名	本貫	事蹟
西河	林椿	醴泉	字耆之醴泉林氏始祖○再擧不第鄭仲夫之亂闔門遭禍公獨脫身僅免窮厄而卒○長於四六詩亦放奔閑居詩云病懷牢落掩柴關盡日秋聲在樹間策上治安知計誤賦成歸去覺身閑胷中磈礧偏宜酒眼底崢嶸只愛山小多經心千古事擔隨蝴蝶任栩々
石川	林億齡	善山	字大樹遇亨之子中宗朝科官止監司○文章風流逈出流俗與聽松友善見其弟百齡將起己巳之禍遂歸林泉有寄語江流莫起波之詩
槐馬	林百齡		字仁順石川弟中宗朝科選湖堂官止戶判改正初謚恭昭朴思菴議謚元衡怒之改以忠憲以乙巳元奸削奪
孤松	林慶業	平澤	僉正篁之子武科官止府尹贈議政謚忠肅○勇力絕人有將略金汗畏公守灣從他道入錦州之戰助胡攻明終身以爲恥後脫身航海走入天朝爲虜所擒不屈於虜虜欲留之不可及乃送本朝爲自點挾憾栲而死○享忠州義州白馬山城各院
垂湖子	林包		官止學官
林谷	林鎭怤	[illegible]	享三嘉古岩宇
圭川	林豈	羅州	字士篤尹魯西門人
獨樂堂	林蘭秀	扶安	官歷總兵將軍官止典書器量高厚清德卓行名于一世志寓山水定基業于燕岐裔孫世居故人稱其里曰世居里
夢村	林[illegible]	羅州	東里兄官止牧使卽滄溪泳之祖
石原	林得蕃	恩津	司馬自麻子進士卽葛川薰之父

丹皐	曹尙治　昌寧	字子景節度使信忠子世宗朝大科官止集賢殿副學以副提學不仕南歸上褒之以疏廣命百官餞于東門超授禮曹叅判不仕成朴二公泣歎曰吾儕曹丈之罪人也平生所著悉付于火唯有和魯山子規詩入樂府
雪汀	曹文秀	字子實主簿景仁子丹皐七世孫沈聽天外孫李拙菴壻仁祖朝科官止戶判
忘機堂	曹漢輔	丹皐孫有學行所見高妙而有過高之病與晦齋論太極圖說而以爲太虛之体本來寂滅晦齋作書斥之下有無極出佛門
晦谷	曹漢英	字守而雪汀子仁祖朝科歷三司官止大司憲贈謚文忠以斥和臣入瀋陽以文章節義顯名嘗世五歲作詩曰烽傳千里信鍾報萬家昏○文章渾厚俊逸如其人矣
西州	曹夏望	字雅仲夏恩君憲周之子晦谷孫靑湖李一相外孫進壯英宗朝科官止吏議能詩文有文集集中有祭酉峯文詆毁尤菴
淡雲齋	曹命敎	判決事夏奇之子西州從侄文科官至吏判
松下	曹允亨	淡雲齋子蔭仕官止知敎寧以善書名
梅溪	曹偉	字太虛繼門子成宗朝科歷翰林選湖堂官止戶判贈吏判謚文莊○佔畢門人嘗纂集佔畢之文以吊義帝文首錄戊午爲柳子光輩所譏時公朝天方還爲李克墩一作均所救得免而被流順天卒甲子禍及泉壤佔畢門中文行爲首享金山景濂院
適菴	曹伸	字叔奮梅溪庶弟官止敎官善詩
桂陽	曹孝昌	字行源翼之子梅溪玄孫申化堂敏一外孫肅宗朝官止禮佐

愚拙堂	曹 逾	昌寧	悌昌子桂陽從子有孝行
鳳溪	曹世鵬		字雲擧梅溪六世孫官止侍直遊寒水齋門
南溟	曹 植		字健仲吏正彥亨之子以遺逸官止典籤贈領相謚文貞○性甚剛果明銳絶人少業科見聽松隱居北岳下欣然悅之廢舍還鄕折節爲學學以持敬爲本○銘其釰曰內明者敬外斷者義門徒之盛幾與退溪分嶺之半明廟徵之不起上疏曰殿下幼冲不過先王之一孤嗣慈殿塞淵不過深宮之一寡婦後以六品職官召登對而歸語其弟子曰以我爲處士則可若目之以儒者非其實也栗谷曰遯世獨立志行峻潔眞一代之逸民也而第於學問之工無實得上疏章亦非經濟之策然終始完節有壁立千仞之象南師古曰今世處士星無光未幾而卒○享晉州三嘉等院
聚遠堂	曹光益		字可晦久愼之子文魁科官止正郞
芝山	曹好益		字士友聚遠堂弟官止兵使嘗從退溪爲學大方壬辰起義屢成功公透於天文地理陰陽之術享永川成川各院
數竹軒	曹弘立		字克遠光福子宣祖朝科官止監司老升嘉善
鼎谷	曹大中		字弘宇叅奉世明子明宣祖朝科官止都事聞汝立之死流涕行素以此栲死
二養堂	曹 倬		字大而夢禎子宣祖朝大科歷三司官止叅判
栗村	曹明勗		字汝偶二養堂子宣祖朝科歷三司官止都正贈左議政丙子以利川府使卒于圍城中

南洲	曹胤祉	昌寧	別提士虞之子梅溪孫官止縣監
怡齋	曹友仁		字汝益夢臣之子宣祖朝科官止承旨光海朝論西宮幽閉之狀以此受刑滯獄六年反正後始釋善詩與書畫樂律技藝無不通解○四歲作詩云雲囚碧山首烟割暮江腰○一號梅湖
陶村	曹應仁		字善伯怡齋從弟官止府使出入寒岡門又師事仁弘欲納之無過而不能動聽其罪死也爲之哭賻
墨溪	曹希仁		字汝善梅湖弟文科官郡守
梧溪	曹挺立		字以正陶村子光海朝科官止牧使以獻納首起廢論癸亥削
竹林	曹秀文		字章甫生員從佔畢遊享靈岩祠
三清堂	曹溥		竹林之族金沙溪門人以孝旌閭官止叅奉享靈岩祠
湨洲	曹世傑		同知善畫山水
清江	曹守誠		昏朝廢論裂囚文享和順宇
九峰	曹悅		幷享和順宇
無悶翁	曹臣昌	嘉興	字公著旭之子東滄洲婿文科官府使壽升通政○居松都慶典郡邑讀書千遍讀堯典數萬遍○咏月詩曰練川清如玉明沙鋪似金誰能以數斛淨洗世人心又有詩曰脫起

家何事南窓日影移呼兒覓紙筆閑寫夜來詩

號	姓名	本貫	事蹟
兌湖	曺行立	昌寧	沈溪門人有學行
湖齋	曺挺融		字維瞻梅湖子文科官止司諫
梅鶴主人	曺敬輔		字仲佑僉樞行立子植梅養鶴而因自號尤菴述墓誌
柳亭	張　玉	德水	字子剛執義忠輔子中宗朝大科選湖堂官止判校己卯士流被斥焉
松嶺	張士重		字彥源文科官止監司歷翰林北伯
西村	張雲翼		字萬里縣監逸之子柳亭曾孫宣祖朝科官止判書諡貞敏以通才偉器稱○忤倖臣與拙翁藥圃同謫北邊而早卒
谿谷	張　維		字持國西村子金仙源婿光海朝科歷翰林吏郎副學選湖堂冊靖社功官止右議政新豊府院君諡文忠○爲孝宗國舅月汀門人又出入沙溪門文章學識爲搢紳中士流文章以理勝爲主與澤堂並稱
杜谷	張善徵		字淨之谿谷子顯宗朝科歷三司官止禮判諡正莊內托肺腑之親外負士林之望善類宗主當世名臣沈靑陽後一人也
旅軒	張顯光	仁同	字德晦烈之子以遺逸官止吏判諡文康壽八十五出入寒岡門深於性理之學有文集享仁同永川各院
聽天堂	張應一		旅軒子文科官止副學嘗上疏斥尤菴

晚晦堂 張慶遇 仁同
乃範之子旅軒族寒岡門人官止叅奉

南坡 張㮚
晚晦堂子官止叅奉

洛西 張晩
字好古郡守麒禎之子宣祖朝科歷翰林冊振武元勳官止左賛成玉城府院君諡忠定○甲子以都元帥平适乱而性多懦怯有怯賊臨戰之評

西湖 張淀
字子雨洛西旁孫童年發解以科詩名英宗朝大科官止司諫疏請竄前後討三凶停啓諸人以此竄珍島

訥齋 張沆 永山
恭愍朝官止永山君諡文顯○透禮學修定太廟禮樂器度及卒王曰方今宰相寧有盡心宗廟如張訥齋者乎初忠肅見譏於元公奮義有勞以功賜鐵卷享永同花山院

暮隱 張彥忱 鎭川
字士孚忠國子宣祖朝科官止府使深於易學當昏朝不仕

柏冶 張弼武 求禮
字武夫武科歷兵使官止知中樞以力士名每慕南冥馳謁南冥曰百世之下復見夷齊○禀質雄偉氣象峻正精於易學長於武略奮義擊胡立功中朝命史臣記功又遣使問淸白星見於析木外必有其人本朝以公名對皇帝刻銀章而賜之

五柳亭 張應賢
栢冶子武科官止京畿水使○性至孝居喪廬墓三年啜粥以富寧府使平尼蕩介曾於壬辰爲助防將有功莅長興持一鞭自隨歸時掛之上境峴樹名曰掛鞭峴○幷享永同院○父栢冶入名臣錄

敬堂 張興孝
安東鏡光祠配享

思齋 張可順 結城
字子順叅奉裕之子生於鳳山里第○天姿粹美孝友根天從花潭遊明宗朝薦拜叅奉不就肅宗朝贈戶曹正郎

竹亭	張潛	仁同	字浩源忠義衛嫡孫之子旅軒族祖進士從晦齋遊
武翼公	張鵬翼		字雲擧肅宗朝武科歷訓諫大將官止刑曹判書謚武翼贈左贊成○英廟在東宮金一鏡等謀危公一心護衛戊申賊屠清州而殺節度使李鳳祥不日傳檄公聞報直告奮義討之忠義堂堂眞一代名將
贈兵議	張厚健	安東	花山君之裔仁祖丁卯亂與兄厚巡厚飛冒鋒出戰斬賊甚衆己卯八月與同志車禮亮安克誠等送崔孝一歸中朝泛舟彌串洋慨然賦詩云壯志馳沙漠丹忱向日明豫州千載後擊楫有君行因清人之詐書被禍於南別宮門外英廟乙未贈兵曹叅議從紀忠顯祠
贈工議	張應禎	延安	其始祖大司馬源出自浙江値亂浮海抵江陵有子貞弼以吏部尙書來東賛麗祖統三韓官至提學公以武科官至白川郡守宣祖壬辰以匹馬單騎擊退敵兵保危之甚多錄宣武功贈工曹叅議
忠毅公	張潤	木川	字明甫宣祖朝武科官止大將訓鍊帥○勇力絕人武略超凡壬辰往見金千鎰崔慶會決策多戰忽因飛丸中傷而歿朝家贈兵曹判書謚忠毅
僉知	張遴	長淵	字君擇丁卯與其叔父希範希會希眞及其兄迄侄盖世募兵擊胡退之守保義州一境肅清勇力出群事聞仁祖引見而慰之卽除中郎主簿命授楸坡萬戶賜弓劒官止僉知
盤磵	蔡璉	平康	前朝科以詩文名
中菴	蔡弘哲		字無悶郞將誠之子官止平章事順與君稱紫霞洞主有文名及淸直之行忠宣聞之八遷爲相與權漢功輩有合用事以此被罪於忠肅而旣附瀋陽陰圖寶國史書曰死
任眞子	蔡世英		字英之僉正子涓之子中宗朝科歷翰林官止左叅賛己卯入史局士禍作聞變入闕門直進諫謂金謹思曰史筆非他所用

有文學至行著名

忍菴 蔡壽宗 平康

字子長忍菴子文科歷吏郎官止應敎

竹村 蔡慶先

字伯進進士忠衎之子竹村孫仁祖朝大科歷副提學官止吏判謚文惠○顯宗入學時爲博士以文章名與太湖李元鎭泛舟大醉沈水李元鎭援之氣定後書一詩曰但恨酒盃淺不愁江水深舟中李膺在肯使屈原沈

湖洲 蔡裕後

縣監榮後之子湖州裕後再從侄進士

松谷 蔡時鏡

字仲宣縣令時祥子湖洲從侄文科官止校理

五視齋 蔡明胤

字仲耆五視齋弟肅宗朝科歷翰林官止叅判有文名

希菴 蔡彭胤

字伯規知中膺一之子九峯成胤之孫○英宗朝科歷三司閣臣官至領議政器局弘博氣宇軒昂爲相致平眞一世名相

樊岩 蔡濟恭

廷侃子忍菴曾孫進士値昏朝避世于常山郎鎭川也一生攻詩如曰畏蛇燕壘憐蝶壞蛛絲畏蛇下有防字

尊塘 蔡震亨

字用九尊塘子仁祖朝科官止持平嘗上疏斥和過南漢詩曰三綱已裂國垂傾公議千秋愧汗靑忍輩神宗皇帝德何顔宣祖大王靈寧爲北地王諶死肯作東窓賊檜生江上呑聲行且哭穆陵殘日照微誠○公不喜趨走故官不顯而淸名且著

知非齋 蔡聖龜

寄寄齋 蔡得淳

以欽之子尊塘五世孫進士以科詩名

濯纓臺	蔡貴河	仁川	尙書元吉之子官止尙書
灣溪	蔡申保		㢸書倫之子濯纓臺曾孫官止府使
懶齋	蔡壽		字耆之灣溪子睿宗朝選湖堂冊靖國功官大司憲仁川君謚襄靖好讀書愛山水公於重試皆壯元入有詩曰一擧首登龍虎榜十年身在鳳凰池燕山甲子杖流公與其婿李陰厓金安老俱大科友婿金仙洞勘亦以主文請與焉享咸昌祠
拙齋	蔡紹權		字孝仲懶齋子燕山朝科歷三司官止刑曹判書
蔡亭	蔡洛		字混源縣監年子懶齋從子中宗朝科翰林官止大司諫
休菴	蔡無逸		字居敬叅奉胤權子拙齋從子生壯中宗朝科官止獻納性勁直少時忤姑夫金安老謫南海○通博經史尤透易學書畫音律亦極其妙自幼慧敏其祖抱立雪中吟詩曰犬走梅花落公即對曰鷄行竹葉成○幷享咸昌院
雩潭	蔡得沂		字詠而叅奉有終子懶齋玄孫官止大君師博不就丁丑斥和入陪臣傳
五峰	蔡恒		天瑞子休菴曾孫官止判官亦斥和入陪臣傳
漱菴	蔡之沔		字漢卿懶齋五世孫遊尤春及申百源門以篤學聞尤菴書漱菴二字而賜之登科輒罷榜登薦未授職而卒
新村	蔡無易		蔡亭子中生員官止侍直

松村	蔡宗吉	仁川	字善餘新村子官止監察廢母論生杜門屛跡反正後擧遺逸拜齋郎甲子倡義奔向行在拜官不就○誠孝出天透於禮學
鳳岩	蔡之洪		字君範僉知領之子松村曾孫寒水高弟薦諮議官止縣監八歲咏月詩曰月出東山上形如太極初作硯滴曰爾本河濱物元無苦泓處十歲解璣三百註親病血書禱天有文集及性理管窺書
投岩	蔡夢硯		字應靜濯纓臺八世孫寒岡門人享仁同嘯岩院
栢浦	蔡楙		字子俊投岩子仁祖朝科官止正郎並享仁同院
晩歸堂	蔡錫疇		字尤瑞尤菴門人有經明行修之資
九峰	蔡成胤	平康	五視齋弟樊岩父文科官至左尹
桑村	盧嵩	光州	字中甫持平俊卿子前朝科入本朝官至右政丞謚景平
蘇齋	盧守愼		字寡悔鴻子桑村八世孫李灘叟延慶婿中宗朝科選湖堂官至領議政謚文懿○乙巳以吏郎丁巳謫珍島十九年而放還公學于灘叟及陰厓文章學識動一時在謫註夜氣箴指意精明自被謫而還氣節消磨在相位四十年別無建白栗谷以是短之而有好善之心嘗欲與思菴栗谷調停士論壽七十六嘗以誤薦汝立罷○享珍島忠州尙州各院
厚齋	盧克愼		蘇齋弟官止僉正蘇齋在珍島時別弟詩曰日暮林烏啼有血天寒哀鴈影無隣
松齋	盧叔仝	豐川	字和仲焉之子世宗朝科官止禮判選淸白享咸陽道谷祠

拙存齋	盧 盼	豐川	字昇彥松齋子世祖朝科官止校理慶州懷古詩云舊時春燕入誰家遼鶴歸來丘壠多只有今人能解事閑吹玉笛弄韶華
信古堂	盧友明		字君亮拙存齋子以薦官止叅奉一囊門人有家行深於音學楷法與兄友良弟友英世稱三珠並享咸陽祠
玉溪	盧 禛		字子膺信古堂子明宗朝大科官至吏判選淸白諡文孝○性至孝六歲喪父隨廬墓性又遲鈍訥言樂善好惡愛士而立朝不能建白崔守愚語玉溪鄉人曰君鄉亦有尹斗壽盖以爲貪鄙也永慶之言雖過而識者不甚非之○享咸昌南原祠
雲堤	盧亨弼		賚之子玉溪曾孫官止師傅享雲峯祠
懶菴	盧 禋		贈持平友良子信古堂從子官止司議
河濱	盧弘器		宣之子懶菴曾孫官止郡守
大隱堂	盧思愼	交河	字子胖同敦寧物載之子端宗朝科選湖堂冊佐理功官止領議政宣城府院君諡文匡壽七十二孝思亭閈之孫領相沈温外孫○戊午與柳子光俱詣差備門同起士禍而但與子光議異嘗被趙舜之劾尹弼商勸令殺舜公撓手曰是何言竟不從
菊逸齋	盧公弼		字希亮天隱堂子世祖朝科判六曹官止領敦寧行贊成賜几杖燕山甲子杖流茂長反正召還
常靑堂	盧 洽		叅奉望龍之子天隱堂六世孫
棣華堂	盧繼元		進士景麒子兄弟友愛篤至同處一室朝夕不離白首如一日西厓自嶺赴召歷訪見之及入侍實白宣廟手書棣華堂下賜

竹門	盧文漢	交河	字士華克漸子棣華從孫仁祖朝科歷兩司官止通政牧使○有詩名○清州有祠幷享棣華堂
漢源	盧兢		進士命欽子竹門五世孫進士父子俱以科詩名
別宥	盧植		縣監弘祐子宣祖朝科官至禮判
黑齋	盧瑾	晉州	居固城中宗朝擧遺逸爲慶尙都事入己卯籍享草溪院
梅竹窩	盧克誠		字明甫墨齋子官止直長幷享草溪院○自幼至孝親喪居廬有獐來之異感以行誼聞于朝
一笑	盧協	慶州	字寅伯八元子文科官止通政府使
松菴	盧守誠	安康	敎授希載子進士
敬菴	盧景任		字弓仲松菴子文科官止校理張旅軒甥侄仍受學焉
立齋	盧欽		南冥門人事先生許以學究敬義館學詮曹交薦除叅奉屢除至察訪不就○享三嘉古岩祠
孝思亭	盧閈	交河	字有隣鈞之子漁隱婿官止右議政謚恭肅卽天隱思愼之父也書次錯交當在天隱堂之上行
晩翠	盧沈		官止叅奉享昌寧蘇谷祠
節孝公	盧俊恭	光山	節行卓異潛心性理之學麗季禮壞擧世短喪公獨行三年之制壬申以後晦跡隱居本朝累徵不赴上曰盧某拔乎流俗守經不回誠可褒揚贈謚節孝命旌其閭

號	姓名	記事
綿谷	魚變甲 咸從	字子先縣令淵子太宗朝大科官止直提學有孝行親老不仕三世俱入名臣錄
龜川	魚孝瞻	字萬從綿谷子朴釣隱婿世宗朝科歷翰林官止吏判謚文孝○以正道自持處大事決大疑援酌古今揆策折理一世名臣
西川	魚世謙	字子益龜川子二　司馬二十五登世祖朝大科選湖堂歷翰林官至左議政咸從府院君謚文貞○戊午以看史不告被禍
也足堂	魚叔權	西川庶孫官至學官著稗官雜記
謙齋	魚震翼	字翼之判官漢明之子龜川八世孫顯宗朝科官止監司嘗遇尹鑴於隣舍拂衣而起以此被配
兢齋	魚有龜	字聖則左尹史衡子謙齋孫肅宗朝科歷三司爲景宗國舅官止領敦寧咸恩府院君兩局大將辛壬間爲外老內少
杞園	魚有鳳	字舜瑞兢齋弟以逸官止贊善農岩門人以學行有名
瓜翁	魚有成	字聖時文科史商子杞園族弟寒水門人蔭仕官止都正兄有龍文科判敦寧○辛壬三諫之一
逸軒	魚錫胤	字孝伯杞園子英宗朝科歷三司止官大司憲
灌圃	魚得江	字子遊訓導文孫之子燕山朝科歷南床官止大司諫以文學名于世
松亭	魚泳濬	字彥深漢倫子燕山朝科選湖堂官止正
浪仙	魚無跡	字潛夫以金海官奴免賤有奇才以詩識本倅之貪慾逃于他郡而終○嘗有逢雪詩曰馬上新逢雪孤城欲閉時漸能消酒力渾欲凍吟髭落日無留景棲禽不定枝灞橋驢背

興吾與故人期

貞莊公	魚有沼	忠州	遠祖池重翼脇下有三鱗甲高麗太祖見而奇之曰汝是魚也仍賜姓魚氏○公之射藝絕倫魁武科世祖朝征李施愛討建州衛平征賜敵愾功封藥城君官止兵曹判書錄佐理功謚貞莊○眞一世之名將偉傑
退翁	元 曜	原州	中贊傳之子前朝科官止贊成事
梅溪	元松壽		字喬年評理善子前朝科官止政堂文學謚文定風儀敎秀進退有度銓注八年愼重名器有宰相局自辛旽用事憂憤成疾
瓮岩	元天常		宗簿令允廸子有文學
耘谷	元天錫		字子正瓮岩弟國子進士見麗朝將亂隱居獨守及國亾入雉岳山躬耕養親太宗微時受業於公故至於親往其田隱避不見所著野史與本朝所編或不同子孫懼而焚之多咏時事直筆森然目禑昌以前曰國家恭讓以後曰國革命以後曰新國
寧極堂	元甫崙		字壽翁校理自敦子耘谷孫世祖朝科官止持平與耘谷並享原州七峯院
龜亭	元 鎤		字鷲鳴景諶子寗極堂五世孫宣祖朝科官至嶺伯及右尹
觀瀾亭	元 昊		郎將憲之子世宗朝科官止直提學贈吏判謚貞簡端宗遜位築室越西提北及賓天還原州服喪三年終不出戶坐必東向光廟除戶議誓死不出平生詩文悉焚戒子孫勿習學業○卽生六臣之一幷享寗越咸安七峯各院

灘翁	元斗杓	原州	字子建原溪君裕男之子忠壯公豪之孫崔栗亭東式之婿冊靖社功官至右議政原平府院君謚忠翼嘗論禮主三年之制
居業窩	元斗樞		字君玉灘翁弟仁祖朝科官止監司○一號長山
孤山軒	元萬石		灘翁子仁祖朝科官止監司
聽齋	元萬里		孤山軒弟出后居業窩文科歷三司官止叅判
竹西	元夢麟		聽齋子尙孝宗公主爲興平尉
蒼霞	元景夏		字華伯牧使命龜子竹西孫英宗朝科歷三司官止吏判贈領相謚文忠有文名主蕩平之論
忠壯公	元豪		字中英宣祖朝科武科官至牧使贈兵判謚忠壯○節介淸白篤志力學壬辰多功
統制使	元鈞		字平仲宣祖朝科超拜慶尙右水使贈左賛成原陵君歷統制使○武勇兼全智略過人壬辰與李忠武舜臣力賛下海之計多立功勞及卒自上遣官致祭其弟挺壬辰以進士起義旅於湖西保障守禦
文敏公	元仁孫		字子靜判書景夏之子庚午進士文科歷全羅監司宣祖壬辰拜左相謚文敏弟義孫文科官止叅判
松軒	河楫	晉州	字得濟讓軍直漪子前朝科官至三重大匡賛善晉川府院君謚元正
苔軒	河允源		字淵之松軒子進士官至三重晉山府院君嘗爲大憲知非誤决皇天罰降八字掛於堂上而視事辛旽孝篤誠深命旌其閭

木翁	河自宗	原州 字汝長苔軒子麗末科爲吏部尙書佯病還鄕終身不出
警齋	河演	字淵亮木翁子太祖朝科官止領相賜几杖謚文孝配文宗廟○圃隱門人性好古每以古人自期禮待士夫享晉州宗川祠
蓮塘	河友明	警齋之子官止嘉靖同知養親至孝廬墓負薪以孝旌閭享金山院
菁川	河應臨	字大而叅奉永水子警齋五世孫明宗朝科歷翰林官修撰有文名
謙齋	河弘度	晉州 字重遠木翁之后光海朝棄擧業以經學自勉仁祖累召不起並享晉州院
浩亭	河崙	字大臨府使允潾子前朝科入本朝册定社佐命功官止領議政晉山府院君謚文忠配太宗廟○咸吉道奉審陵行夢見太祖怒甚覺而後死盖主定社之謀故也
丹溪	河緯地	字仲章少君澹之子或云善山世宗朝人才最盛而公居其最官至禮叅贈謚忠烈即六臣之一也○天順皇帝陷落北虜公慨然曰天子蒙塵天下共憤雖海東陪豈臣可恬然每處外廊公答人贈簑衣詩曰男兒得失古猶今頭上分明白日臨持贈簑衣應有意五湖煙月好相尋○享六臣祠又享善山月岩書院享晉州大覺院
寧無成	河應圖	字大易正郞沔之子宣祖朝科官止都事享晉州大覺院
松亭	河受一	字應千官止司評與郭警齋金三足堂交義甚密韜晦草野衰老執禮尤嚴朝廷嘉其行誼除官而不就享清道仙岩院
逍遙堂	河淡	
覺齋	河沆	進士麟瑞子松亭從叔享大覺院

雲水
喚醒齋
滄洲
菭溪
愚溪
養眞齋
襄靖公
樗谷
春江
痴溪

河潤 晉州
河洛
河澄
河溍
河孟寶
河萬里
河敬復
呂稱 咸陽
呂裕吉
呂祐吉

享晉州鼎剛祠
字道源覺齋弟生壯官止王子師傅兄弟俱學于南寘有學行癸未上疏伸救栗谷
享晉州臨川院
字晉伯公孝之子仁祖朝科官止司諫丙子勤王道聞父訃而歸疏斥自點有集享宗川院
祠咸陽龜川院
有文學
太宗朝武科官止知中樞府事謚襄靖○母夢鼈入懷中因有娠而生公公勇力絶人公有武藝之三特也太宗定內難門卒驅夫將欲斬之公奮臂却走至御前而呼曰如此壯士殺之何益上聞而赦之一也偶獵深山猝遇猛虎急取虎頷肉躑躅于地俯視崖下有泓推而沈虎于水虎飮水腹漲因搏殺之二也甞禦敵塞上敵騎雲合前有大樹即抽身疾走先據其樹敵追不及三也以武藝顯爲第一擅名當世○公之子漢亦以武藝官至中樞府事謚剛莊孫淑溥武科官叅判謚敬節贈公襄靖
字仲夫署令吉孫之子前朝科入本朝官止議政府事謚靖平
字德夫僉知順元子樗谷八世孫宣祖朝科官止右尹○牛溪門人六十餘遭親喪哀毁而卒
字倘夫春江子宣祖朝科官止監司

東江	呂爾徵	[illegible]	字子久春江弟宣祖朝科官提學至吏叅○善書篆三田碑
海翁	呂爾載	咸陽	字子厚水使裀吉子春江從子仁祖朝科官止刑判謚肅憲
雲浦	呂聖齊		字希天東江子生父府使爾、痴溪孫柳川韓浚慶外孫生外祖月灘韓孝純○孝宗朝科歷三司官止領議政謚景憲
松塢	呂應龍	星州	字文瑞徫濩之子文科官止吏正
鑑湖	呂大老		字渭叟松塢子龜村柳景深婿宣祖朝科官止郡守壬辰以義兵將戰亾
玄軒	睦世枰	泗川	字公達司直希顏子以金大成表弟仍學焉巳卯薦賢良入試不對禍作不復應擧詩酒林泉自娛而終天性明敏義理著善
逗日堂	睦詹		字思可玄軒子明宗朝科歷翰林官吏叅以從二品入耆社
荷潭	睦守欽		逗日堂子官止都事
梅溪	睦叙欽		字舜卿荷潭弟光海朝科歷三司官止禮叅老升知事壽八十一謚忠貞
孤石	睦長欽		字禹卿梅溪弟宣祖朝科分館前翰林官止戶叅
竹塢	睦大欽		字湯卿孤石弟宣祖朝科選湖堂官止承旨有詩集
竹一	睦取善		字執中荷潭子文科官止正言

壺翁	睦樂善	泗川	字識中竹一之弟進士叅奉不仕有至行廢母論後不赴擧退居金川金浦反正後官又不就
甁山	睦性善		字性之孤石子仁祖朝科歷翰林官止監司卒于嶺營
睡軒	睦來善		字來之梅溪子孝宗朝科歷翰林官止左議政己巳特拜左相廢妃時與領相權大運右相金德遠爲牟日庭請而罷後被奪
南磵	睦行善		字行之甁山弟出后竹塢文科官監司
翠岡	睦昌明		字隆世南磵子顯宗朝科歷翰林官止兵判乙巳多發凶啓甲戌竄朔州
青軒	睦林一		字士伯睡軒子肅宗朝科歷翰林官止吏叅甲戌安置南海
默菴	睦天任		青軒子有文名戊申辭連逆獄獄中作詩曰罪名白地從中出心事蒼天在上知此詩上徹後得快伸復原
所閑堂	愼守勤		字勤仲領相承善之子所閑堂權擘婿以蔭官止左議政謚信度以中宗國舅妹爲燕山妃○戊午史禍爲都承旨與弟守英守謙同啓作禍靖國後諸功臣密謀廢立於公公曰妹婿廢立子婿吾所不忍及反正爲武士之所撲殺愼妃之廢亦以此英宗己未溫陵復位後追封益城府院君賜謚
晚湖	愼懋	居昌	字勉哉所閑堂庶六世孫師事許觀雪以進士應旨疏進所撰保民編肅宗廟嘉奬之薦拜叅奉不就
獨齋	愼居寬		字栗而直長克正之子松齋自健從孫中宗朝科官止戶判謚恭簡乙巳忤元衡被竄大洋而放還
梅川	愼希復		字養叔縣監敦禮之子所閑堂從侄明宗朝科官止禮判謚莊貞遊靜菴門薦授大君師傅及登第明宗以甘盤之舊旬日內超拜官至直學上每欲大拜而倖臣沮之致仕退居

平山○初中宗命極選師傅公爲擬聽松爲副與李櫟對門不與往來畢竟爲所沮

居昌

松齋
灣溪
素隱
湖山
四嬌齋
樂水
夜潭
黃皐、
梅川
大谷

慎自健
慎喜男
慎天翊
慎海翊
慎三益
慎權
慎復振
慎守彝
慎公有
慎後尹

字杓直大司諫後甲之子進士以蔭仕歷持平官止監司以才諝稱退老交河之深岳以
能書擅名成廟命寫昌德宮之金門
明宗朝科歷三司官止監司
字伯擧譚之子灣溪曾孫光海朝科歷副提學官止吏叅○昏朝退居改玉後始入淸選
見靖社之臣循私棄官歸霽岩屢徵不起高抗之節當世罕比文章振一時尤善詞賦尤
菴甚敬之與弟海翊孿生母夢二鶴來坐臂一上天一入海故以命名母亦有賢德人稱
湖南三母
字仲擧素隱弟光海朝科官止佐郎二十一魁謁聖二十五卒能通鳥獸之音世稱異人
文章亦與兄齊名文集併出刊
字士友以處士名有文集
字彥仲友孟之子有學行居夜潭之上與李龜岩林葛川累日講磨或寓興唱和享安陰
院
字申之樂水子有學行受業於葛川門所居夜潭有泉石之勝
梓之子樂水五世孫以薦拜敎官
龍門門人有學行
字東老學於打愚以孝行贈持平

睡齋	具仁文	綾城	判事賢佐子高麗上將軍存裕之后世宗朝科官止校理光廟登極後托疾不仕
八谷	具思孟		字景時縣監淳之子明宗朝科歷翰林官止二相謚文懿元宗國舅追封綾安府院君當李樑用事不爲染跡黨目之起不爲標榜時稱有德君子
耻菴	具思閔		字景閭八谷弟以孝行薦官止知縣
群山	具宏		字二甫八谷子武科冊靖社功官止兵判綾城府院君謚忠穆
竹窓	具容		字大受群山兄蔭官知縣有詩名與石洲東岳爲莫逆之交
草塘	具宬		字元裕竹窓兄宣祖朝科歷三司冊扈聖功官止判綾海君謚忠肅○記崔守愚再鞫之啓以此見忤廢母不獻議不叅庭被遠配○嘗於仁廟潛邸時仁廟受學
草堂	具寃		字公進思仲之子八谷從子宣祖朝科分館前翰林壬辰被害
柳浦	具仁垕		字仲載草堂子出后宏爲綾原尉思顏之孫○武科冊靖社功官左議政綾川府院君謚忠武○少時師沙溪而嘗救李白江與洪白石金鶴洲沈竹沙有功於士類
明谷	具奎		字次山進士仁至子耻菴曾孫孝宗朝科官止承旨
屛菴	具壽福		字伯凝叅議信忠之孫中宗朝科歷翰林選湖堂官止吏正○己卯罷癸未還叙求禮縣監卒○子忭南宜門人創建德川院
洛洲	具鳳瑞		字景輝判肇之子屛岩玄孫吳楸灘婿仁祖朝科歷三司選湖堂官止平安監司卒于箕營謚景獻○兒時入白沙宅採荷花白沙招之使賦詩免罪公卽應聲曰童子招明月下遊相公池館冷如秋白沙欲困之呼牛字又應聲曰昇平事業知何在但問荷花不問牛

栢潭 具鳳齡 綾城
字景瑞綾原君諴之子明宗朝科歷翰林選湖堂官止大司憲提學退溪門人時稱三代人漢文章

青軒 具長孫
字子元進士慶之子領相致寬孫官典籍才學行誼見推於士林

眞休堂 具元之
字彦善青軒子中司不肯仕除官不就

睡菴 具繼禹
自幼稟質宏厚善行著於鄉里士亭以爲大人氣像鳴谷嘗曰子吾之師表屢欲官而不就

海門 具義剛
宣祖朝科歷三司吏郞官止戶叅

竹牖 具瑩
字瑩然大倫之子進士光海廢母時將抗章其兄力止未果後官止監察○沙溪門人屛湖南尤菴作墓文

忠烈公 具致寬
字而果府院君藝后牧使楊子○正直持身進退有節世祖丁亥科官至領相上命公爲大將以備語左右曰綾城吾之萬里長城申叔舟與致寬俱爲上所重申爲領相具爲右相召入內殿曰今日有問若對則已不能對則罰大酒爵終日飮罰皆醉而罷及定策成宗錄佐理功一等成廟以先祖臣甚敬重之選淸白諡忠烈公即青軒長孫之祖也

文節公 具鴻
號松隱値麗朝運訖之日懷罔僕之志曰不義富貴如浮雲登不朝峴而言志曰伯夷何人我何人掛冠不着而着蔽陽笠入杜門洞太祖以左政承累徵不起及卒子孫以李朝官啣書旌矣飄風忽起旋帛自絕改書麗朝職啣旌帛晏然太宗朝贈左政丞諡文節又賜葬山

三星齋 具然台
字華三贈敎官明鉉子領議政致寬十五世孫公孝性根天誠感神明親病嘗糞嘗藥斫指割肉奉母供旨有獐入籬有雉落庭翼廟乙酉生不求聞達隱居林泉自朝家有褒題

青坡 奇虔 幸州
判書勉之子官止判中樞謚貞武錄淸白自端宗遜位休官杜門謝絕人事光廟三訪托以耆肯嘗不屈爲濟州牧革其親死不葬之俗享長城秋山宇

勿齋 寄迴 幸州 校理績之子青坡曾孫進士與弟服齋幷名世稱雙璧

服齋 奇遵 字子敬勿齋弟中宗朝科歷南床選湖堂官止應敎贈吏判謚文貞○姿禀超然十七八慨然求道與靜菴爲道義交同心協己替卯下獄初配牙山移穩城挺身省母行未半程覺非而返事發裂幅上書得減死辛巳竟賜死在禁直夢中作詩曰異域江山故國同天涯垂淚倚奇峯頑雲漠漠河關閉古木蕭蕭城郭空野路細分秋草外人家多住夕陽中征帆萬里無廻道一作棹碧海茫々信不通及謫北乃夢中景也○享高陽穩城鍾城等院

奇峰 奇大升 字明彥叅奉進之子服齋從子明宗朝科選湖堂官止大司成副提學追錄光國功贈德原君謚文憲退溪門入有四七之卞退溪深相契許論薦于朝○公氣槩豪俊淸名大著李樑之敗士流追重公亦以經濟自負而實無操存踐履之功有好勝之疵嘗以乙巳權奸爲有功栗谷斥之公以南冥爲擾亂朝廷南冥亦曰若使得志必害士流以故經筵日記多議短之○享光州月峯及羅州景賢院

晩全堂 奇自獻 字士靖應世之子服齋曾孫叅判大恒孫宣祖朝科歷翰林三司吏郞選湖堂官止領議政初從士流後或有疵議爲甲子逆适之惡招有時論寃之甚多廢母時極諫被竄

錦江 奇孝諫 字伯顧大有之子高峰從侄受業於河西一齋之門○幷享秋山院

松岩 奇挺翼 字子亮諮議震璧之子高峯五世孫官止叅奉或云錦江曾孫出入於尤菴門幷享秋山院

樂岩 奇挺龍 字見卿勿齋六世孫○性至孝以方伯御史薦聞旌閭

栢峰 奇晩獻 字時可持平迴曾孫仁祖朝科官止府使

蘆沙	奇正鎭		字大中進士壬辰薦授參奉官止參判有文集
林溪	高廸	濟州	廷益之子麗元宗時登科拜本州摠管時兵革屢起朝野不寧公遯跡林溪元宗聞其廉遣使安車以迎拜監察御史
靈谷	高得宗		字子傳將軍智鳳之子林溪六世孫太宗朝科官止吏曹判書自幼性至孝有氣節文筆皆遒古諡文忠
觀瀾齋	高晦		字汝根教官省久之子靈谷六世孫官侍直贈大司憲尤菴門人乙卯與安穩等卞師誣同被竄
竹湖	高弘達		字達夫生員丙子與其友前郡守柳東秀倡義赴難聞已講和以所募兵徃納于兵營而歸朝家嘉其忠除齋郎不就贈承旨
霞川	高孟英	長興	字英之校理雲之子中宗朝科歷三司官止大司諫歷監司父爲己卯黨人而公以李樑黨有疵議被竄
松雪	高仲英		霞川弟享光州景烈祠
霽峰	高敬命		字而順霞川子明宗朝科選湖堂官止工曹參議贈左贊成諡忠烈○曾爲萊伯以金百匀之婿斥寵家食十九年壬辰擧義兵與其子因厚同死於錦山之戰人以爲死同文山父子忠臣同張睢陽○享光州錦山祠有文集
晴沙	高用厚		字善行霽峰子宣祖朝科歷三司選湖堂官止判決事坐詩案而廢自少厲志攻學聲譽日起但疎蕩以此被疵屛跡以終
皁峰	高從厚		字道仲晴沙兄宣祖朝科官止縣令贈諡孝烈其父殉節公期欲復讐起兵入晋州城與三壯士同死文章有倚馬草檄之藻警人有復讐傳檄于世募馬濟州也有投袂起者吾知海外有人秉策臨之莫曰天下無馬

鶴沙	高因厚	長興	字善建晴沙仲兄宣祖朝科官止成均贈禮判毅烈贈謚○壬辰與父同死時年三十三 父子并享光州錦山祠
月峰	高傳川		字君涉鶴峯子光海朝歷兩司官止正
杜谷	高應繼	安東	字叔明夢聃之子進士宣祖朝科官止司成金後溪門人○楷於學門百藝俱通自比康 節享善山院
月峰	高仁繼	開城	郡守雲興之子文科官止司藝
樂天堂	高崇傑		字伯高一蠹門人有學行
龜岩	高敬相		享光州星烈祠
[illegible]齋	高時顯		有文學
學圃	梁彭孫	濟州	字大春以河之子中宗朝科選湖堂官止校理宋知止堂門人文章節行與崔新齋尹橘 亭齊名贈謚惠康配凌州竹樹院
松川	梁應鼎		字君燮學圃子明宗朝大科歷翰林三司選湖堂官止大司成歷監司有文名
據梧	梁曼容		字長卿山軸之子松川孫仁祖朝科歷翰林官止應教
髥峰	梁砥南		字子鎭學圃玄孫受學於牛山○丙子起兵赴義天性至孝命旌其閭
瀟灑園	梁山甫		字彥鎭處士靜菴門人己卯後隱居

皷岩	梁子澂	濟州	字仲明瀟灑園子金河西壻仍學焉○五歲喪母哀毁成病燒羽簇和藥亦不食後當父喪哀毁踰禮撰河西行狀實是翁壻間知己挽河西詩曰鳴詩豈是古詩客寓酒還非嗜酒人共說好賢如好色終知憂道不憂貧○享長城筆岩院
支岩	梁子渟		字季明皷岩子亦河西門人有文學
月亭	梁　堅	南原	戶長卓英之子官戶長有文名
訥齋	梁誠之		字純夫寺正九疇之子月亭八世孫世宗朝科拜校理典佐理功官止吏曹判書南原君諡文襄文學徹底所著有文集
雪翁	梁　淵		字巨源令號之子訥齋曾孫中宗朝科官止贊成丁酉以大憲劾金安老三凶盖受密旨也有沮於慕齋之銓長及大拜事云
漫叟	梁應洛		字深源訥齋六世孫宣祖朝科官止承旨
逸老堂	梁　灌		字沃之生員川之子武科官止同中樞錄淸白成宗朝科選瀛堂官止中樞○享咸陽祠
竹齋	梁鐵堅		字剛中玉精之子中宗朝科官止縣監
虛眞堂	梁應鮐		竹齋之子有文學
九拙菴	梁　喜		字懼而僉正應鯤子逸老堂孫進士明宗朝科官至吏曹叅判奉使入天朝卒于玉河館天子賜吊祭○幷享咸陽祠
西溪	梁弘澍		字大霖九拙菴子官止禁都事始事南冥終學牛溪壬辰欲起義兵而耻與仁弘同事奔向行在上疏斥仁弘○仁弘卽妹夫

眞愚齋	梁槐	南原	字學器西溪子十餘歲已通經史以學爲贄謁于牛溪○壬辰從西溪奔向行在○早夭
任天	梁榞		眞愚齋弟官止知縣受學於沙溪昏朝疏論仁弘被竄西塞反正後昇平諸公薦拜洗馬
默齋	梁處濟		有偏黨之說學行篤底
梅村	梁得中		尹明齋門人有學行
葵軒	梁艤		字泛翁中宗朝科官止承旨
竹岩	梁大樸		字士眞葵軒子官止學官善於詩文二子俱善詩時人化之曰車軾三父子
霽湖	梁慶遇		字子漸竹岩子沙溪門人宣祖科官止府使製述官○能詩善文嘗東岳與公談詩自詑海常花下逢僧語杜宇聲中送客歸之句公曰不如吾山花杜宇聲中落芳草王孫去後生之句東岳大怒至於不相悅
東匡	梁亨遇		字子發霽湖弟光海朝科官止都事亦有詩名遊沙溪門
晦翁	梁燾		字廣叔霽湖子仁祖朝科官止校書博士
贈左承旨	梁山璹		字會元校理彭孫之子從學牛溪卜居羅州壬辰倡義赴江都奔問行在特命除工曹佐郎入天朝請援兵及還敵已逼城陷與金千鎰同赴水而死丁酉公之妻李氏亦遇敵自殉贈左承旨

柳亭	梁汝恭	羅州	字敬之肅之子太宗朝科官止兵佐因事廢仕孝友正直能書詩書以孝旋閭
月軒	丁壽崗	羅州	字不崩昭格令汲之子成宗朝科官至兵曹判書○性廉謹有文集其兄壽崑有文名多異績世傳仙化云
月峰	丁玉亨		字嘉仲月軒子中宗朝科歷翰林官止二相
忠靖公	丁應斗		字樞卿玉亨子中宗朝科選湖堂歷八道方伯官止贊成二相謚忠靖○性忠厚淸儉文學德望名于一世世稱善食先生
顧菴	丁胤禧		字景錫贊成應斗子月峯孫生進俱壯明宗朝大科選湖堂官止監司退溪門人
東園	丁好善		字士優顧菴子宣祖朝科歷翰林官止監司
默拱翁	丁彥璜		字仲徽掌令好寬之子仁祖朝科官止左尹公之父好寬昏朝上凶疏癸亥追奪
愚潭	丁時翰		字君翊默拱子以遺逸官止進善有學行能盖其祖之愆嘗上疏言己巳禍二三年宰臣之無他心又請廣選官僚以下公意
斗湖	丁時潤		校理彥璧之子東園孫文科官止叅議○公之五代孫若牗文科官承旨有文名多著述
寓隱	丁時述		字汝痴縣監彥珪子顧菴曾孫顯宗朝科官止教官典簿明習譜學著東國萬姓譜
海左	丁範祖		字法正同知志寧子愚潭玄孫英宗朝科選湖堂歷三司提學官至判書○有文名文章浩博氣字淡和世稱仙人之風
澄軒	丁明應	昌原	字淸卿世宗朝科官止知縣有孝行

檜山
遊軒
晚軒
易齋
不憂軒
孤舟
盤谷
壽岩
松隱
茶山

丁煥
丁熿
丁焰
丁自堅
丁克仁
丁運熙
丁景達
丁鳴說
丁南一
丁若鏞

昌原
靈光
羅州

字用晦都正世明之子中宗朝科官至都事受業於靜菴以孝行著○享南原寧川院
字季晦檜山弟中宗朝科官止舍人贈吏判謚忠簡○仁宗喪踰月之葬公獨抗疏諫爭丁未之禍與宋麟壽李若氷連名被禍○初竄昆陽移巨濟在謫十六年猶有忠君憂國諫諍之誠草疏言時事南冥往見力止竟卒于謫以孝悌聞於世有文集
字君晦世安子遊軒從弟明宗朝科官止郡守壽升同知享南原玄溪寺
字不憐中宗朝科官止副正壽升通政
字可宅郡守寅之子端宗朝科官止正言登第時年已七十拜正言遜位後退歸泰仁訓誨後進○享泰仁武城院
不憂軒之后壬辰倡義除叅奉不就與宋西齋同享與陽雲谷書院
字而晦叅賛夢鷹子文科官止叅議壬辰以善山倅募兵討賊
盤谷子文科官止都事
壽岩子生員
牧使載遠之子斗湖時潤五世孫正祖己酉生員文科官止承旨○天姿粹然見聞高明超然有出群脫塵之態聞一知十之量見此度彼之識當時無傳諸子百家之書不涉獵老莊釋佛之學亦皆一覽而通際有西洋學問漸東欲究其眞意之如何亦取之而一覺辛酉邪學之拘禁公亦被禍弟若鍾竄極地蒙宥後未幾而卒所著有欽欽新書牧民新

書强城考等書

十省堂 嚴昕 寧越
字啓遠部將用和之子梅竹軒成三問之外玄孫也中宗朝科選湖堂歷南床吏郞舍人
官止典翰

桐江 嚴惺
字敬甫直長仁達子十省堂從孫光海朝科歷翰林官止應敎爲檢閱時李偉卿上疏請
廢母公與尹烇喜倡起四館恭下官施停擧罰又獨進極言以此圍置反正初復官仲雪

滄浪 嚴鼎耈
字重叔水使愰之子桐江從子仁祖朝科歷翰林官止左尹自點敗後五竄之一也〇南
溪李浩外孫遁谷金壽賢婿

晩悔 嚴緝
字敬止監察鼎耈子桐江從孫顯宗朝科歷三司官止禮曹判書謚貞憲有淸白名

孚齋 嚴慶遂
字仲成晩悔子肅宗朝科官止校理肅廟丙申以玉堂疏救尹明齋竟至被竄

稼隱 嚴慶遐
字季長孚齋弟英宗朝科官止大司諫

戶長 嚴興道
爲郡戶長上王卽端宗昇遐公卽臨哭具棺斂襲而葬之其族屬皆畏禍而止之公曰爲
善被禍吾所甘心公死其子好賢歸葬故山肅宗朝宋尤菴請錄其子孫至英宗朝旌閭
贈叅判賜祭文〇六臣雖由於盡心所事而於戶長有何求而不顧自家之見禍能辦于
此其義烈赤心求諸往牒誠爲罕聞流傳百世

易東 禹倬 丹陽
字卓甫官止祭酒忠宣之烝蔡妃也以監察糾正持斧上疏極言退居禮安縣忠肅累召
不起通經史透於禮學卜筮極其妙程傳初來人無知者公閉門月餘乃通退溪以爲先
生之忠義可以動天地撼山河經學之名進退之節亦有大過人者〇享禮安丹陽諸書
院

養浩堂 禹玄寶
字錫圭赤城君吉生之子封丹陽伯以淸白名五子俱文科享丹山院與易東同享

號	姓名	本貫	事蹟
二友堂	禹惟一	丹陽	字子仲養浩堂六世孫仁祖朝科官止兩司有文名〇昌平及靈岩有二友祠
沙潭	禹廷琛		字季獻舜民子養浩堂七世孫宣祖朝科官止正
愚谷	禹綱		叅奉億期之子養浩堂八世孫生員
葛溪	禹鼎		判事弘業子愚谷孫生員贈持平旌閭天性孝友丙子之亂以上舍在泮宮諸生皆走散公獨通于舘長埋兩廡位板奉五聖十哲位版手自封裏使宇僕鄭信國等達于行在歸鄉與妻金氏被執於賊不食三日投江而歿以是贈旋
淵菴	禹性傳		字景善僉正彥謙之子宣祖朝科官止大司成退溪門人〇壬辰倡義賜號杖義使與李潑分黨因爲南北之論〇深於易學
長谷	禹弘績		字嘉仲萬戶秀民之子宣祖朝科官止承文正字〇壬辰亂被害有詩名
懼菴	禹伏龍		字見吉崇善子判書希烈后進士以蔭官止監司初從閔杏村學又徃來牛溪之門以學行著壬辰後多歷試有聲績
孤山	禹世一		字執卿生員錫疇子懼菴旁孫司馬官止監司寒泉門人博通衆技尤透於易所著有看易一得
南谷	禹聖瑞		生員早卒〇天性至孝勵志爲學親喪廬墓啜粥幾至滅性尤菴大嘉奬之
楓厓	禹善言		字文甫丹城貢之子佔僤門人
雲谷	禹南陽	丹陽	字夢賚以處士拜執義不起巳卯士流水漿不入口嘔血而卒

樵川	郭鏡	玄風 始出東國爲玄風麗仁宗朝科官止侍中苞山君謚正懿其始[illegible]西弘農人也
石川	郭元根	密直使教孝之子樵叟七世孫官止進賢館大提學
東山居士	郭輿	字夢得尙之子麗文宗朝科爲禮部外郞歸隱全州睿宗徵之使居禁中因請退去賜以頭山一峯結廬公涉獵群書無不達
三寶堂	郭之雲	字汝雨玶之子中宗朝科官止佐郞享淸風淸白祠
定菴	郭越	字時靜府使之藩子三寶再從侄明宗朝科官止叅議甞疏斥李東皐○有文集
存齋	郭䞭	字養正之完子定菴再從弟鄭蠖溪外孫壬辰與趙大笑軒同募義旅江右十餘郡㦖以得全朝廷除安陰縣監黃石之陷與大笑軒北向再拜而死○子履常履厚及其壻柳文虎夫妻皆殉○公天姿明粹又有孝行享安陰玄風諸院
禮村	郭𥙿	字恭靜叅奉之仁子以學行卓異薦官止郡守南冥門人忠信孝友士林所重享玄風院
忘憂堂	郭再佑	字季綏定菴子南冥曹植孫婿仍學焉官至叅判○識周庶務勇奮三軍壬辰倡義號紅衣將軍屢有戰功爲嶺南義兵之最起兵初爲監司金睟之所誣幾欲移兵先攻睟金鶴峯和解之後爲洪汝諄所劾被謫赦還入琵琶山一琴蕭然辟穀爲人○屢徵爲兵使監司而皆不就昏朝甞一上金恩疏死時紫氣衝天世以爲化仙幷享玄風祠
九峯	郭天衢	字士亨光海朝科官止郡守以詞賦名
遯溪	郭世翼	字九萬浄之子忘憂堂再從孫文科孝宗朝官止司藝享平昌書字

龍村	郭垠	善山	字岸夫進士琦之子東山居士輿十二世孫成宗朝科官止承旨以潭陽治最升承旨未赴而卒肅宗朝特建別院且贈職
坦菴	郭詩		龍村孫中宗朝科官止正字金安典不爲附阿故不與淸選嘗曰寧爲正敗不欲詭得
西浦	郭說	清州	字夢得文正公懷英子文科官止僉正老升嘉善以文翰名
仙舟	郭希泰		字宗余西浦子六十六歲登科仁祖朝壽升同知壽八十七亦以文翰名世
芝浦	郭之欽		字欽魯仙舟子仁祖朝科官止執義有淸直聲
景寒齋	郭始徵		字智叔芝浦子官止師傅尤菴門人己巳棄官歸尤菴有後命上章訟寃爲英廟師傅謚儀節
警齋	郭珦	永川	字伯瑜遂寧子中宗朝科官止持平與成聽松爲道義交見時事大非解官歸雲門山○强勁正直見義勇往不容於世
石浦	郭壽期	海美	字眉叟世功之子宣祖朝科官止佐郞以父母年皆九十棄官而歸不仕昏朝
松齋	羅世纘	羅州	字丕丞進士彬之子進士中宗朝科歷翰林選湖堂官止大司憲贈謚信敏○斥金安老爲其所誣受刑嘗論仁宗不當入文昭殿又卞白仁傑丁熿之寃出爲全州府尹憂憤成疾而卒所著多文集
止齋	羅秅		字彥明中宗朝科歷翰林官止司藝
南磵	羅海鳳		字應瑞德讓子止齋曾孫官止別提居錦城與谿谷同升上庠與公唱酬亭羅州谿僩院

艮菴	羅允明		字晦元中宗朝科歷三司官止輔德
勿染亭	羅茂松		字秀夫判事德用子松齋從孫文科官止吏郞
九華	羅茂春		字耆之勿染亭弟光海朝科官止典籍以學正與嚴惺削李偉卿籍享潭陽龜山院
長吟亭	羅湜	安定	字長源叅奉世傑子靜菴門人以薦拜宣陵叅奉乙巳杖流江界丁未賜死○兄副提學淑同死
後谷	羅級		字子升學諭允忱子長吟亭從孫宣祖朝科入弘錄官止輔德天性至孝剛不可反義不可奪丙申赴倭不撓賊奇之而開門
鵠浦	羅萬甲		字夢賚後谷子鄭守夢婿仁祖朝科歷翰林官止戶議沙溪門人又事淸陰丙子斥和以言責自任頗有直名
碁洲	羅星斗		字于天鵠浦子蔭官牧使
明村	羅良佐		字顯道棋洲子以遺逸官止掌令尹美村門人懷尼之爭首上疏攻尤菴有明村雜錄其於攻尤菴之書不可準信或多矣文谷夫人卽其姊也農淵皆其甥也而累書爭卞
洞玄子	羅浚		明村從子官止監役嘗云明齋公背師淸州人作賦三淵翁辱舅晉州民殺母以此觀之其論不可信者是也
梅陰	羅以俊	壽城	字宅平瑢之子踦菴曾孫仁祖朝科歷三司官止通政
滄洲	羅學川		字師道梅陰子肅宗朝科官止承旨
忠順堂	羅興儒		恭愍朝科恭愍王召便殿命賦靑山雨後圖詩大加稱賞因繕寫成軸求和於一時文人

踦菴	羅應斗	羅州	知壽州事攄之子卽梅陰以俊之曾祖
建溪	羅安世		字德興甫重之子中宗朝科官止文科校理享金堤龍岩八孝祠有孝行
耐貧堂	羅安仁		享金堤龍岩八孝祠孝行篇至
樂善堂	羅安義		同右
杏亭	羅應虛		同右
龜山	羅應參		同右
杏隱	羅宬		同右
月峯	羅稧		同右
繼怡堂	羅表		同右
柏竹堂	裴尙志	興海	興海君詮之子前朝科官止判司僕寺事麗末棄官歸安東金鷄村不仕本朝○三子桓楠杠俱登本朝魁科○享鏡光院
臨淵	裴三益		字汝友司杲天錫子栢竹堂七世孫明宗朝科歷三司官止大司成監司受業於退溪文章混婉筆法遒勁聘上國得褒嘉
琴易堂	裴龍吉		字明瑞臨淵子宣祖朝科歷翰林官都事

慕菴	裵弘重	大邱	字子厚從牛溪受性理之學以小學律身居喪有雉入幕虎投獐兎之感異
藤菴	裵尙龍	京山	字子章水使禊之子遊寒岡門以力學稱痛其父非命之死不事擧業盖禊以壬辰倭軍死誅者也
洛川	裵紳		字景餘叅奉嗣宗之子官止敎官往來退溪門及大谷葛川之門與申松溪諸公友善幼時見乙巳之禍作作賦感想孝行篇
慕亭	裵大維	金海	字子張湙之子光海朝科歷三司止承旨善書名○癸亥以北黨削板
楡菴	裵幼樟		十九歲聞南漢下城不赴會除敎官不就贈執義
桂軒	裵一長		官止叅奉享狹川明谷祠
栗里	裵錫祉		官知縣享漆原德淵院
晦峰	裵後度		性度端雅七歲通詩書受業於重峯文章學識爲士流推仰丁丑聞和議慨然廢擧而卒○鄕人立祠祀之○其子世揚亦有行誼壽至一百二歲而終
筆菴	裵克廉	星州	恭愍朝判官至左侍中入本朝策佐命功封星山伯至領相○謹廉淸澹正直浩博出類超類甞爲晋州伯時植栢於衙北民比甘棠以爲侍中栢爲楊廣道觀察使時監修漢陽宮闕公之於本朝開國之功立嗣之議公功甚多謚貞節
叅判	裵興立		字伯起宣祖朝武擧官至工曹叅判○爲興陽郡守時預知有他日之急謄捧稅進船臨亂賴用屢從權慄及李舜臣冒鋒施勇閑山島之役九戰九捷珍島之役亦得大捷以宣武功贈左贊成

武烈公	裴玄慶	慶州	膽力過人武勇超凡起自行伍累進至大匡高麗太祖時授兵部郎中太祖征討四方公居最謚武烈
安村	裴應慶	星州	字晦甫宣祖朝科官牧使
靜谷	裴世績	金海	蔭官止軍威縣監選淸白與栗里裴世祉幷享德淵院
浦洲	白揮	水原	麗朝時十六進士壯元官止內奉監越
休菴	白仁傑		師傅益堅之子中宗朝科歷翰林進學官止叅賛謚忠肅錄淸白靜菴門人○性正直篤學問至老不倦乙巳獨啓密旨之非是夕同僚皆退公留門獨啓○松江詩所云孤忠一代無雙士獻納三更獨啓人者此也禍將不測賴北窓諫其父救免竄安邊宣廟初被擢用言論不以老自沮壽亨八十三○享坡州南平善山諸院
忠壯公	白時耉		字德老休菴從五世孫肅宗朝武擧官至南兵使○性剛直淸白少不撓於人其一生事業興學校養士卒爲務爲金一鏡之所陷竟至死獄而後乃伸雪謚忠壯
松潭	白仁煥		字士該居定州資性端嚴以扶綱立紀爲任甞至壬申土賊之乱召募敢死者多數之人以迎官軍以功除叅奉不就甲戌登武官止持平
訓判	白瑋		珍之五世孫丁卯亂列於八壯士之中斬土俊爲遊軍將及金人登城以斧擊殺其先登者仍病創死贈訓鍊判官旌其門
岐峰	白光弘	海美	字大裕世仁之子明宗朝科官止西評事居湖西時眷安州妓以病遞還路遇交丞崔孤竹題一詩於崔扇曰關西形勝大江三處々亭臺駐客驂君到百祥樓上問碧窓應有夢江南孤竹至州以扇贈妓而已訃忽至
楓岩	白光彦		岐峯弟蔭仕

玉峰	白光勳	海美	字彰卿楓岩弟進士官叅奉○文章名世與蓀谷孤竹號稱三唐蘇齋在珍島時公往從之學業亦有名○公詩如紅藕一枝風滿院乱蟬千樹雨歸村之句膾炙一時
松湖	白振南		字善鳴玉峯子進士善詩能文不墜家聲
彝齋	白頤正	藍浦	大司成文節之子也官止僉議評理上黨君○在元得程朱性理之學誨人不倦天姿淳厚有公輔器李益齋朴耻菴皆爲師事之
淡菴	白文寶	稷山	字和甫官止政堂文學稷山君謚文簡性恬靜不惑異端善文
三憂居士	文益漸	南平	字日新忠肅公叔宣子恭愍朝科官止左司議大夫江城君入中國得綿種而歸自此國內大播有孝行常憂邦家之不振聖學之將泯己道之不立故曰三憂○享丹城道川院
滄溪	文敬仝	甘泉	字欽之一作南平人直長績命之子燕山朝科官止司成工於詩尤長於詞賦有文集盖甘泉與南本系一貫似是或疑
竹溪	文瓘		字伯玉梅溪弟文科官止掌令中國人謂之君子幷享賓山院
錐鏍	文繪地	南平	被賢良薦因以禁錮與周愼齋金慕齋嘗磨道義
嶧陽	文景虎		生員官止察訪壬辰與郭忘憂倡義遊仁弘門與朴惺疏詆牛溪忠勇名世
玉洞	文益成		字叔裁生員翁之子嶧陽族孫明宗朝科官止牧使往來南冥之門能學問又從與聽溪遊
梅溪	文瑾	甘泉	字士輝獻納傑之子滄溪再從侄燕山朝科歷翰林官止刑曹叅判○己卯名賢也享賓山院贈吏判
敬菴	文宗道	南平	肅宗朝屢徵不起官止副率所著良麥二節闡于世

喚醒	文夢轅	南平	字仲吉杏村門人以儒行登仕官止知縣有高名
克齋	文喚		喚醒從子除敎官不就文章氣節行于世
花峰	文後開		克齋曾孫玄石門人
茅溪	文緯	丹城	字純夫以薦官止主簿受易於吳德溪又師事寒岡○壬辰起義以柳西厓金東岡薦授官至監察昏朝棄官歸反正後除知縣而棄去閉戶講程朱書一生不出戶四方願見其面入名臣錄○享居昌龍源宇
東湖	文德教	開寧	字可化鑑之子宣祖朝科官止佐郎居咸與以文學行誼名○有文集立鄕祠
楓岩	文緯世	長興	官止通政牧使與姊夫朴竹川光前遊學陶門絕意進取玩閱書史訓學者壬辰起義兵權慄以首功聞超拜縣令轉升掌上退溪令公兼學八陣圖法似逆覩公當亂有用也長與月川宇與三變幷享
白蓮堂	文益周		字仲郁擧孝廉官止知縣○父母喪廬墓盡制宅前有池々中紅蓮變爲白蓮故人以是稱與李青蓮友善及薦公絕不復見
自樂堂	文孝宗	南平	順平君達漢之子官止判中樞謚胡簡
忠肅公	文克謙		字德炳麗朝明宗時官至尙書吏部事謚忠肅○扶民保國々致康衢性孝友慈仁忠謇正直時稱伊尹王嘗作詩賜之曰一寸靈臺萬事侵唯餘憂慮日加深短懷拙智一難斷白髮千莖已滿簪公對曰年光荏苒暗相侵輔國思量日漸深自顧猶未報無惰白髮已盈簪自顧字下有君恩二字漏○二詩俱有感想之哀意未幾而卒

淸州

將軍 慶大升 麗平章事々珍子武力絶倫早有大志不事家人生產之業○蔭補校尉累遷至將軍討仲夫之亂而平靖使國家致泰

貞烈公 慶復興 右代言斯萬子恭愍朝拜軍資判書門下侍評事諡貞烈○性淸直智勇忠貞根性嘗內誅奇轍外殲紅賊以是錄功

湖菴 慶智 御中丞習之子前朝名臣將軍大升之后官止判事

月松 慶祥 僉知由謹之子湖菴孫入本朝官郡守

敬齋 慶世仁 字心仲月松祥之子也中宗朝登科官止弘文著作己卯薦目曰局量弘遠不事浮藻有學識才行禍後不復仕潛心力學於性理之學有君子風

南溪 慶延 字大有牧使由敦之子月松再從孫官止縣監○性孝篤有學行嘗爲親解氷而得魚泣菜而菜生使隣人不善事親者感喩感覺之俾爲孝子○爲懷德縣監有遺愛其歿也懷民賻以米布夫人亦不受所居淸州之南後人竪碑表之名其里孝村云享淸州莘巷院

石村 慶暹 字退夫獻納時成之子宣祖朝科歷三司官止叅判壬辰上與日本講和公爲回答使入日本而還

新江 慶㝡 字樂善監役有後之子石村孫孝宗朝科歷三司副學官止禮叅

靈山

岩谷 辛河鏡 辛氏之始祖麗朝官至侍中諡正義

草亭 辛裔 早登元制科官至政堂文學鷲城君○忠穆朝專權用事人稱辛王

德齋 辛蕆 中書侍郞至和子岩谷后早登科官至政堂文學判直密事○安晦軒門人爲當世名儒

石泉	辛引孫	靈山	字祚胤按撫使有定之子德齋玄孫太宗朝科歷翰林官止兵曹判書大提學諡忠肅
淵氷堂	辛碩祖		石泉之子世宗朝科歷兩床典文官止吏判諡文僖與南秀文權採同選湖堂之設始此文章一時齊名
安亭	辛永禧		字德優署令壽聃子淵氷堂孫進士佔畢門人與寒暄秋江友善知士禍將作隱居不仕○文章行誼爲世所推成虛白以公詩爲可出入蘇黃之間○詩曰打麥聲高酒滿盆老人無事臥荒村呼童室下遮風幔恐擾新移紫竹根
仙石	辛啓榮		字榮吉佐郎宗遠子光海朝科歷翰林三司老升判中樞壽九十三○諡靖憲
白麓	辛應時	寧越	字君望府使商輔之子明宗朝科選湖堂歷吏部官止副提學贈吏判諡文莊○文學々識見重於士流有名西人中十六叅謁聖考官安文僖公玹知爲公作以筆白之曰此人大器少年登科一不幸也公曰是愛我也
丫湖	辛慶晋		字用錫白麓子宣祖朝科歷翰林官止大司憲贈左贊成
鶴山	辛敦復		字仲厚丫湖孫蔭奉事老升同知所著甚多而以經濟自負
伊溪	辛蕃		字孟衍居醴泉顯宗朝科官止縣監
青坡	辛以剛		享玉果詠歸院
望菴	邊以中	黃州	字彥時本貫一作原州承旨澤之子宣祖朝科官止正○壬辰以後爲調度使凡三次勞績甚多後贈叅判從栗谷遊享鼈山長城鳳岩祠○長城鳳岩卽公之所居址也

紫霞 邊慶胤 黃州 字子餘望菴〃于宣祖朝科官佐郎贈叅議○昏朝移書責柳希奮以此廢沒于家幷享鳳岩祠

靜默齋 邊瑜 享南源玄溪祠有才行

桃灘 邊士貞 一齋門人官止叅奉以砥行名○壬辰爲義兵將多功享雲峯

聽流堂 邊烋 世璣之子紫霞從曾孫有義氣砥行享鳳岩祠

春堂 卞仲良 草溪 領中樞玉蘭之子

春亭 卞季良 字巨卿春堂弟圃隱門人十三登䴡朝科判佐軍都摠入本朝魁重試歷主文官止二相謚文肅○典文衡二十餘年事交隣詞命皆出其手本朝科体之文自公始云每製冬苽隨製而署之人云性吝○有文集

栢陰 卞景福 字仲由判决事忠男子判尹南龍后九歲居喪盡禮衰年居喪踰制天朝命旋閭壽九十二○孫時望以泮薦三世孝子十歲讀易仕至佐郎○時益文科官止承旨有淸白忠孝之名○幷享淸州菊溪院

一節 卞時煥 字輝卿栢陰從孫仁祖朝科官止知縣才能文章孝友行著○永感之後絶意榮利杜門讀書著述甚多得逸莊子贈一沙門作詩以賦日癸卯年贈癸未還一部眞帖滯廢間怊悵松村人去後衲衣來自玉溪山○公之沒後三十八有僧自玉溪來傳公歸時只持一筇故以爲號○精於易學居官淸白享淸州松泉院

梅坪 卞至鼎 叅奉熙憂子栢陰六世孫有學行

壽岩	卞成温	草溪	字汝潤河西門人享高敞月溪祠
仁川	卞成振		幷享月溪祠退溪門人學行篤高
梧亭	卞三近		乾元之子春堂九世孫文科官止叅判
龜山	卞璧		字獻之春亭五世孫○己卯薦賢良士禍後隱居于居昌不仕
寓慵	卞巘		字時哉少事休靜法雙翼○壬辰有軍功退俗登科被削進士○以白衣從事入天朝以筆法見稱文章爲世推名載皇華集
月潭	卞昌後		字慶餘龜山四世孫茅溪門人有孝行
松亭	全彭齡	沃川	字叔老叅判應卿之子中宗朝科官止牧使選廉謹資嘉善同中樞○享沃川鼇潭別立影堂
松塢	全彭壽		字仲老松亭兄文科官府使
松老	全彭祖		字伯老松塢兄生員
雙岩	全燁		松亭子官至佐郎以孝旌閭
休菴	全烈		松塢子官止監正
沙西	全湜		字淨元汝霖子松老曾孫宣祖朝科歷翰林官止吏曹叅判老升知中樞謚忠簡

滄洲	全克恬	沃川	沙西子官止洗馬
虬川	全克恒		字德久滄洲兄文科官止翰林胡亂遇害
鶴松	全有亨	平康	字叔進士絪之子宣祖朝科官止叅判○壬辰起復討平以不謹爽被誅後伸○享槐山花岩院
源泉	全八顧		享居昌院
渼東	全慶昌		享大邱鄕祠
蔡菴	全啓宗		享鎭安靈溪祠
栢軒	全信	天安	字而立密直使升之子官止大提學諡文孝
野隱	田祿生	潭陽	字孟卿知州事希慶子前朝科官止政堂文學○與圃牧諸先生友善時稱文武全才
耕隱	田貴生		野隱弟有文學
秋潭	田有秋		野隱后以孝行著聞享長興甘湖影堂
西亭	田闢	南原	字東野大祿子文科官止寺正
性岩	田佐命		官止佐郞享善山茂洞祠

號	姓名	本貫	事蹟
樓亭	田胤武	南原	性岩子官止佐郎
愚窩	田九畹		享蔚珍精舍
困菴	蘇世良	晉州	字凡友都事自坡子中宗朝科歷三司官止大司諫享慈山祠
陽谷	蘇世讓		字彥謙困菴弟中宗朝科官止二相謚文靖○文章有名又善筆法氣槩剛正嘗請復昭陵已卯不入士流淸閑二十年而卒
后泉	蘇光震		字子贊陽谷曾孫宣祖朝科歷翰林官止校理
四隱	蘇永福		字仲綏監察敏善子困菴曾孫官止叅奉享盆山祠
眠窩	蘇東道		字子由察訪萬善子困菴從曾孫文科官止監司享盆山祠
竹軒	康寶育	信川	于忠之子
梅溪	康好文		字子野恭懿朝科官止判典寓居南陽
無名齋	康伯珍		字子韞惕之子象山府院君允成之從曾孫江湖金滋外孫成宗朝科官止司諫戊午以佔畢甥侄與寒暄堂甲子同被禍
克齋	康景善		字元卿府使顗之子無名齋從侄天性孝友制行甚高與弟明菴同事爲學早年中司馬自遭家禍以後不復出仕篤厚君子
明菴	康惟善		字允淑克齋弟李灘叟婿仍學爲生員能文章以館儒上疏請伸已卯者凡三次親沒不復應擧爲文務淸新發越

竹磵	康復誠	信川	字明之明菴子官止知中樞上舍後不復應擧屢典郡邑以大耋升資憲壽八十五○能文章
南岳	康應善	載寧	習讀士敬子官止察訪享尙州淵岳院
領議政	康純	信川	字太初象山府院君允成之曾孫以蔭進歷三司至兵判鎭西大將軍○睿宗之即位公以領相入叅之際被南怡之誣逐至寃死盖柳子光告南怡之謀反而怡之受刑公爲領相知其寃而不出一言發明故怡以故意誣之者耳云
勉齋	孫肇瑞	一直	字仁甫庫使寬之子世宗朝科歷翰林官止戶議有文集
笠岩	孫比長	密陽	字求叔世祖朝科官止副提學有文名
龍潭	孫汝誠		字克一蘮之子明宗朝科官止府使
應教	孫倜		字而儉光海時選湖堂官止應教
松磵	孫起陽		宣祖朝科官止府使光海時累徵不起清節直行罕古稀今
勿齋	孫舜孝	平海	字敬甫郡事密之子端宗朝科官止左賛成謚文貞○待人接物一主忠信際遇成廟之恩遇成廟殺尹妃以監司上疏極諫
歲寒齋	孫必大		字而還叅議允先子勿齋玄孫仁祖朝科官止正以文名世
愚齋	孫仲暾	慶州	字大發雞川君昭之子成宗朝科歷翰林官止吏曹判書謚景烈以淸儉稱○享慶州東岡祠

忘齋	孫叔暾	慶州	愚齋弟進士○晦齋之舅而當時逸士所謂無極太極之辨全出於陸象山晦齋作書而痛卞之
野村、	孫萬雄		愼儀子文科官至府使
撫松軒	孫天祐		字君弼事母至孝從南冥門遊享晉州大覺院
慕堂	孫處訥		寒岡門人永感後廢擧而訓誨後生爲已任享大邱青湖院
寒溪	孫弘祿		壬辰奮不顧身奉聖祖御客於山中鳴谷薦授六品職官止別提享泰仁盈川院
道峰	孫弘績		享扶安瓮川祠
大峰	楊熙上	清州	字可行成宗朝科歷南床選湖堂官止大司憲才全文武
蓬萊	楊士彦		字應聘主簿希洙子明宗朝科官止府使○風骨秀格筆法奇古詩亦清雅國內名山足跡殆遍最愛金剛山有蓬萊楓岳烟霞洞天八大字書之○有錦水亭詩曰錦水銀河一樸平峽雲江雨白鷗明詩眞誤入蓬萊路莫遣漁舟出洞行
竹齋	楊士奇		字應遇蓬萊弟明宗朝科官止府使善詩能文
楓皐	楊士俊		字應擧蓬萊兄明宗朝科官止僉正亦以詩名
鑑湖	楊萬古		字道一蓬萊子光海朝科官止正老升通政以善詩能書有名

道谷	楊應春	石城	字仁卿主簿忠伯子官知縣贈吏議遭母喪而壬辰亂起從事于重峯起義大捷于清州同殉于錦山贈旌閭享恩津葛山祠
漁村	孔俯	昌原	字伯恭叅議希之子先聖五十四世孫禑朝科入本朝官止漢城判尹善隷書
休岩	孔瑞麟		字希聖縣監義達之子先聖六十二世孫中宗朝科官止大司憲己卯被放還又上封事忤當權斥丁酉更化稍進用
東浦	孟希道	新昌	郡守裕之子也前朝科官止修文舘提學○有孝行居喪有白燕來巢之異孝行出於根天○見恭讓政乱棄官而歸于温陽以孝行自上命旌閭享温陽靜退祠
文貞公	孟思誠		字誠之東浦子太宗朝科直拜大司憲官至右議政謚文貞○性淸簡莊重爲相務持大體平生不治産業清白一節自古罕有所居不蔽風每出入觀者不知爲宰相嘗覲省温陽但與一僕從者時或騎牛陽城振威兩倅聞公下來候於長好院之際見騎牛過路之人使之呵禁公曰吾乃温陽孟古佛也兩倅驚惶出走顚之倒之墜印深淵後人名曰印沉池也壽七十二
霞谷	孟世衡		字汝平喜之子東浦九世孫沙溪門人仁祖朝科官止牧使
栢坪	孟萬始		字元之霞谷孫性篤孝進士官止郡守
愼齋	周世鵬	漆原	字景遊文俑子中宗朝科歷翰林選湖堂官止戶叅錄淸白○宰豊基時因安文成公白雲洞遺址起書院爲士子藏修之所本朝書院之設自公始後以公配之享漆原德淵院
龜峰	周博		字約之愼齋子生父世鵾宣祖朝科翰林官校理幷享漆原院
一樂堂	周怡		字士安龜峯弟文科官止都事

果隱	周國貞	柒原	父死於壬辰亂公號哭入彼陣中負屍而來賊奇之曰眞孝子也遂不之加害有孝行卓異
希窩	玄德升	昌原	字聞遠宣祖朝科官止司藝昏朝棄官而退歸天安○有文名
冠峰	玄尙璧	八莒	字彥明官止洗馬寒水門人天姿明秀學業篤厚與李巍岩志同道合有文集
竹林	玄徵	星州	以薦拜叅奉不就
三碧堂	玄若昊		竹林子有雅操謹行手植松竹栢以三碧堂名三淵作記稱道
梅軒	廉悌臣	瑞原	字愷叔大護軍世忠子官止領門下侍中曲城府院君謚忠毅以其母老力辭東還○享寶城書院
菊坡	廉國寶		梅軒子前朝科官止判開城府尹大提學
東亭	廉興邦		字仲昌菊坡弟大科至大提學以奸臣爲崔瑩之所誅有文集
萱庭	廉廷秀		東亭弟文科官至大提學有文集
梁山	廉世慶		享寶城梁山祠
羽溪	劉敞	江陵	字孟儀天鳳之子李遁村婿恭愍朝科錄本朝開國功臣官止叅賛玉川府院君謚文僖
天放翁	劉好仁		字克己箕子殿叅善寶之子羽溪七世孫官止叅奉與洪耻齋交遊享長興汭陽院

村隱	劉希慶	江陵	字應吉出自閭巷事母至孝治禮學能於詩一時名公皆與之交遊○壬辰起義宣廟下諭褒賞爾瞻之謀廢母脅坊民投疏以利啗公々曰小人亦有母直聲動一世以孝旌其閭○有枕流臺詩云竹葉朝傾露松稍夜掛星石戴苔紋老山含雨氣青
副元帥	劉克良	延安	本出微賤武略絶人勇力過凡壬辰爲別將從申砬守臨津而殉死官止副元帥
冶隱	吉再	海平	字再夫郡事元進子麗朝甲科官止注書○見國事將訖棄官歸善山本朝屢召不起賜田種竹上宰相啓○精忠貫日世祖高其節贈左議政諫議圃隱門人○非但節義之可稱而實爲嫡傳穎悟清苦篤學力行東方之學自公而傳之江湖佔俾以至寒暄云○在鄉人化之其有詩曰盥手清泉冷臨身茂樹高冠童來問學聊可與逍遙又云曾讀前書笑古今愧隨流俗共浮沉終期直進扶元氣肯爲虛名沒片心默坐野禽啼晝景閉門官柳長春陰人間事了須先退不待霜毛已滿簪享善山
藻溪	吉詠		生員勉之之子冶隱五世孫○壬辰與郭忘憂起義同守火旺山城○除寢郎凡七徵不起以訓誨後生爲已任
副提學	南宮燦	咸悅	成宗朝生壯歷江原監司官至副提學以筆名于世
楓溪	南宮樴		字汝明渡之子副提燦之玄孫光海朝科歷三司舍人癸亥削板後叙水路朝天而歸
滄洲	南宮鈺		律之子副提學燦五世孫文科官止正○文章筆法俱以神速稱七典郡邑只載琴鶴
安齋	南宮儷		陶菴門人以科詩名晚廢學業專意經學
九春堂	南宮彬		早廢擧業以詩酒自娛贈執義

惺々齋	琴蘭秀	奉化	字聞遠憲之子中司馬官止判官退溪門人先生許以人品○雅操甚篤愛好山水有孤山別業
釣臺	琴恪		惺々齋子
日休	琴應夾		字英之訓導梓之子生員官止翊贊與弟同學于退溪
勉進齋	琴應薰		字薰之日休弟旦登陶門以學行超職再莾知縣
梅軒	琴輔		字士佐退溪門人善筆法○先生碑碣即公之手筆也
松溪	琴軸		字大任除齋郎不就享奉化順興兩祠
聾叟	琴元貞		字正叔進士○己卯名賢也薦于朝享奉化院
雲岩	車原頫	延安	防禦使宗老子前朝科官止諫議大夫革命初闔門被禍後伸褒○享順天鄕祠
頤齋	車軾		字敬叔教授廣達子雲岩五世孫中宗朝科官止郡守有文名與二子比三蘇
五山	車天輅		字復元頤齋子宣祖朝科官止奉僉○文章豪逸自是不世出之才自以不生鴨綠以西爲恨但蛟螭少而蚯蚓多入甚輕銳以罪流竄而宣廟惜其才分付治路使之善待末乃蝨附權奸附會時議人皆惜之未幾而卒
滄洲	車雲輅		字萬里五山弟宣祖朝大科官止校書校理能詩能文有文集

丹邱	車轉坤	延安	字用之五山子光海朝科官止郡守
風泉	車禮亮		居宣川孝友出天好讀春秋○丁丑講和後憤憤有討復之志聞義州崔孝一義勇名與之交孝一內附於皇朝公潛入瀋陽欲圖內外夾攻之計而事露被執公及同謀者管貴施以滿刑發刺寸指而但曰速殺我顧謂鄭命壽曰不早殺汝死亦可恨遂與管貴同死公之從弟元轍及崔之族人白大豪築死於灣上崔公在吳三桂幕下甲申明亾走哭於皇帝殯宮不食十日而卒○肅宗朝贈戶曹判書謚忠莊配義州忠顯祠
藍溪	表沿沫	新昌	字少遊監察繼之子成宗朝科歷南床翰林選湖堂官止同成均吏𣏐提學佔畢門人戊午杖流道卒有文名享咸陽咸昌院
退憂	表憑		字敬仲藍溪子中宗朝大科官止直提學有文名染跡於巳卯奸黨
栗亭	陳義貴	驪陽	禑朝科官止集賢殿提學有文詩之名
梅湖	陳澕		大將光漢之子文科官止右司諫○以文章名世而與尹世儒李奎報以詩爲媒納交於崔忠獻人或以是短之公之先祖浚起身行伍而鄭仲夫之亂文臣之家賴浚多全活○公之孫湜漼溫皆登第尤著名有文集○後孫有宇寔宇騫進士有氣節忤金安老竄死騫亦入於巳卯黨籍
喚醒	陳克純		享南原高岩祠
栢谷	陳克敬		字景直南冥門人享晉州鼎岡宇
昭武公	陳克一		仁祖朝李仁之亂奮義靖難以功錄三等功官行司果謚昭武

少性	薛 思	慶州	薛氏始祖贈名元曉後返初服卽弘儒候聰之父○子聰高麗神文王時人也文章學識爲當時東方之宗儒從祀文廟
弘儒候	薛 聰		元曉子新羅時封弘儒候學識文章爲東方之宗儒從祀文廟○以方言解九經義又以俚語製吏札行于官府
竹亭	薛文遇		字正叔賛成事景成子少性之后文科官止大司成
近思齋	偰 遜		字公遠江西右丞哲篤之子本以唐氏仕元世居偰輦河仍爲姓避兵于東恭愍朝賜姓籍慶州封富平君進士博學能文詩
芸齋	偰長壽		字天民近思齋子恭愍朝科恭讓時歷政堂文學官至判三司事謚文貞○與圃隱同得罪流而卒○有文集
慵齋	偰慶壽		芸齋子文科官止應敎善書名世
景濂堂	卓光茂	光州	文位子官止判書
竹亭	卓 愼		景濂子昌朝科入本朝官止叅賛議政府事謚文貞○專心性理之學其父常稱吾家曾子
松峴	尙 震	木川	字起天察訪市之子中宗朝科歷翰林南床副提學官止領議政賜几杖謚成安○巳卯被賢良薦爲明廟朝名臣嘗曰狀吾行者但曰他無所能而酒酣援琴彈感君恩一曲足矣有儉素之操○壽七十二○湖堂日記以悼老德大臣命題
望岳	奉 珩	河陰	字而行少從趙玄谷與愼素隱吳天坡諸人同門相善以文學相上下壽職僉知
蒼淵	奉 璧		縣監惟涵之子出后純臣

竹溪	奉時中	河陰	瑋之子以孝旌閭事載三綱行實錄
雷峰	池德海	忠州	字受吾景淸之子忠原府院君湧奇八世孫仁祖朝科歷掌令官止府使
贈条判	池如海		字受之武科官鐵山府使○仁祖丙子上將西幸至城之南門淸兵已近郊上御門樓倉卒之間問策于下公杖釼前對願得五百精兵以逸待勞此正其時亦又可達江都上又問諸臣皆曰不可遂幸南漢山公開氷通路扈駕入城々已圍矣公願出城立節上壯之賜酒以遣竟被虜賊之鐵騎而死是時殉節者申誠立李元吉二百餘人特贈公吏条
中書令	鮮于靖	太原	三韓時爲中書令注書行高識卓當世人傑
遯菴	鮮于浹		字仲潤条奉寔之子箕子之后○仁孝兩朝屢徵不起官止司業○篤學通經復闡洪範遺緖人稱關西夫子孝廟以司業召謝恩而歸所著有太極問答性理諸書○享平壤泰川立祠
杏亭	都衡	星州	字圀銓進士孟英之子中宗朝薦科官止兵佐○己卯薦目曰恬靜篤孝○登慕齋門享星州鄕祠
竹軒	都愼徵		字明叔汝愈子文科官止持平司藝以大邱人甲寅首疏論禮
安良公	丘從直	平海	字正甫世宗朝官至賛成入耆社謚安良明於春秋精于易學
壺隱	丘永安		字仲仁執義致岡子判中樞從直再從侄進士有詩名
凝溪	玉沽	宜寧	字待價定宗朝科官止校理以淸白名○嘗爲大邱倅時吏屬寢池狡猾機警晩年謂人曰前後守令吾皆奉居而惟琴柔玉沽不能奉居耳其淸白可知○享安東默溪祠

縣監	魏天祐	長興	宣祖朝壬午文科官止縣監後孫昌祖英祖朝登文科官止承旨文學篤深○始祖魏文凱高麗文宗時魁文科官監察御史
聽溪	魏德毅		字而遠布衣勤王於義州上召見行宮還都除知縣不就官止佐郞享長興竹川字
府院君	延嗣宗	谷山	太宗朝推忠奮義扶聖翊佐景命以功封谷山府院君謚靖厚
痴堂	延最績		字茂卿宅老子肅宗朝科官止監察贈判書謚諡敏一云忠穆尤菴門人癸酉上疏爲師卞誣杖死甲戌伸贈○忠孝雙旌名芳傳世○谷山府院君嗣宗之后
壽峴	石之珩	花園	字叔珍部將擎厦之子仁祖朝科官止校理以詩名世
蘭溪	咸傳霖	江陵	字潤物縣令華之后禑朝科册本朝開國功宦止東原府院君謚定平歷八道方伯所至有聲績○子禹亦册佐理功○能文
止止堂	邢士保	居昌	字仲愚中宗朝科官止郡守有孝行已卯被賢良薦
輔國公	房李弘	南陽	三韓壁上功臣三重大匡輔國子儀康平章事謚濟平
沙溪	房應賢		字俊夫已卯賢良科貴温之再從侄一云再從孫幼有至行遊南冥門又遊一齋門聞爲學之方
楡城君	宣　烱		世祖朝季施愛之亂精忠討平錄布義敵愾功武擧官止僉判封楡城君謚正憲○孫居怡武科水使
退休堂	宣允祉	寶城	有文學至行
梅谷	宣世綱		字士擧退休堂后武科丙子以安東營將至雙嶺殉節○贈兵曹判書賜祭吊

號	姓名	鄕	事蹟
水使	宣居怡	寶城	字怡之楡城君炯之後武科壬辰以全羅水使有戰功多○仁祖丙子安東營將世綱水使宣若海皆有功於武享寶城五忠祠
松菴	袁遠慶		學問高門操行純篤爲寒岡之所推重
栢溪	殷鼎和		字梅卿享泰仁龍溪祠有文學至行
正尹	魯 哲	咸豐	高麗恭愍王時官止正尹
錦溪	魯 認		有文學操行當世推重進士而隱德
西菴	太斗南	潡海	字望而孝貞之子中宗朝科官止宗正
苜蓿軒	段起明		弓裔時宰相見裔之無道托疾不仕鐵原有苜蓿政丞墓云
露堂	秋 適		官止侍中性豁達無檢東名顯當世○麗朝時科登官
伏厓	范世東	錦城	字汝明麗季文科官止府尹本朝開國隱伏不出象村每言耦昌之事當以元耘谷范伏厓取記爲信史
梅山堂	蔣 晡	牙山	字汝陽判決事得龍子文科官止訓導壬辰首倡義旅到處無敵入影峙戰決
舟村	馬河秀	長興	字先天司直繼瑞子忠靖公牧之後○壬辰以主簿爲邑宰褱興立副貳戮力討戰丁酉再倡殉死於李忠武鷺梁之戰
忠靖公	馬天牧		膂力絶人以武藝發身太宗之在潛時護聖躬於艱危佐景命於內討庚辰平芳幹之難錄佐命功長興府院君至兵判謚忠靖

思菴 千萬里 潁陽

世代喬木之臣嫺於弓馬武科封花山君鎮撫使○曾克破蒙兵壬辰從李如松渡鴨江郭山東萊戰輒勝功因留東方

忠壯公 諸沫 柒原

其先出自諸葛亮以高麗侍中平章事龜山君文儒候爲始祖僉知事之子武科歷晋州牧使壬辰殉于戰中贈兵曹判書謚忠壯○擊敵所向無不克勝與郭再佑並稱勇略出凡身貌軒昂眞謂虎將

英肅公 王可道 清州

初名子琳麗成宗朝文科檢校太尉行吏部尙書正朝扶綱立國元○本姓李氏麗成宗時定城址平國難以功封開城縣開國伯賜姓王氏○德宗納女爲配謚英肅贈太師中書令○配顯宗廟

正獻公 王煦

本姓名權載忠也忠宣召見賜姓名王煦官至三重大匡鷄林府院君○爲人剛整莊重魁顏修幹望之毅然精通大義爲相務興利除害謚正獻○子重貴亦有度客宰相器局

僉議公 朱悅 綾州

慶餘之子字而和麗朝科官至翰林學士○性潤達不事作産奉使四方公廉且正文章筆法俱高一世謚文節官議政僉議

軍監公 庾應圭 茂松

字賓玉父弼以文行顯名○公性潁悟美儀世稱玉人持論端方臨事果敢麗朝金帝時授官工部郎中軍資監兼太中舍人○子禧謙也禧春坊公子也謙戶部侍郎也名重臺閣器度弘量○謙一云世謙

武恭公 卜智謙

與申崇謙同母異父之弟○弓裔末有高麗太祖開國功成宗十三年太贈太師配享麗太祖廟庭

中書令 杜景升 全州

厚質少文有勇力絶倫○麗朝科爲兵馬使中書令爲國立節甚多功績保社稷定軍功錄功銘勳朝家所重顯達一世

判書 方曙 温陽

麗朝官止版圖判書○子彥暉温川君○後孫希祐麗朝官止軍器寺少尹

正言	方宗擧	新昌	英祖朝文科有文學卓行官止正言
壯惠公	印候	延安	麗朝爲輔佑功臣官止檢校政丞平陽君謚壯惠○子承光文科官止護軍
府院君	印瑠		官止叅知政事碩城府院君
左僕射	異應甫	密陽	高麗顯宗時官止左僕射
侍郎	秦弼明	豊基	本是唐太原人高宗時以兵部侍郎率兵東來平百濟仍留不還新羅封太原伯○
尙書	晋含祚	南原	高麗顯宗時官至尙書左僕射○後孫匡仁麗朝官止殿中侍御史
左司議	潘阜	巨濟	高麗忠烈王時文科官至左司議大夫丁卯以舍人再使日本
岐城君	潘佑亨		阜之后中宗朝燕山政亂宗社幾危丙寅九月與朴元宗等廢燕山立中宗錄靖國功官止大司憲封岐城君
戶長	扈哲	白川	正祖朝爲戶長有識鑑
僕射	牟恂	晋州	高麗時官止左僕射
縣監	牟世茂	咸平	肅宗乙卯文科官止縣監○弟世蕃顯宗朝己酉文科官止縣監
縣監	明光啓	西蜀	明太祖時公之始祖玉珍據蜀明太祖遷之于我東不做官不做民及于公宣祖朝文科官止平澤縣監壬辰戰亡

進士	景承明	泰仁	麗朝科進士有文學○後孫居倫生員
學士	彭　遜	龍岡	高麗毅宗朝科登學士
進士	陰元輔	竹山	麗朝科登進士有文學
管城君	陸　普	管城	管城即沃川也麗朝官至管城君○世傳其先來自中原○後孫沆恭愍王朝爲西海道按廉使○後孫麗入本朝官止都觀察使
按廉使	鞠成乎	潭陽	麗朝官止忠淸按廉使○後孫映敦官止軍簿摠郎○後孫經禮文科官止大司諫
尙書	史光弼	居昌	高麗高宗朝官止兵部尙書○同朝叅知政事洪紀欝陵島按撫使挺紀皆公之族親也
判事	史克明		入本朝官止判事有才行識鑑
侍郎	浪　礎	楊州	明崇禎時以兵部侍郎屢立邊功被讒遠謫與弟乘桴浮海漂至黃海爲呂姓人之所援遂居其地後移于舒川
亞卿	葛成南	淸州	麗朝登第官至亞卿詩韻才諝有名當時以韻人稱之
郎中	皮謂宗	廣州	高麗朝官止兵部郎中特有知人之鑑
縣監	段由仁	延安	入本朝官縣監○後孫段景鐵進士
監事	蔣　崇	靑松	麗朝判軍器監事

典書
大將軍

蔣成美
蔣　愲

牙山

麗朝典工典書
麗末避乱東來寓牙山○官至元神慶衛大將軍

號	名	一號	本性貫	淵源及行績
江月軒	惠勤	懶翁 元惠	牙氏	膳官令瑞具之子母鄭氏寧海人平山處林弟子爲恭愍王國師賜號普濟尊者
溪月軒	自超	無學 妙嚴尊者	三嘉 朴氏	贈侍中仁一之子母固城蔡氏母日射懷中而生懶翁弟子賜號妙嚴尊者
涵虛堂	己知	得通 無準	忠州 劉氏	典容寺事聰之子母方氏無學弟子
太古	普愚	圓澄	洪氏	門下侍中延之子母洪州鄭氏學于石屋淸珙卽臨濟十八世孫也爲恭愍朝國師賜號澄圓李牧隱撰碑
幻菴	混修	無作 智雄尊者	豐壤 趙氏	太古弟子恭愍朝爲國師賜號智雄尊者
龜谷	覺雲			湖南龍城人幻菴弟子恭愍王賜法號李牧隱爲之讚
碧溪	淨心		金山 崔氏	湖龜谷又入明傳臨濟法印而來後因沙汰長髮畜妻子入黃岳山將終傳禪于碧松傳敎于淨蓮
碧松	智嚴	野老	宋氏	福生之子母扶安王氏成宗朝討賊有功後入鷄龍山落髮○碧溪弟子
芙蓉堂	靈觀	隱菴	晉州	碧松弟子家近龍窟雲暗則聞有樂聲人傳蟄龍之管絃以杖擊床樂聲忽止一日龍出水人皆恐師一喝龍忽沒
敬聖堂	一禪	休翁	張氏	胤韓之子母蔚山朴氏每夢呑明珠而生碧松弟子闍維之夜神光洞天百里外見者望拜
淸虛堂	休靜	西山大師	完山 崔氏	世昌之子母金氏夢琉璃瓶而生初學于李訥齋後落髮於智異山芙蓉堂弟子壬辰亦有功賜封都摠攝享南海表忠祠

浮休堂	善修		金氏	積山之子帶方獒樹人母李氏夢吞圓珠而生芙蓉堂弟子
四溟堂	惟政	松雲 鍾峯	密陽 任氏	字離幻淸虛堂弟子○壬辰起義有功又奉使日本朝家特賜密陽表忠祠額
鞭羊堂	彦機		竹州 張氏	珀之子母李氏夢懷日月而生初從玄賓印英傳法於西山旣化異香滿室李白軒撰碑
映虛堂	海日	普應堂	金氏	本士族居萬頃母洪氏夢明珠而生淸虛弟子
靜觀堂	一禪		連山 郭氏	李氏卽其母也夢僧呈雙珠而生西山弟子
霽月堂	敬軒		長興 張氏	芮昌之子母李氏西山弟子
逍遙堂	太能		潭陽 吳氏	西山弟子
詠月堂	淸學		洪氏	先明之子母姜氏冠山有耻人西山弟子
老松堂	志常		蔚山	
奇岩	法堅		驪州	
中觀堂	海眼		務安 吳氏	少而聰慧世稱神童入山剃髮太和淸風復振濁世
騎虛堂	靈圭		朴氏	公州板峙人鷄龍山入往而叅西山壬辰起義從趙重峰同殉於錦山配表忠祠旌其故里

楓潭	義諶	通津鄭氏	鞭羊堂弟子聰慧絕人三藏法文無不通解爲釋家中興之祖弟子數百人傳奥者四十八人
霜峰	淨源		楓潭弟子
月潭	雪霽		楓潭弟子
月渚	道安		楓潭弟子
喚醒	志安	春川鄭氏	字三諾月潭弟子受具於霜峯碑在海南大芚寺
虎岩	休淨	興陽金氏	喚醒弟子
錦溪	元宇	羅氏	字暮雲晩緣之子母金氏夢授蓮花枝而生壺山漏谷居生人也喚醒弟子
枕肱	懸辯	尹氏	字而訥母羅州崔氏逍遙堂弟子
任性堂	冲彥	金氏	全州峯上人母崔氏靜觀弟子
浩然堂	太浩	錦城張氏	母韓氏入俗離山依靜觀得法
圓應堂	志勤	高山鞠氏	初從任性後隨震默
秋溪	有文	鷲城金氏	字煥平母夢呑珠而生圓應弟子

碧岩	覺性	三山金氏	母曹氏夢古鏡而生浮休弟子仁祖朝城南漢徵爲八道都摠攝賜號大禪師
梅岩	性聰		浮休弟子
翠徽堂	守初	成氏	字太昏生六臣之旁孫也碧岩弟子
白谷	處能		碧岩弟子能詩性甚敏有文章縉紳章甫皆與倡和
雲谷	忠徽		碧岩弟子亦能詩有文章與東岳月沙諸公同酬唱
無竟	子秀	南陽洪氏	字孤松全州人母金氏秋溪弟子
無用	秀演	龍安吳氏	文襄公延寵之后梅岩弟子
牧菴	混其	趙氏	字珍邱忠肅公德裕伯父前朝號無畏國師
順菴	義旋		前朝名禪
大昏子	無己		同右
雪峰	圓明		字純照謚忠鑑以上三師皆前朝高僧也
千峰	屯雨		明宣間詩僧嘗奉教送日本僧文溪詩曰相國古精舍灑然無住人火馳應自息柴立更誰親楓岳雲生屐盆城月滿闉風帆海天遠梅柳故鄉春

號	名	身籍	姓貫	其行績
翠竹	孽支	安東權宅婢女		出自賤微能於詩律有秋思詩云洞天如水月霜如樹葉蕭々夜有霜十二箱簾人獨宿玉屛還羨畵元央○且有訪石田故居有詩云十年曾伴石田遊楊子江頭醉幾留今日獨尋人去後白蘋紅蓼滿汀洲
梅窓	桂生	扶妓倡妓	李氏	平日喜琴與詩死以琴殉有過客以詩挑之卽次曰平生不解食東梅窓日影斜詞人未識幽閑意指點行雲枉自多有詩累百韵而刊行若干編
雪竹	翠仙	妓倡		能詩有名當時○嘗有詩云春粧催罷倚焦桐珠箔輕明日上紅香霧夜多朝露重海棠花泣小墻東

朝鮮人物號譜下卷終

附名世叢考

璿系

太祖 神懿王后安邊韓氏　舅韓卿安川府院君　慶愼宮主　上黨府院君淸州李薆
神德王后谷山康氏　舅康允成象山府院君　慶善宮主　靑原君靑松沈淙
芳雨　鎭安大君　芳毅　益安大君　慶順宮主　興安君星山李濟
芳幹　懷安大君　芳衍　追贈元尹　宜寧翁主　殷川尉松京李登
芳蕃　撫安大君
芳碩　義安大君　淑愼翁主　唐城南陽洪海

定宗 定安王后慶州金氏　舅金天瑞門下侍中
元生　義平君　義生　元尹　德川郡主　原州邊尙服府使
茂生　宣城君　終生　鎭南君　高城郡主　安山金瀞中樞
德生　守道正　福生　石保正　祥原郡主　平壤趙孝山司直
厚生　德泉君　末生　桃平君　郡主　龍仁李希完司直
普生　長川都正　善生　茂林君　仁川郡主　全義李寬植府使
群生　順平君　咸安郡主　李恒信知敦寧
貴生　從義君
祿生　林偃正
好生　任城正
隆生　貞石都正

太宗 元敬王后驪興閔氏　舅閔霽驪興府院君

禔 讓寧大君
補 孝寧大君
裀 諴寧君
祉 惠寧君
貞靜翁主
慶貞公主
貞信翁主
淑貞翁主
淑寧翁主
昭淑翁主
淑安翁主
淑謹翁主

褈 誠寧大君
裎 温寧君
袳 益寧君
楊州趙璿漢原君
平壤趙大臨平壤君
坡平尹季童鈴平君
延日鄭孝全日城尉
坡平尹愚坡城君
海平尹延命海平君
懷德黃裕懷川尉
安東權恭花川君

祄 熙寧君
裶 敬寧君
貞順公主
貞善公主
慶安公主
貞惠翁主
昭善翁主
淑惠翁主
淑慶翁主
敬愼翁主
淑順翁主

禯 謹寧君
衦 厚寧君
淸州李伯剛淸平君
宜寧南暉宜山君
安東權跬吉昌君
雲峯朴從愚雲城君
原州邊孝順柔川尉
星州李正寧星原尉
坡平尹巖坡平君
全義李椗全城尉
坡平尹泙坡原尉

世宗

昭憲王后靑松沈氏

瑢 安平大君
璆 臨瀛大君
璵 廣平大君
瑜 錦城大君
貞昭公主
貞懿公主

舅沈温靑川府院君

琳 平原大君
琰 永膺大君
瓔 和義君
璔 桂陽君
早卒
竹山安孟聃延昌尉

玒 義昌君
𤥽 漢南君
璭 翼峴君
瑔 永豐君
貞顯翁主
貞安翁主

琛 密城君
玹 壽春君
瑭 寧海君
璖 潭陽君
坡平尹師路鈴川尉
靑松沈安義靑城尉

文宗

顯德王后安東權氏

敬惠公主
敬淑翁主

舅權專花山府院君

海州鄭悰寧陽尉
晉州姜子順班城尉

端宗　定順王后礪山宋氏　舅宋玹壽礪良府院君

世祖　貞熹王后坡平尹氏　舅尹璠　坡平府院君

嚴　昌原君　淑懿公主　河東鄭顯祖河城君

德宗　昭惠王后淸州韓氏　舅韓確　西原府院君

睿宗　章順王后　舅韓明澮　見號譜
安順王后　舅韓伯倫　見相臣錄
糞　仁城大君　顯淑公主　豐川任光載豐川尉
琄　齊安大君

成宗　恭惠王后淸州韓氏　舅韓明澮見上
貞顯王后坡平尹氏　舅尹壕鈴原府院君

燕山君
愉　桂城君　㥧　完原君　忱　景明君　憤　雲川君
忻　安城君　恬　檜山君　忭　全城君　㥯　楊原君
惟　鳳安君　懷　益陽君　悰　茂山君
惇　甄城君　慣　利城君　㤼　寧山君
惠淑翁主　高靈申沆高原尉　恭愼翁主　淸州韓景琛淸寧尉
徽淑翁主　豐川任崇載豐原尉　敬順翁主　宜寧南致元宜城尉
景淑翁主　驪興閔子芳驪川尉　淑惠翁主　趙無彊漢川尉
靜順翁主　奉化鄭元俊奉城尉　慶徽翁主　坡平尹乃鼎鈴原尉

中宗

徽靜翁主 左淸州韓化淸平尉
靜惠翁主 右宜寧南燮元宜川尉
端敬王后居昌愼氏 舅愼守勤益昌府院君
章敬王后坡平尹氏 舅尹汝弼坡原府院君
嵋 福城君
峼 海安君
孝惠公主 延安金禧延城尉
懿惠公主 淸州韓景祿淸原尉
敬顯公主 高靈申義靈川尉
仁順公主 早卒
孝靜翁主 淳昌趙義貞淳原尉
淑靜翁主 綾城具澣綾昌尉

岺 錦原君
岠 永陽君

靜淑翁主 坡平尹燮鈐平尉
文定王后坡平尹氏 舅尹之任坡山府院君
岐 德陽君 昭德興大院君
岏 鳳城君
孝順公主 綾城具思顏綾原尉
惠順翁主 光州金仁慶光川尉
惠靜翁主 南陽洪礪唐城尉
貞順翁主 礪山宋寅礪城尉
靜愼翁主 淸州韓景祿淸川尉

仁宗

仁聖王后羅州朴氏 舅朴墉錦城府院君

明宗

仁順王后青松沈氏 舅沈鋼青陵府院君
暊 順懷世子

宣祖

懿仁王后羅州朴氏 舅朴應順潘城府院君
仁穆王后延安金氏 舅金悌男延興府院君
㼁 永昌大君
光海君見下
珒 臨海君
珹 義安君
瑅 興安君
瑛 仁興君
玏 慶平君
琇 寧城君

珝 信城君
珙 仁城君
琏 順和君
珖 宜昌君
貞明公主 豊山洪柱元永安尉
貞愼翁主 大邱徐景霌達城尉

貞惠翁主 海平尹新之海崇尉 貞仁翁主 南陽洪友敬唐原尉
貞淑翁主 平山申翊聖東陽尉 貞安翁主 羅州朴瀰錦陽君
貞徽翁主 全州柳廷亮全昌君 貞正翁主 晋山柳頔晋安尉
貞善翁主 安東權大任吉城尉 貞謹翁主 善山金克鑌一善尉
貞和翁主 安東權大恒東昌尉

光海朝 恭嬪金氏

元宗 仁獻王后綾城具氏 舅具思孟綾安府院君
俌 綾原大君 佲 早卒
佺 綾昌大君

仁祖 仁烈王后淸州韓氏 舅韓浚謙西平府院君
莊烈王后楊州趙氏 舅趙昌遠漢原府院君
溰 昭顯世子 滾 龍城大君 潚 樂善君
㴭 麟坪大君 澂 崇善君
孝明翁主 金世龍洛城尉

孝宗 仁宣王后德水張氏 舅張維新豐府院君
淑安公主 南陽洪得箕益平君 淑徽公主 延日鄭齊賢寅平尉
淑明公主 靑松沈益顯靑平尉 淑靜公主 東萊鄭載崙東平尉
淑敬公主 原州元夢麟興平尉
淑寧公主 羅州朴弼成錦平尉

顯宗 明聖王后淸風金氏　舅金佑明淸風府院君

明善公主　早卒

明惠公主　早卒

明安公主　海州吳泰周海昌尉

肅宗 仁敬王后光州金氏　舅金萬基光城府院君

仁顯王后驪興閔氏　舅閔維重驪陽府院君

仁元王后慶州金氏　舅金柱臣慶恩府院君

景宗 端懿王后靑松沈氏　舅沈浩靑恩府院君

宣懿王后咸從魚氏　舅魚有龜咸原府院君

英宗 貞聖王后達城徐氏　舅徐宗悌達城府院君

貞純王后慶州金氏　舅金漢耈鰲興府院君

和順翁主　慶州金漢藎月城尉

和平翁主　羅州朴明源錦城尉

和協翁主　平山申光綏永城尉

和柔翁主　昌原黃仁點昌城尉

和寧翁主　靑松沈能建靑城尉

和緩翁主　延日鄭致達日成尉

和吉翁主　綾城具敏和綾城尉

眞宗 孝純王后豊壤趙氏　舅趙文命豊陵府院君

莊祖 獻敬王后豊山洪氏　舅洪鳳漢永豊府院君

正祖 孝懿王后淸風金氏　舅金時默淸原府院君

淳文孝世子

淑善翁主　永明尉洪顯周

純祖 純元王后安東金氏　舅金祖淳永安府院君

明温公主 東寧尉金賢根
福温公主 昌寧尉金炳疇
德温公主 南寧尉尹宜善

文祖 神貞皇后豊壤趙氏 舅趙萬永豊恩府院君

憲宗 孝顯皇后安東金氏 舅金祖根永興府院君

孝定皇后南陽洪氏 舅洪在龍益豊府院君

哲宗 哲仁皇后安東金氏 舅金汶根永恩府院君

永惠翁主 錦陵尉朴泳孝

高宗 明成皇后驪興閔氏 舅閔致祿驪城府院君

二嗣李王○一男元子早卒○四男大君早卒
○一女公主早卒○一男完和君未娶卒○二男堈○三男垠○一女早卒○二女早卒

李王殿下 純明皇后驪興閔氏 舅閔台鎬驪恩府院君
皇后海平尹氏 舅尹澤榮海豊府院君

相臣錄

氏諱	姓貫	立朝時代	行號譜	續
裵克廉	星州	太祖朝	見	
趙浚	平壤		同右	
金士衡	安東		同右	
鄭道傳	河東		同右	
沈德符	青松	定宗朝	同右	
李舒	洪州		同右	

閔霽 驪興 同右
河崙 晉州 同右
成石璘 昌寧 同右
李居易 淸州 同右
李茂 丹城 太宗朝 字敦夫
趙英茂 漢陽 開國佐命功臣上親臨其喪
權仲和 安東 前朝贊成封醴泉伯入本朝致仕善八分書懶翁碑文
李稷 星州 見號譜
南在 宜寧 同
柳亮 文化 前朝大司成戶判入本朝致仕策佐命勳文城府院君諡忠景
柳廷顯 文化 蔭拜至領致仕諡貞肅歷讓寧時公獨贊英廟立首入爲相
朴訔 潘南 見號譜
韓尙敬 淸州 同
沈溫 靑松 德符之子以國舅封靑川府院君領議政府事
姜筵
李原 鐵城 世宗朝 見號譜固城李部
鄭擢 淸州 見號譜
柳寬 文化 同
趙涓 漢陽 漢山伯仁璧之子太祖卽位爲雲劒之任策佐命功封漢平君
黃喜 長水 見號譜
孟思誠 新昌 同右
權軫 安東 麗朝第入本朝至左相諡文景世宗親臨吊哭
崔潤德 歙谷 見號譜通川崔部
盧閈 交河 見號譜

許稠	河陽		同上
申槩	平山		同上
李貴齡	延安		謚康胡乙卯入召拜相
河演	晉州		見號譜
皇甫仁	永川		受文宗遺敎輔端宗與金宗瑞同死丁卯拜領相謚忠定
南智	宜寧		在之孫己巳拜左相峭直性剛一世所仰謚忠簡
金宗瑞	順天	文宗朝	見號譜
鄭苯	晉州		壬申拜右相有器局大鑑謚忠壯
首陽大君	全州	端宗朝	光廟癸酉拜至領相
鄭麟趾	河東		號學易齋見號譜草溪鄭部
韓確	淸州		見號譜
李思哲	全州	世祖朝	乙亥拜至左相謚文安
鄭昌孫	東萊		丙午文科丙子拜左相謚忠貞歷事五朝不事生産爲佐理功
姜孟卿	晉州		策佐理勳光廟丁丑入召至領相世宗再臨其第
申叔舟	高靈	世祖朝	見號譜
權擥	安東		同右
韓明澮	淸州		同右
具致寬	陵州		同右
李仁孫	廣州		同右
黃守身	長水		同右
沈澮	靑松		光廟丙戌入至領相策佐理功謚恭肅
朴元亨	竹山		見號譜
曹錫文	昌寧		討李施愛四爲功臣丁亥拜相謚恭簡策佐理功
洪達孫	南陽		見號譜

崔　恒　朔寧　見號譜
龜城君浚　全州　英陵孫討李施愛再爲功臣戊子拜相時年二十八
康　純　信川　蔭敵愾功戊子拜相南怡獄被誅
金　礩　安東　金士衡曾孫庚午文科告六臣再爲功臣拜相策佐理功
洪允成　懷仁　庚午文科靖難功臣戊子拜右相謚威平
尹子雲　茂松　號樂閑軒見號譜

睿宗朝

鄭文炯　奉化　見號譜
金國光　光州　甲子文科再爲功臣巳丑拜相策佐理功黃喜婿
尹士昐　坡平　蔭巳丑拜右相謚夷靖坐贓獄中卒
韓伯倫　清州　蔭再爲功臣庚寅拜右謚襄惠功爲翊戴佐理

成宗朝

成奉祖　昌寧　蔭佐理功拜右相謚襄靖
尹士昕　坡平　蔭佐理功拜右相謚襄平
尹弼商　坡平　策佐理功戊戌入召拜領坡平府院君燕山甲子被禍
洪　應　南陽　見號譜
李克培　廣州　成廟乙巳入召至領相廣陵府院君謚翼平
盧思愼　交河　見號譜
許　琮　陽川　同　右
尹　壕　坡平　爲國舅甲寅入召謚平靖

燕山時

愼承善　居昌　甲寅拜至領相策翼戴佐理兩勳居昌府院君
鄭　佸　東萊　昌孫之子乙卯拜左相有氣節識治体赴京卒謚恭肅
魚世謙　咸從　世宗丙子文科乙卯拜左相咸從府院君戊午史事免相
韓致亨　清州　確之侄蔭佐理功拜領相謚質景
成　俊　昌寧　奉祖之侄文科戊午拜領相文武才全謚明肅
李克均　廣州　克培弟文科庚申拜左相節義忠直

柳詢 文化 見號譜
許琛 陽川 同右
朴崇質 潘南 嘗之孫甲子拜左相伴隊馬兎相謚恭順
姜龜孫 晋州 己亥科乙丑拜右相謚肅憲節忠報國廢昏立明
愼守勤 居昌 見號譜
金壽童 安東 士衡后丙寅入召中廟即位策勳拜領相謚文敬

中宗朝

朴元宗 順天 策靖國元勳拜右相平城府院君至領相通大義有大局
柳順汀 文化 爲靖國功一等丁卯拜領相謚文定
成希顔 昌寧 乙巳文科巳巳拜領謚忠定策靖國功
宋軼 礪山 見號譜
鄭光弼 東萊 同右
金應箕 善山 丁酉科癸酉拜左謚文戴專任講任十有餘年
申用漑 高靈 見號譜
安瑭 順興 同右
南袞 宜寧 見號譜
金詮 延安 己卯入召拜領謚忠貞孝友廉白著于一世
李惟淸 韓山 癸未拜右
權鈞 安東 癸未拜右謚忠成策靖國功
沈貞 豊山 壬戌文科丁亥拜領奸邪險毒見棄淸議見號譜
李荇 德水 丁亥入召拜左謚文獻文章擅世
張順孫 仁同 乙巳文科辛卯拜領謚文肅
韓效元 淸州 辛卯拜領
金謹思 延安 癸巳拜領安老黨梁淵劾黜
金安老 延安 甲午拜左被賜死

尹殷輔	海平		乙未拜領
柳溥	文化		順汀之任丙申拜左
洪彥弼	南陽		丁酉入召拜領
金克誠	光州		見號譜
尹仁鏡	坡平		戊戌拜領謚孝成
柳灌	文化		戊戌拜左
成世昌	昌寧		乙巳拜左謚文莊爲安老所陷卒於謫所
李芑	德水	仁宗朝	見號譜
鄭順朋	溫陽		乙巳拜左乙巳首謀僞勳追奪
黃憲	昌原		戊申拜左被南袞吹嘘
沈連源	青松		戊申入召拜領
尙震	木川		見號譜
尹漑	坡平		辛亥拜左人稱知禮君子
尹元衡	坡平		文定王后之弟辛亥拜領乙巳戕殺士流小人之尤
安玹	順興		戊午入召拜領
李浚慶	廣州		見號譜
沈通源	青松		辛酉拜左
李蓂	禮安		甲子拜左謚貞簡
權轍	安東		丙寅拜領
閔箕	驪興	宣祖朝	見號譜
洪暹	南陽		同右
李鐸	全義		辛未拜領謚貞肅有德量愛士
朴淳	忠州		見號譜
盧守愼	光州		見號譜

姜士尙 晋州 戊寅拜右謚貞靖立朝三十年不肯一語
金貴榮 安東 辛巳拜左策平難功官止左相
鄭芝衍 東萊 光弼曾孫辛巳拜右
鄭惟吉 東萊 見號譜
柳㙉 文化 乙酉拜領策靖難功
李山海 韓山 見號譜
鄭彦信 東萊 己丑拜右
鄭澈 延日 見號譜
沈守慶 青松 庚寅拜右廉操清白風流文雅爲世所推
柳成龍 豐山 見號譜
李陽元 全州 同右
崔興源 朔寧 壬辰拜領謚忠靖恒之曾孫
尹斗壽 海平 見號譜
兪泓 杞溪 同右
鄭琢 西原 甲午拜左謚忠靖
金應南 原州 甲午入召至左相西原府院君謚貞簡
李元翼 全州 見號譜
李德馨 廣州 同右
李恒福 慶州 同右
李憲國 全州 號柳谷拜左
金命元 慶州 見號譜
尹承勳 海平 號晴峯見號譜
柳求慶 全州 見號譜
奇自獻 辛州 同右

沈喜壽	青松	同右
許頊	陽川	丙午拜左
韓應寅	清州	見號譜

光海時

鄭仁弘	瑞山	同右
鄭昌衍	東萊	同右
韓孝純	清州	丙辰拜右
閔夢龍	驪與	戊午拜右
朴承宗	密陽	戊午拜領
朴弘耇	竹山	戊午拜右元亨五世孫
趙挺	楊州	巳未拜右

仁祖朝

尹昉	海平	見號譜
申欽	平山	同右
吳允謙	海州	同右
金瑬	順天	同右
李廷龜	延安	同右
金尙容	安東	見號譜
洪瑞鳳	南陽	同右
李弘胄	全州	號梨川宣祖朝文科歷吏兵判丙子拜領謚忠貞丁丑議和
李聖求	全州	見號譜
崔鳴吉	全州	同右
張維	德水	同右
申景禛	平山	同右
沈悅	青松	同右
姜碩期	衿川	同右

沈器遠	青松	以靖社勳壬午拜左甲申謀逆正法
金自點	安東	礩之后以靖社勳入召拜左謀逆正法
李敬輿	全州	見號譜
除景雨	達城	同右
李景奭	完山	同右
金尙憲	安東	同右
南以雄	宜寧	同右
李行遠	全義	同右
鄭太和	東萊	同右
孝宗朝		
趙翼	豐壤	同右
金堉	淸風	同右
李時白	延安	同右
韓興一	淸州	同右
具仁垕	綾州	同右
沈之源	靑松	同右
孝宗朝		
元斗杓	原州	同右
李厚源	媚山	同右
鄭維城	延日	圃隱九代孫見號譜
洪命夏	南陽	見號譜
許積	陽川	同右
鄭致和	東萊	同右
宋時烈	恩津	同右
洪重普	南陽	同右
金壽恒	安東	同右

李慶億 慶州 同右
金壽興 安東 同右
鄭知和 東萊 同右
李浣 慶州 同右
權大運 安東 肅宗朝 巳丑科乙卯拜左
許穡 陽川 見號譜
閔熙 驪興 庚寅科丙辰拜右
吳始壽 同福 己未拜右庚申作妖言
閔鼎重 驪興 見號譜
李尙眞 全義 同右
金錫胄 淸風 同右
南九萬 宜寧 同右
鄭轉嵩 東萊 同右
李端夏 德水 號畏齋荇五世孫壬寅科文歷副提學大議丙寅拜左謚文忠
趙師錫 楊州 見號譜
李翽 牛峯 肅宗朝 同右
呂聖齊 咸陽 同右
睦來善 泗川 同右
金德遠 原州 號休谷應南族孫已巳拜相庚申逆案
閔黯 驪興 見號譜
朴世采 潘南 同右
尹趾完 坡平 同右
柳尙運 文化 同右
申翼相 高靈 同右

尹趾善 坡平 同右
徐文重 達城 同右
崔錫鼎 全州 同右
李世白 龍仁 同右
閔鎭長 驪興 庚辰拜右黨不喜論盡瘁奉公
申琓 平山 見號譜
李畬 德水 同右
金構 淸風 同右
李濡 完山 同右
徐宗泰 達城 同右
金昌集 安東 同右
李頤命 全州 同右
尹拯 坡平 同右
趙相愚 豐壤 同右
金宇杭 金海 同右
趙泰采 楊州 肅宗朝 同右
李健命 全州 同右
趙泰耉 豐壤 同右
崔奎瑞 海州 同右
崔錫恒 全州 同右
李光佐 慶州 同右
柳鳳輝 文化 英宗朝 同右
趙泰億 楊州 同右
鄭澔 延日 同右

閔鎭遠	驪興	同右
李觀命	全州	同右
洪致中	南陽	同右
趙道彬	楊州	同右
李宜顯	龍仁	同右
沈壽賢	青松	丁未拜左至領相謚文景
吳命恒	海州	戊申拜右海恩府院君
李台佐	慶州	見號譜
李㙫	德水	同右
趙文命	豊壤	同右
徐命均	達城	同右
金興慶	慶州	弘郁孫號急流亭壬子拜領謚靖獻
金在魯	清風	見號譜
宋寅明	礪山	同右
兪拓基	杞溪	同右
趙顯命	豊壤 英宗朝	同右
鄭錫五	東萊	同右
閔應洙	驪興	丙寅拜右謚文憲
金若魯	清風	見號譜
金尙魯	清風	同右
鄭羽良	延日	同右
李宗城	慶州	同右
李天輔	延安	同右
趙載浩	豊壤	同右

申晩 平山 丙子拜領諡孝貞
李厚 延安 戊寅拜左諡定翼
閔百祥 驪興 己卯拜右諡正獻
洪鳳漢 豊山 見號譜
鄭翬良 延日 同右
金相福 光山 同右
尹東度 坡平 同右
金致仁 清風 丙午拜領
徐志修 達城 丙戌拜領諡文清
金陽澤 光山 丙戌拜領諡文簡逆父奪
韓翼謩 清州 丙戌拜領應寅六世孫
金尙喆 江陵 丙戌拜領諡忠靖
李昌誼 完山 戊子拜左諡翼獻
申晦 平山 壬辰拜左陞領
李溵 德水 壬辰拜左
李思觀 韓山 英宗 以宗簿特授兵禮判諡貞翼
元仁孫 原州 壬辰特拜應敎入召
洪麟漢 豊山 以四宰入召鳳漢弟
鄭存謙 東萊 正宗朝 丙申拜左癸卯拜領
徐命善 達城 號歸泉己亥以左相拜領忠憲
鄭弘淳 東萊 錫五之侄錫三之子歷六判戊戌拜相諡忠憲十世十一相家
洪樂純 豊山 鳳漢子歷吏判己亥拜左以逆叔廢
李徽之 完山 丙戌文科歷吏判庚子拜相
李福源 延安 詰輔子甲戌科歷吏參兵判壬寅拜相

金 熤	延安	癸未文科壬寅拜領謚文貞延興院君悌男五世孫
趙 璥	豐壤	號荷棲癸未科歷兵判丁未拜領謚忠定
李在協	龍仁	丁丑文科歷兵判丁未拜領
俞彥鎬	杞溪	辛巳文科丁未拜相謚忠文
李性源	延安	禧源從弟癸未科歷吏判戊申拜左謚文肅
蔡濟恭	平康	見號譜
金鍾秀	清風	號夢梧戊子科歷兵判己酉大拜謚文忠
朴宗岳	潘南	壬子拜右
金履素	安東	昌集曾孫甲申科歷兵戶判壬子拜相謚翼憲
金 熹	光山	癸巳科癸丑拜右相
李秉模	德水	癸巳科歷兵戶判甲寅拜右相
尹蓍東	海平	斗壽七世孫甲戌科乙卯拜右相
沈煥之	青松	壬辰文科戊午拜領相謚文忠
李時秀	延安	癸巳科己未拜領相號及健齋謚忠正
徐龍輔	達城	純祖朝甲午文科庚申拜領相

純祖朝

金觀柱	慶州	乙酉文科壬戌拜相
徐邁修	達城	丁未科甲子拜領相
李敬一	慶州	白沙恒福六世孫乙未文科甲子拜領相
金載瓚	延安	甲午科乙丑拜領相
韓用龜	清州	癸巳科乙丑拜領相
金達淳	安東	庚戌科乙丑拜右
金思穆	慶州	號無求堂壬辰科乙丑拜右柱臣曾孫
林漢浩	羅州	壬子科辛巳拜相
南公轍	宜寧	號金陵壬子科丁丑拜相

李書九	完山		
李相璜	完山		號玄圃
鄭晩錫	溫陽		順朋七世孫
李存秀	延安		號金石齋諡文憲
金履喬	安東		號竹里諡文貞
朴宗薰	潘南		號豆溪
洪奭周	豊山		
沈象奎	青松		號斗室
李止淵	完山		號希谷
趙寅求	豊壤	憲宗朝	號雲石
鄭元容	東萊		
金弘根	安東		
權敦仁	安東		號彝齋
金道喜	慶州		諡章憲
朴永元	高靈		諡文翼
朴晦壽	潘南		領議政
李憲球	完山	哲宗朝	同
金興根	安東		左議政
金左根	安東		同
趙斗淳	楊州		同
柳厚祚	豊山	高宗朝	同
申應朝	平山		右議政
朴珪壽	潘南		同
金炳學	安東	哲宗朝	左議政

金炳德 安東 同
李裕元 慶州 高宗朝 左議政
沈舜澤 青松 領議政
金炳始 安東 左議政
金弘集 慶州 左議政
宋近洙 恩津 左議政號立齋
鄭文炯 奉化 補遺 道傳曾孫爲右相
柳曼殊 文化 定宗朝爲右相
吳謙 高敞 宣廟朝爲右相
成汝完 昌寧 國朝 侍中昌寧府院君號怡軒
李誠中 慶州 檢校 左政丞諡靖順浣之七世祖
慶補 清州 同 左政丞
權僖 安東 同 左政丞
姜筵 晋州 太宗戊戌拜相
韓鈗 清州 太宗元勇
盧嵩 光山 守愼八世孫拜領相諡景平
朴可興 順天 世宗丁未右相爲平陽君諡靖厚
李貴齡 延安 左相諡康胡世宗乙丑拜相

訓練大將

將臣錄

趙儆 李燧 具恩稷 邊應星
李文荃 元守身 具宏 李浣
李漢豊 朴宗慶 白東遠 魚有龜

御營大將

李興立
具仁垕
柳赫然
李鏶
金基夏
李重器
邊良傑
李寶賓
金純信
李遴階
申景禎
李時白
金萬基
李義徵
尹就商
李鳳祥
李遷
成允文
李曙
具仁垕
黃瀗
申竣
具文治
金益勳

申汝哲
徐文童
李弘述
張鵬翼
李森
金聖應
具善行
李章吾
李桂國
趙心泰
李得濟
李海愚
趙禹永
趙文命
具聖任
鄭汝稷
張志恒
李敬懋
李基夏
李弘述
魚有龜
張鵬翼
具宏
李浣

洪鳳漢
具善復
洪國榮
徐有大
金祖淳
李仁秀
申鴻周

趙東漸
金漢耉
張志恒
李漢膺
李柱國
徐有大

禁衛大將

尹以濟
李世選
羅弘佐
金錫衍
李森
元斗杓
申景禋
申景虎
南斗柄
申汝哲
尹趾完
李義徵
李義豐
鄭汝稷
李敬懋

具善行
金漢耉
洪鳳漢
具善復
金聖應
李章吾
李漢豐

金應海
李汝發
金錫胄
徐文重
黃徵
金鎭龜
尹就商
金重器
李鳳祥
申光夏
金聖應
朴文秀
金時默
具善復
李昌運

李潤成
李漢膺
金時默
徐命善
張志恒
洪國榮

趙心泰
趙文命
具聖任
洪鳳漢
鄭纘述
金漢耉
尹泰淵
李國賢
李邦一
金持默
趙顯命
朴纘新
李漢豐

李敬懋
金持默
李柱國
李邦一
徐有大
趙心泰

定宗朝 權近 見號譜
太宗朝 卞季良 同
世宗朝 尹淮 同
鄭麟趾 見相臣錄
世祖朝 申叔舟 同
睿宗朝 徐居正 見號譜
成宗朝 魚世謙 見相臣錄
燕山時 洪貴達 見號譜
中宗朝 申用漑 同
金安老 見相臣錄
成世昌 同
仁宗朝 申光漢 見號譜
明宗朝 鄭士龍 同
朴忠元 同
宣祖朝 朴淳 見相臣錄
盧守愼 同
柳成龍 同
李陽元 同
李恒福 同
沈喜壽 同
光海時 李爾瞻 見號譜
仁祖朝 申欽 同

權踶 見號譜
崔恒 見相臣錄
盧公弼 見號譜
成俔 同
南袞 同
蘇世讓 同
洪暹 見相臣錄
金澍 見湖堂
金貴榮 見相臣錄
李滉 見號譜
李德馨 同
黃廷彧 同
李廷龜 同
李好閔 同
鄭經世 同
金瑬 同

安止 見號譜
金勘 延安人號仙洞
姜渾 見號譜
李荇 同
金安國 同
鄭惟吉 見相臣錄
李珥 見號譜
李山海 同
尹根壽 同
洪聖民 同
柳根 同
張維 見號譜
洪瑞鳳 同

崔鳴吉 同
金尙憲 同
李明漢 同
孝宗朝 趙錫胤 同
金益熙 同
顯宗朝 趙復陽 同
肅宗朝 李端夏 見相臣錄
南九萬 見號譜
南龍翼 同
朴泰尙 同
李畬 同
宋相琦 同
姜鋧 同
李觀命 同
景宗朝 李光佐 同
英宗朝 李緈 同
趙文命 同
尹淳 同
尹鳳朝 同
金陽澤 同
黃景源 同
徐命膺 同
正宗朝 洪樂純 見相臣錄
徐有臣 達城人大憲

李景奭 同
鄭弘溟 同
尹順之 同
李一相 同
金萬基 同
金錫胄 同
李敏敍 同
閔黯 同
崔錫鼎 同
徐宗泰 同
金昌協 同
金鎭圭 同
趙泰億 同
李秉常 同
李眞望 見號譜
李匡德 同
南有容 同
李鼎輔 同
李福源 見相臣錄
吳瑗 見號譜
金鍾秀 見相臣錄
洪良浩 豐山人吏判

李植 同
趙絅 同
蔡裕後 同
金壽恒 同
閔點 同
金萬重 同
權愈 同
吳道一 同
崔奎瑞 同
李寅燁 同
金楺 同
李宜顯 同
李德壽 見號譜
趙觀彬 同
鄭翬良 見相臣錄
鄭實 延日人吏判
李徽之 見相臣錄
吳載純 海州人吏判

純祖朝 尹行恁 南原人吏判 李晩秀 延安人吏判 金祖淳 安東人吏判
徐榮輔 達城人吏判 南公轍 見相臣錄 金履喬 見相臣錄
憲宗朝 沈象奎 見相臣錄 申在植 平山人號翠微 趙寅永 見相臣錄
趙秉鉉 豊壤人
哲宗朝 趙斗淳 見相臣錄 金炳學 安東人見相錄 南秉哲 宜寧人謚文貞
高宗朝 趙性敎 漢陽人

湖 堂 錄

世宗朝設集賢殿帶經筵文翰悉委之

世宗朝 權 採 安東人承旨 南秀文 固城人翰林 辛碩祖 靈山人吏判
朴彭年 見相臣錄 成三問 昌寧人 河緯地 晋州人
申叔舟 見相臣錄 李石亨 延安人
權踶選 李 塏 韓山人
文宗朝 洪 應 相見臣錄 崔 恒 見相臣錄 朴元亨 見相臣錄
李永瑞 平昌人校理 徐居正 見文衡 柳誠源 文化人司成
鄭麟趾選 金守溫 永同人佐理功 李承召 陽城人禮判 姜希孟 號松坡私淑
李克堪 廣州人刑判 李 坡 韓山人贊成 朴秀愚 密陽人翰林
許 慥 河陽人
朴耆年 順天人修撰 金壽寧 安東人戶參 盧思愼 見相臣錄
成宗朝 成 侃 昌寧人修撰 魚世謙 見相臣錄 鄭蘭宗 東萊人吏判
任元濬 豊川人工判 崔淑精 陽川人副提學 李瓊仝 全州人大憲
徐居正選 李 球 延安人吏議 蔡 壽 仁川人禮參 金 訢 延安人工參
洪貴達 見文衡
成 俔 見文衡 安 琛 順興人工參 楊熙止 中和人大憲
表沿沫 新昌人翰林 趙之瑞 見清白 權 健 安東人藝提

俞好仁 高靈人掌令
李宜茂 德水人司諫
朴增榮 密陽人校理
姜渾 晋州人
金馹孫 金海人
李達善 光州人官正
金勘 見文衡

魚世謙選

李䆉 慶州人承旨
李穆 全州人評事
成重淹 昌寧人
鄭希良 海州人
金世弼 慶州人知事
朴祥 忠州人號訥齋

中宗朝

李長坤 碧珍人二相
李耔 韓山人參贊
金淨 慶州人刑判

申用漑選

洪彦弼 見相臣錄
金正國 義城人號思齋
蘇世讓 見文衡錄
申光漢 見文衡錄
金希壽 安東人
韓忠 淸州人號松齋

蘇世謙選

金絿 光山人號自庵

曹偉 昌寧人戶判
申從濩 高靈人禮參
李宗準 慶州人
崔淑生 慶州人
權五福 醴泉人校理
權達手 安東人校理
李顆 全義人大司諫
南袞 見相臣錄
李荇 見相臣錄
朴誾 高靈人修撰
李沆 京山人贊成
李希輔 永川人安分堂
金安國 見文衡
柳雲 文化人
魚永濬 咸從人舍人
沈義 豐山人署令
鄭士龍 見文衡
黃汝獻 長水人號柳村
金魯 安東人
尹自任 坡平人承旨
崔山斗 光陽人號新齋

許琛 見相臣
崔溥 羅州人司諫
申用漑 見相臣錄
權景裕 安東人校理
李胄 固城人
金詮 見相臣錄
李希舜 安岳人吏郎
洪彦忠 缶溪人
金千齡 慶州人直學
任熙載 豐川人號勿菴
崔世節 江陵人號梅窓
金安老 見相臣錄
閔壽千 驪興人監司
成世昌 見相臣錄
李薺 固城人修撰
蔡忱 平康人大憲
沈彦光 三陟人號漁村
朴世熹 尙州人吏判

鄭 礐 東萊人素遇堂
柳成春 善山人懶齋
趙光祖 漢陽人號靜庵
黃孝獻 長水人號畜翁
尹 衢 海南人號橘亭
李希曾 陝川人修撰
許伯琦 金海人號浩齋
閔壽仁 驪興人號立巖
許 磁 陽川人號東崖
許 沆 陽川人吏叅
趙士秀 見淸白錄
朴忠元 見文衡錄
宋麒壽 恩津人號秋坡
吳 祥 咸陽人號負暄
林亨秀 平澤人號錦湖
南應龍 宜寧人
柳希春 號眉巖
金 澍 安東人號寓庵
李元祿 德水人工議
盧守愼 見相臣錄
尹春年 坡平人號滄洲

成世昌選

尹 潔 南原人號醒夫
柳順善 晋州人號素齋

申光漢選

金弘度 安東人號南崖

奇 遵 幸州人號服齋
李若氷 廣州人
李忠楗 星山人號訥齋
梁彭孫 濟州人校理
沈思順 豐山人
林百齡 善山人
宋麟壽 恩津人號圭菴
洪叙疇 南陽人監司
崔 演 江陵人號艮翁
嚴 昕 寧越人十省堂
洪 暹 見相臣錄
任 說 豐川人號竹厓
李 滉 見文衡
李承孝 全義人思謙堂
尹仁恕 坡平人戶叅
尹 鉉 坡平人戶判
閔起文 驪興人號櫟庵
朴承任 潘南人海伯
韓智源 淸州人號靑蓮
朴民獻 咸陽人北兵使
金貴榮 見相臣錄
金質忠 光山人翰林

南 趎 固城人號西溪
張 玉 德水人判校
具壽福 綾城人號屛巖
權 雲 安東人校理
尹豐亨 漆原人松月堂
宋 純 新平人判尹
朴洪鱗 咸陽人大憲
周世鵬 中國人號愼齋
洪春卿 南陽人副學
羅世纘 羅州人叅判
丁應斗 羅州人八道伯
金 祺 延安人安栗子
鄭惟吉 見相臣錄
李洪男 廣州人沒古齋
李 洪 龍仁人靜有齋
閔 箕 見相臣錄
金麟厚 蔚山人號河西
尹希望 坡平人吏郞
許 曄 陽川人號草堂
沈守慶 見相臣錄
尹毅中 海南人號駱村
金繼輝 光山人號黃岡

安　瑺　順興人號滄浪

鄭士龍選
李　樑　全州人吏判乱政
朴啓賢　密陽人號灌圃
柳　塡　見相臣錄
姜士弼　晉州人錦伯

鄭惟吉選
丁胤禧　羅州人號顧菴
高敬命　長興人號霽峯

洪暹選
辛應時　寧越人號白麓
奇大升　辛州人大司憲

朴忠元選
尹根壽　見文衡
李海壽　全義人號藥圃

宣祖朝

朴忠元選
鄭惟一　東萊人號文峰

朴淳單選
洪聖民　見文衡

金貴榮選
柳成龍　見相臣錄
金孝元　善山人號省菴
金誠一　義城人號鶴峯

李珥選
李　潑　光州人號北山
李　浩　光州人號南溪
沈喜壽　見相臣錄
鄭昌衍　同
吳億齡　見淸白

李山海選
韓浚謙　淸州人號柳川

柳成龍選
李慶全　韓山人號右樓

梁應鼎　濟州人號松川
洪天民　南陽人號栗村
朴　淳　見相臣錄
崔　顒　朔寧人號南岡
李陽元　見相臣錄
李山海　見相臣錄
沈義謙　青松人號巽菴
具鳳齡　綾城人號柏潭
李　珥　見文衡
金宇顒　義城人號東岡
許　篈　陽川人號荷谷
崔雲溥　江陵人翰林
柳　根　見文衡
洪履祥　豐山人號慕堂
李恒福　見相臣錄
李好閔　見文衡
鄭經世　見文衡
任蒙正　豐川人號雲湖

姜克誠　晉州人號醉竹
朴應男　潘南人號退庵
李後白　延安人號靑蓮
鄭　澈　見相臣錄
洪　迪　南陽人號荷衣
李誠中　全州人號坡谷
金應南　見相臣錄
金　瞻　安東人號南岡
李德馨　見相臣錄
李廷立　廣州人號溪隱
李幼澄　全州人牧使

光海時　金善餘　江陵人號瓮津　李尙弘　呂州人號春湖　奇自獻　見相臣錄
李爾瞻　見文衡　洪瑞鳳　見相臣錄　金尙憲　見相臣錄
柳根選　趙希逸　林川人號竹陰　金緻　安東人號深谷　柳潚　興陽人號醉吃
鄭廣成　東萊人號濟谷　睦大欽　泗川人號竹塢　李志完　呂州人號斗峯
李民宬　永川人號敬亭　李厚　韓山人號酒峯　李久　韓山人號後谷
李爾瞻選　朴鼎吉　密陽人兵叅　朴弘道　竹山人承旨　孫偶　密陽人應教
鄭遵　海州人府尹　任性之　豊川人輔德　李偉卿　全州人主凶論
柳活　興陽人號泰宇　柳希發　文化人吏叅　金著國　清風人號東村
柳希亮　文化亮人禮叅　柳瀗　興陽人癸亥榜
高用厚　長興人號晴沙

仁祖朝　趙翼　見相臣錄　李植　見文衡錄　鄭百昌　晋州人號玄谷
李敏求　全州人號東洲　張維　見相臣錄　李明漢　見文衡
金瑬選　任叔英　豊川人號疎菴　鄭弘溟　見文衡　李昭漢　延安人號玄洲
金世濂　善山人號東溟　李敬輿　見相臣醉　李景羲　延安人號晚沙
尹墀　海平人號陶溪
李景奭　見相臣錄
張維選　趙絅　見文衡　趙錫胤　見文衡
朴瀰　潘南人號中峯
崔鳴吉選　蔡裕後　見文衡　具鳳瑞　綾城人號洛洲
李尙質　全州人號家洲

孝宗朝　金壽恒　見相臣錄　南龍翼　見文衡　李端相　延安人靜觀齋
蔡裕後選　李殷相　延安人號東里　洪葳　南陽人號淸溪　安後說　廣州人號壽谷

肅宗朝　趙持謙　豊壤人號迂齋　李畬　見相臣錄　吳道一　見文衡
李敏叙選　林泳　羅州人號一溪　朴泰輔　潘南人號定齋　徐宗泰　見相臣錄

閔黯選 李玄祚 完山人號南塘
柳世鳴 豊山人校理
洪 鏊 南陽人號梧村
姜鋧選 李 緯 見文衡
英宗朝 洪萬遇 豊山人號楸軒
李福源選 俞彥鎬 見相臣
徐有臣 校理

閔昌道 驪興人吏叅
金文夏 清風人應敎
李 肇 全州人號鶴山
林象德 羅州人號老村
丁範祖 羅州人修撰
閔鍾烈 驪興人府使

蔡彭胤 平康人號希菴
權重經 安東人靜默齋
任守幹 豊川人號遁窩
李海朝 安東人號鴻菴
洪相簡 丙申逆誅
朴相甲 司果

清白錄

太祖朝 安 省 廣州人號雪谷
禹玄寶 丹陽人養浩堂
慶 儀 清州人節度使
太宗朝 李之直 廣州人刑議
崔士儀 全州人判敦
李 原 見相臣錄
世宗朝 崔萬理 海州人副提學
黃 喜 見相臣錄
柳 謙 晉州人兵儀
李石根 全州人府院君
盧叔仝 豊川人號松齋
世祖朝 鄭文炯 見相臣錄
林 整 平澤人禮判
成宗朝 許 琛 見相臣錄

柳 玽
金若恒 光山人號陽谷
李白持 龍仁人判書
柳 寬 見相臣錄
柳 琰 全州人吏判
閔不貪 驪興人叅判
洪桂芳 叅議
朴 薑 見功臣錄
李 嫚 全州府尹
成 俔 見文衡
朴 說 密陽人二相

朴瑞生 比安人號栗亭
崔有慶 全州人號竹亭
孟思誠 見相臣錄
朴彭年 見號譜
李廷俌 監司
李 知 判官
郭安邦 益山郡守
李 樺 全義人兵判
尹碩輔 漆原人監司
具致寬 見相臣錄

中宗朝
李埴　韓山人二相
李賢輔　永川人號聾岩
趙之瑞　林川人號知足堂
閔暉　驪興人海伯
趙士秀　楊州人號松崗
韓亭允　清州人刑判
金詮　見相臣錄
曺致虞　大邱府使
柳軒　全州人大司諫

明宗朝
尹釜　坡平戶叅
李世璋　完山人號漁叟

宣祖朝
李浚慶　見相臣錄
許潛　陽川人知中樞
李元翼　見相臣錄
柳成龍　同

仁祖朝
金尙憲　同
金時讓　安東人判中樞
成夏宗　北兵使
崔震立　慶州人工叅
李時白　見相臣領
洪命夏　同

肅祖朝
柳慶昌　全州人禮叅
朴信奎　密陽人叅贊

金謙光　光山人光城君
安彭命　司果
李愼孝　監司
崔命昌　開城人禮判
申公濟　高靈人吏判
姜叔突　衿川人司諫
吳世勳　北兵使
鄭宗榮　草溪人二相
安玹　見相臣錄
李墍　韓山人吏判
盧禛　豐川人吏判
李恒福　見相臣錄
李直彥　完山人二相
閔汝任　驪興人禮判
李安訥　德水人禮判
李尙眞　見相臣錄
趙絅　見文衡
崔寬　全州人叅贊
李之馧　北道人午尹

梁灌　南原人府使
朴處倫　高靈人監司
金楊震　豐山人虛白堂
金珷　兵判
李善長　郡守
宋欽　新平人俛仰亭
沈守慶　見相臣錄
李友直　驪州人禮判
白仁傑　水原人號休菴
金德諴　尙州人大司憲
李命俊　全義人號潛窩
趙錫胤　見文衡
姜栢年　晋州人判中樞
李后定　延安人叅判
趙涑　豐壤人號滄江

洪　茂　寺正　李泰英　完山人府使　李世華　富平人吏判
洪宇亮　水使　姜　說　府使　尹　推　坡平人逸掌令
姜世龜　晉州人三休堂
成以性　江界府使　金斗南　牧使

景宗朝

尹趾仁　判書　姜錫範　都正
宋廷奎　監司

功臣錄

太祖朝　純忠奮義佐命開國　洪武二十五年壬申七月芳毅等三十九人佐太祖開國

芳　毅　益安大君　裵克廉　星山伯左侍中　李　濟　興安府院君
趙　浚　平壤府院君　金士衡　上洛府院君　李　和　義安大君
鄭熙啓　鷄林府院君　李之蘭　青海伯　南　在　見相臣錄
南　誾　宜城府院君　鄭　摠　西原府院君　張思吉　花山府院君
趙仁沃　漢山君　鄭　擢　淸城府院君　趙　胖　復興君
金仁贊　益和君　尹　虎　坡平君　趙　狷　平城府院君
李敏道　商山君　趙　溫　漢川府院君　洪吉旻　南陽君
趙英珪　戶曹典書　劉　敞　川府院君　黃希碩　平海君
安景恭　興寧府院君　金　稛　鷄林君　吳思忠　寧城府院君
柳廷爰　中樞副使　李　稷　星山府院君　李　舒　安平府院君
趙英茂　漢山府院君　李伯由　安城君　高　呂　高城君
李　懃　興原君　金　輅　延城君　咸傅霖　東原君
韓尙敬　西原府院君　閔汝翼　驪川府院君
韓　忠　上將軍

定宗祖　推忠協贊靖難定社
靖公安　太宗
和　見上
河　崙　晉山府院君
趙英武　見上
趙　溫　見上
金　輅　見上

洪武戊寅太祖禪位于定宗和等十七人除群奸鄭道傳等命錄
芳　毅　見上　趙　浚　見上
李　行　上黨君　金士衡　見上
李良祐　完原府院君　李之蘭　見上
福　根　奉寧府院君　張思吉　見上
鄭　擢　見上　張　哲　中樞府使
李天祐　完山院君　辛克禮　鷲嶺君

太宗朝　推忠奮義翊戴佐命
李　行　見上
河　崙　見上
李天祐　見上
成石璘　見相臣錄
尹　坤　坡平君
朴　訔　見相臣錄
李　原　見相臣錄
柳　亮　同
李從茂　長川府院君
沈龜齡　豊山君
宋居信　礪山府院君
金德生　贈同知
李升商　鷄林君
金定卿　慶州人蓮城君

建文二年庚辰禪位太宗李行等三十八人扶聖躬佐景命
趙英武　見上　李　來　慶州鷄林君
辛克禮　見上　和　見上
李　淑　完川君　尹　抵　漆原人漆城君
李之蘭　見上　金英烈　義城人義城君
朴錫命　平陽君　趙　溫　見上
馬天牧　長興府院君　權　近　吉昌君
趙　涓　見相臣錄　徐　益　麻田人麻城君
金承霔　順天人平陽君　李　膺　永陽君
延嗣宗　谷山人谷山府院君　金　宇　巡川君
韓　珪　沔川人沔城府院君　文　彬　南平人越川君
徐　愈　利川人利城君　洪　恕　南陽君
李　淑　完川君義安大君子　尹子當　漆原府院君
李　稷　開國功

端宗朝

輸忠衛社協贊靖難

景泰四年癸酉世祖誅皇甫仁等錄鄭麟趾等三十六人

首陽大君　世祖
鄭麟趾　見上
李季甸　韓城府院君
朴仲孫　密山君
申叔舟　見相臣錄
權蹲　安[illegible]君
柳河　文山君
郭連城　清州人清城君
權𡢃　福城君
柳泗　文原君
薛繼祖　順天人玉川君
權擊　永嘉君
李蒙可　驪原君

韓確　見相臣錄
李思哲　同
權擥　吉昌府院君
洪達孫　見相臣錄
柳洙　文成君
洪允成　見相臣錄
李興商　鷄林君
李禮長　全城君
洪純老　唐城君
林自蕃　醴泉人
洪順孫　南陽人唐川君
宋益孫　驪山君

朴從愚　雲城府院君
金孝誠　延山府院君
崔恒　見相臣錄
韓明澮　同
田昀　河陰君
尹士昀　鈴平君
康袞　信川君武兵使
柳漵　文川君
安慶孫　公州人公山君
柳子煥　靈光人笠山君
韓明溍　西原君
韓瑞龜　清原君

世祖朝

輸忠衛社同德佐翼

景泰乙亥六月端宗遜位六臣及成勝權自愼尹鈴孫宋石同等爲司 乂金礩所告皆死之錄璔等四十一人

璔　世宗王子桂陽君
璭　翼峴君
韓明澮　見上
鄭麟趾　見上
李季疄　韓山君
李季甸　見上

韓確　見上
尹師路　鈴川君
李思哲　見上
鄭昌孫　見相臣錄
姜孟卿　見相臣錄
洪達孫　見上

申叔舟　見上
權擥　見上
尹炯　坡平君
尹岩　坡平君
崔恒　見上
田昀　見上

世祖朝

權攀 花山君
李澄石 梁山君
尹士昀 見上
具致寬 見相臣錄
黃孝源 商山君
韓終孫 清城君
李克培 見相臣錄
權愷 福川君兵判

精忠出氣布義敵愾

曹錫文 見上
魚有沼 蘂城君
尹弼商 見相臣錄
全國光 同
李亨孫 嘉平君
李從生 咸平人咸城君
朴埴 鐵城君固城人
金伯謙 光原君工議
尹末孫 咸安君咸安人
吳順孫 豐原君
韓繼美 見上
綜 栗原君
鄭種 延日人東平君
鄭佼 草溪君

權恭 花川君
黃守身 見相臣錄
洪允成 見上
元孝然 原城君
尹子雲 見相臣錄
韓繼美 西原府院君
李克堪 廣城君刑判
鄭守忠 河原君

朴薑 錦川君
朴元亨 見相臣錄
曹錫文 見相臣錄
李禮長 見上
曹孝文 昌城君
金礩 見相臣錄
趙得林 巴山君

成化三年丁亥五月吉州賊李施愛叛逆將曹錫文等四十一人討平之

朴仲善 平陽君
許悰 見相臣錄
許惟禮 吉州人吉城君
李雲路 鍾城君
李恕長 全城君
金順命 清風人青城君
吳自治 羅州人羅城君
孫昭 慶州人鷄川君
沈膺 豐山君
金沔 光川君
宣炯 寶城人武叅判
閔懷發 驪山君
李陽生 鷄城君出微寒
車云革 延川君

金嶠 君山君判書
李叔琦 延安君戶判
李德良 全義君
裵孟達 昆陽人昆山君
金瓘 彥陽君監司
具謙 綾山君
張末孫 仁同人延福君
魚世恭 牙城君
孟碩欽 新昌君
溥 永順君
吳子慶 寶山君
禹貢 丹陽君
崔有臨 水原人隨城君

睿宗朝

翰忠保社定難翊戴

申叔舟 見上
韓明澮 見上
溥 見上
沈 澮 見相臣錄
朴之蕃 竹山君
鄭麟趾 見上
朴仲善 見上
洪 應 見上
魚世謙 見相臣錄
尹繼謙 鈴平君工判
徐敬生 峯城君諡
金孝江 長川君諡
李 存 成川君諡

成宗朝

純誠明亮弘化佐理

申叔舟 見上
韓明澮 見上
尹子雲 見上
金國光 見上
鄭麟趾 見上
鄭昌孫 見上

成化四年戊子睿宗卽位南怡康純等謀逆伏誅錄申叔舟三十八人

申 雲 興陽君諡
韓繼純 清平君
朴元亨 見上
鄭顯祖 河城府院君
鄭昌孫 見上
曺錫文 見上
康 衮 見上
趙得林 見上
鄭孝常 鷄林君吏判
安仲敬 原城君諡
李存命 陝川君諡
柳 漢 星山君諡
琛 密城君
曙 德泉君
復 居平君
李克增 廣川君吏判
韓伯倫 見相臣錄
盧思愼 同
愼承善 見相臣錄
權 瑊 花川君
權 攢 玄福君工判
趙益貞 漢川君吏叅
韓繼禧 西平君
姜希孟 晉山君

成化五年己丑成宗卽位辛卯四月錄申叔舟七十五人

崔 恒 見上
洪允成 見上
權 瑊 見上
婷 月山大君
沈 澮 見上
具致寬 見上
曺錫文 見上
鄭顯祖 見上
金國光 見上
琛 見上
金 礩 見上
韓伯倫 見上

尹士昕 見相臣錄 宋文琳 礪山君大司憲 成奉祖 見相臣錄
韓繼美 見上 韓繼禧 見上 盧思愼 見上
姜希孟 見上 朴仲善 見上 李克培 見上
任元濬 西河君 洪應 見上 徐居正 四佳亭
梁誠之 南原君吏判 康袞 見上 李克增 見上
金謙光 光城君 愼承善 同 韓繼純 同
鄭孝常 見上 韓致亨 見相臣錄 金守溫 永川府院君
尹繼謙 同 李崇元 延原君吏判 李石亨 延城院君
尹弼商 見上 黃孝源 見上 魚有沼 見上
許琮 見上 柳洙 見上 咸禹治 東原君
李埍 韓山君 宣炯 見上 吳伯昌 興原君
金吉通 月川君戶判 禹貢 見上 金嶠 見上
朴居謙 密山君 韓致仁 西成君 李叔琦 見上
李鐵堅 月城君 具文信 綾原君 鄭蘭宗 東徐君吏判
鄭崇祖 河南君吏判 韓致仁 淸陽君兵判 金壽寧 福昌君戶參
李承召 陽城君禮判 具文信 琅城君參判 韓致禮 西陽君參判
韓致義 西陵府院君 韓克堅 廣原君 鉉 溯山君
李永垠 韓山君參判 李壽男 全城君大憲 申瀞 高川君吏參
金順命 見上 沈瀚 靑川君左尹
柳輕 文陽君 申浚 高陽府院君吏判

中宗朝

秉忠奮義決策靖國

燕山政亂宗社幾危正德元年丙寅九月朴元宗等廢燕山立中宗錄元宗等百七人

朴元宗 見相臣錄 柳順汀 見相臣錄 洪景舟 南陽君
成希顔 同 張珽 豐德人河源君 孝誠 雲水君德泉子

沈順徑 靑城尉
邊　修 原川君原州人
金壽童 見相臣錄
金　勘 延昌府院君
高守謙 開城君郡守
沈　亭 禮昌君
李　藻 河源君德水人
李　軾 星山君
具賢輝 綾城君
白壽長 貞海君海美人
鄭眉壽 海平府院君
朴　楗 密原府院君
柳　涇 興德人禹興君
金壽卿 永安君壽童弟
尹湯老 坡川君
卞　脩 草溪君
成希雍 昌城君
尹　衡 南原君
柳應龍 文原君
尹　坦 鈴平君
韓世昌 西原君
李孟友 固城君
李翰允 金城君
柳　泓 晋山君

崔漢洪 慶州人鷄林君
尹衡老 鈴陽君
　　誠 雲山郡世宗孫
李季男 平原君吏判
黃　坦 長原君武相
柳世雄 興陽君
閔懷發 驪興君
閔懷昌 驪興君
李克正 慶州人蛟川君
李碩蕃 牙城君
宋　軼 見相臣錄
姜　渾 晋川君
鄭允謙 淸溪君草溪人
金敬義 嘉山君
邊士謙 原州人原陽君
韓叔昌 西平君致禮孫
辛允文 寧城君寧越人
洪景霖 益原君
申壽麟 平原君
趙世勛 豐陽君
尹汝弼 坡原府院君
　盛同 安賢君
李　夔 遂山君
成　慄 昌城君

曹繼商 昌寧君小人
柳　洵 見相臣錄
具壽永 綾川君致寬從子
　　滋 德津君世祖孫
柳繼宗 靑陽君兵使
尹士貞 瑞原君
許　礏 陽山君
張　溫 丹陽君
金友曾 淸川君贈兵判
申　浚 見上
韓　恂 西原府院君
李　蓀 漢山君
李　菡 德水人海豐君
沈　貞 見相臣錄
朴而儉 順城君
柳　濚 晋陽君順汀侄
姜　濆 永善君
尹金孫 坡城君
金永貞 益城君知敦寧
李宗義 咸平君水使
許　礦 高陽君
趙元倫 焉川君
金　翰 咸平人咸原君

閔孝曾 驪平府院君
朴永昌 天嶺君
張漢公 永同人永山君
韓斯文 西川君工判
李成彥 漢川君兵使
辛殷尹 鷲山君靈山人
崔有井 吉城君
禹鼎 禮安君
金俊孫 鰲山君
金硡 豐壤尹工判

中宗朝

推誠保社佑世定難

盧永孫 光原君贊憲

宣祖朝

輸忠翼謨修紀光國

尹根壽 海原府院君
黃廷彧 長溪府院君
韓應寅 見相臣錄
尹暹 龍陽府院君
黃琳 義城君
尹卓然 漆溪君戶判
崔滉 海城君

金克成 見相臣錄 成夢井 夏山君
黃孝獻 長原君 李世應 咸安君右尹
金任 鷄林君 讀 遂安君
曹繼殷 昌山君 朴而溫 昇平君
尹熙平 海陽君判尹 李敞 平川君
康允禧 信平君 蔡壽 仁川君
文致 文原君宦 任元山 保安君啓
金銀 公山君啓 權鈞 見相臣錄
潘佑亨 岐城君大憲巨濟人
李坤 延城君

正德丁卯九月李顆等謀逆盧永孫上變顆等伏誅永孫叅勳

萬曆己丑十一月奏請使尹根壽等改宗系得請齎奉

兪泓 見相臣錄 洪聖民 益城君吏判
尹斗壽 同 李後白 延陽君吏判
尹洞 茂城府院君 金澍 花山君
洪純彥 唐城君 李陽元 見相臣錄
鄭澈 見相臣錄 奇大升 德源君
李山海 同 柳成龍 見相臣錄

宣祖朝 推忠奮義協策平難

朴忠侃 倘州人商山君
李 軸 完山府院君
趙 球 安岩人金陵君
南 巀 宜溪君
李山海 見上
洪聖民 見上
李 增 鵝川君禮判
李恒福 見相臣錄

萬曆己丑十月鄭汝立謀反載寧郡守朴忠侃上變汝立亡命自殺同黨皆伏誅庚寅錄忠侃等三十六人

韓應寅 見光國功
閔仁伯 驪陽君判書
金貴榮 上洛君
柳 㙉 始寧府院君
李 準 全城君刑判
李憲國 見相臣錄
姜 紳 晉興君叅贊
李廷立 廣林君

韓 準 淸川君判書
李 綏 南溪君
兪 泓 見上
鄭 澈 見上
崔 滉 見上
金命元 見相臣錄

宣祖朝 忠勤節誠協策扈聖

李恒福 見相臣錄
鄭崑壽 西川府院君
沈友勝 淸溪君叅判
李好閔 延陵府院君禮判
柳 根 晉原府院君
李忠元 完陽府院君
朴東亮 錦溪君戶判
沈 岱 靑原君
沈忠謙 靑林府院君兵判
尹自新 龍原府院君兵判
申 磼 平川府院君
安 滉 廣陽君

萬曆壬辰之亂大駕西巡群臣跋涉扈聖請兵中國終致回鑾甲辰錄八十六人

定遠君 元宗祖五子
珝 信城君
尹根壽 見上
柳成龍 見相臣錄
洪 進 唐興府院君吏判
李 碅 漢川君吏議
朴崇元 密城君判尹
鄭熙藩 溫城君
韓 淵 淸溪君
耆 海豐君
具 宬 綾海君
鄭 琢 見相臣錄

李元翼 見相臣錄
尹斗壽 同
金應南 見上
李山甫 韓興君吏判
柳永慶 見相臣錄
李幼澄 完興君
李光庭 延原府院君
崔興源 見相臣錄
景 溫 順義君
景 儉 順序君
李憲國 見上
柳希霖 文陽君

李有中　德原君　奇孝福　高興君　崔賓　海陵君
任發英　泗陽君　崔應淑　和順人和成君　呂定邦　咸原君
宋康　原陽君　李應順　益興君　姜絅　晉陽君王子師傅
高曦　濟州人瀛城君　壽昆　節愼君　金起文　巽城君
崔彥純　月城君啻隨　許俊　陽平君　金應壽　盆城君
閔希審　驪原君啻隨　李廷祿　廣溪君　吳致雲　碧城君
金鳳　寧城君啻隨　安彥鳳　武陽君啻隨　林祐　蔚陵君啻
金良輔　陟川君啻隨　朴忠敬　敎魚原君啻隨　金應昌　開城君啻
鄭漢璣　淸河君啻　金禮禎　花川君啻　申應瑞　唐城君啻
朴春成　密山君啻　金秀源　伽城君啻　辛大容　奈城君啻
金聖信　樂城君啻　李公沂　韓溪君齊　白應範　漢城君啻
趙龜壽　花城君啻　梁子儉　瀛海君啻　崔潤祿　鰲山君啻
金俊榮　鳳陽君啻　金繼韓　豊岩君啻　李士恭　完原君
鄭大吉　延陽君啻　朴夢周　慶陽君　柳肇生　洪陵君全州人
楊舜民　浪城君　崔世俊　唐溪君　全龍　石陵君
慶宗智　鷄林君　洪澤　唐溪君　李希齡　海愼君
吳運　石城君
李春蘭　喬林君

宣祖朝

效忠仗義協力宣武壬辰諸臣宣力中外協贊中興甲辰錄李舜臣十八錄人扈聖功同日策錄同日會盟

李舜臣　德豊府院君德水人　元均　石陵君　權應銖　花山君
權慄　永嘉府院君　申點　平城府院君　金時敏　上洛君
李廷馣　月川府院君　鄭期遠　萊城君　柳思瑗　文興君
李億祺　論毅愍　權悏　吉昌君　高彥伯　濟興君

李光岳　廣南君
趙　儆　豊陽君

宣祖朝

奮忠出氣合謀靖難

洪可臣　寧遠君刑判
朴名賢　延昌君

仁祖朝

奮忠靖社立記明倫

李　貴　延平府院君吏參
申景禛　見相臣錄
沈命世　靑雲君工參
金慶徵　順興君判尹
張　維　見相臣錄
元斗杓　同
具仁垕　見相臣錄
張　紳　德原君
崔來吉　完川君遲川兄
申景植　靈原君保閑齋后
元裕男　原溪君武水使
申　埈　平興君刑判
李義培　韓川君南兵使
李起策　完溪君府使
柳舜翼　菁川君文判書
韓汝復　西城君

權　俊　安昌君　　奇孝謹　杏昌君
李純信　完昌君　　李雲龍　息城君

萬曆丙申七月湖西賊李夢鶴等攻陷鴻山等六邑洪州牧使洪可臣拒守討平之甲辰四月錄勳

崔　湖　鷄陽君水使　　林得義　平城君監司
辛景行　靈城君兵使

光海幽母刑政既乱倫紀既斁癸亥三月十二日奉仁祖誅凶反正奉母后復位其後自點謀逆伏誅

金　瑬　見相臣錄　　崔鳴吉　見相臣錄
李　曙　完豊府院君　　具　宏　綾城府院君
申景禋　東城君武御將　　李時白　見相臣錄
李重老　靑興君巡邊使　　李時昉　延城君戶判
李　澥　咸陵君武判　　朴孝立　順原君守門將
申景裕　東平君鐵山倅　　張　暾　玉山君
朴維明　商原君五衛將　　宋英望　瀛南君鎭川人水使
韓　嶠　西原君郡守　　李　沆　咸寧君統制使
具仁墍　豊綾府院君　　李厚源　見相臣錄
趙　潝　豊安君　　洪振道　南陽君刑判
盧守元　武平君　　朴　炡　錦洲君吏參
兪伯曾　杞平君吏參　　洪瑞鳳　見相臣錄
李元榮　完興君　　姜　得　晋山君
宋時範　壽山君　　洪孝源　益豊君
洪振文　南昌君左尹
柳　頔　晋川君

仁祖朝 竭誠奮義出氣振武

張晩 玉城府院君都元帥
鄭忠信 錦南君判尹
邊潝 原興君
柳孝傑 晋陽君
南以雄 見相臣錄
申景瑗 平寧君副元帥
崔應一 漢豊君
金良彥 晋興君晋州人
李珞 栗城君
李慶禎 全平君
文晦 鷲川君
金光爀 東原君

天啓甲子正月副元帥李适叛逆上辛公州都元帥張晩討平之上都還三月錄勳

南以興 宜春府院君　金起宗 瀛海君
李守一 鷄林君刑判　金慶雲 花山君宣川倅
李希健 洪陽君　朴瑺 武領君
趙時俊 豊城君　成大勳 昌城君
金完 鶴城君　李休復 仁原君
李愼 全豊君　宋德榮 延昌君
金泰屹 漢豊君　崔應水 潔城君
吳珀 漁城君　池繼灌 忠城君
李澤 平原君　安夢尹 順陽君
李靖 始興君　李袥 麟城君

仁祖朝 輸忠奮義决幾靖難

李擢男 鰲山君白沙侄
元克成 咸安君

崇禎元年丁卯九月橫城賊李仁居嘯集官兵稱中興大將犯京原牧洪寶執送京師十一月錄勳六人

李胤男 追封　陳克一 行司果追封
辛應榮 寧原君　洪寶 豊寧君號月峯

仁祖朝 竭忠效誠翊命寧社

許穪 陽陵君
洪瑞鳳 見上
金得聲 清興君
金振聲 清陵君

戊辰正月柳孝立鄭沁等謀叛許穪上變討平諸賊錄勳十一人

黃性元 長原君　黃縉 長川君
許䙬 陽平君　許選 陽原君
申瑞檜 平昌君　李斗堅 完恩君
崔山輝

仁祖朝 效忠奮義決策寧國
具仁垕 見上
金 瑬 見上

肅宗朝 奮忠效義協謀保社
金錫胄 見相臣錄
金萬基 光城府院君

英宗朝 輸忠竭誠決機奮武
吳命恒 見相臣錄
朴纘新 咸寧君乙亥逆誅
金重萬 彥城君
李萬囿 韓原君
權喜學 花川君郡守
李普赫 仁平君刑判

順治元年甲申三月沈器遠權瀷謀叛訓將具仁垕上變誅賊丙戌三月柳濯權大用叛李碩龍上變誅賊
黃瀗 檜原君 李碩龍 慶陽君
李元老 完陽君兵使
康熙十九年庚申三月逆賊楨與其舅吳挺昌及許積庶子堅謀危社稷鄭元老李元成因金錫胄金萬基上變討賊
李立身 陽興君 朴 斌 密林君
南斗北 宜豐君以恭子
戊申三月弼夢弼顯等與沈維賢李有翼鼓鳴凶言李麟佐以平安兵使李思晟爲外援陷淸州殺李鳳祥而金重萬上變
朴文秀 靈城君兵判 趙文命 見相臣錄
李 森 咸恩君兵判 朴弼健 錦綾君
李遂良 完春君 金 浹 花川君
李益馣 全陽君 趙顯命 見相臣錄
朴東亨 忠原君忠州人

儒林錄

薛 聰 弘儒候慶州人 安 裕 順興人號晦軒
崔 冲 海州人謚文憲 白頤正 號上黨
李 穀 韓山人 白文寶 謚忠簡
李仁復 號樵隱謚文忠 李彰路 官密直
金九容 惕若齋 李存吾 石灘慶州人
李崇仁 陶隱星州人 河 崙 見相臣錄

權 溥 謚文正福州人 朴忠佐 號恥菴
禹 倬 丹陽人官祭酒 李齊賢 號益齋
李 穡 號牧隱 鄭夢周 號圃隱
朴宜中 號貞齋 朴尙衷 謚文正
尹紹宗 桐軒 權 近 見相臣錄
吉 再 冶隱 權 遇 梅軒

諸賢錄

李陽明 司人
卞季良 見文衡
金泮 松亭
金末
朱溪君 醒翁
鄭汝昌 一蠹
金淨 見湖堂
金湜
朴英 松堂密陽人
李仲虎 履素齋全州人
李滉 見文衡
沈鎬 逸齋
朴雲 龍岩密陽人
金就成 眞樂堂
朴枝華 守菴旌善人
南彥經 東岡
張顯光 旅軒
成渾 牛溪
安邦慶 午山順興人
趙錫胤 見文衡
權尙夏 見相臣
金昌協 見文衡

趙庸 謚文貞眞寶人
金叔滋 江湖散人
鄭自英 國子師儒
金宗直 佔畢齋
趙光祖 見湖堂
金安國 見文衡
鄭浣
成守琛 聽松
金麟厚 見湖堂
成悌元 東洲
洪仁祐 耻齋
成運 大谷
金謹恭 惕菴江陵人
徐起 孤靑
奇大升 見湖堂
趙穆 月川林川人
宋翼弼 龜峯
金長生 沙溪
尹宣擧 美村
俞棨 市南
金產辛 晦窩江陵人

崔德之 烟村
尹祥 別谷
金宏弼 寒暄堂
金時習 梅月堂
金正國 見湖堂
鄭鵬 新堂海州人
白仁傑 見淸白
趙昱 龍門
李湛 見湖堂
李彥廸
韓修 石峯
林薰 葛川
李至男 常看草笠
閔純 杏村
黃俊良 錦溪平海人
權春蘭 晦谷
金集
鄭曄 守夢
朴世采 玄石
許穆 眉壽

黃鉉 謚文成
金鉤
李寬義 栗亭廣州人
林守謙 葛谷
柳藕 西峯晉州人
尹倬 左尹
鄭之雲 秋巒慶州人
柳希春 見湖堂
徐敬德 花潭
曹植 南溟
梁子徵 坡菴
李恒 一齋星州人
李之菡 土亭
鄭逑 寒岡
李珥 栗谷
金宇顒 見湖堂
宋浚吉 同春堂
宋時烈 尤菴
李惟泰 草廬
尹拯 明齋

丙子諸賢

癸酉權擥韓明澮爲光廟誅宗瑞於其第殺仁於闕門茶於外縊殺之至丙子光廟受禪六臣謀復魯山金礩鄭昌孫等告變六臣同死

皇甫仁 見相臣　鄭苯 見相臣　李塏 見湖堂六臣一　俞應孚 見節義六臣一
金宗瑞 同　成三問 見湖堂六臣一　河緯地 同　權自愼 端宗外二寸六臣一
尹鈴孫　嚴興道 寧越戶長贈工議　許詡 左叅贊　崔德之 見上
成勝 三問父　宋石同　許慥 與六臣謀事自縊　李孟專 號耕隱棄官不仕
沈瓚 忘世亭退去　元昊 觀瀾亭生六臣一　金時習 見上　成聃壽
權節 栗亭　趙旅 漁溪生六臣一　南孝溫 同　趙克寬 吏判
安平大君瑢世宗二子　錦城大君瑜世宗六子　朴彭年 見號諸六臣一
李澄玉 梁山人武勇　李甫欽 順興府使　柳誠源 同

戊午諸賢

燕山四年李克墩開史局見金馹孫史草書巳惡言于魚世謙世謙不答謀於子光子光往見盧思愼尹弼商韓致亨同謀摘出馹孫之師佔畢文集中吊義帝文逐句註釋以指斥光廟論以大逆佔畢剖棺濯纓處斬至甲子禍復作寒暄康伯珍處斬前後諸賢史官之坐法者甚衆盖成廟大漸克墩爲湖西方不進香京師載妓而馹孫書其事於史草起因其禍

金宗直 見上　權五福 見湖堂　李穆 見湖堂　姜謙 晉州人玉堂正郞
金馹孫 見湖堂　權景裕 同　許盤 同上　表沿沫 見湖堂
洪瀚 南陽人杖流卒　李守恭 廣州人甲子賜死　崔溥 見湖堂　鄭希良 同
鄭汝昌 見上　茂豐副正摠戊午流死　姜景叙 晉州人戊午杖流　鄭承祖 戊午杖流
李宗準 見湖堂　李冑 見湖堂　康伯珍 信川人無名齋　李繼孟 全義人號豊岩
李黿 見湖堂 再思堂　金宏弼 同上　姜渾 見湖堂　鄭誠謹 晉州人
任熙載 見湖堂　曹偉 見湖堂
朴漢柱 拙迃齋密陽人　趙之瑞 見淸白

己卯諸賢

己卯中宗十四年靜菴趙光祖欲興至治引進諸賢同心協理於是讒類布列激濁揚淸舊臣之拂淸見擠者皆含怨沈貞等與洪景舟等同謀夜潛開神武門以一葉虫書密告靜菴被謫俄而死一時淸流波及無遺類盖當時士論矯激

不能表中起致其禍云

鄭光弼 見相臣
金淨 同
金絿 見湖堂
韓忠 見湖堂
鄭浣 見上
巴陵君 謫竄南海
李忠楗 見湖堂
尹光齡 削奪
朴英 見上
長城守 儀被削
權橃 冲齋二相
金正國 見湖堂
李構 翰林
安處謹 弘博杖死
金神童 翰林
房貴溫 佐郎
都衡 主簿
閔世貞 都事
朴守良 三可堂隱不仕
盧[illegible] 都事
鄭哲賢 訓導被杖
李世孫 決杖

安塘 見相臣
李長坤 見湖堂
趙光祖 同
尹自任 同
朴世熹 源齋竄極邊
安瓚 醫學敎授竄
崔淑生 見湖堂
梁彭孫 同
宋好智 削奪
文瑾 叅判
柳雲 叅判
具壽福 見湖堂
尹衢 同
安珽 竹室
安處謙 虛齋
柳貞 正學被杖
朴公達 佐郎
金頤 直長
趙抃 靜菴族侄
盧友明 叅奉
柳孟運
宋翼忠 決杖

金湜 見上
成世昌 見上
奇遵 見湖堂
柳庸謹 兵使
李淸 叅判
李耔 見湖堂
申光漢 見文衡
崇善副正光廟孫被謫
柳仁淑 判書奪職
李成童 叅議
曹彦卿 罷職
柳成春 見湖堂
閔懷賢 正言
安處誠 修撰順興人
李阜 佐郎
成宗琮 及第削科
翊 修撰
權僎 修撰辛巳禍
金錫弘 甕泉叅奉
李思儉 監察
李自逸 決杖
安崇福 同

李若氷 見湖堂
申命仁 龜峯平山人
鄭膺 見湖堂
崔山斗 見淸白
李希閔 見上
崔壽峸
江寧副正 削奪
李正叔 校理杖死
金安國 見文衡
金世弼 叅判杖配
金匡後 都事
安處順 思齋縣監
金鉞 正言
申遵美 翰林被罷
趙佑 佐郎
金大有 三足堂金海人
申潛 靈川高靈人
崔澐 縣監遠竄
奉天祥 叅奉
李城 典醫監
崔仁頎 書吏被杖
李仲進 同

鶴年 弘文館奴決杖　鄭義孫 同　李允儉 陜川人希閔父　申鍣 平山人草菴
沈達源　李若水 慶州人若氷兄　孔瑞麟 承旨被斥　蔡世英
李延慶 灘叟　河 珽 被棍郡守　趙 昱　尹殷弼 海平人監司吏判
朴 祥 見湖堂　慶世仁 敬齋　詩山正 正叔已卯削　李長坤 見湖堂
李思勻 訥齋慶州人　趙元紀
安 瓚 醫官　朴世擧 醫官
金千貴 私賤

乙巳諸賢

乙巳仁祖元年自大小尹指目之後與尹任構隙日夜磨牙思所以擠昭之地及仁廟大漸尹任入侍元衡欲因此搆造與李芑同謀以任通於恭懿殿桂林鳳城兩君中推載將不利於明廟造作飛語動搖文定與明廟鄭順朋林百齡或告變或上疏指任爲不自安柳灌柳仁淑爲稍存形跡終成大禍任與二柳論以大逆桂林鳳城被誅士流之波及者多丁未鄭彥慤壁書之禍踵起善類殲盡○壁書獄者副提學鄭彥慤於良才驛壁糊紙以啓以朱書曰女主執政於上奸臣李芑等弄權於下國之將亡可立以待豈不寒心云々盖彥慤送女湖南仍經宿自爲之云耳

尹 任 坡平人竄死　柳仁淑 靜叟晋州人　李 霖 咸安人杖死　鳳城君 岏中宗子
柳 灌 見相臣　羅 湜 見上　桂林君 瑠月山大君孫　宋麟壽 見湖堂
李若海 廣州人若氷弟　金 儲 慶州人世弼子　成可擇 杖流死　李 煇 星州人忠健子
李德應 星州人注書　羅 淑 安定人湜弟　安名世 順興人　李仲悅 廣州人潤慶子
具壽聃 大憲賜死　李 蓬 眞寶人退溪兄　沈 苓 青松人輸林　成 遇 昌寧人恭奉訊死
安順瑞 居茂長　李 致 德水人臺諫　林亨秀 見湖堂　朴光祐 華齋尙州人
鄭希登 東萊人掌令　柳 貞 晋州人縣監杖死　康惟善 舟川信川人　郭 珣 警齋永川人
李若氷 見湖堂　尹 潔 坡平人醒夫　權 撥 見上　趙 璞 漢陽人
金振宗 慶州人司成流卒　鄭 郁 東萊人　宋希奎 陜川人執義　金鸞祥 淸道人大司諫
丁 熿 見上　鄭 滋 延日人　柳希春 見湖堂　孫弘績 密陽人

韓澍 清州人
李震 咸安人霖兄
尹忠元 南原人
白仁傑 見淸白

柳堪 全州人
李熘 星州人
閔起文 見湖堂
尹剛元 南原人

安謐 順興人
許忠吉 陽川人
梁允溫 南原人
李首慶 廣州人稟謙

李彥忱 見節義
金禧年 清風人
李湛 見湖堂
黃博 長水人

權應挺 安東人右尹
盧守愼 見相臣
李文楗 星州人默齋
李浚慶 見相臣

權應昌 安東人
李混 見文衡
宋純 見湖堂
金應貞 廣州人

韓灝 清州人掌令
李元祿 見湖堂
李潤慶 崇德齋
柳昌門 晉州人禮叅

金忠甲 安東人
林畯 平澤人
愼居寬 居昌人吏判
崔益國 忠州人臺諫

鄭惟況 延日人
安景祐 廣州人
柳景深 文化人修撰
林億齡 石川善山人

成世昌 見相臣
朴承任 羅州人
鄭磏 溫陽人碩朋子
李文瑚 內需司別坐

李承豪 定山人內官
李壽千 掖廷服紋人
李彥廸
韓淑 清州人號簡易堂

朴成香 掌范署女
李天啓 星州人
權勿 安東人

節義錄

李綏祿 全州人春皐雲山君玄孫
李義培 韓山人甲子殉節
李彥忱 延安人中宗朝立節

李增 見湖堂六臣一
李穆 義培子甲子遜亂不屈死
李時稷 延安人江都殉節號竹窓

李嘉相 延安人號水軒丙子自決
李介立 慶州人號櫟峯壬辰起義
李光輪 驪州人壬辰起義

李光胤 慶州人號瀼西宣朝立節
李舜臣 壬辰中丸戰死忠武公
李洸 德水人兩溪壬辰戰死

李褒 咸平人廢母時立節
李尚吉 見上
李希建 洪州人宗張子壬辰死節

李重老 青海人仁祖朝殉節
李宗張 洪州人壬辰死節
金悌甲 安東人毅齋壬辰死節

金尚容 見相臣
金時敏 安東人壬辰以晉州判官却
金益謙 光山人丙子江都殉節

金尚憲 同
金玻 光山人始齋壬辰起義
金弘敏 尙州人沙潭壬辰起義

金白粹 慶州人桑村本朝召之志其節
金鍊光 金海人壬辰死節
金沔 金海人松庵壬辰起義

金千鎰 彥陽人克念齋壬辰起義
金汝岉 順天人同忠州死節
鄭期遠 東萊人見山

鄭弘翼　東萊人林翁慶母時立節
鄭雷卿　溫陽人雲溪丁丑瀋陽死節
鄭孝成　晋州人休休子胡亂死節
鄭蘊　草溪桐溪丁丑以刀刺腹死節
朴光前　竹山竹川壬辰立義
朴篪　密陽人壬辰尙州殉節
趙希哲　白川人壬辰殉節希逸弟
洪命亨　南陽人無適堂丙子江都自死
柳誠源　見湖堂六臣一
柳馨遠　文化人磻溪明亡後不仕歸扶安
權順長　丙子江節殉節
沈岱　青松人四磐壬辰死節
申砬　平山人忠壯壬辰戰亡
韓嶠　清州人東潭壬辰立義
宋甲祚　恩律人睡隱光海時獨拜西宮
宋圖南　鎭川人丁卯胡亂安州殉節
黃一皓　昌原人仁朝胡亂死節
吳達濟　海州人秋潭丙子三學士之一
曹好益　昌寧人壬辰立義
曹漢英　昌寧人丙子斥和瀋獄不屈
高敬命　見湖堂
高從厚　長興人壬辰晋州死之
郭䞭　玄風人壬辰起義
郭再祐　玄風人壬辰起義有卓功

鄭文孚　海州人農圃壬辰立義
尹棨　南原人薪谷丙子殉節
尹烇　坡平人後村江都殉節
尹暹　南原人果齋尙州死節
趙廷翼　平壤人樂道齋
趙終道　咸安人壬辰黃石殉節
洪命一　南陽人葆翁江都殉節
洪命耇　南陽人懶齋丙子金化死之
柳夢寅　興陽人於于反正後隱居
崔慶會　海州人日休堂癸巳晋州陷死
沈誢　青松人江都殉節
沈之源　見相臣
成三問　見湖堂六臣一
宋承禧　礪山人伴菊軒
姜鳳年　晋州人壬辰溯寧戰死
姜沆　晋州人丁酉全節
徐思遠　南陽人樂齋壬辰立義
兪應孚　高靈人六臣之一
具宬　思孟侄壬辰死之
具宏　宣朝扈聖
高因厚　長興人壬辰錦山死之
文緯地　南平人壬辰起義從權慄
禹弘績　丹陽人號長谷壬辰死難
禹性傳　丹陽人壬辰倡義

尹集　南原人林溪丙子三學士之一
朴彝叙　密陽人東皐光海立節
朴枝華　壬辰赴水而死
朴彭年　見淸白六臣一
趙憲　白川人重峯壬辰錦山死節
趙狷　平壤人太祖累召不起
洪翼漢　南陽人花浦丙子三學士之一
洪彥忠　見湖堂
崔震立　慶州人丙子戰亡
權寔　安東人楓岩壬辰死節
沈集　青松人恥齋昏朝立節
沈守慶　見相臣
宋象賢　礪山人泉谷壬辰死節
宋時榮　恩律人野隱丙子江都死節
南以興　宜寧人城隱丁卯胡乱戰死
閔仁伯　見上
林慶業　平澤人陷虜不屈
林檜　平澤人罵适斫死
蔡聖龜　平康人丁丑斥和立節
元均　原州人壬辰戰死
文緯　開寧人壬辰起義
河緯地　見湖堂六臣之一
劉克良　江華人壬辰殉大節元帥
劉希慶　江華人壬辰起義

吉詠　冶隱五代孫壬辰與郭再佑起義

詩家錄

金宗直　見儒林　白光勳　號玉峯　李胄　見湖堂　權韠　號石洲
成侃　見湖堂　李安訥　見淸白　申光漢　見文衡　沈宗直　號竹西
李荇　見相臣　林悌　號白湖　朴祥　見湖堂　李粹光　號芝峯
奇遵　見湖堂　李春英　號体素　朴淳　見相臣　李植　見文衡
林亨秀　同　李春元　高敬命　見節義　金時習　見儒林
黃廷彧　見文衡　徐居正　見文衡　李達　號蓀谷　朴誾　見湖堂
鄭士龍　同　盧守愼　見相臣　車天輅　號五山　任錪　號鳴皐
林億齡　見儒林　崔慶昌　號孤竹　崔岦　號簡易　許篈　見湖堂
李敏求　見湖堂
鄭斗卿　號東溟

畫家錄

安堅　善山水　金禔　善山水　石陽正　善竹　趙榮祏　善人物
姜希顔　詩畵書俱高　魚夢龍　善梅　趙之耘　善梅翎毛　金昌業　俱善各藝
崔涇　善人物　李楨　善山水　金命國　善山水人物　沈師貞　善草虫
鷄林正　善山水　李齊賢　善葡萄　尹斗緒　善各畫　柳德章　善苗雲
李興孝　李澄　善各體　趙涑　善翎毛山水　尹德熙　善各體
鷄林守　喜胤善翎毛　金埴　善牛　鄭敾　善山水　李麟祥　同
卞尙璧　善猫　尹泙　善山水　洪天起　善山水　安貴生
恭愍王　名書　顧佇　善人物　崔渚　同　金瑞　善馬

南 汲 善山水
裵 連 善山水人物

筆苑錄

成石磷 見相臣
朴 耕
韓亨允 見淸白
申 檣 保閑齋父
成 任
姜希顔
李 瑀 玉山
金璘厚
李海龍 寫字官
楊士彦 號蓬萊
義昌君 珖
沈克明
李 祛 號灘叟
尹舜擧 童土
沈益顯 蜀體
趙 涑 見淸白
朴泰輔 見湖堂
金壽增 谷雲

李長孫
金孝男
朴彭年 見淸白蜀體
偰慶壽
蘇世讓 見文衡
安平君 見儒林
金希壽 安東人蜀體
成守琛 見儒林
李忠元 松菴蜀體
李 滉 見文衡晉體
金玄成 號南窓
黃耆老 號孤山
張 維 見相臣
李弘胄 同
尹宣擧 見儒林
申翊聖 東淮
李命殷
金大德 蘇峰
金鎭圭 見文衡
宋浚吉 見儒林蜀體

吳信孫
崔叔昌
安 琛 見湖堂
鄭蘭宗 見湖堂蜀體
成世昌 見文衡
崔興孝 見體
李濟臣
宋 寅 蜀體
李山海 見相臣蜀體
鄭惟吉 同
韓 濩 三和人號石峯
白光勳 見詩家
曹文秀
金 瑬
金佐明
尹新之 見駙馬
洪錫龜 末湖
李正英
柳以升
尹 審

秦四山
石 齡
姜 澂
成 槪
申公濟 見淸白
金 絿 見湖堂晉體
成 渾 見儒林
金 魯 安東人蜀體
卞 獻
李文楗 見儒林
李 潚 號城井
尹根壽 見文衡
李志定
吳 竣
許 穆 眉叟
尹文擧 石湖
朴泰維 白石
趙威明
朗善君
趙正緖 南谷蜀體

正誤表

頁	號別	摘要欄	行欄順次	字欄順次	誤	正	摘要
一	四嬌	行績欄	下 一行	二字	登	澄	
一	約齋	仝	下 一	五	誠	試	
一	仝	同	下 一	十三南下	藥		誤漏
四	墼翁	號	上 一	一	墼	塾	
五	芝岡	行績	下 一	二十七	貞	靖	
五	皆山	仝	下 一	七	性	姓	
七	直齋	號	上 一	一	直	眞一	
九	誠齋	仝	上 一	四直下	有		誤插
九	竹扁	號	上 一	二	扁	扃	
一〇	龜川	仝	上 一	二	川	村	
一一	西厓	行績	下 一	二十一	諫	鍊	
一一	百拙菴	仝	下 一	十七	甫	壺	
一三	誠齋	仝	下 一	二	嘉	壽	
一六	霞谷	仝	下 一	五事下	備		誤漏
同	添窩	號	上 一	一	添	㳞	
一九	敧枕翁	行績	下 一	二十二而下	不		誤漏

頁	號別	摘要欄	行欄順次	字欄順次	誤	正	摘要
二〇	山水軒	行績欄	下 一行	六字	之	定	
同	東溪	仝	上 一	五六	子春	春子	
同	獨樹	仝	下 一	十七	集	景	
二二	睡軒	仝	下 一	二	響	嚮	
二三	槐岩	號	上 一	一	槐	梲	
二四	晚翁	行績	下 一	十二	中	使	
同	靜修齋	仝	下 二	六	疑	欵	
二五	三黎	仝	下 一	二	異	昱	
同	山堂	仝	下 一	二	釗	鄉	
二八	忠齋	號	上 一	一	忠	盅	
同	臺岩	行績	下 一	四	誠	諴	
三九	大虛亭	仝	下 一	十二三	宗世	世宗	
同	醒灣	仝	下 一	一二	儒字	字儒	
三〇	杏園	仝	下 二	三	甫	爾	
同	東臺	仝	下 二	十三	忠	惠	
同	老谷	仝	下 一	三	用	甫	

頁	號別	摘要欄	行欄順次	字欄順次	誤	正	摘要
三五	韋菴	行績欄	下	一行	四五字	籤典	典籤	
同	石湖	仝	下	一	九	梭	埈	
同	仝	仝	下	一	十六	棋	禛	
同	忠翼公	氏諱	中	一	三	禎	禛	
四〇	晩退軒	行績	下	一	五	樸	檖	
四一	石軒	仝	下	一	三	食	會	
四二	漁城	仝	下	一	四	良	永	
同	懶齋	仝	下	一	七	晩	晦	
同	陰松	號	上	一	一	陰	孤	
同	河孤	仝	上	一	二	孤	陰	
同	晴川	行績	下	一	四	叅	泰	
四三	鼇崖	號	上	一	一	鼇	龍	
四四	耻菴	氏諱	中	一	二	瓚	璸	
四六	玉溪	行績	下	一	三	弘	泓	
同	西齋	仝	下	一	二	稱	珍	
同	西阜	仝	下	一	七	艮	良	
同	習靜	仝	下	一	七	嗣	期	
同	仝	仝	下	一	三十	客	容	

頁	號別	摘要欄	行欄順次	字欄順次	誤	正	摘要
四七	心齋	行績欄	下	一行	五字	祖	相	
四八	松潭	仝	下	一	七	勤	勛	
同	清竹	仝	下	二	二十八九	教官	監察	
四九	瓢翁	仝	下	二	一	此	北	
同	支溪	仝	下	三	五	縣	歸	
五〇	海狂	仝	下	二	二	燮	變	
五一	雲谷	仝	下	一	十	齊	齊	
同	新淵	仝	下	一	三十一二	以金	金以	
五二	香雪堂	號	上	一	二	雲	雪	
五四	六有齋	氏諱	中	一	三	丹	舟	
同	梧溪	行績	下	一	十三四	輸床	床輸	
五五	南岡	仝	下	一	三十二三	翼功	靖翼	
同	百拙	仝	下	一	五	思	男	
五七	遯菴	氏諱	中	一	三	判	利	
五八	樂堂堂	號	上	一	二	堂	道	
五九	聾岩	行績	下	一	六	雋	儁	
同	竹塢	仝	下	一	三	顯	晦	
六〇	葆菴	仝	下	一	三十三四	領官	官領	

誤漏

六二	圭峯	行績	下	一	十二三	孫從	從孫
同	默齋	同	下	一	一	官	字
同	同	同	下	一	十七	匿	提
六四	龜亭	同	下	一、	七八	景忠	忠景
六八	海雲	同	下	一	二	古	戸
七〇	及菴	同	下	一	七	頤	頔
同	漁隱	同	下	一	十九	讓	議
七二	平沙	同	下	一	三	即	昂
七三	一齋	同	下	一	七	于	子
七四	雪樓	同	下	一	三十四	覆	復
七六	斗文	同	下	一	二十四	眼	眠
同	龜山	同	下	一	六	○	子
同	東洲	氏諱	中	一	三	九	元
七七	虛白堂	行績	下	二	七	音	其
七八	聽松堂	同	下	四	三十四	私	節
八〇	藏谷	同	下	一	三	甫	爾
八二	晚雲	同	下	一	二	允	汝
同	秋潭	同	下	一	二	秀	季
八五	龜沙	同	下	一	二十四	延	挺
八六	德溪	同	下	一	三	弘	强
八八	尙友堂	行績	下	一	六	蔭	蓀
九〇	默齋	同	下	一	四	們	個
九二	負暄堂	同	下	一	十五凶下	伉	
九四	恩齋	號	上	一	一	恩	思
九二	竹屋子	氏諱	中	一	二	干	于
九三	思齊堂	行績	下	二	四	幾	璣
九五	藥圃	同	下	一	二三	公之	之公
九六	牛山	同	下	一	五	敎	敦
同	田隱	同	下	一	五	馹	聃
同	晩悟軒	同	下	二	一	友	反
九七	四耐	同	下	一	一	臨	晦
一〇一	松岩	同	下	一	六	之	綺
一〇二	寒沙	氏諱	中	一	三	逐	遂
一〇四	慵隱	行績	下	一	三	林	休
一〇五	松汀	同	下	一	二	海	晦
一〇七	西湖	同	下	二	三十三	他	何
同	同	同	下	二	十一	識	職
一〇八	四友堂	同	下	一	六	有、	肩
同	棠湖	氏諱	中	一	二	哀	兗
一一〇	危齋	號	上	一	一	危	巵

頁	號別	摘要欄	行欄順次	字欄順次	誤	正	摘要
一一〇	卮齋	行績	下	一	八	宇	守	
一一二	西潭	氏諱	中	一	二	進	璡	
一一四	東溟	行績	下	一	十一	字	宇	
一一七	萬竹	同	下	一	五	易	男	
一一八	白湖	同	下	三	十四	舜	舞	
同	清癯	同	下	二	二	湖	浩	
一二〇	石原	號	上	一	二	原	泉	
一二三	無悶翁	氏諱	中	一	三	昌	俊	
一二四	松嶺	行績	下	一	三	源	厚	
一二六	贈工議	本貫		一	一	廷	延	
同	竹亭	號	上	一	二	享	亭	
一二七	湖洲	行績	下	一	三	進	昌	
同	專塘	同	下	一	二十九 蛇下	防		誤漏
一二八	新村	同	下	一	一	蔡	葵	
同	五峯	氏諱	中	一	但字上	以		誤漏
一三一	松菴	同	中	一	三	誠	誠	
同	同	行績	下	一	四	載	軾	
同	敬菴	同	下	一	二	弓	弘	

頁	號別	摘要欄	行欄順次	字欄順次	誤	正	摘要
一三二	杞園	行績	下	一	二	舞	舜	
一三四	松軒	同	下	一	四	讓	護	
一三八	梅川	同	下	一	二十五	貞	靖	
一四〇	明谷	氏諱	中	一	二	奎	鋈	
一四二	奇峯	號	上	一	一	奇	高	
一四五	雪翁	行績	下	一	五	號	琥	
一四六	霽湖	同	下	二	二	常	棠	
同	同	同	下	二	十八	日	曰	
一四八	晚軒	同	下	一	二十七	寺	宇	
同	易齋	同	下	一	三	憐	礫	
一五〇	長谷	氏諱	中	一	三	續	績	
一五一	樵川	號欄	上	一	二	川	叟	
一五二	坦菴	行績	下	一	十四	典	老	
一五六	安村	氏諱	中	一	三	慶	褧	
一六一	梅坪	行績	下	一	四	憂	夏	
一六四	克齋	同	下	一	七	任	孫	
一六三	蔡菴	號	上	一	一	蔡	葵	
一六五	南岳	氏諱	中	一	三	善	哲	

誤版叅考票

頁	號別	摘要欄	行欄順次	字欄順次	字欄次	誤	正	誤漏	誤插
一	後凋軒	行績	下	一	二三		季昌	蒼老		
三	月波	同	下	一	十三		九	十		
六	海岩	同	下	一	二三		慶稀	德祖		
一三	夢菴	同	下	一	十九		貞	淸		
同	菊齋	同	下	一	二		夢	濟		
同	靜齊	同	下	一	二		顏	文		
一六	霞谷	同	下	一	五	事字下			偲	
二五	認齋	同	下	一	二		釗	卿		
二八	百弗菴	同	下	一	四		誠	誠		
同	東溟	同	下	一	四		星	景		
二九	南岡	同	下	一	三		甫	肅		
三〇	栗汀	同	下	一	十七	禹字下			性傳	
三五	絅菴	同	下	一	十七		癯	瘦		
同	同	同	下	二	七		壯	莊		
三六	樂齋	同	下	三	三十四		色	山如夢		
同	華隱	同	下	一	三十	婿字下			愼	
三七	恩休堂	行績	下	一	二	孝字下				元
三八	養齋	同	下	一	同	之字下			子	
四一	伊溪	同	下	一	三	楫字下				得
同	松村	同	下	一	七		齋	軒		
同	忍齋	同	下	一	四		遠	源		
四五	壺峯	同	下	一	三		言	尤		
同	藏密軒	同	下	一	二十四	歷字下			翰	
四八	拙菴	同	下	一	七		祿	祚		
同	同	同	下	一	二十七		恙	恙		
五四	竹亭	同	下	一	二		君	存		
五六	保晩堂	同	下	一	七		裕	愈		
同	專山	氏諱	中	一	三		與	應		
六一	圭峰	行績	下	一	同		弼	留		
六四	東郊	同	下	一	七		會	春		
六六	宜拙齋	同	下	一	九	岡字下			從	
同	市北	同	下	一	十七		光	大		
同	眞谷	號欄	上	一	一		眞	直		
六九	三松	行績	下	一	三		君	配		

頁	號別	摘要欄	行欄順次	字欄順次	誤	正	誤漏	誤插
七〇	漁逸	行績	下	一	九	齋	軒		
七一	九拙	同	下	一	三	俊	允		
七二	認齋	同	下	一	十 衣字下			從	
七六	文斗	同	下	一	九十	忠貞	貞忠		
八〇	西岡	同	下	一	二三	汝櫶	磬叔		
八八	澄窩	氏諱	中	一	二	礦	磕		
一〇〇	笑菴	行績	下	二	九	亭	溪		
一〇三	介菴	同	下	一	十	亭	溪		
一〇五	知守齋	同	下	一	十五 堂字下			孫	
一〇六	市南	同	下	一	十一 塘字下			族	
一〇九	南谷	同	下	一	三	爽	翼		
一一三	退浪	號	上	一	一	退	漫		
一三三	寧極堂	行績	下	一	十 谷字下			曾孫	
一四〇	草塘	同	下	一	二十 判字下			書	
一四三	觀瀾齋	同	下	一	二十九	穩	相億		
一四四	杜谷	氏諱	中	一	三	繼	陟		
一四九	養浩堂	行績	下	一	二十四 寧字下			海	
一五一	石川	氏諱	中	一	三	根	振		
同	三寶堂	號	上	一	二	實	玉		

頁	號別	摘要欄	行欄順次	字欄順次	誤	正	誤漏	誤插
一五一	禮村	氏諱	中	一	一 谷	祁	却		
一五三	勿染亭	行績	下	一	十一 從字下			曾	
一六三	鶴松	同	下	一	二 叔字下			嘉	

大正十三年十月十六日 印刷
大正十三年十月十八日 發行

（朝鮮人物號譜全貳冊）
（定價金貳圓九拾錢）

不許復製

著作兼發行者 李憲求
京城府光化門通一七七番地

印刷者 金教瓚
京城府安國洞一〇一番地

印刷所 文化印刷所
京城府安國洞一〇一番地

發行所 文化書館
京城府齋洞五十四番地

發賣所 京鄉書舖

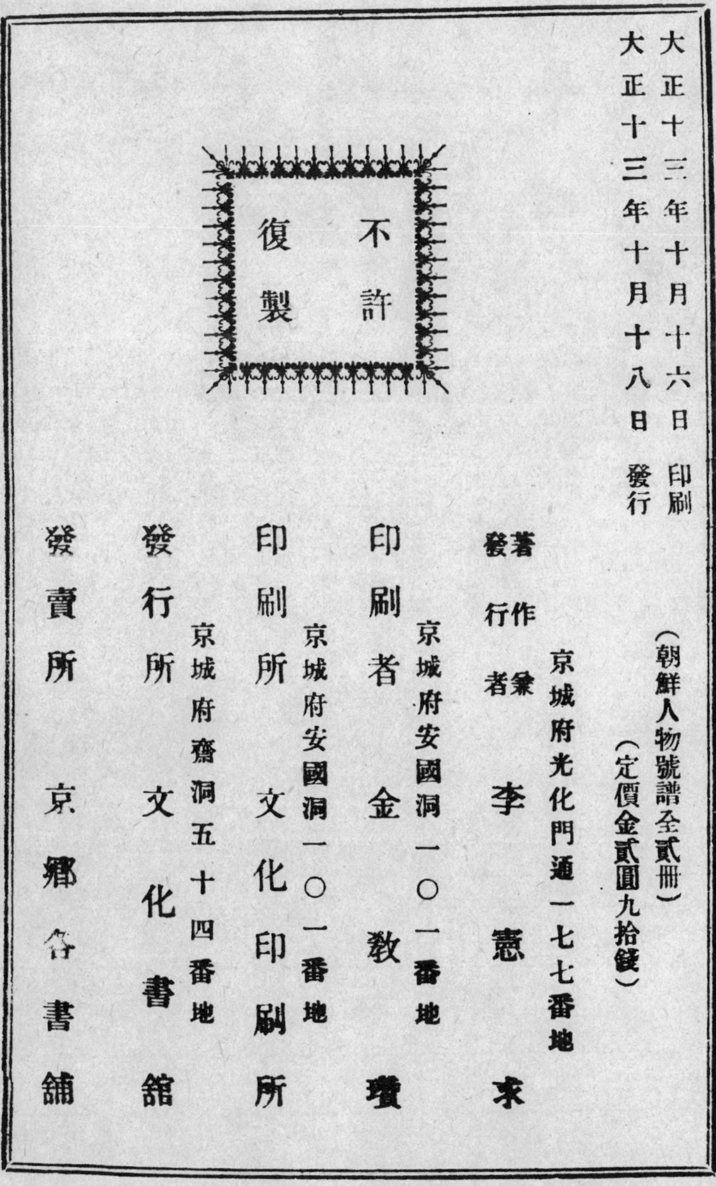